方言存稿

李荣 著

商务印书馆
创于1897 The Commercial Press

图书在版编目(CIP)数据

方言存稿/李荣著.—北京:商务印书馆,2012(2024.2重印)
ISBN 978-7-100-07664-7

Ⅰ.①方… Ⅱ.①李… Ⅲ.①汉语方言—文集
Ⅳ.①H17-53

中国版本图书馆CIP数据核字(2011)第020414号

FĀNGYÁN CÚNGĂO
方 言 存 稿
李 荣 著

商 务 印 书 馆 出 版
(北京王府井大街36号 邮政编码100710)
商 务 印 书 馆 发 行
北京虎彩文化传播有限公司印刷
ISBN 978-7-100-07664-7

2012年10月第1版　　开本787×1092 1/16
2024年2月北京第2次印刷　　印张20¼
定价:98.00元

内容提要

本书收录作者 1983 年以来发表的文章计 51 篇。第 1 至 10 篇讨论学风和研究方法，11 至 16 篇讨论汉语方言分区，17 至 27 篇研究音韵和语音，28 至 33 篇讨论词典及词汇问题，34 至 46 篇研究汉字与本字考证，47 至 49 篇是李方桂、丁声树、朱德熙三位语言学家的小传，50 和 51 篇是国际音标的文章。

破除“理论”迷信，强调“理论出于事实，并且受事实的检验”。如何为汉语这种方言分歧严重的语言分区，如何把现代方言和历史文献结合起来考订本字，如何从语言与文字的关系来研究汉字问题，作者在本书所收论文中均有深刻论述并提供了精彩纷呈的研究实例。

目　　录

方言研究中的若干问题

提要 本文讨论的问题分为三类。一是资料。巧妇难为无米之炊，无论研究什么学问，研究语言，研究方言，必须收集资料，审核资料。二是名词术语。名不正则言不顺，言不顺则事不成。各种学问都要有合理化的名词术语。三是事实与理论。理论来源于事实，并且受事实的检验。学问的进步仰仗于摆好两者的关系。这些问题牵涉面较广，不是几个钟头的发言能说清楚的。这里只是举些例子，来说明这些问题而已。

1982年9月27日到30日，上海复旦大学举行吴语研究首次学术会议。29日作者在会上有个发言，这里节取一部分，略加删改补充。还加上几段作者1981年11月28日，在福建厦门大学举行的汉语方言学会第一次学术讨论会上的发言。几位同志帮助听写抄录，特此表示谢意。

1983年3月17日

壹　资料

1.1 苏州话的平上去 “巧妇难为无米炊。”研究语言，研究方言，都需要采集资料。资料有书面的有口头的，无论什么资料，都要下一番鉴别分析的工夫，才能得出适当的结论。我们在《方言》1981年第一期第3页举过一个例子。说明有的意见虽然出于名家手笔，还是不可据为典要。1935年出版的陆基编的《注音符号　苏州同音常用字汇》是一本很好的记录苏州字音的书，可惜平上去完全不分调类。该书《例言》第二条说小字是本文作者注：

> 本书中格的入声字，已经有……十二格个韵，包括在内。其余平上去三声在苏州人嘴里是不大分别格的。所以依字形排列，弗再分声。只要教授时略分轻重就可以哉。

苏州话有七个单字调，古平上去三声在苏州人嘴里分成阴平、阳平、上声、阴去、阳去五个单字调。大概是连读变调把作者弄糊涂了。我们下这个判断，首先是根据现在的苏州话。其次，1928年出版的《现代吴语的研究》记录的苏州话，就是古平上去三声分成五个单字调，古入声分成阴入、阳入两个调。假如上文引的那段话是出于公元6世纪或者7世纪某人的手笔，现在一定是议论纷纷。可能有人会说，当时苏州话平上去的分别正在形成的过程中；当时苏州话平上去的分别正在趋于消失；当时苏州话根本不分平上去；如此等等。“不大分别格，略分轻重就可以哉”，这类话可以有多种解释，光凭这类话是得不出一致的意见的。必须结合语言事实，才能做出可信的判断。近几十年来常有人争论《中原音韵》所代表的语言到底有没有入声。争论得更多的是《切韵》的性质，《切韵》包括古今南北之音，还是记录某个方言。这一类问题的讨论，离不开语言事实。光凭《切韵》的《序》,《中原音韵》的《序》是不够的。要是单就序文推论，无论下什么结论，都不免望文生义。

1.2 巧合 有一些偶然的、碰巧的现象，不能拿来作为一般推论的依据。有人举过两个中英文平行的例子。“童子”的“童”跟“瞳人儿”的“瞳”同音，意思有关系。《广韵》东韵:“童，独也，言童子未有室家也。”“瞳，目瞳。”并徒红切。《说文通训定声》“僮”字条云:“《埤仓》:‘瞳，目珠子也。’按人对面则黸精中各映小人形，故呼眸子为僮子。《汉书·项籍赞》舜目重童子，以童为之。”《史记》七 35 百衲本影印黄善夫本“太史公曰：吾闻之周生曰：‘舜目盖重瞳子’，又闻项羽亦重瞳子。”《汉书》三一 29 百衲本影印景祐本“周生亦有言，舜盖重童子，项羽又重童子。”颜师古注:“童子，目之眸子。”英文 pupil 也有“童子”跟“瞳人儿”两个意思。《现代汉语词典》1973 年:【瞳人（～儿）】“瞳孔中有人像（就是看它的人的像），因此通称瞳人。也作瞳仁。”“燕子”的“燕”跟“嚥下去”的“嚥”同音。《广韵》霰韵:“燕,《说文》云:‘玄鸟也。’”“嚥，吞也。咽，上同。”并于甸切。《辞源》1979 年 0512 页引《孟子·滕文公下》:“三咽，然后耳有闻，目有见。”又 0544 页引汉王充《论衡·效力》:“渊中之鱼，递相吞食，度口所能容，然后嚥之。”这个可能跟燕子（尤其是雏燕）咽东西的动作特别显著有关系。英文里 swallow 也有“燕子”跟“咽下去”的“咽”两个意思。（不过英文里这是后起的同音字，不是同出一源。）为什么中英文平行呢？也许是“人同此心，心同此理”。我们不能有太多的推论。中英文有偶合之处，上海话“学费、用费”的“费”读［fi˧］，英文 F-E-E 的 fee［fiː］，音跟上海话“费”字相近，意思也差不多。假如把中文“费”和英文 fee 对比，认为同出一源，那就十分危险。据说有人认为汉语的“抬头”是从英文 title['taitl]来的，这大概是笑话。

现在再说汉字里头有一些碰巧的现象。

1.3 草字头与送气 有一回我忽然想起，有些字的草（艸）字头好像跟古清音送气有关系。“早上”的“早”不送气，没有草字头；“草木”的“草”送气，有草字头。“古代”的“古”不送气，“甘苦”的“苦”送气。“四方”的“方”，“分开”的“分”，“是非”的“非”都是非母，“芬芳”跟“芳菲”都是敷母。非敷两母分别来自帮滂两母，所以也是没有草字头的“方分非”不送气，有草字头的“芳芬菲”送气。这些字无论有无草字头，都是常用字。“自己”的“己”不送气，加个草字头，“芑《尔雅·释草》:‘芑。白苗。’郭注‘今之白粱粟。’《广韵》注据郭注”就送气。天干的“丁”不送气，加个草字头，“艼《广韵》注：草名”也送气。表示否定的“弗”字非母，加上草字头当“草多”讲的“茀”是敷母。这三对字里头，加草字头的都不是常用字，也都送气。此外“弓箭”的“弓”不送气，“川芎”的“芎”［ɕyuŋ˥］今读摩擦音，古音溪母是送气音。为了说明草字头跟送气的关系，可以定出一些条例，把某些字排除在外。比方说，㊀有无草字头同音的字不计。例如：水果的“果”正体不从草，俗体从草，两个都是见母字。“仓库”的“仓”跟“苍白”的“苍”两个都是清母字。㊁不全是古清塞音、塞擦音的字不计。例如:“其他”的“其”和“煮豆燃豆萁”的“萁”同音，都是群母字［tɕʻi˧˥］。“斤两”的“斤”见母今音不送气，“芹菜”的“芹”群母今音送气。天干的“癸”见母今音不送气，“向日葵”的“葵”群母今音送气。“整齐”的“齐”从母［tɕʻi˧˥］，“荠菜”的“荠”也是从母［tɕi˥˩］。即使如此，还是有“此：茈，青：菁”两对字把咱们的好梦打破了。“彼此”的“此”送气，加上草字头，“茈《广韵》注：茈薑，又茈草也。”就跟“紫颜色”的“紫”同音，反而不送气了。同样的情况，“青颜色”的“青”送气，加上草字头是“菁”，也成了不送气了。（《广韵》清韵“菁，芜菁，菜也”，子盈切。

《集韵》清韵："菁，子丁切，韭菜也。"）到头来咱们不得不承认，草字头跟送气的关系是碰巧的。这段话唯一的用处恐怕是帮助人记忆某些非母、敷母字，"方分非弗"是非母，"芳芬菲茀"是敷母。即使如此，还得加上但书："封建"的"封"是非母，加上草字头"葑"还是非母；"豐富"的"豐"是敷母，加上草字头"蘴"还是敷母。

1.4 中断线 有一本书叫作《家庭卫生顾问》，是北京出版社 1980 年 2 月出版的，有 600 多面（6+18+592 面），书里"介绍有关生老病死，衣食住行等各方面的卫生常识，解答家庭生活中经常碰到的医药卫生问题"。这是一部广大群众迫切需要的书，第一次印刷就是 40 万册。这本书末了四面是《附录：北京部分医疗卫生机构一览表》，有各大医院的电话号码。大医院的电话往往有总机有分机，"总机"北京常常叫"总机中继线"。在那本书的那四面，所有的"中继线"都印成"中断线"，有 28 次之多。"继"和"断"都从"⿺𠃊米"旁，显然是形近而讹。假如多年以后有人研究，他也许认为不可能把"中继线"都错印成"中断线"。"继"是"继续"，"断"是"断绝"，意思相反，"美恶不嫌同辞"，是个反训的好例子。（《说文》十三上："绝，断丝也，从糸从刀从卪。 㡭，古文绝，象不连体绝二丝。 继，续也，从糸𢇍。一曰，反㡭为继。"又十四上："断，截也，从斤从㡭。㡭，古文绝。""繼"字和"斷"字的关系反映在简化字里是都从⿺𠃊米。）

1.5 场与集 我想再举个例子，说明研究语言，必须鉴别文字资料。1981 年 10 月 14 日，《四川日报》发表一篇文章，题目是《巴蜀抗洪图》，讲水灾时期怎么样抗洪救灾，灾后是一片振奋人心的景象。文章写得很好。文章里说"数百个场镇淹掉"，又说"几千个集镇、工厂，到处是一派团结、沉着、紧张的战斗景象"。如果从这篇文章推论四川话也说"集"，也说"场"，那就误会了。说"集"是说的普通话，说"场"才是说的四川话。

1.6 泰与獭 《切韵序》："秦陇则去声为入。"有人引宇文泰公元 507—556 年字黑獭来解释这句话。《周书》一 1 百衲本："太祖文皇帝，姓宇文氏，讳泰，字黑獭，代武川人也。"谁都不能不承认这个解释十分精彩。但是我们也要注意同类的例子。《嘉泰会稽志》六 18 云：

> 乌带庙，在［诸暨］县东北四十五里乌带山。夏侯曾先[①]《地志》云："梁武帝遣乌笪采石英于此山而卒。后人立庙。带，笪声之误也。"

从《切韵》系统看，"带"跟"笪"的关系与"泰"跟"獭"的关系完全平行。现在根据《广韵》，把这四个字的声韵调跟反切排列对比如下：

	去声泰韵	入声曷韵
端母	带，当盖切	笪，当割切
透母	泰，他盖切	獭，他达切

① 鲁迅《会稽地志序》："夏侯曾先《会稽地志》，《隋书·经籍志》及新旧唐志皆不载。曾先事迹，亦无可考见。唐时撰述已引其书，而语涉梁武，当是陈隋间人。"（《鲁迅全集》光华书店 1948 年版第八卷 111 页。）

因此，对于“泰”跟“獭”的关系，推论必须有所节制，泰曷两韵相通，“去声为入”，这现象不限于秦陇，会稽也有。

［这里附带说一下，“獭”字《切韵》系统有两个音。王仁昫《刊谬补缺切韵》的注释比《广韵》明确，现在引用前者（请注意，王韵的末韵相当于《广韵》的曷末两韵）：

　　鎋韵：“獭，他鎋切，啖鱼兽。”

　　末韵：“獭，水狗，喫鱼兽，”他达切。

在现代方言里，“獭”字来自一等末韵的比较多，来自二等鎋韵的比较少。“水獭”北京话是［ʂuei˨˩˦ tʻa˨˩˦］，温岭话是［ɕy˦˨ tʻəʔ˥］，都来自一等。福建永定（下洋）客家话“水獭”单说“獭”［tsʻat˧］，来自二等。］

要是我们把视野放宽，现代方言之间去入对应的现象很多。现在随便举两对例子，反切注释都根据《广韵》：

	去声霁韵	入声锡韵
端母	渧，《埤仓》云，渧㶍漉也，都计切。	滴，水滴也，都历切。
	去声禡韵	入声昔韵
精母	借，假借，子夜切，又将昔切。	借，假借也，资昔切，又资夜切。

北京话说“滴”［ti˥］；上海话说“渧”［ti˧˥］也说“滴”［tiəʔ˥］；温岭话说“渧”［ti˥］，说“滴”限于“滴水”［tiʔ˥˧ ɕy˦˨］房屋间留的屋檐望下滴水的空地。北京话说“借”［tɕie˥˩］，温岭话说［tɕia˥］，都是从古去声来的。“借”福建漳平（永福）说［tsio˥］，广东潮阳说［tsioʔ˩］，都是从古入声来的。

1.7 收集资料　以上说的是使用资料。最重要的是自己动手收集资料：看书，抄卡片，调查方言。有人一说起资料，心里就有点“那个”，无意自己动手做点资料工作。从某个意义上说，别人出的文章、专书，你拿来利用，都是资料。无论是什么学术论文，即使标榜得很高，有很多创见，也无非是个资料。人人要查的字典，也是资料。调查方言就是搜集资料，这是研究方言的基本功。不会调查，怎么说得上研究。方言的比较研究需要大家都调查，大家都写调查报告，大家都研究。你不调查，就不会鉴别、使用别人的调查成果。说起来奇怪，有的人不愿意做资料工作，却特别迷信资料，甚至以为有了资料就有了一切。

各种方言调查表也都是资料，《方言调查字表》也好，《方言调查词汇手册》也好，《方言调查词汇表》也好，全是资料。（词汇表登在《方言》1981年第三期161—205面。这是根据1958年的油印本排的，以后正式出书的时候，有些地方还要改进。）现在有少数人认为资料工作低人一头，研究工作高人一头，这种看法，这种估价，恐怕不是很对头的。一般的说，研究工作比资料工作复杂一点，创造性多一点。但是实际上资料工作和研究工作有时候简直不好分，不见得研究工作就比资料工作高多少。工作重要与否，不是看你的工作属于哪一类，主要是看你怎么做，主要是看你做的效果。有的资料工作是很重要的，比如索引、书目，人人都要查考。有的作品号称专著，号称论文，其实并不怎么样。

我们要正确对待资料和资料工作。有人说闽南话古东韵收［-m］尾的只有"熊猫"的"熊"［ɦim˧］一个字，李熙泰同志写了一篇文章《厦门方言的"熊"字》本刊 1982.21，说不止这一个字，还有"雄黄"的"雄"［ɦim˧］跟"终古、终底"的"终"［ʦim˥］也收［-m］尾。是不是这样，当然还可以推敲讨论。可贵的是新鲜的例子。还有白宛如同志的文章《广州方言连读音变举例》本刊 1982.19—21，题目就点明是举例，但是例子就得来不易呀。新鲜的例子可以检验老说法，可以提供新论证。个别的论文或者专书，虽然旁征博引，先秦两汉，希腊罗马，里头的例子大都是辗转抄来的，而且不免有抄错的，因为抄书不出错是很难的。例子的重要性是怎么强调都不过分的。要先想好例子，再表示意见。要是举不出合适的例子，那种意见是站不住的。例子一摆呀，你的功夫就出来了。就能看出你的学力如何，见识 如何。例子就好比商店橱窗里陈列的商品。摆出来的都不怎么样，仓库里的就可想而知了。

贰　名词术语

名词术语很重要。"名不正则言不顺，言不顺则事不成。"研究任何学问，都要有相当合理的名词术语。"名者实之宾也。"名词要能反映事实。现在举几个例子来说。

2.1 同音不同音　语言是音义的结合，研究语言首先要区别同音不同音。汉语有声韵调，同音字是指声韵调完全相同的字。罗马字有现成的表示声母、韵母的手段，没有现成的表示声调的手段。有的人因此上当，管声母、韵母相同可是声调不同的字也叫同音字。因此在工作上带来很多麻烦。《汉语拼音方案》公布了这么多年，他好像一直都没有看到声调那一段。"河 hé［xɤ˧˥］北""河南"跟"湖 hú［xu˧˥］北""湖南"不同音。"山 shān［ʂan˥］西"跟"陕 shǎn［ʂan˨˩˦］西"怎么同音呢？"专 zhuān［tʂuan˥］业"跟"转 zhuǎn［tʂuan˨˩˦］业"音、义都不一样。"肚 dǔ［tu˨˩˦］子"跟"肚 dù［tu˥˩］子"即使字形相同，还是不同音。这个道理非常简单，一说就明白。这个事实非常清楚，一点就破。可是有的人装作听不见。一叶障目，不见泰山，说的是视觉，想不到听觉也如此。同音不同音好像是平常说的话，能算是专门术语吗？不错，是平常说的话，同时又是研究语言最基本的概念，讨论语言问题最重要的字眼。讨论语音问题，更加离不开同音不同音。语音的替代（substitution）与对立（contrast），唯一的差别（minimum contrast 最小的对立），语音的互补分布（complementary distribution），这些讨论语音单位的基本概念，都是建立在同音不同音的区别上头的。所以我们首先提出来讨论。

2.2 清浊　古声母有清浊的差别，浊音又有全浊、次浊之别，列举如下：

清音——帮滂非敷端透精清心知徹照庄穿初审生照章穿昌审书见溪晓影

全浊——並奉定从邪澄床崇（俟）床船禅群匣

次浊——明微泥（娘）来日疑喻云喻以

清音跟全浊、次浊的区别对声母与声调的演变有密切关系。上述分类适用于大部分方言。浙江温岭方言，匣母跟喻云喻以一样，依次浊演变。

有人说，汉语方言里吴语跟闽南话都保留全浊音。这是个似是而非的说法。古代音类跟现代音值用同一个名目，容易引起误会。古音分类用清浊，今音描写用带音不带音，当然最好。用清表示不带音，用浊表示带音，也未尝不可。用全浊、次浊作今音描写的字眼，非出毛病不可。有人今古混杂，层次不分。他听见人说闽南话有［b l g］，吴语也有［b d g］呀，又听见说古全浊声母吴语读浊声母，于是把什么东西都串在一起，就说出吴语、闽南话都保留全浊音的话来。古代的全浊音在闽南话里变成不带音的了。北京的带音声母到了闽南话里头倒全是带音的。说穿了也没什么。古代的全浊声母，吴语跟一部分安徽话（皖南方言）、湖南话读带音声母（浊音）；其他地方大都变成不带音声母（清音）了。这是一句话。古代的次浊声母字，全国大多数方言里现在都是带音声母（浊音）。这是第二句话。不要把古代的全浊、次浊、现在的带音、不带音都搅和在一块儿，这个账是算不清楚的。古浊音无论全浊、次浊，吴语都读带音声母（浊音），古代次浊声母闽南话才读带音声母（浊音），怎么能说吴语、闽南话都保留全浊声母。这就是上了名词不分古今的当。

有人说上海话保留古全浊，古次浊可以变全浊，如微母“文”字今读［v］声母；北京话古全浊变清音，古次浊不能变全浊，日母不能读［ʐ］。因而怀疑北京［ʐ］不是跟［ʂ］相配的［ʐ］音。他的耳朵也附和这种说法，说北京的［ʐ］不是［ʐ］。根据这种说法，［v z ʐ］是全浊。倒是不妨请问一声，北京的［ʐ Ø］逢［u］山西南部、陕西、甘肃有的方言变［v］，“软”［ˊʐuan］跟“晚”［ˊuan］都读［ˊvan］，又怎么说呢？成都、重庆等地的西南官话不分［s ʂ］，把北京的［ts tsʻ s］跟［tʂ tʂʻ ʂ ʐ］两套合成一套［ts tsʻ s z］，北京的［ʐ］成都、重庆读［z］，这个［z］是不是跟［s］相配的［z］音呢？

描写今音用全浊、次浊的字眼，并且比附古音，把［b d g v z ʐ］一类音定为全浊，把［m n ŋ l］一类音定为次浊，会带来无穷的烦恼。董同龢指出，厦门的［l］介于［d l］之间（当然也可以说厦门的［d］介于［d l］之间），因此有的厦门人学英文 late 跟 date 不分。这个声母的来历是次浊，今音是带音的（浊音）。要是今音还要分次浊、全浊，你就左右为难了。什么古音的全浊不能变今音的次浊，古音的次浊不能变今音的全浊，都是说不通的。湖南益阳方言本刊 1981.209—214 陈蒲清文的特点是边音［l］声母字较多，古来母字读［l］，古泥母今开口呼字读［l］，古日母字有三分之一读［l］，古定从邪澄崇船禅七母字除古入声字外常常读［l］。例如“喝茶”的“茶”跟长虫的“蛇”都读［la˩˧］；“白糖”的“糖”跟“长短”的“长”都读［laŋ˩˧］，跟野兽的“狼”同音；“木匠”的“匠”跟“大象”的“象”都读［liaŋ˨˩］，跟“明亮”的“亮”同音。我们能不能说全浊变次浊呢？这么说恐怕毫无好处。安徽省太平（仙源）方言参看本刊 1983.92—98 张盛裕文古来母字逢今细音都读［d］，跟古定母字今细音相同。例如：“李礼吕弟 ˋdi˨˩｜利地 di˧˥ˀ｜刘留头磕～ ˌdy˩˧｜莲帘田甜 ˌdiɛ̃˩˧｜林铃停 ˌdiŋ˩˧｜令定 diŋ˩˧²”。江西临川方言罗常培《临川音系》，1940 年古来母字逢今细音读［t］，跟古端母字今细音相同。例如“领袖”的“领”跟“山岭”的“岭”都读［tin˧˥］，跟“山顶”的“顶”、“钟鼎”的“鼎”同音。“栗子”的“栗”读［tit˥˧］，“法律”的“律”读［tyt˥˧］。古次浊声母大部分方言读带音（浊音）声母，临川古来母今细音读[t]是个特点。

古来母字逢细音太平读[d]，临川读[t]，这两种现象有共同之处，就是都变成塞音。太平有浊塞音声母，来母变成浊塞音；临川无浊塞音声母，来母变成清塞音。凡是这一类现象，最好直陈其事，用白描的说法，不要牵扯到次浊变全浊、变全清之类。

有的人使用音韵学的名词术语，古今不分，分类与描写不分，次浊、全浊常常叫人上当。此外还有“尖团”有时也误人。古精清从心邪五母跟古见溪群晓匣五母逢今音细音有分别叫“分尖团”，逢今音细音没有分别叫“不分尖团”。不分尖团这些字往往读[tɕ tɕʻ ɕ]声母。分尖团有各种分法，有的是[ts tɕ]不同，有的是[ts k]不同，等等。所以说某个字读尖音，读团音，说法不明确。

2.3 中元音与央元音 高本汉的 *Études sur la phonologie chinoise* 把舌面元音依舌位前后分为三大类，并且分别注明英文，中译本《中国音韵学研究》分别译为“前元音、央元音、后元音”，对比如下：

Études 298	les voyelles antérieures	(front vowels)	译本 200	前元音
306	les voyelles centrales	(mixed vowels)	207	央元音
310	les voyelles postérieures	(back vowels)	211	后元音

有人反对“央元音”这个名目。他说：

> 普通所谓前中后元音，这书《中国音韵学研究》中文本译成前央后，不知有何好处。《说文》五下冂部“央，中央也……一曰久也。”古书联称“中央”而“央”不训“中”。自从徐锴《系传》解作“故央字从大也”之后，段玉裁又妄作主张。其实 centrale 老老实实的译成“中”，岂不是雅俗共赏的么？

这里的好处是显而易见的，元音的舌位有高低前后之别，中元音对高元音跟低元音而言，央元音对前元音跟后元音而言。译本名词表 27 页说明“央与前后对待”。两种不同的事实，非得有两种不同的名目。[i]是高元音，[e]是中元音，[a]是低元音。[i y]是前元音，[i ʉ]是央元音，[ɯ u]是后元音，非得有两套不同的名目。“高、中、低”英文用 high、mid、low；“前、央、后”英文用 front、central、back；central 英文以前用 mixed，相应的中文是“混”；central 英文也有用 intermediate 的。现在画个图来表示“央”跟“中”所指不同。你可以反对“央”，可以恢复老名称“混”，但是“央”必须跟“中”分开。用“央元音”好，还是用“混元音”好也

	前 front	央 central	后 back
高 high			
中 mid			
低 low			

可以讨论。高本汉在 Études 里只说高低，没有拿高中低对比。他用的是 J. A. Lundell 设计的瑞典方言字母。Lundell 本人在 The Swedish Dialect Alphabet (*Studia Neophilologica* 1: 1—2. 1—17, 1928)一文里，就用 high、mid、low 跟 front、intermediate、back。《现代吴语的研

究》(1928)36 页元音高低先分三度，再分七度。Bernard Bloch 跟 George L. Trager 的 *Outline of Linguistic Analysis*(1942)22 页也这么分，对比如下：

高		中			低	
最高	次高	高中	半中	低中	次低	最低
high	lower-high	higher-mid	mean-mid	lower-mid	higher-low	low

总之，描写元音要区分“高中低”与“前央后”，无论雅俗共赏，还是提高与普及兼顾，都是如此，跟徐锴与段玉裁毫无关系。

2.4 复合元音的分类 复合元音有两大类：

第一类 ia ie ua uo

第二类 ai ei au ou

用中文讨论有关语音方言的专书或文章，无论哪里出版的，往往管第一类[ia ie ua uo]等叫上升的复合元音，管第二类[ai ei au ou]等叫下降的复合元音。这大概是上了片面理解英语写的语音学书籍的当，那些书把复合元音分为两类，第一类叫 rising diphthongs，第二类叫 falling diphthongs，什么东西上升呢？复元音的响度上升。什么东西下降呢？复元音的响度下降。英语没有字调，说 rising 跟 falling 不至于误会。汉语有字调，说上升、下降容易引起误解，1954 年有人建议，第一类[ia ie ua uo]等叫后响的复合元音，第二类[ai ei au ou]等叫前响的复合元音。三十年过去了，效果不佳，所以我在这里宣传宣传。

请参看 Daniel Jones 的 *English Pronouncing Dictionary* 1956 年第十一版，1957 年重印本书末的语音学术语：

diphthong, a monosyllabic gliding sound beginning at one vowel and moving in the direction of another.

falling diphthong, a diphthong in which the initial part has greater ‘prominence’ than the final part.

rising diphthong, a diphthong in which the final part has greater ‘prominence’ than the initial part.

叁 理论与事实

底下说说理论跟事实的问题。

3.1 什么是理论？

研究语言，研究方言，跟研究其他事物一样，无非是六个字：摆事实，讲道理。摆事实，讲的是事实；讲道理呢？那就是理论了。现在研究语言、研究方言，似乎有两个偏向，一个是重视所谓理论，一个是轻视所谓理论。我都说是“所谓理论”，那是因为大家对理论的了解不大一致。我们认为理论出于事实，并且受事实的检验。可是有人把理论跟事实对立起来，好像理论比事实高。有一个朋友给我来信说："我们这儿作文讲究有观点，要提到理论的高度，光是罗列事实不行。"同时问我对这个有什么意见。我回答说无可奉告。假如有人说某某的文章还能罗列事实，某某刊物里的文章还能罗列事实，他说这个话当然是批评，我认为这多少也是一种表扬。能罗列事实，罗列的居然是事实。摆事实，讲道理，六个字能做到三个字，这已经很不错了。大家看，昨天我们听的启东吕四的音，听的义乌稠亭的音，要听辨清楚、描写清楚是个什么音就很不容易，可见认识事实就很不容易。认识事实都不容易，何况罗列乎。个别有关方言的文章，陈义甚高，可是连声韵调表的排列法跟表里的例字都有问题。看他的例字，就能看出他的功夫。他摆得个七零八落，从他那个排列法一点也看不出语音的系统来。连事实都罗列不清楚，怎么好进一步讨论理论呢？

什么是理论（这里说的当然是关于语言的理论，语言学理论），理论跟事实是什么关系，这个需要仔细研究，反复推敲。今天只能提些初步的肤浅的意见。理论是一种假说（hypothesis），用平常的话说是一种看法或者说法。这种说法本身要持之有故，言之成理。理论有什么作用呢？第一是总结过去的经验。第二是解释当前的现象，分析当前的问题。第三是指导未来的工作。具备这三种作用，至少具备三种之一，这才能叫理论。怎么鉴别理论呢？刚才说了，理论出于事实，并且受事实的检验。这就是说，实践是检验真理的标准。

各种学科的基本理论往往是很概括的，语言学理论也是如此。比方说，语言（自然语言，人说的话）是音义的结合。语言构造是有规律的，语音构造的规律尤其明显。语言是变的。语言演变是有规律的，语音演变的规律性十分严格（因此成为19世纪70年代以来比较语言学的基础）。语言文字跟其他符号系统一样要求简单明白，有适当的羡余率（redundancy）。语言是传情达意的交际工具，有避免误会的趋势。如此等等。

3.2 天真的说法 现在举几个例子说明什么不是理论。不怕不识货，只怕货比货。讨论什么不是理论，可以帮助我们认识什么是理论。首先，天真的说法不是理论。

"古韵是二十二部，北京音是十三辙，可是《广韵》有二百零六韵。枣核儿两头尖，中间粗。这个显而易见是不可能的。"这个账要细算。古韵二十二部，不分平上去入，不分a ia ua，二十二部分四声总有七十部；如果其中四分之一有a ia ua这样的区分，总共就有一百部了。北京音系十三辙，它不分阴阳上去，开齐合撮也合成一个辙，连i跟y都是一个辙，这个人人都知道，不必细说。《广韵》二百零六韵是怎么搞的呢？它平上去入是分的；开合有时分，有时不分；一三等有时同韵，有时不同韵；二三等也是如此：所以有这么多个韵。连这样简单的账都算不清，毋须再往下说了。

还有一种"理论"："所有的韵母都有韵尾，这可能吗？世界上有这种语言吗？"世界上的语言太多了，我们知道得太少了，这个话说得太绝了。现在我们学得最多的外国语大概是英语跟日语了。这两种语言的语音构造差别相当大。英语的元音比日语多。日语的元音分析起来，あいうえお［a i u e o］五个就够了。日语每个音节的收尾辅音只有一个拨音（ん n），相当于我们的鼻音韵尾，多数的音节都是开音节。可是英语音节末尾的辅音可以有一大串，例如 texts [teksts]。从英语的眼光看，日语的音节构造未免太单调了；从日语的观点出发，英语的音节构造实在太麻烦了。(据说，夏威夷土著的语言里所有的音节都是开音节。)各种语言的语音构造不同。有的语言的语音构造看起来简单得惊人，有的复杂得惊人。

研究语言跟其他学问一样，要观察事实，不要先入为主。研究方言不要用自己知道的方言，或者书本知识，或者教室里讲的金科玉律去衡量甚至怀疑其他方言，其他语言。河南北部的方言，韵母上百个的有的是呀，广东潮阳方言韵母也接近一百。你不要因为韵母多摇头，也不要因为韵母少发愁。有的四川方言韵母有三十来个，儿化以后开齐合撮四呼每呼一个韵母，一共才四个儿化韵。任何语言，任何方言，它的语音系统是长期演变而成的。汉语方言的特点，自其同者而观之，隔好几千公里还能通话；自其异者而观之，同一个县可能有好几种不易互相了解的方言。方言的音系差别很大。方言的韵母爱多就多，爱少就少，那是事实如此，并不是上帝规定的。语言现象是复杂的，我们的脑子也要复杂一点，天真的议论不能当真。

3.3 清浊与阴阳 现在举个同时牵涉到语音构造跟语音演变的例子。

有人说：ㄖ根本不是一个纯粹的‘硬音’，跟ㄓㄔㄕ的发音方法原文如此，可能说的是部位并不相同。ㄖ作为[ʐ]，于是乎国音的[ʂ]竟会弄出两个对待的阳调来，一是清[ʂ]的阳调，一是浊[ʐ]。汉语没有其他类似的怪现象。

又说：世界上恐怕没有一种语言可以把[f]阴调、[f]阳调、[v]浊音三项同时保存的。

以上这两段话的意思是说：某个清(擦)音分阴阳调，就不能有相配的浊(擦)音。这种说法大概是少所见，多所怪。明察秋毫之末而不见舆薪。汉语方言有的是清擦音分阴阳调，同时具备相配的浊擦音的。请看前两年的《方言》季刊就是了。真是踏破铁鞋无觅处，得来全不费工夫。兰州话本刊 1980. 224—231，西宁话 1980. 282—302，济源话 1981. 5—26 都是[f]声母分阴阳调同时有[v]声母，[ʂ]声母分阴阳调同时有[ʐ]声母。贵阳话 1981.122—130[s]声母分阴阳调同时有[z]声母。很多西南官话，包括成都话跟重庆话，这一点都跟贵阳话一致。例如兰州话的[꜀f- ꜁f- ꜁v-]并存，[꜀ʂ- ꜁ʂ- ꜁ʐ-]并存：

	阴阳上去		阴阳上去		阴阳上去		阴阳上去
[fei]	飞肥水睡	[fɛ̃]	拴凡反犯	[fā]	方房访放	[ʂə̃]	生神省胜
[vei]	危维尾味	[vɛ̃]	剜完软万	[vā]	汪亡网忘	[ʐə̃]	扔人忍刃

西宁话也有同类现象(阴平[˦]，阳平[˨˦])：

发[fa˦]	罚[fa˨˦]	挼[va˨˦]	搧[ʂā˦]	蝉[ʂā˨˦]	粘[ʐā˨˦]
风[fə̃˦]	坟[fə̃˨˦]	绒[və̃˨˦]	深[ʂə̃˦]	神[ʂə̃˨˦]	人[ʐə̃˨˦]

济源话也是如此(阴平[˦]，阳平[˧˩])：

纷[fən˦]	坟[fən˧˩]	文[vən˧˩]	身[ʂən˦]	神[ʂən˧˩]	人[ʐən˧˩]
方[faŋ˦]	房[faŋ˧˩]	亡[vaŋ˧˩]	商[ʂaŋ˦]	裳[ʂaŋ˧˩]	瓤[ʐaŋ˧˩]

贵阳话[꜀s- ꜁s- ꜁z-]并存(阴平[˥]，阳平[˧˩])：

赊［se˥］	涩［se˨˩］	热［ze˨˩］	师［sɿ˥］	十［sɿ˨˩］	日［zɿ˨˩］
梭［so˥］	说［so˨˩］	弱［zo˨˩］	生［sən˥］	神［sən˨˩］	人［zən˨˩］
书［su˥］	熟［su˨˩］	肉［zu˨˩］	商［saŋ˥］	尝［saŋ˨˩］	瓤［zaŋ˨˩］

作为本节开头两段引文的反证，上文列举的事实已经够了。但是要说明那两段引文的错误是怎么来的，这就不够了。现在进一步讨论这种错误的来历。那两段引文的立论根据大概限于某个吴语方言与北京话。多数吴语方言不带音（清）声母（包括紧喉的鼻音边音［ʔm ʔn ʔŋ ʔl］等）配阴调，带音（浊）声母配阳调。北京话除［m n l］跟零声母之外，只有一个带音（浊）擦音声母［ʐ］。他对［ʐ］声母的性质又认不清楚。有关的语音演变现象是：

①古清音声母　→　今　꜁ʂ-　꜁f-　声母阴平

②古全浊声母　→　今　꜁ʂ-　꜁f-　声母阳平

③　　　　　　　　今　꜁ʐ-　　　声母阳平

④　　　　　　　　今　　　꜁v-　声母阳平

①②两条好理解，今音［ʂ f］两声母阴阳平的对立来自古声母清音跟全浊的对立。有人不能理解③④两条。既然古全浊已经变成今不带音（清）声母，怎么还能有跟［ʂ］声母相配的带音（浊）声母呢？于是他就宣布今北京［ʐ-］声母根本就不是带音（浊）擦音声母。他的耳朵居然附和他的理论，也跟着宣布北京［ʐ-］声母不是带音（浊）擦音。既然北京音的［ʐ-］是唯一的带音（浊）擦音，唯一的当事人，不承认它的存在，没有［ʐ-］声母当然就没有［ʐ-］声母阳平字了。这是说的③，至于④呢，他不知道吴语以外的方言还有［v-］声母字。所以他又宣布［꜁f- ꜁f- ꜁v-］三者不能并存。上文的例子已经说明，现代方言有

꜁ʂ- ꜁ʂ- ꜁ʐ- | ꜁f- ꜁f- ꜁v- | ꜀s- ꜁s- ꜁z-

并存的现象。这个事实得用语音演变的道理来解释。说穿了不过几句话：语音是变的，语音系统也是变的。古今音带音（浊）与不带音（清）声母相配成对的关系不是永恒的。老的带音（浊）声母消亡了，可以出来新的带音（浊）声母。比方古音［z-］变［s-］之后，可以从别的途径出来新的［z-］。

上文举的例子［z- v- z-］声母都是哪儿来的呢？先说［ʐ-］的来源。拿北京话说，［ʐ］的主要来源是古日母。日母是古次浊声母，古次浊声母北京照例读带音（浊）声母。古音日母跟照章穿昌床船审书禅五母同部位。所以，下列“身、神、人”三个字的演变完全符合常例。

身 ꜀ʂən˥　神 ꜁ʂən˧˥　人 ꜁ʐən˧˥

贵阳话的［z-］那儿来的呢？北京［ts- ts‘- s-］跟［tʂ- tʂ‘- ʂ- ʐ-］两套声母西南官话常常合并成一套［ts- ts‘- s- z-］，所以贵阳的［z-］也是古日母来的。

现在说到［v-］了。以兰州话为例，［v-］有两个来源。一个大致相当于北京［ʐ-］声母合口呼，一个大致相当于北京零声母合口呼。例如北京“软”是［꜂ʐuan˨˩˦］上声，“晚”是［꜂uan˨˩˦］上声，兰州都是［꜂vɛ̃］上声。

北京的［tʂ tʂ‘ ʂ ʐ］逢合口呼，山西、陕西、甘肃三省有些方言读齿唇音［pf pf‘ f v］。［tʂ

tʂʻ]逢合口不变，[ʂ ʐ]逢合口变[f v]的地区还要大些。单独一个[ʂ]逢合口变[f]的地区最大。山东滕县[ʂu]变[fu]，据说，有人矫枉过正，“斋夫[꜀fu]”说成“斋书[꜀ʂu]”。齿唇擦音[f v]常见，齿唇塞擦音[pf pfʻ]不常见。有的人就大惊小怪，说什么“我们知道，不能说任何音变是不可能的，但是[tʂ]变[pf]的确很不平常”。确实[ʂu]变[fu]发音部位相近。只要看看本方言的语音结构，[tʂ tʂʻ ʂ ʐ]跟[pf pfʻ f v]八个声母与韵母配合的关系，再跟北京音对比就明白了。请看兰州下列十个上声字：

转 pfɛ̃　喘 pfʻɛ̃　反 fɛ̃　软 vɛ̃　斩 tʂɛ̃　产 tʂʻɛ̃　陕 ʂɛ̃　染 ʐɛ̃

水 fei　尾 vei

兰州[pf pfʻ]北京是[tʂ tʂʻ]合口呼；[f v]一部分字北京是[ʂ ʐ]合口呼，如“水”字跟“软”字；[f]一部分字北京也是[f]，如“反”字；[v]一部分字北京是零声母合口呼，如“尾”字。

这里再说几句关于[ʐ-]的音值的话。这个音外国语里少见，所以很多人说玄之又玄的话。至于[z-]跟[v-]，外国语也常见。咱们倒是不妨建议[ʐ-]音特殊论者去听听从古日母来的[z-]跟[v-]是不是也特殊。

3.4 理论的重要性 有人轻视理论，他学了一点语音学，说我不管理论不理论，我就是记录方言，研究方言。实际上他不研究理论，就是接受“流行”的理论，对他自己学的那一套自觉性不够。平常记录汉语的声韵调三分法，以及介音如何分析①，背后都有理论。传统的语音学没有教给他鼻音[ŋ m]也有圆唇不圆唇之分。口元音区分圆唇与不圆唇。其实鼻音[ŋ m]也是如此。[i e]不圆唇，相对的圆唇音是[y ø]。不圆唇的[ŋ]也可以有相对圆唇音[ŋ]，崇明话“我”是[ɦŋ̍˧˩]。[m]也可以有相对圆唇音。老师没有说[m]也有圆唇的，就光知道上下嘴唇一闭，声带颤动，从鼻子里出气就是[m]，就以为天下的[m]都一样了。实际上这个[m]还有各种色彩，有的带[u]色彩，有的带[y]色彩。吕四话“官”[꜀k^{u}m̩]字的韵母就是带[u]色彩的[m̩]，“砖”[꜀tɕ^{y}m̩]字的韵母就是带[y]色彩的[m̩]。我们现在只能碰见一个算一个，以后，[m]做韵母的材料多了，我们就可以写篇文章说一说[m]做韵母有多少种类。这类带有[u]或[y]色彩的[m]并不是什么非常特殊的音。我们分析语音不能说得很奇怪，要能用平常的话说出来。能用平常的话说明，离开弄懂弄会也就不远了。要是说得挺玄挺玄的，就表示认识还需要提高。

正确的理论也像空气跟水一样，平常不觉得它的重要性。不通气的时候，才知道空气的重要。缺水的时候，才知道水的重要。制定文字或者改革文字的时候要把所有的音类都分开，这话谁都能说，做起来就难了。有人为北京音制定的不分[ɛ ei]的方案，在有限的范围内使用还能行，明白人一看就知道这个要误事。某国的语言学家替蒙文制定新文字，居然有两个对立的（在相同语音环境出现的）元音分不开，用一个字母表示。

---

① 参看本刊 1983.2—4 讨论介音的一段。

语言或方言的语音系统不易受外来影响。这个平常的理论可以解释，为什么拼音方案推行多年，学会的人很多，可是字母的叫名的推行反而不很顺利，有的人用注音字母的名称，个别的人甚至用外文字母的名称。道理很简单，普通话以北京语音为标准音，字母的叫名有的不合北京语音，北京语音没有那种语音组合，一般的本地人说不出来。北京的孩子学拼音方案很容易，学字母叫名有困难，道理就在这里。

语言学理论是很重要，可是任何语言学理论都迷信不得。语言是变的，语言学理论也是变的。语言学理论的作用是帮助我们记录、分析语言。不能迷信一种流行的理论。已经作古的董同龢先生，在语言学方面有很多贡献，可是有一次，我怀疑他是上当了。他的《四个闽南方言》《历史语言研究所集刊》第三十本729—1042页，1959年是一篇很有分量的著作，730页有底下一段话：

> 所谓"变调"和"本调"不同是在实际语言中语位和语位相接的时候才显出来的。以前曾说："凡单独出现，在轻声字前，在句尾，在主语之末，在表时地的副词之末，在名词或动词系列中各名词或动词之尾的，同是一个调值；在别个字前面而不属上述各种情形的，又另是一个调值。"① 那大致是从语法上的地位来分，说起来简单而容易了解。不过近来有人觉得：在语言分析的过程中，如果在做音位分析的时候就谈语法上的区分，理论上似乎颇有问题。如此，作者以为闽南话"变调"和"本调"的不同未始不可以照他们另一个说法解释作语音的"接合形态"（junctural feature）的不同。换言之，凡用"变调"的是和后面的成分接合比较紧凑的，凡用"本调"的是和后面的接合比较松弛或者后面就是停顿。总之，无论怎么样去解释，这都是语言分析上，尤其是形态音位学方面，一个很有意思的问题，值得我们多加思索。暂时我们以记出现象为已足。

先讲音韵，后讲语法，音韵讲完之后才能讲语法，否则就叫自乱步伐，理论上有问题。这只是美国某一派语言学家的主张，并非颠扑不破的理论。其实在这里，用变调表示跟后头成分结合得紧，用本调表示跟后头成分结合得松。结合得松紧是从用本调还是用变调推出来的，并无其他标准可以判定。用变调还是用本调，结合得紧还是松，是一件事的两方面，并不是一种解释，从语法地位分才是真正的解释。大家都知道，从1958年左右开始，那一派语言学家的主张在美国就失势了，再也不是主流派了。由此可见，迷信一种流行的语言学理论是要上当的。研究语言的人千万别忘了，实践是检验真理的标准，语言比语言学丰富，语言学的理论必须建立在语言事实的基础上。

[《方言》1983年第2期81—91页]

---

① 前引文［《厦门方言的音韵》，见《历史语言研究所集刊》第二十九本第231—253页，1958年］第242页。

在汉语方言学会第二届学术年会上的发言

提要 1983年5月，李荣先生在全国汉语方言学会第二届学术年会开幕式、闭幕式、大会及分组讨论中做了几次讲话，这些讲话的中心内容是关于中国语言地图集的工作安排，以及与地图编写相关的方言调查、方言研究、方言分区、语言地图等问题。为了便于阅读，本文以白岩先生的录音整理稿为依据，根据讲话时间和讲话场合整理成文，以飨学界。

壹　　在开幕式上的发言（1983年5月11日上午）

（一）先讲两件具体的事情。

1. 1956—1957年方言普查，当时要求每省写一概况，出一本书，但这工作没完成。前几年所里一位同志去澳大利亚访问，澳在制一亚洲方言地图，不是语言现象分布图，而是语言分区。他们要求我们分担这一任务，我们同意了。我们如不同意，他们可能要去找台湾。要求全国30幅地图，地图规格50×36，4开。其中15幅汉语方言分布图，15幅少数民族语言分布图，图的背面写说明。预计1985年拿出初稿，1987年印出来。希望大家联合起来把这件事做好。

2. 不少地方志要写方言志，山西省准备调查各地方言，编写各县方言志，初步规划每县6万字左右。这一计划列到“六五计划”语言学工作中去了。

（二）再谈三个问题。

1. 方言研究在语言研究中的位置。教学时方言占什么位置，也就是方言研究与语言研究的关系。语言课教学举方言例子，总是古代的，外国的，自己方言里的例子没有。有人研究古音，但自己的方音都不知道，这就很可疑，不知道眼前的事，怎能搞好古音？俗话说“画鬼容易画人难”。语言课要离开黑板能教，就算不错的了。上次开会有人大讲复辅音，很热闹。我们教音韵不教古音，否则争论不休。我们讲的东西要能验证，讲的东西要否定而否定不了，这样才行。

方言研究是语言研究的具体工作，无论哪一方面，方言研究都是最基本的。语言学的队伍要培养，外国人学语言，派人到该国去学，我们没法做到。不过外国人研究语言总要凭借自己的方言。研究语言非得从研究语音、方言入手。

外国人有三方面值得我们学：第一，到该国去学语言。这一点我们没法做。第二，（没听清）。第三，外国人思路开阔，没有条条框框。

有这样一个理论说：一般声母如有阴阳平的，该方言就不会有浊音，因此有人说普通话的r不是与sh配对的。但重庆话就管不住了。有人说什么音不许变什么音，这不行，少见多怪。不要受自己方言影响，要多研究方言，打开思路。

2. 方言地图。先从方言和方言的差别说起。有一种差别是词汇性差别。如南方叫“面”，北方叫“粉”。北京有“龙口粉”，浙江温岭称“胶州面”。还有一种语音的差别，这里不说了。要说的是：语音差别还是词汇差别，分不清。如“箍”，北方说 gu，南方说 ku；“鸡肫”，北方说 zhun，南方说 jun。再如“端”和“掇”。“咳嗽”的“咳”字来源都是入声。《广韵》是去声字，这就不合，我们如果要构拟一个古音，就和《广韵》不同。“蹲”字，浙江、四川、湖南、福建都有阴平读法。“统”，一般方言都读上声，可《切韵》里却是去声，押韵有押去声的。根据现代方言的对应可构拟古音，构拟时不能只依一个方言。叔叔的爱人叫“婶”，即“叔母”的合音；舅舅的爱人叫“妗”，即“舅母”的合音。妗，广东阳上，韵书去声是因为当时浊上已变去了。所以韵书错误很多，不是完全正确。这些是介乎语音和词汇之间的差别，这是“特字”。

我特别强调这一点：不能让来历不同的字进行比较。有些字来历又同又不同，如“宽—阔，端—掇，坍—塌”。研究方言对比应注意。

方言分区是什么意思？光是“听不懂”？这是综合判断，不是科学。应当怎样去划？首先综合判断，即听得懂听不懂。研究的人把综合变成分析，一条一条地列出来，把现象记录下来。但差别多，哪一条为凭？要衡量每一条的重要性。如画方言图，同言线（用言比语好，既可指字也可指词）画在地图上，看哪些现象是共同的。如定母平声送气，並母平声送气，群母平声送气，再加上其他塞擦音什么的，这管得很多；但“快”字是上声还是去声，这只能管一个字。有些现象只包括一个字，有的包括许多字。有入声无入声，入声是否自成一类，这就是很重要的差别。我们挑出一些语言现象来，订出一些条目来，说明这方言的特点。挑出几项来，语音、词汇等，跟综合判断接近，这就好。如跟综合判断完全不合，这就不太妥当。

方言跟方言的边界不太容易搞得清楚，这与早期的人口流动，近期的人口流动，特殊的天灾人祸等都有关。1971 年，河南大水，绥平话没有了，说绥平话的人没有了。豫北和豫南，语音完全不同。溧水方言不能以城关人为标准，日本人把城关人全炸死了，城关人都是后来的。

研究方言要了解人口流动，我们要用方言事实来印证历史，如云南人自称是南京人的后裔。方言的分区是指说话人的分区，研究语言的人不能一刀切。边界有天然的边界，如大山大河。福建以流域为界，方言地图要画出来，跟流域地图正好相合，这就是旁证。人口流动、交通、地理情况，是方言形成的重要因素。不能偷懒，先考虑人口流动等，这就是偷懒，把证人变成当事人了。不能简单断言山区方言分歧大，河网一带方言一致，这都不行。

我们研究就要先研究语言现象，然后结合历史、地理。

方言是渐变，如不渐变，就会造成混乱。历史上是渐变，孙子和爷爷能通话；地理上也是渐变，否则出门要请翻译。这给我们带来困难，边界在什么地方？要挨公社、挨大队去找。渐变的地方具有两种特点，以后画图是否用混合色？不能完全用“懂不懂”来划分。有的表面上听不懂，而里头能合得上，明确的界线不可能的。

3. 方言志。曾出过《昌黎方言志》。要照顾传统，用汉字做韵，可以分韵写。各地情况很不一样，要求是一样的。要迎合方言志的要求。《昌黎方言志》准备重印。还有个简志，简志是从详志里抄出来的。山西每个方言志6万字，点的方言没限制，面的就要有个限制。

方言调查最好先从点开始，最后归结到方言比较。如有可能，每个人调查一下自己的方言，要搞几个点的详细的。希望前十年（1980—1990）能打好基础。新中国成立以后，方言研究不太适应这么大国家的要求，应当订一个规划。现在强调基础工作，如研究语言，选定一些专书，每部专书做详细研究，先编索引。分头做，不搞大兵团作战。

就方言而言，先画图，什么地方难画一些，我们就多花点工夫。我们打算出30部比较详细的点的调查报告。现在，汉语史强调专书研究，语法强调专题研究，方言强调重点研究。《方言调查词汇表》准备重印。光讲外貌搞不好学问。

可以先在《方言》上登出画方言图的标准。

贰 分组讨论会上发言（5月12日下午—5月13日上午）

（有人提到绩溪方言城乡差别很大。）

赵元任写过两篇文章，一是《绩溪音系》，还有一篇是以胡适的话调查的。研究方言，假定该方言内部相当一致，人口流动不能全顾到，全顾就不用研究了。本地人认为是本地人，就可以取得该地资格。

社会语言学很时髦，赵元任一辈子没用过社会语言学这一名词，但他的文章被编到社会语言学论文集里面去了。名称用得太泛，只要能连得上，就叫社会语言学。所以讨论问题时要尽量避开名词术语。

研究语言可以假定它相对是纯的，有些特殊的可做个案研究。城乡语言不同，应按语言分界，而且是分色的，点不同就用另一个颜色标，这样就清楚了。方言分区图是对普查的总结，现在有些点是空白，要把它补起来。我们可以用以前普查的成果，如有可疑的，在人力许可的情况下，可以再做详细调查，准确到什么程度就什么程度，并不能一切重来。各地按多少条件分区，可以互相透透底，找几个好条目来划定一个区，可能更好。方言分区能否分层次？那太好了。分区可用"掌中书火"[①] 的办法，个人说说自己的分区标准。

（有人提到不能只用语音一条标准。）

假定某一同言线确能划出方言间差别，一定会有另外若干条同言线与它走向大致相同，个别小的出入当然也许是有的。标准要综合，但具体画到图上去，只可以选一个最有代表性的，不必每条都画上去。如果挑一个孤家寡人，与其他同言线不一致，那就不能做代表。

---

① "掌中书火"是用的三国典故，指诸葛亮和周瑜把"火"字书写在自己手掌上给对方看。这里用这个典故是说大家可以先按自己的想法分区，然后再讨论交流。——李蓝补注

（有人提到新疆汉语方言的复杂性，有些农场有方言岛，有“广东庄子”“河南庄子”。）

这次不是完全重来，有可疑的地方才去，尽可能平衡。15 幅图中应当有一个新疆方言地图。新疆与内地分区标准不一样，完全可以，体例可以研究，不能要求一律。方言最好不用“派”，用“×× 音”。我对“次方言”的说法有意见。不用“操”用“说”。方言、片、岛，把“派”让开。如要写新疆方言，先介绍一下“本人五代世居新疆”。我在这里公开检讨，当时没考虑到新疆。

叁　大会发言（5 月 14 日上午）

首先，方言工作最基本地说就是一个点的方言调查。面的调查也是由点开始。方言调查可提供语言的基本训练，从语音、字音的分析到词汇、语法。最好从某一具体方言接受锻炼。如果讨论几千年前的语音，而连自己的语音都搞不清楚，那很难进行。刚开始时，能说明声、韵、调，语音构造，变调情况，古今对比的大致情况，就差不多了。记音的方法进步、提高了许多，方言调查的许多人都以为说点理论是高的，摆出事实不难。解放前出了《湖北方言调查报告》，后来台湾又出了《湖南方言调查报告》《云南方言调查报告》。赵元任、丁声树、董同龢等参加了湖北方言调查。湖南、云南两报告有“语音特点”一栏，编者不会罗列事实。如玉溪那个县，是丁先生记录，杨时逢整理的，丁先生看到了那报告，说杨“真会抄”。他那个东西不行，与事实不合。从他身上我们可以得到教训。《湖北方言调查报告》可借来看看，那体例，大致的架子是对的。

要搞方言，你得先把自己的方言捋一捋，某个声母有几个来源，韵母有几个来源。每个点都要做好这些工作。我写文章，如人家说只罗列事实，我认为是表扬。如罗列事实都不会，那你这个理论怎么搞得好？物理、化学的实验结论都是现成的，但未来的化学家就出在里头，这些基本的东西先得学会。

前人的东西要看看，如前后无矛盾，前后照应得好，那就是理论。例如：汉语为什么要分声韵调？说不上来。你拿英语音节来分析一下，看能不能，你就知道声韵调为何要这样分。

西方与中国不同，中国一个字都有意义，字不是单纯书面上的。语言中，字是一个语音单位。为什么广州 u 介音要归到声母中去呢？因为它拼的字少。所以有人说北京话有 u 介音，广州话没有，这是不对的。

我们方言调查先得记字音的结构，我们方言调查不是一张白纸，不需要从头来。王辅世研究苗语，曾从外国教师侯顿斯学方言，说那教师好。他调查苗语时说，要有一个苗语的《广韵》就好了。我们如用《广韵》来调查方言，那就容易得多了，不从来历上看，不能很快搞出来。《简表》上当了，不好调查，北京音管不住，只有《广韵》管得住。董同龢用休斯敦方法搞了好多时候，还不知道搞全了没有。如不用《字表》，你不会比字，走不动，走了很多弯路。分重纽有什么用？这不用你知道。王辅世研究苗语，货真价实，他既能记音，又能通话。

有点学问的人不怕提意见，只有纸老虎不能捅，真老虎不在乎。赵元任 1973 年回国，带回来《通字方案》，一片赞扬声。我略提几条，他马上拿笔来记。人人都爱捧，但你捧得不是地方，反而是骂他，就比如说一个老头儿“瓜子脸”。

字调查后，做个同音字表，每个空格都要问问，难字可以忽略不管它。可按《词汇》的条目来问，要会用它。方言调查搞字音，就是让你学会音的构造。学问要能直言之，一条一条地说，只有老手才能意会。如第一步不学，只学第二步，那不行，刚学时要按部就班。“影疑”二等字只有几位“贵客”。天下做学问，没有终南捷径，经验不够的话，不能离开《字表》。如果你记了几千个词汇，几个声韵调都搞不清，那怎么行，就是这个原因。《字表》记了，还要用《词汇》来补充它。

我们如果想知道方言分界，挑几条主要的问问就行了，因为我们已经知道许多事实了。

走弯路不可避免，初学者不能假定都会。但也不能以点的记录为满足，最后还要扩大到面上去。点的工作做细一点没关系。面的工作讲究有对应，可参看《湖北方言调查报告》。按部就班，什么都可学会。

有的行家写的方言著作，可指责的地方很多。“行家出大娄子”就是这个道理，这是“票友”，不是科班出身。要能对上，什么地方叫“狗”，什么地方叫“犬”。再如，“箍（gu-ku）”，“窠—窝”，“锅—镬—鼎”，“筷子—箸”等。

研究浙江方言，不能光说杭州如何，宁波如何。首先要罗列事实，走“下策”。只有下策才是上策。

搞音韵学不必言必称希腊罗马，要和眼前的事实联系上。老师无意中在卖弄，卖弄的东西不是真的，说得天花乱坠，又不做练习，有什么用?

方言调查中面的要对得上，对不上就无法下笔。因此方言调查首先要搞点的调查，面的调查材料不怕少，主要要能对得上。《湖北方言调查报告》只有 64 个点，每个点都能对得上。

第二，基础工作后，再面临两项具体任务。汉语方言分区图，要把已经有的东西画在图上，看弱点在什么地方。了解得不够，这回就尽可能地去补充。别的人哪些地方有毛病，对一对。原来材料不够细，我们再弄细一点，如吴语边界，拿县做单位，也行。城里调查得很好了，乡间不知道，那很可以了。假定什么地方说得更清楚，为以后创造一些经验，如南通、靖江与普通话有些什么区别。但这次不要求。

关于人力，想法是，大兵团作战恐怕不行，一哄而上，浪费巨大，效果也差极了。在座的工作做得很多，如果解除三个人的工作就能把地图工作做好，那能办到。事实上不可能，不现实。有些人教学任务忙，或有其他工作，不要因此而放下自己的工作，招兵买马，成立什么班子。工作能力越低，思想工作越大。我们不希望大兵团作战。江苏、上海编的质量很差，词汇都不记音。

这一行不容易学会，没有多少人能干。个案考虑可以，“鸭嘴磨尖鸡行散”①，现在主要靠

---

① 这是一句流行于浙江南部的俗谚。平常而言是鸭的价格比鸡贵，因此，无需把鸭嘴磨尖来充鸡卖。之所以“磨尖鸭嘴”，是因为鸡价一时比鸭高。但等你把“鸭嘴磨尖”时，鸡价却又贱了，行市散了。李先生在这里引用这个俗谚的意思是说，地图集的工作需要有经验的人做，现学来不及。（等他学会时地图已经画好了。）——李蓝补注

自己干，合适的就物色几个。

方言分区怎么分，提的意见很多，有人说音类的差别比其他重要，语音的差别管的字多，笼统地可以这么说，具体不行。如黄典诚提出近指、远指，到底能管多大范围？不管你用语音、词汇、语法哪一条标准，只要是语言事实，能摆到桌面上来，就行。

分区分几步：①综合判断；②分析判断。

特点识别是可以的，但不能找一个该方言特有的。如“箸”很好，中国人吃饭都用筷子。音值也很重要。浙江、江西“鱼”读 ie。

总的讲，音类比音值重要，语音比语法、词汇重要。但具体的可以不是这样，小字眼儿差别很大，如“这个、那个，我、你、他”。有人回去不讲哪个重要，而说从哪儿划。方言渐变，同一个县内两个不懂的语言，他们一定要同时会两种，否则没法活下去。如果哪个方言的人会说好几种话，或说双语，划方言就不能一刀切，都是渐变。如过渡地带是一条线，那是边界；如是一大片，那就得另立一个区了。同言线大多不止一条与之吻合。河南绥平，江苏溧水，湖广填四川，郎溪，皖南有一官话半岛。我说我是芜湖人，要别的芜湖人都承认我是芜湖人，那我就够格。上海人可以分成各种派，但外地人他不承认你，要本地人承认。老年人话过时，调查要反映现实，这是对的。不过老年人最能代表本地特点，中年人越来越简化，受普通话影响增多，自发的增多可能没有。

推普是一回事，方言调查是一回事。方言的发展方向，越来越接近城市范围，语言最势利，解放后不成为社会身份的标准。老革命，江西湖南调都有，陈伯达说福建话，要翻译。

研究方言不能找年轻人，经不住盘问。要拿复杂的做标准，不能以简化的做标准，前者省事些。如上海话多数人分尖团，就按分尖团的，然后交代一句，大多数不分，就省事多了。年轻人内部差别大，最好调查年长的。如有余力，调查祖孙三代，那当然好。一开始不能研究那混合的，先研究纯的，用纯的来衡量那不纯的。内部不一致的现象很多，但我们不能每一个人都去调查，中国十亿人，不可能，当然所有的纯都是相对的。

方言岛问题，某地有没有，都值得记录，但不可能每个方言岛都研究。

人口流动应记录，地理关系应记录，但我们不是研究人口、地理，如徽州山区，但云南也是，还有四川。人口流动，首先看有没有语言的影响，我们记录语言的异同、差别，用历史来解释。我不认为调查年轻人的话是好的，对推普也是这样，不要调查那已经学会普通话的人。

方言志，《昌黎方言志》的经验是：详细调查一个点，碰巧找上门来。当时县市合并，有一校长来找语言所帮忙，他不会，请我们去，周瑜打黄盖，一个愿打一个愿挨，两头热，这最好。假定我们方言点的工作做得很好，他要方言志，那坐下来就写，很容易。他找你，你才能抬高身价，单相思不行。如果各县尚没有这个要求，你先做点的工作，不能凑着他。外头不求，我们先下基础功夫，求上门，再下功夫编方言志。我们要实事求是，不要体会某人意思，揣摩某个意思。不讲轰轰烈烈，不讲大兵团作战，要反映出水平来。现在老想着规模，那不行。我们搞方言是专业，不是“玩票”“下海”，要讲究实效，要能反映现在的水平。

肆　闭幕式发言（5月15日晚）

（关于地图集的工作进度。）

1. 把各省的划分标准寄给我们。

2. 1985年底要交草稿，1984年8月要将图交给我们。要办一个通讯。1984年6月底交班。

（华东片交流。有人提出稿件交付问题。）

1985年底付印，要交给专业出版人员。1985年4月起要陆续交稿，各省的稿子1984年要出来。要方便可到北京，或到下面去。1984年底要完成，有问题的可晚一点，发到1985年底为止。

我们的召集人是邓力群（中宣部长），年底肯定要见分晓。教育部不行，当年的教育部是胡乔木，现在的事情多如牛毛，管不过来。

（关于中国语言地图集工作的通讯稿。）

通讯稿是实质性问题，有什么方言岛，什么地方应怎么划分。要求大家写稿子，流水账形式，不要讲究修辞，如安徽宣郎广方言半岛。第一步要迈开，提供这类稿子，然后搞个征稿启事。我们先发给会员，以及从事这工作的人，不公开出售。油印，不保密，文章不要写太多，两件事写两回都行，一个题上写三件事也可以，先少写一点，不然我这通讯老出不来。以两千为限，我们打印，分寄给各地同行。寄稿子时，信封上写地址，稿纸上也要写地址，写在头上。

［《中国方言学报》第2期1—9页］

普通话与方言

提要 本文是作者6月5日在普通话与方言问题讨论会上的发言稿，根据当时的录音酌量增删写成的。现在节录旧作两段，作为提要。(一) 普通话在方言之中，又在方言之上。普通话是全国人民学习的对象，所以说普通话在方言之上。十亿人口的大国，标准语、标准音不用一个活方言——北京话做底子，是不可想象的。所以说普通话在方言之中。人为的分尖团、有入声的老国音之所以失败，道理就在这里。(以色列有400万人，又来自世界各地，所以才能复兴希伯来文做标准语。新加坡只有240万人，是个世界码头，所以规定用英语做官方语言。新加坡人口中有四分之三是华人，方言不一，所以又推广普通话［当地叫华语］。) 北京话作为普通话的底子，事实上已经吸收了大量的方言成分。古清音入声字北京话分读阴阳上去四声，就体现出北京话的综合性。有人借此指摘北京音这一点在古今音演变上规律性不强。这个指摘是站不住脚的。任何方言在逐渐演进为全国标准的过程中，必然要吸收书面语和其他方言的成分。(《方言》1985.5) (二) 普通话以北京语音为标准音……。"取法于上，仅得其中。取法于中，不免为下。" 标准是不能含糊，不能放松的。(《方言》1989.247)

我的题目是《普通话与方言》，中心意思只有两句话：普通话在方言之中，又在方言之上。在方言之中，是说普通话也是一种方言。十亿人口的国家，普通话不拿一个活方言做底子是无法推广的。在方言之上，是说普通话是全国人民学习的对象。方言是一方之言，普通话是普遍通行的话。

普通话的定义有三句话：以北京语音为标准音，以北方话为基础方言，以典范的现代白话文著作为语法规范。很多人批评这个定义，不过重下定义不见得能比这个更妥当。这个定义的好处在于第一句说得明确，后两句说得概括。概括不是含糊。能说明确、该说明确的地方说不明确，这叫含糊。只说要点，不说细节，管得宽，管得多，这叫概括。

语音的标准不能不明确，标准含糊不好教，不好学，不好推广。有个老先生，四川人，对语言文字的问题很热心，说过这么一段话："我的方言不分［n l］，不分［z zh］，不分［in ing］，又不分［en eng］，别人听懂我的话，我也听懂别人的话。" 他的意思大概是语音标准可以马虎，何必斤斤计较。问题是你的方言这些音不分，其他方言那些音不分，比方［f hu］不分，［f shu］不分，［an ang］不分，［uan uang］不分，［ün iong］不分，［un ueng/ong］不分。把各地方言的 "不分" 都加在一起，剩下的声母、韵母就太少了。

减少音类不行，增加音类也不行。不妨回顾一下历史，1913年读音统一会的决定，1920年出版的《国音字典》，都根据北京语音加以修改补充，比方有入声、分尖团等。古音有入声，很多方言也有入声。作诗分平仄，仄声包括古上去入三声；北京没有入声，古入声字分别归到今阴平、阳平、上声、去声四类里，这样平仄就乱了。国音不能没有入声。古音分尖团，有的方言也分尖团。北京不分尖团，可是唱京戏就分尖团。国音也该分尖团。道理好像很周到，但是推行不开，没有人会说那种话。赵元任先生说过，只有他一个人会说那种话，1922

年商务印书馆发行的《国语留声片》就是他按照上述标准灌的音。只有一个人会说的话怎么推行呢？ 1932 年出版的《国音常用字汇》，确定以北京语音为标准音。1935 年商务印书馆发行的《新国语留声片》，是赵先生照新标准灌的音。从 1913 年到 1932 年，二十年的经验说明了一件事：标准语不拿一个活方言做底子是无法推广的。

1955 年重新讨论标准音，意见很多，相持不下。没有人再主张保留入声，有的人还坚持要分尖团。后来有位主管这方面的领导出来说话：国民党建都南京，南京电台广播的是北京话，不是南京话。延安建立解放区第一个广播电台，没有讨论用什么话做标准，一上来就是北京话。他说的是事实，不是理论。事实胜于雄辩。这才重新确定下来以北京语音为标准音。

以前有人提倡拿武汉三镇的话做标准音，武汉居全国之中。还有人主张拿上海产业工人的口音做标准，上海是全国最大的工业城市。这些当然都成为过去了，现在不光是我国广播用北京语音做标准音，世界各地，亚洲、欧洲、北美洲、大洋洲电台的中文广播都说北京话。有的电台也用方言广播，例如广州话、闽南话（往往用厦门口音），潮州话（从方言分类说，潮州话也是一种闽南话）、客家话（往往用梅县［嘉应州］口音）、上海话。那是另一回事，跟普通话的标准音不相干。总而言之，普通话拿北京话做底子，以北京语音为标准音，是七百年来历史的选择，不是一朝一夕之功；是事实上公认的，不是谁谁谁的爱好。

从语音的观点看，北京话有很多优点。就字调说，阴阳上去，高扬起降，四声的区别很显著。吴语的阳调（从古浊音声母来的），音域（低音到高音之间的距离）比较窄，阳平、阳上、阳去差别小，外地人学起来比较困难。

任何一个语言或方言都有相当严密的语音系统。语音系统是说有哪些音素，这些音素组合成哪些声母、韵母，有哪些声调，声韵调如何配合成字，有哪些连音变化，包括连调变化。比方说，㈠北京语音［i］介音不拼［i］尾韵，［u］介音不拼［u］尾韵。所以有［ai uai ei uei］韵，没有［iai iei］韵；有［ao iao ou iou］韵，没有［uao uou］韵（拼音方案［au］写成［ao］）。㈡［n l］声母拼［ei］韵不拼［uei］韵。㈢［ua uai uaŋ］三韵拼［zh ch sh］声母，不拼［z c s］声母。㈣两上声相连，第一个上声变阳平。“粉笔”读如“焚笔”，“举手”读如“局手”。

语言或方言的语音系统不易受外来影响。这个平常的理论可以解释，为什么拼音方案推行多年，学会的人很多，可是字母的叫名的推行反而不很顺利，有的人用注音字母的名称，个别的人甚至用外文字母的名称。道理很简单，普通话以北京语音为标准音，字母的叫名有的不合北京语音，北京语音没有那种语音组合，一般的本地人说不出来，北京的孩子学拼音方案很容易，学字母叫名有困难，道理就在这里。（《方言》1983.91）

拼音字母的名称，除 v（名称是 vê）不用于北京音之外，下律 13 个字母，名称（记在圆括弧里）都不见于北京音系。

b（bê）	c（cê）	d（dê）	g（gê）	k（kê）
n（nê）	p（pê）	t（tê）	z（zê）	
f（êf）	l（êl）	m（êm）	s（ês）	

在北京音系里,［ê］前头总带［i］介音或［ü］介音，不能直接拼辅音声母。北京音系里没有［fls］韵尾,［m］韵尾只作为［n］韵尾在唇音声母前的变音出现。因此说这 13 个字母的名称都不见于北京音系。昨天我问一个六年级的小学生，他会使用拼音方案，也学过一点英文，我请他先把拼音字母读一遍，再把英文字母读一遍。他读的英文字母跟习惯读法一样。他读的拼音字母的辅音字母，完全跟注音字母的名称一样。

1958 年拼音方案公布的时候，我在中关村一个会上说，拼音字母的名称不好推广，不幸而言中。

语音系统不易受外来影响，比方吴语有单说的自成音节的鼻音［n̩ ŋ̍］，有［n ŋ］声母，有元音［i］，但是吴语地区的人除非学习过，往往不会分别［in iŋ］，现在以苏州话为例：

□朝今天［n̩˥ tsæ˥˩］	□笃你们［n̩˧˩ to?˧］	脑［næ˧˩］	暖［nø˧˩］
鱼吴白读［ŋ̍˨˦］	五白读［ŋ̍˧˩］	咬白读［ŋæ˧˩］	软［ŋø˧˩］
衣 医［i˥］	音 英［in˥］苏州音据叶祥苓		

有人通过下列四步学习区分北京的“音”［in˥］跟“英”［iŋ˥］。

第一步	第二步	第三步	第四步
［i+nː］	［i+nˑ］	［i+n］	［in］
［i+ŋː］	［i+ŋˑ］	［i+ŋ］	［iŋ］

先练［i］加长鼻音，两个音节，逐步把鼻音缩短，成为一个音节。在练习的过程中，渐渐学会用听感控制舌头的动作，最后才能分别［in iŋ］。

北京语音内部也有不一致之处。比方现在热门的“亚运会”，有人说［yàyùnhuì］，有人说［yǎyùnhuì］。“耳朵”有［ěr·duo ěr·tuo ěr·tou］三种说法。这是任何语言、任何方言都免不了的。我们不必因此替北京话红脸。比方英文 direction 有［diˈrekʃn daiˈrekʃn］两音，neither 有［ˈnaiðə ˈniːðə］两音。

我是南边人,“亚”字读去声。1946 年，我刚到北京，听人说他住在［yǎzhōu］饭店，一下子听不懂［yǎ］是什么字，过一会儿才明白原来是“亚”字读上声。昨天我问一个小学六年级学生,“亚运会”怎么说？他说［yàyùnhuì］。我再问能说［yǎyùnhuì］吗？他说又不是哑巴，开什么［yǎyùnhuì］。

从推广普通话的观点说，从语文教学的观点说，北京语音内部有不一致之处，有异读词，这就须要审音，推荐合适的读法。现在举几个例子来讨论。在分条讨论之前，先总的说几句。

异读有不同的情况，要分别考虑，审音不能采用一刀切的办法。审音时常常根据古音和方言，推荐某个读音，如下文的㈠“亚”字和㈢“朵”字。这是因为根据古音和方言，所推荐的音便于推广。1962 年审音表初稿第三编推荐“穴”字读［xué］阳平。当时有人说:“巢穴、不入虎穴”的“穴”都读去声，读阳平是根据古全浊声母入声字今读阳平推的。当时针灸正风行，正好向他解释“穴位”的“穴”是阳平。以前土葬，买块坟地也说“买个穴”。北京口语“穴”字读阳平的多。“巢穴、虎穴”都是文言。

另外一方面，1957 年审音表正编推荐“危、微”两字都读［wēi］阴平。当时有人说：这两个字古音是次浊平声，照语音演变规律读阳平，读阴平是土话、土音，都是研究方言的人闹的。不知道北京口语这两个字都读阴平，只是在读书的时候才有人读阳平。下文㊂“绥”字定为阳平，我没有听见不合语音演变规律的埋怨，倒是听说过有人坚持“室”字应读［shǐ］上声。

下文㊃“砝码（法马）”［fǎmǎ＞fámǎ］跟㊄“指甲”［zhī·jia］，“指头”［zhí·tou］都只有一种说法，没有异读，本来无须审音。主张“砝”字读阳平大概是忽略了北京语音的连调规律。主张“指甲、指头”的“指”读上声，同时绕开后字读轻音的现实，恐怕难于推广。“指甲、指头”这类地道的口语，没有特殊的理由要改音是困难的。下文㊅说明“癌”字从［yán］改成［ái］是有特殊理由的。（为避免读者误会起见，本文作者在这里说明，他没有参加过审音委员会。）

㊀亚　现在从“亚”字说起。“亚”字用于“亚洲、亚运会、亚军”，都有上声［yǎ］与去声［yà］两读。考虑到亚字古音去声（《广韵》衣嫁切），跟现代方言符合。最好推荐去声的读法。

㊁朵　“一朵花儿”的“朵”有［duǒ］与［tuǒ］两音。上文提过“耳朵”有三种说法。“朵”字古音上声不送气（《广韵》丁果切），跟现代方言符合，最好推荐不送气的音。至于“耳朵”说［ěr ·tou］，大概是“朵”字受“头”字感染。

㊂虽、绥，室　“虽、绥”各有阴平［suī］、阳平［suí］两音，“室”有上声［shǐ］、去声［shì］两音。审音表初稿本与 1985 年修订本“虽”字定为阴平，“绥”字定为阳平，“室”字定为去声。“虽、绥”两字都是古平声清音声母字，照例读阴平，阳平一读大概由忌讳跟“尿名词”［suī］字同音改读。现在一个读阴平，一个读阳平，似乎欠妥，不妨都取阳平的音。“室”字是古入声清音声母字，今有上去两音，取上声与“屎”［shǐ］字同音，取去声为妥。

㊃砝码（法马）　“砝码”本作“法马”［fǎmǎ］，见于《国语辞典》的节本《汉语词典》与老《辞源》、新《辞源》。明冯梦龙编《桂枝儿》八 89《法马》开头是“法马儿，你常把我回来回去。”《山歌》十 85《天平》第二句是“一头法马一头银”，均可为证。上海古籍出版社，1986 年。依照北京语音两上声相连，第一字读阳平的变调规律，《汉语词典》“老板、老小、老远”注音为［lǎobǎn lǎoxiǎo lǎoyuǎn］；“砝码”说明“本作法马”，注音为［fámǎ］，自乱其例。审音表 1985 修订本云：“砝 fá（统读）”，似乎忽略“砝”字平常只用于“砝码”，阳平的音是上声的变调。《广韵》“砝”字有两个音，一是“硬也，居怯切”，二是“石声，居盍切”，这两个音现在都不用，都跟今“砝码（法马）”字不相干。“统读”两字是多余的。

㊄指　“指”字广用多数的用法读［zhǐ］上声；“指甲”说［zhī·jia］，“指”字阴平，“甲”字轻声；“指头”说［zhí·tou］，“指”字阳平，“头”字轻声。审音表修订本放弃“审音以词为对象，不以字为对象”的原则，“指”字一律定为上声，也不交代“指甲、指头”后字都读轻声。就已经掌握北京音的人说，“指甲、指头”都是口语常说的，北京都只有一种说法，没有异读，不

容易更改旧读。就学习北京音的人说,“指甲”说成“上声加上声 > 阳平加上声”[zhí jiǎ],“指头”说成“上声加阳平 > 半上加阳平”[zhi˨˩ tóu]（半上用调值号),“指甲、指头”都说成“上声加轻声 > 半上加轻声”,恐怕都是很难懂的。

㈥癌　在特殊的情况下，就是在不改音可能妨碍交际的情况下，人力也可以改变字音，不过这种改变要同时改变语言才能收效。我只能举一个例子。“癌症”的“癌”，在 1960 年以前，我国的字典一律音 yán。“癌”字早期医书有“癌巖岩嵒喦”等写法，现在都写作“癌”。

1961 年,《新华字典》大修。编者考虑到“癌症”(cancer)跟“炎症”(inflammation)最好有个区别，就参考某些方言“岩（巖）”读如“崖”，就是 ngái 一类的音，北京语音没有 ng [ŋ] 声母（除非是连读或 [ŋ̍] 自成音节），就推荐“癌”读 ái。第二年,《新华字典》印出来，扉页印着“(1962 年修订重排本)”,“癌”字的音是 ái（旧读 yán ）。《现代汉语词典》1965 年和 1973 年两次印的试用本“癌”字条释文同试印本，音改成 ái（旧读 yán）。音 ái 就音 ái 好了，为什么还要来个旧读呢？这有两层意思：第一表示 ái 这个音不是印错了，是有意推荐的跟旧读不同的音。第二是声明，要是你不赞同 ái 的音，你还可以用旧读 yán。[1962 年 12 月审音表初稿第三编“癌”字音 ái，说明不取 yán 音。] 林语堂等编的《当代汉英词典》(1972 年)“癌”字音 yán，并且说有人主张读 ái，用来跟“炎症”的“炎” yán 区别。

癌 ái 的音站住了，行开了。新《辞海》也用 ái 的音，注明旧读。《新编小学生字典》(1983 年)也用 ái 的音，不注旧读。广播、电视跟平常口语都用 ái 的音。（以上两段见《中国语文》1986. 323。）

“癌”字的音从 yán 改变为 ái，差不多费了四分之一个世纪才改成，可见人力改变字音，即使在特殊的情况下，也不是容易的。

[《中国语文》1990 年第 5 期 321—324 页]

汉语方言里的文白异读 *

一个方言里头，最常见的情况是一个字一个读音。例如北京话“人之初”[꜁ʐən ꜀tʂʅ ꜀tʂʻu]三个字，每个字都只有一个读音。有时候，一个字不止一个读音，有几个读音。例如“好”字有两个读法，“好坏”的“好”[꜂xau]读上声，“喜好”的“好”[xau꜄]读去声。又如“长”字也有两个读法，“长短”的“长”[꜁tʂʻaŋ]读阳平，“生长”的“长”[꜂tʂaŋ]读上声。两个读音的来历不同，意义不同，严格的说，是两个不同的字，不过写法相同而已。调查方言的时候，碰到这些字，要把意义注出，以免误会。例如：

好好坏	꜂xau	好喜好	xau꜄
长长短	꜁tʂʻaŋ	长生长	꜂tʂaŋ

这里所谓文白异读，不包括这些来历不同意义不同的一字两读，专指同一个字文言音和白话音不同而言。首先要说明的，这里的文白只是概括的说法。如“更更改，更动”总读[꜀kəŋ]，“更打更，三更”[꜀kəŋ]，[꜀tɕiŋ]两读，我们说[꜀kəŋ]是文言音，[꜀tɕiŋ]是白话音。差不多全国方言都有文白异读现象。有些方言大多数字都有文白两读，如浙江义乌。大部分方言文白异读限于少数字，这里举北京、汉口、苏州三处为例。

北京文白异读。例如：

	文	白
嫩	nuən꜄	nən꜄
乱	luan꜄	lan꜄乱七八糟
谁	꜁ʂuei	꜁ʂei
脓	꜁nuŋ	꜁nəŋ

“嫩、乱、谁”三字文言音有[u]介音，白话没有[u]介音。“脓”字文白两读元音不同。又如：

	文	白
更	꜀kəŋ	꜀tɕiŋ 打更，三更
耕	꜀kəŋ	꜀tɕiŋ 耕地
隔	꜁kɤ	꜁tɕie

“更、耕、隔”文白两读韵母不同，因为北京[k、kʻ、x]不拼[i]，所以“更、耕、隔”白话音声母都是[tɕ]，连声母都和文言音不同了。又如：

---

* 这是教育部和中国科学院语言研究所合办的语音研究班讲义的一部分。

	文	白
色	sɤ꜄	꜂ʂai
脉	mo꜄	mai꜄
贼	꜁tsɤ	꜁tsei
北	po꜄	꜂pei
给	꜂tɕi	꜂kei
薄	꜁po	꜁pau
落	luo꜄	lau꜄
疟	nye꜄ 疟疾	iau꜄ 发疟子
熟	꜁ʂu	꜁ʂou
六	lu꜄	liou꜄

这些字都是古入声字（除“给”字古音收[-p]个，其他都收[-k]），文言音是开尾韵，白话音收[-i]尾或[-u]尾。

汉口文白两读的异同主要是有没有[i]介音，文言音有[i]介音，白话音没有。例如：

	文	白
夹	꜁tɕia	꜁ka
下	ɕia꜄ 上下，下山	xa꜄ 等一下
觉	tɕiau꜄	kau꜄
敲	꜀tɕ‘iau	꜀k‘au
咬	꜂iau	꜂ŋau
鹹	꜁ɕien	꜁xan
淹（淊）	꜀ien	꜀ŋau
雁	ien꜄	ŋan꜄

从这些例子可以看到，文言音有[i]介音，接近北京音，白话音没有[i]介音，和北京差别较大。好些方言文白异读的情况都是如此。

苏州的文白异读也是文言音接近北京音。先举文白声母不同的例，文言音是口音声母[v]、[z]，白话音是鼻音声母[m]、[ȵ]。例如：

	文	白
蚊，闻	꜁vəŋ	꜁məŋ
物	vəʔ꜊	məʔ꜊
味	vi꜉	mi꜉
人，仁	꜁zəŋ	꜁ȵiŋ
认	zəŋ꜉	ȵiŋ꜉
日	zəʔ꜊	ȵiəʔ꜊

让	zã^2	ȵiã^2

苏州的文[v-]白[m-]的字，北京是[u-]："蚊、闻"[꜁uən]，"物"[u꜄]，"味"[uei꜄]。苏州文[z-]白[ȵ-]的字，北京一律是[ʐ-]："人、仁"[꜁ʐən]，"认"[ʐən꜄]，"日"[ʐʅ꜄]，"让"[ʐaŋ꜄]。

苏州文白两读韵母不同的情况比较复杂，不过也看得出文言音接近北京音。例如：

	文	白
骂	ma^2	mo^2
虾	꜀ɕia	꜀ho
家，加，街	꜀tɕia	꜀ka
嫁，戒	tɕia꜄	ka꜄
花	꜀hua	꜀ho
埋	꜁mE	꜁ma
怪	kuE꜄	kua꜄
拣	꜂tɕiɪ	꜂kE
野	iɪ^2	ia^2
眼	iɪ^2	ŋE^2
生	꜀səŋ	꜀sã
省	꜂səŋ	꜂sã
樱	꜀ʔiŋ	꜀ʔã
行行为	꜁iŋ	꜁ɦã

苏州的文言音在介音上和北京音完全相同，主要元音也是相同或相近的多。北京"骂"[ma꜄]，"虾"[꜀ɕia]，"家、加"[꜀tɕia]，"街"[꜀tɕie]，"嫁"[tɕia꜄]，"花"[꜀xua]，"埋"[꜁mai]，"怪"[kuai꜄]，"拣"[꜂tɕian]，"野"[꜂ie]，"眼"[꜂ian]，"生"[꜀ʂəŋ]，"省"[꜂ʂəŋ]，"樱"[꜀iŋ]，"行行为"[꜁ɕiŋ]。苏州没有[ai]，北京的[ai]苏州是[ᴇ]，苏州没有[ian]和[ie]，北京[ian]苏州是[iɪ]，北京[ie]苏州是[ia]或[iɪ]。苏州的白话音距离北京就远多了。拿"生、省、樱、行"四字说吧，这四个字苏州白话音韵母全是[ã]，文言音的韵母和北京相同。

从汉口和苏州的文言音和北京接近上，可以看出北京语音对于方音的影响来。不过也有一些方言，无论文言音白话音都和北京音距离很远的。

为了区别文白，可以在音标后注明文白，也可以在文言音底下加双线（＿），在白话音底下加单线（＿）。例如北京"给"[꜂kei]白、[꜂tɕi]文或"给"[꜂kei]、[꜂tɕi]。

有些方言，读书认字都用文言音，白话音和文字已经失去联系，就是认字的人也不能把他口里说的字都写下来。调查词汇语法例句、固然要请发音合作人一条一条翻译，注重话怎么说。就是调查字音，也不能离开口语，光问读书音。因为我们的目的是通过字音调查方言，不是单调查字音。所以在问字音的时候，有时候还得问这个字代表的东西口语里怎么说。光问

"雁"这个字，也许只能得出这个字的文言读法，比方说［ienˀ］，再问问"雁"这个东西叫什么，也许问出［ŋanˀ］来。这种问法也许问出训读（同义字的读法）来。比方梅县管"柴"叫"樵"［ts'iau˩］，阳平，因此"柴"字就读"樵"字的音［ts'iau˩］。梅县管"伞"叫［tsa˧ ·uɛ］（说快了也叫［tsa˧ ·ɛ］），［tsa˧］就是"遮"字（比较"车"字读［ts'a˧］），这里的［·uɛ］和［·ɛ］都相当于"子"。因此，"伞"字就读"遮"字的音［tsa˧］。这都没有关系，先把事实记下来，再仔细研究那个音代表什么字。

［《中国语文》1957 年第 4 期 22—23 页］

《陕北方言志》序

《陕西省志·方言志》(陕北部分)包括下列19个县市：绥德、子洲、米脂、佳县、吴堡、神木、府谷、榆林、横山、靖边、延安、甘泉、安塞、志丹、吴旗、清涧、子长、延川、延长。陕北方言的调查工作过去做得不多，从1979年开始，延安大学的刘育林同志一面教书，一面调查陕北及其附近地区的方言，六经寒暑，四易其稿，才写成本书。

本书说明西安和19处方言的音系，并且对比各处的字音、词汇和语法例句。西安不在陕北范围之内，为阅读参考方便才加上的，书中还有延安话和绥德话的标音举例，记录了当地民歌、歇后语、谚语和民间故事。

陕北方言有入声，就整个地区而言，古入声字今读入声的从北到南，从西到东，逐步递减。这现象充分说明方言在地理上的渐变性，因此陕北可以说是“有入声”到“无入声”的过渡地带。

方言志以记录事实为主，刘育林同志原籍绥德县，从小熟悉本地方言。本书篇幅很大，作者虽然努力，错误在所难免，敬请读者指正。

本书对于汉语的教学和研究，对于各地编写方言志，对于提高本地区的文化水平，都很有价值。

1986年3月

“山西省方言志丛书”序

山西方言在我国北方方言里是比较复杂的。对研究语言的人来说，山西的方言跟山西的煤炭一样，是无穷无尽的宝藏，亟待开发。

研究语言有语音、词汇、语法等方面，研究方言也是如此。这叫作麻雀虽小，五脏俱全。过去有的人研究语言，直接从文字入手，对语音不够重视。研究方言必须从记音开始，过从口语到文字的关。就培养人才说，语言工作者从研究方言中可以得到比较全面的训练，更快地提高工作能力。

山西省的语言工作者在实践中逐步体会到调查、研究山西方言的重要性。他们在山西省社会科学院的领导和组织下，配合山西省各县（市）地方志的编纂工作，一个点一个点地调查研究，一个县（市）一个县（市）地编写方言志。经过几年的努力，初步取得了一些成果，曾经试印过平遥、怀仁、太谷、晋城、陵川、洪洞、寿阳、祁县、襄垣、文水、万荣等十一种方言志。在广泛征求意见，反复商讨，修改补充之后，决定以“山西省方言志丛书”的名义由语文出版社与山西高校联合出版社陆续正式出版，这是文化建设方面的一件有意义的事情。

方言志以记录事实为主。为了便于比较，山西各县（市）方言志有一致的体例；为了反映各地的方言特点，又有灵活的安排。这种做法是可以借鉴的。

“山西省方言志丛书”将反映山西全省方言的面貌。山西开了头，假如其他省、区、市也接着做，合起来就可以给汉语方言做一个全面的记录。山西首先编辑这样一套丛书，经验不足，一定有许多缺点。如蒙读者与同行不吝指正，可以断言，编者一定是十分欢迎的。

一九八四年十二月

［《方言》1991 年第 2 期 81 页］

“山东省方言志丛书”序

山东的方言研究工作，从50年代的方言普查起，一直做得不错。1982年，山东省方言研究会成立。1984年9月，《山东省方言调查提纲》出版。这几年的工作进展顺利，已写成三十五种方言志和一部《山东人学习普通话指南》。

《山东人学习普通话指南》已由山东大学出版社出版*，颇受读者欢迎。书中罗列山东话语音、词汇、语法的特点，指出山东人学习普通话的要点，叙事详明，切合实际，充分反映出山东方言研究的水平。这里就字音和句法选些例子来说。

一般的说，山东话和北京话声韵调的对应关系相当整齐。可是有些地方有些字音对应关系与众不同，学习时要个别记忆。书中（110—113面）《山东人容易读错的字》举出151个字，现在转录19个字。

	山东有些方言	北京话
猫	阳平	阴平
他	上声	阴平
放假的“假”	上声	去声
泥腻鸟	m-	n-
忘望	m-	w-
族	c-	z
缩所森	sh-	s-
蛇	-a	-e
做	-u, -ou	-uo
农	-u	-ong
龙垄	-iong	-ong
倾	-iong	-ing
横	-un, -ong	-eng

刚才说的151个字是就全省方言立论，要个别记忆的字各地多寡不同。山东各地教学普通话，不妨把那151个字检查一遍，把本地要注意的字都摘出来，分别造成句子反复练习，预计会有效果。

平常都说汉语方言之间，尤其是官话方言之间，语法的差别不大。其实就山东方言而言，

---

* 钱曾怡主编，曹志耘、罗福腾、武传涛编著，1988年9月第一版第一次印刷。

句法颇有特色,《山东人学习普通话指南》(196—210 面)一共举了五项，现在只转录一项比较句的例子。青岛、烟台、威海、潍坊、淄博、新泰等大片地区最常见的比较句用“起”字，跟北京话对比如下。

青岛等地方言	北京话
一天强起一天	一天比一天好
一天热起一天	一天比一天热
他长得不高起我	他长得不比我高 / 他长得没我高
这本书不好看起那本	这本书不比那本好看 / 这本书没那本好看
论手艺他不差起你	论手艺他不比你差
全班儿没聪明起他	全班没有比他再聪明的了
我不知道起你?(反问)	我不比你知道吗?

这种成套格式的对比,对语言教学(包括推广普通话)很有参考价值。

近年来全国各地都在编地方志，语言调查为国情调查重要内容之一，方言志为地方志不可缺少的部分。山东已写成的方言志可以分为两类，一类十万字左右，可以作为单行本出版;一类字数在两万到五万之间，可以作为方志的一部分或单独出版。我只看过其中两部的稿本。总的印象是体例符合方言志以记录事实为主的原则，并且报告了一些新鲜的事实，水平跟《山东人学习普通话指南》差不多。各地发行的方言志日渐增加，方言志的出版还是不容易。好在山东省各地区、市、县已经筹措了一些出版费，“山东省方言志丛书”即将陆续问世，令人欣慰。是为序。

一九八九年春

[《方言》1991 年第 2 期 81—82 页]

《宜昌方言研究》序

研究方言首先得调查方言。调查方言得实地调查，实地记录，认真分析，认真研究。调查要反映实际，研究要打开思路。不能拿自己的印象去替代调查研究。

刘兴策同志调查宜昌方言，始于 1959 年。近几年又好几次到宜昌调查。他在反复调查、认真分析的基础上，写成《宜昌方言研究》。本书语料丰富，内容充实，包括宜昌方言的声韵调及其变化，同音字表，宜昌音与中古音的比较，宜昌音与北京音的比较，分类词表，语法特点。读者可以从中认识宜昌话的面貌，了解宜昌话与其他方言的异同，宜昌语音系统的来历，宜昌人学习普通话应该注意的地方。本书可供语言工作者参考，对于宜昌人民学习和推广普通话也是有帮助的。

近年来我国的方言研究工作有所发展。不过方言著作的出版还是不够多。就湖北省而论，记录一市一县方言的单行本，除早期的《钟祥方言记》外，我见到的近年来出版的有下列三地四种：

刘国斌等 1991《通城方言》，中国文史出版社，北京。

刘国斌等 1992《通城方言词诠》，内部出版，通城。

邵则遂 1991《天门方言研究》，华中师范大学出版社，武汉。

朱建颂 1992《武汉方言研究》，武汉出版社，武汉。

其中一种还是内部出版的，可见这类书籍的出版还是不很容易。

现在刘兴策的《宜昌方言研究》又要由华中师范大学出版社印行了，实在是可喜的事。是为序。

1994 年

汉语方言资料宝库序

1990 年，David Prager Branner 先生在华盛顿大学建立“元任汉语方言田野工作促进会”。他今年 2 月来信，说要在 3 月里创办《元任学会汉语方言资料宝库》，刊登汉语方言调查报告与有充分语料的论文，请我写篇序。

方言研究以调查为主。不调查方言就谈不上研究方言。离开调查，方言研究就是无源之水，无本之木。只有搜集新的语料，才能打开眼界，提高认识。只有亲身调查方言，领略其中甘苦，才能理解并运用别人的调查成果。

为了符合本刊的宗旨，下文提供一点温岭方言反复问句的语料。温岭是浙江省滨海的一个市，在宁波之南，温州之北。笔者是发音人兼记音人。

包含动宾式的反复问句，温岭话一般不用“喝茶不喝”与“喝不喝茶”两种格式，很少用“喝茶不喝茶”的格式。温岭话用的是宾语改为主语的格式。下列例句的语法构造相同。

布做弗做？	pu˥ tsu˥ ·fəʔ ·tsu	布织不织？
糖梗喫弗喫？	dõ˧˩˩˧ kuã˦˨ tɕʻyuʔ˥ ·fəʔ ·tɕʻyuʔ	甘蔗喫不喫？
茶喫弗喫？	dzo˧˩ tɕʻyuʔ˥ ·fəʔ ·tɕʻyuʔ	茶喝不喝？
屋起弗起？	ʔuʔ˥ tɕʻi˦˨ ·fəʔ ·tɕʻi	房子盖不盖？
马骑弗骑？	ʔmo˦˨ dʑi˧˩ ·fəʔ ·dʑi	马骑不骑？
脚踏车骑弗骑？	tɕiəʔ˥˧ dəʔ˩ tsʻo˧˧˩˧ dʑi˧˩ ·fəʔ ·dʑi	自行车骑不骑？
戏望弗望？	ɕi˥ mõ˩˧ ·fəʔ ·mõ	戏看不看？

每句开头都可以加上“尔”字，上声［ʔn˦˨］轻声［·ʔn］两可。（温岭话“你”说“尔”是方言，说“你”［ʔni˦˨］是学的普通话。）例如“尔马骑弗骑？”分析起来，“尔”是全句的大主语；“马骑弗骑？”是全句的大谓语，“马”是大谓语中的小主语，“骑弗骑”是大谓语中的小谓语。

每句末了两个字（“弗”字与动词）都可以换成一个［·vɛ］字。例如“（尔）马骑［·vɛ］？”句法变了，意思不变。［·vɛ］大概是否定字“勿”［vəʔ˩］与语助字［·ɛ］的合音；声韵同“凡”［vɛ˧˩］字。

一九九五年三月

［《方言》1995 年第 4 期 241 页］

《厦门方言志》序

闽语为汉语大方言区之一。闽语之中，闽南话最为地广人众，分布于福建、台湾、广东、海南国内四省与海外南洋等地，国内说闽南话的约3500万人。福建南部的泉州、漳州久为历史文化名城，厦门本属泉州府，自19世纪中起逐渐发展成为福建南部最大的城市。厦门方言介于泉、漳方言之间，逐渐成为闽南话中的优势方言与教学方言。台湾的闽南话也介于泉、漳之间，近年来颇受厦门方言的影响。因此，厦门方言的研究在闽南话的研究中十分重要。

《厦门方言志》由厦门市地方志编纂委员会办公室编纂，李熙泰、詹龙标、纪亚木三位执笔。李熙泰、詹龙标、纪亚木三君原籍厦门，长期居住本地，在本地工作，熟悉本地方言。稿子写成后，三位执笔者反复传阅，最后由李熙泰统稿定本。书分五章，第一章为概述（李熙泰稿），包括地理概况，历史沿革，方言概说，音标符号，附有地图8幅，其一为厦门行政区域图，语言地图7幅（李熙泰稿），反映厦门市区、禾山、集美、杏林、灌口、海沧、同安县等地语音的异同。第二章语音（纪亚木稿），分别论列声韵调特点，变调，文白异读，单音字表，同音字表，厦门语音同北京语音和中古音的比较。第三章语汇（李熙泰稿），分为16门类，采用方言与普通话对照记录。第四章语法（詹龙标稿），分列论述词法特点，句法特点。第五章语料（李熙泰稿），例举成语、谚语、歇后语、歌谣、寓言和地名音变等记录连贯的厦门话。全书约15万言，符合方言志记录事实为主的原则，内容翔实，文笔清楚。

目前方言著作出版不易，本书印行有日，令人欣慰。

是为序。

1993年8月

官话方言的分区

1934年上海申报馆发行的《中华民国新地图》，第五图乙《语言区域图》的图例《语言分类》分为“汉藏语族、乌拉阿尔泰语族、南亚语族、南岛语族”四个语族。“汉藏语族”又分为“中国语系、藏缅语系、汉台语系、苗瑶语系”四个语系。图中“中国语系”分为“华北官话区、华南官话区、吴方言、闽方言、客家方言、粤方言、海南方言”七个单位。图里海南方言的颜色和线条跟粤方言相同。台湾西部和广东东部都画到闽方言。

1939年上海申报馆发行的《中国分省新图》第四版，十四页《语言区域图》的图例把《新地图》的“汉藏语族”改为“汉藏语类”，“中国语系”改为“汉语系”。图中“汉语系”分为“北方官话区、上江官话区、下江官话区、吴方言、皖方言、闽方言、潮汕方言、客家方言、粤方言”九个单位。本图跟《新地图》的不同有三项：一是把“华北官话区”改名为“北方官话区”。二是把“华南官话区”划分为“上江官话区”和“下江官话区”，并且把徽州一带画出来成为“皖方言”。三是把“闽方言”的南部分出来成为“潮汕方言”，图中海南岛（中部为黎语）的颜色和线条跟“潮汕方言”相同。

1948年上海申报馆发行的《中国分省新图》第五版，十四页《语言区域图》，“汉藏系”的“汉语”分为“北方官话、西南官话、下江官话、吴语、湘语、赣语、客家话、粤语、闽南语、闽北语、徽州方言”等十一个单位。第五版跟第四版主要不同有三项。一是把“上江官话区”划分为“西南官话”和“湘语”。二是把“赣语”从“下江官话区”分出来。三是把“皖语、吴方言、粤方言、客家方言、闽方言、潮汕方言”分别改名为“徽州方言、吴语、粤语、客家话、闽北语、闽南语”。“闽南语”包括：①福建省厦门及厦门以南地区，②广东省潮汕地区和海南岛（中部为黎语），③台湾省大部分地区（西北角一小片为客家话，中部为高山语）。

从上述三幅《语言区域图》看，官话区的范围随着研究的深入越来越小。徽州方言和湘语、赣语陆续从官话区分出来。现在我们还要把“晋语”从“北方官话”中分出来。“晋语”这个名目好像平常用作“山西方言”的意思。作为学术名词，“晋语”跟“山西方言”应该有区别。“山西方言”着眼于地理，指山西省境内的方言。我们用“晋语”着重在语言，指山西省及其毗连地区有入声的方言。根据这个定义，山西省东北角的广灵县没有入声，古入声的清音字今读阴平，次浊字今读去声，全浊字今读阳平，不属于晋语，属于［北方］官话。山西省西南部下列27个县市没有入声，不属于晋语。

蒲县　霍县　洪洞　安泽　吉县　乡宁　临汾　河津　襄汾襄陵
新绛　绛县　万荣　垣曲　临猗　运城　永济　芮城　平陆
汾西　浮山　翼城　曲沃　侯马　古县　稷山　闻喜　夏县

这27个县市里前两行18处都是古入声清音字、次浊字今读阴平，全浊字今读阳平，都属于［中原］官话。沁水县的方言分东西两片。西片包括城关等地无入声，古入声清音字、次浊字今读阴平，全浊字今读阳平，属于［中原］官话。东片包括端氏等地有入声，属于晋语。

另外一方面，晋语的范围不限于山西方言。山西的西边，陕北有下列19个县市有入声：

榆林　神木　府谷　靖边　横山　米脂　佳县　以下十二处古入声字有一部分今读入声

绥德　子洲　志丹　安塞　吴旗　甘泉　吴堡　清涧　子长　延川　延长　延安

这些县市都属于晋语。山西南边，河南省黄河以北地区下列17个县市有入声：

安阳　林县　鹤壁　汤阴　淇县　汲县　辉县　新乡　延津　获嘉

修武　武陟　温县　焦作　博爱　沁阳　济源　古入声全浊声母字今多数读阳平

这些县市也都属于晋语。晋语还包括山西北边，内蒙古西部有入声的汉语方言；山西东边，河北省跟山西省交界有入声的方言。

官话里分出“晋语”之后，其余的官话可以根据下表《古入声字的今调类》，分成七区。在表前我们引一段《汉语音韵讲义》《方言》1981.244关于古入声的一段概括的说明。

北京语音没有入声，凡古入声字都散归其他声调里去了。演变的规律大致是这样：

古全浊声母→今阳平。如：“白读达十合”。

古次浊声母→今去声。如：“麦纳立药月”。

古清声母的入声字今归阴平、阳平、上声、去声的都有，没有显著的条理，大概与方言的混合有关。官话区的方言大多数都没有入声，不过古入声分化的道路不全一样。比如河南、陕西许多方言，次浊声母的入声字常常变到阴平里去，比较一致的倾向是全浊声母的入声字在官话区大致是归到阳平里去了。

古入声字的今调类

<table>
<tr><th></th><th>西南官话</th><th>中原官话</th><th>北方官话</th><th>兰银官话</th><th>北京官话</th><th>胶辽官话</th><th>江淮官话</th></tr>
<tr><td>古清音</td><td rowspan="2">阳平</td><td colspan="2">阴平</td><td>去声</td><td>阴阳上去</td><td>上声</td><td rowspan="3">入声</td></tr>
<tr><td>古次浊</td><td>阴平</td><td colspan="4">去　　声</td></tr>
<tr><td>古全浊</td><td colspan="6">阳　　平</td></tr>
</table>

必须指出，官话分布的地区以百万平方公里计，说官话的人口以亿计，无论官话内部的共性有多大，这样简单的表格只能是粗线条的。何况方言在地理上的分布又是渐变的。用这个表来划分官话一定很费斟酌，尤其是两个官话区的交界和只有三个单字调的方言。

从上表可以看出：江淮官话的特性是古入声今读入声，与其他六区官话分开，这六区的共性是古全浊入声今读阳平。江淮官话包括淮阴、南京、合肥、安庆、黄冈等地。

西南官话的特性是古入声今全读阳平，与其他六区分开。西南官话包括成都、重庆、武汉、昆明、贵阳、桂林等地。

中原官话的特性是古次浊入声今读阴平，与其他六区分开。（古次浊入声读阴平蕴涵古清音入声也读阴平，古全浊入声读阳平。）中原官话包括西安、运城、洛阳、郑州、信阳、曲阜、徐州、阜阳等地。

兰银官话的特性是古清音入声今读去声，与其他六区分开。（古清音入声读去声蕴涵古次浊入声也读去声，古全浊入声今读阳平。）兰银官话包括兰州、武威、张掖、酒泉、银川等地。

兰银官话的范围比通常所谓西北地区窄得多。这里简单说明一下。

陕西省的方言，陕北有入声，可是好些处一部分古入声字已经变成舒声了，可以说是从有入声到无入声，就是从晋语到官话的过渡区。关中和陕南大部分方言都属于中原官话。陕南地区少数邻近四川的方言属于西南官话。

中原官话深入甘肃、青海两省。甘肃省的庆阳、平凉、泾川、靖远、陇西、武山、甘谷、临潭、岷县、西和、两当、徽县、成县、康县、武都、文县等地都属于中原官话区。甘肃省的兰州、白银、武威、天祝、民勤、张掖、山丹、高台、酒泉、安西等地与宁夏的银川属于兰银官话区。

青海省的汉语方言主要分布在农业区的十三个县市。1949年后新迁入的汉人还没有形成稳定的当地方言。西宁、湟中、平安、互助、门源、贵德、化隆、湟源八处，古全浊声母入声字今读阳平，如“白”字，分类和北京、西安大致相同。古清音和古次浊声母入声字今读阴平，如“百”字和“麦”字，分类和西安大致相同。此外大通（桥头镇）、乐都、民和、循化、同仁五处单字调不分阴阳平，“百、麦、白”三字都是平声。要是这五处的平声以阴平论，这五处跟前八处一样，属于中原官话。要是这五处的平声以阳平论，这五处就属于西南官话。现在考虑到青海13处方言在其他方面的共同点，都划归中原官话。

胶辽官话的特性是古清音入声今读上声，与其他六区分开。（古清音入声读上声蕴涵古次浊入声读去声，古全浊入声读阳平。）胶辽官话包括青岛、烟台、大连等地。这里对烟台的调类略加说明据钱曾怡等《烟台方言报告》，1982年，齐鲁书社出版。烟台有三个单字调：平声[˧˩]31调，上声[˨˩˦]214调，去声[˥]55调。跟本文讨论有关的烟台例字调类如下：

①上声　北发秃接雪削插竹烛出叔割骨脚橘客哭缺曲黑

②上声　墨木麦纳辣腊勒裂立粒力绿鹿落日热额月叶药

③去声　末灭蜜目物蜡律肋陆六肉辱褥弱岳业虐译疫育

④去声　拔白薄雹乏罚叠毒独读杂昨凿贼截熟合活协学

⑤去声　婆梅流桃条头雷慈祠齐愁茶茄瘸河鞋如柔鹅由

⑥去声　男篮甜含嫌寻团蛮田连盆存群粮黄朋成名红绒

①古清音入声今读上声符合胶辽官话的特性。④古全浊入声今读去声，表面上跟古全浊入声读阳平不符合。考虑到古浊音平声字今也读去声，那就是“④古全浊入声跟⑤⑥古浊音平声调类相同”，跟有阳平的方言对比，④其实也是“古全浊入声变阳平”。只有古次浊入声今分属②上声与③去声，才是烟台方言的特性。

北方官话的特性是古清音入声今读阴平，古次浊入声今读去声。前者是北方和中原两区的共性，与其他五区分开。后者是北方、兰银、胶辽、北京四区的共性，与其他三区分开。北方官话包括济南、沧州、献县等地。

北京官话的特性是古清音入声今分归阴平、阳平、上声、去声，与其他六区分开。（古清音声母今分归四声蕴涵古次浊入声今读去声，古全浊入声今读阳平。）东北三省有许多方言比河北省更接近北京。

北京话的地位特殊，这里必须多说几句。首先，北京语音是普通话的标准音。近几百年来，北京官话一直是学习的对象，公认的标准，这个从方言里的文白异读看得十分清楚。大多数方言有文白异读的字，往往是文读接近北京音，说明读书识字时方言受北京音的影响。另外一方面，北京话的文白异读，往往是白读接近其他方言，表示口语用字容易受其他方言的影响。这里只就苏州话和北京话举些个例子，请参看拙作《汉语方言调查手册》96—99。

	骂	家	虾	花	生	省	樱	行
苏州文读	ma˨˧²	꜀tɕia˥	꜀ɕia˥	꜀hua˥	꜀səŋ˥	꜂səŋ˥˨	꜀ʔiŋ˥	꜁ɦiŋ˧
苏州白读	mo˨˧²	꜀ko˥	꜀ho˥	꜀ho˥	꜀sã˥	꜂sã˥˨	꜀ʔã˥	꜁ɦã˨˦
	薄	剥	角	削	色	更	耕	隔
北京文读	꜁po˧˥	꜀po˥	꜁tɕye˧˥	꜀ɕye˥	sɤ˥˩꜄	꜀kəŋ˥	꜀kəŋ˥	꜁kɤ˧˥
北京白读	꜁pau˧˥	꜀pau˥	꜂tɕiau˨˩˦	꜀ɕiau˥	꜂ʂai˨˩˦	꜀tɕiŋ˥	꜀tɕiŋ˥	꜀tɕie˥

普通话在方言之中，又在方言之上。普通话是全国人民学习的对象，所以说普通话在方言之上。十亿人口的大国，标准语、标准音不用一个活方言——北京话做底子，是不可想象的。所以说普通话在方言之中。人为的分尖团、有入声的老国音之所以失败，道理就在这里。（以色列只有400万人，又来自世界各地，才能复兴希伯来文做标准语。新加坡只有240万人，是个世界码头，才能规定用英语做官方语言。新加坡人口中有四分之三是华人，方言不一，所以又推广普通话。）北京话作为普通话的底子，事实上已经吸收了大量的方言成分。古清音入声字北京话分读阴阳上去四声，就体现出北京话的综合性。有人借此指摘北京音这一点在古今音演变上规律性不强。这个指摘是站不住脚的。任何方言在逐渐演进为全国标准的过程中，必然要吸收书面语和其他方言的成分。

以上说的关于北京的话，缩小尺寸，“具体而微”，也适用于省城，适用于老府城，适用于县城。因为一县的人往往学习县城的话，同府的人往往学习府城的话，全省的人往往学习省城的话。城市越大，来往的人越多，那儿的方言对周围的方言影响也越大，受周围的方言影响也越大。地方越小，方言越纯；地方越大，方言越杂。平常说西南官话内部很一致，有的人不以为然。好几个省，人口两亿左右，方言的情况当然是一言难尽，不能用一句话概括。略多说几句也许能周到一点。就大部分地区而言，就县城而言，西南官话内部很一致。就少数地点说，就边远地区说，就每个县的四乡说，方言的差别比较大。据说贵州省各县城之间，比起县城和四乡之间来，方言差别要小得多。上文说西南官话古入声今读阳平，可是大家都知道，四川、云南、贵州，三个省或多或少都有些县市有入声。除西南官话和吉林、黑龙江方言之外，别的省区方言内部差别较大，所以很少听说某省区方言内部一致。即使如此，刚才说的关于西南官话的话，或多或少也适用于其他省区。比方说，山东省各县县城（包括市政府所在地）的单字音没有听说有闭口韵——［-m］尾韵的。可是据山东大学钱曾怡同志等调查，平度县西部邻近昌邑县地带就有闭口韵。郭家埠、冢东、杨家圈、大郑家、西河等地，“东、忠、雄、拥”分别读［tom tʂom xiom iom］。

现在讨论方言分区，根据50年代方言普查的成果，和以前的研究，新近的调查。方言普查分省区安排工作。“调查以市、县或相当于县的行政区为单位，每一单位为一个调查点（以市、县人民委员会所在地的方言为调查对象）。”市、县人民委员会在一地以一个调查点论。要是调查点加密，分区的准确性就可以提高。

［《方言》1985年第1期2—5页］

汉语方言分区的几个问题

提要 ［壹］汉语方言分区的层次 ［贰］汉语方言分区的命名 ［叁］昌黎方言地图综合图及其说明

壹　汉语方言分区的层次

现在讨论方言分区，根据50年代方言普查的成果，和以前的研究，新近的调查。方言普查以市、县或相当于县的行政区为单位，每一个单位为一个调查点。

以前申报馆出的《中华民国新地图》和《中国分省新图》里头的《语言区域图》，都是十六开的一幅全国图，版面是23.2至24.2厘米×17.2厘米。1948年的《中国分省新图》里头的《语言区域图》把汉语分为“北方官话、西南官话、下江官话、吴语、湘语、赣语、客家话、粤语、闽南语、闽北语、徽州方言”等十一区。从方言点到方言区只有两个层次。要是把三种官话总括成“官话”，闽南语和闽北语总括成“闽语”，那就有三个层次。各种分省区的方言调查报告或方言概况都把本省区的方言分成若干区。这里举两个例子。

1948年的《湖北方言调查报告》1567—1570页把湖北省的方言分成四区：

第一区——三十二点（一县一个调查点）。“第一区是一种西南官话。”其中四点“有几个北方官话的特点”。

第二区——十九点。“这第二区可以算典型的楚语，如果要独立一种楚语的名目的话。”

第三区——八点。“这第三区的内部最不一致，几乎一处自成一派，……大体看起来是赣语系统的方言。”

第四区——五点。“这一区的性质介乎一二区之间，因地域跟方言性质近于湖南，所以别列为一区。”

1960年的《江苏省和上海市方言概况》把这个地区的方言分成四区。第一区、第二区各二十八点，第三区十点，第四区八点。其中第二区是吴语，其他三区都是官话。

我们现在要画的汉语方言分区图集是四开的，版面是50厘米×36厘米，除全国图外，还有十几幅图是分地区的——有的是几个省一幅图，有的是一个省或半个省一幅图的。参考以前的方言图，本图集的方言区划最多分为下列五个层次：

大区—区—片—小片—点

其中区、片和点是最基本的。区底下一般分成若干片，片有时分成若干小片。有些区可以总括为一个大区。泛指的区和片跟互相对待的区和片，可以根据上下文分开。

点指调查点，一般是县或相当于县的行政单位。假如我们已知某个县内部方言有分歧，画图的时候当然考虑进去。比方吴语区㈢台州片里的①宁海县、⑦椒江市、⑨乐清县、⑩玉环县。不同方言区交界的地方，方言往往比较复杂。比方江苏省的溧水县，县城在城镇及以北是官话区，南部是吴语区。苏浙皖三省交界处，郎溪、广德、宁国三县，县城说官话，乡下或多或少说吴语。请看《方言》1984.243—246，1985.64—65。

现在以吴语为例，画个表说明“区—片—小片—点”的层次。表里列举所有的片和小片，片和小片以下的县、市一般都从略。只有㈡台州片列举十个县、市或其部分地区。请看《方言》1984.241—242。

- 吴语区
  - ㈠ 太湖片
    - [子] 常州小片
    - [丑] 苏沪嘉小片
    - [寅] 湖州小片
    - [卯] 杭州小片
    - [辰] 临绍小片
    - [巳] 明州小片
  - ㈡ 台州片
    - ① 三门县 宁海县岔路及以南地区
    - ② 临海县
    - ③ 天台县
    - ④ 仙居县
    - ⑤ 黄岩县
    - ⑥ 椒江市 大陈也通行温州话
    - ⑦ 温岭县 乐清县清江以北地区
    - ⑧ 玉环县 坎门镇也通行温州话和闽南话
  - ㈢ 温州片
  - ㈣ 婺州片
  - ㈤ 丽衢片
    - [子] 处州小片
    - [丑] 龙衢小片

区之上是大区。官话区是个大区，包括北京官话、北方官话、中原官话、兰银官话、西南官话、胶辽官话、江淮官话等七个区。请看《方言》1985.2—5。就方言内部的异同说，就互相了解的难易说，官话区的共性要比吴语区大得多。为什么不把官话区划分成七个片，向吴语区看齐？或者把吴语区升为大区，底下五个片改成五个区，向官话区看齐呢？考虑到官话区面积大，人口多，并且西南官话区、北方官话区这些名目都已经行开了。对比之下，吴语区从来没有分成几个区的。所以采用官话是一个大区分成七个区，吴语是一个区分成五个片的办法。

大区是总括的名目，只在必要的时候使用，并不是每个区上头都有大区。比方说，粤语自成一区。在粤语区里，广府片包括广州、番禺、南海、顺德、香港、澳门等地，范围大小视语言标准而定。四邑（新会、台山、开平、恩平）跟广州、香港通话有困难，应该属于不同的片。在粤语上头，没有立大区的必要。

贰　汉语方言分区的命名

2.1 通名部分

方言分区需要有一套合适的名目。上文讨论层次，已经接触到名目。“区—片—点”里头，“区”是现成的，向来都说汉语方言分成几个区。“点”指调查点，对“区”跟“片”而言才用，计算调查点的数目的时候才用。某个调查点的方言，就直接说某地方言、某地话，例如温岭方言、温岭话。一县不止一个调查点，就说某县某地方言，某县某地话。比方说，山西省沁水城关方言(话)、沁水端氏方言(话)。“区”跟“点”中间的层次采用“片”这个名目,无论说话、作文都很通顺,总括几个“区”叫“大区”,一个“片”划分成“小片”,都很好理解。

其次说到语言、方言的名称。“文”字专用作有文字的语言的名称。例如:中文如中文广播、华文如华文学校、华语如华语广播、中国话。比较英文、英语、英国话;日(本)文、日(本)语、日本话。“方言、语、话”都用作方言的名称,用法举例如下:

方言—	吴方言	粤方言	闽方言	闽南方言	客(家)方言	苏州方言	温岭方言	
语 —	吴语	粤语	闽语	闽南语	客(家)语	苏州语		
话 —				闽南话	客(家)话	苏州话	温岭话	官话 白话 平话

“方言”适用的范围最广,几乎没有限制。官话、白话、平话是凝固的组合,可以说“官话方言”等,但是不说“官方言”等。“语”字本身不单用,也不要求前头的字能单用,一般用来组成方言区的名称。假如有必要,随时可以仿效“吴语、闽语、粤语”,造出“晋语、楚语”一类名目。“苏州”能单用,“苏州语”似乎只用于书名,如“苏州语读本”,并且限于主要的方言。“话”是口语用字,除了现成的组合,一般要求前头的成分能单用,往往是两个字的。可以说“苏州话、温岭话”,但是不说“吴话、闽话、粤话”。至于“官话、白话粤语,特指广州话、客话、平话分布在广西的一种方言”,那都是现成的组合,广西的语言(方言)复杂,有“官平壮白客”之说。请注意,这些组合参加大的组合,要求前头的成分能单用,如“北京官话、山东官话、南宁白话、台湾客话、桂南平话”。“鲁官话”就显得生硬,不太好说。至于“桂平话”,那只能了解成“桂平浔州+话”,不能了解成“桂广西+平话”。

“方言土语”常常连用。“土语”单用往往见于书面语,口语平常只说“土话”,不说“土语”。“土话、土语”有时带有看不起、不以为然的口气。有人讨论方言的时候,把“土语”用作“方言”底下的一个层次。有人把“次方言”用作“方言”底下的一个层次,这大概是从英文 sub-dialect 套过来的。“次”字有时带有“次品、次货”的联想。要是在方言分布的范围上分好层次(大区—区—片—小片—点),“土语、次方言”一类名目就可以避免。

“腔”字用来指语言(方言)的腔调和方言的派别。“一口的北京腔”,是就腔调而言。“闽南话有泉州腔和漳州腔之分”,是就方言的派别而言。有本书叫《榕腔初学撮要》,英文书名叫 *A Manual of the Foochow Dialect*,摩嘉立编译,同治十年(1871年)福州美华书局印。榕腔就是福州话。四川仪陇县有永州腔,是一种湘语,参看《方言》1985.12—14。除现成的说法外,不宜多用“腔”字指方言。

“音”字用来指语音或口音。“一口北京音|地道的苏州音”,都着重说语音。“带点山东音”,那是指说话有山东口音。北京人说“有口音”,是带外地口音的意思。无论“音”或“口音”,好像都不宜用来指方言。

有的旧小说用“乡谈、乡语”指方言。《水浒传》说燕青会各地乡谈。容与堂本《水浒传》七四3—4店小二来问道:大哥是山东货郎,来庙上赶趁,怕敢出房钱不起。燕青打着乡谈说

道：你好小觑人 | 又八一 3 两个到得[开封府＝东京]城门边，把门军当挡住。燕青放下笼子，打着乡谈说道：你做什么当我？……俺两个从小在开封府勾当 | 又九一 6 当下燕青改作浙人乡谈 ‖《西游记》作家出版社八四 956 这里的乡谈，我也省得，会说 ‖《二刻拍案惊奇》古典文学出版社三九 756 懒龙又会说十三省乡谈 | 又 766 懒龙说着闽中乡谈……懒龙也作闽音说睡话 ‖《拍案惊奇》友联出版社二 49 你妹子相失两年，假如真在衢州，未必不与我一般乡语了……日子长远，有得与你相处，乡音也学得你些 | 又三四 733 两个在舱中，各问姓名了毕，知是同乡，只说一样的乡语，一发投机 ‖ 没有听说什么地方还用"乡谈、乡语"指方言。现在没有用这些名目的必要。

2.2 专名部分

方言的名目有专名部分和通名部分之别。比方说，"吴语区、吴语、苏州话"，"区"字是指分布范围的通名部分，"语"字和"话"字是指语言、方言的通名部分，"吴"字是专名部分，"苏州"也是专名部分。(就地名说，"苏"是专名，"州"是通名。)上文讨论通名部分，现在讨论专名部分。

跟通名部分一样，专名部分尽可能使用现成的字眼，加以必要的修改和补充，力求做到意思明确，避免含混。最重要的是"区、片、小片、点"各层次的专名要有分别。"粤语(方言)"指区，"广府话(方言)"指片，"广州话(方言)"指点。不用"区、片"一类字眼，层次也清楚。

县或县以下调查点的方言，一般是用地名加"话"字，例如"温岭话、沁水城关话、沁水端氏话"。除非有现成的名称，例如"苍南蛮话"。需要讨论的是"大区—区—片—小片"的名目。

"吴语区、粤语区"等可以沿用传统的名目。《方言》1985.2—5《官话方言的分区》提出"晋语"和三个新的官话名目。该文已经说明"晋语"与"山西方言"的区别，指出晋语的范围。这里只要补充两点就行了。一是现在内蒙古西部很多汉民原来是从山西迁去的。二是现在内蒙古西部在清朝时盟旗属内蒙古，府厅属山西省。

中原官话包括河南省黄河以南地区，山东省西部地区，山西省西南部汾河谷地，陕西省中部渭河流域，还深入到甘肃，青海两省。就地域说，中原"指黄河中下游地区，包括河南省的大部分地区、山东的西部和河北、山西的南部"《现代汉语词典》，1973 年版。所以把这一带的方言称为中原官话，实在是天造地设。山东省人口稠密，辽宁省的开发较晚，有很多胶东人渡海而北，定居辽东。所以胶东半岛的人管辽东半岛叫"海北"。(走海北相当于闯关东。)这两个半岛方言有共同之点，叫作"胶辽官话"十分妥帖。江淮官话以前也叫下江官话，因为分布的地区不限于长江下游，采用江淮官话的名目比较好。兰银官话采用本方言区两个主要城市名称(兰州和银川)的第一个字合成。这是仿效海南岛的琼文话定的。《方言》1985.66—67梁猷刚文引光绪二十六年(1900 年)续修《儋州志》卷之二舆地志十五习俗："来自琼文者则言琼文话。"琼文由琼山、文昌两个县名第一字合成。琼文话是海南岛分布最广，人口最多的汉语方言，因此平常都称为"海南话"，作为学术名称，最好沿用《儋县志》"琼文话"的名目，以便与海南岛其他语言（方言）有所区别。参看《方言》1984.264—267梁猷刚文。

跟区的名称比起来，片和小片的名称难定多了。这是因为片和小片数目多，并且缺少前人的说法做依据。有四种命名法可供考虑。一是用流域名称。山西省西南部汾河流域有好些方言属于中原官话，可以叫作汾河片。吴语区太湖片也是根据同样原则命名。二是起用旧府州地名。因为旧府州的名称往往用作今城市的名称，采用这种命名法必须避免（小）片的名称与调查点的名称重复。因为这个理由，不用金华片用婺州片，不用宁波小片用明州小片，不用温州片用东瓯片。经过反复推敲，后二者似乎可以改用河流命名。明州小片不妨改成甬江小片，东瓯片不妨改成瓯江片。三是用山命名。白宛如同志告知，广西的玉林、贵县、岑溪、苍梧、藤县、容县、北流等处的粤语，古全浊声母今读塞音、塞擦音时一般不送气（区别于广州及广西他处粤语阳平、阳上送气，阳去、阳入不送气），古精母、清母今读［t- t‘-］（区别于［ts- ts‘-］）。刘村汉同志建议，这些方言可以用山命名，叫作勾漏片。四是摘取旧府名或今县名的两三个字。要是前三种办法行不通，就可以采用这一种。苏沪嘉小片、临绍小片、丽衢片、龙衢小片都是根据这办法命名的。以上举例，关于官话及晋语，参看《方言》1985.2—5；关于吴语，参看《方言》1984.241—242；关于琼文话，参看《方言》1984.264—267。

叁　昌黎方言地图综合图及其说明

绘制汉语方言分区图最主要的问题当然是分区标准，需要专文讨论。《官话方言的分区》一文提出一项大范围的方言分区标准，这一节要讨论的是小范围的方言分区标准。借用通行的说法，前者可以说是宏观的，因为牵涉到全国面积的一半，人口的一半有余；后者可以说是微观的，因为局限于昌黎一个县，就现在的行政区域说，也不过两三个县。（1958年，昌黎县境扩大，卢龙县建制撤销，青龙河以东以南地区划归昌黎；抚宁县建制也撤销了，洋河以西地区也画归昌黎。1959年，我们调查昌黎方言。后来卢龙县和抚宁县又恢复了。参看《昌黎方言志》9。）

《昌黎方言志》第一版1960年7月由科学出版社出版，新一版1984年7月由上海教育出版社出版。本书收有《昌黎方言地图》十二幅，先是一幅参考图，列举全部193个调查点；然后是第一图至第十一图，都是方言现象分布图。书里9—16页对昌黎方言南北两区的差别及地图都有说明。可惜当时没有画综合图，初学者不容易充分了解地图的含意。

现在把参考图缩印，见本文88页。又画出综合图，见本文87页。综合图有①②④⑤⑥⑦⑧⑪等同言线，其中④⑤两条完全重叠，八条同言线分别表示八个图里的语言现象，同言线的号码跟图的次序相同。同言线的走向就总的说是东西向的，就局部说有时是南北向的。这八幅图的图例见本文86页。昌黎方言地图在画法上有两个特点：一是图上圆形符号表示调查点的位置，同时表示语言现象。二是图例尽可能的一致。这八幅图都是用黑圆点“●”表示昌黎北部的语言现象；用圆圈“○”表示南部的语言现象；图二的“◓”表示沙金河一处北部（沟里）是●，南部（沟外）是○；其他各图的◓都表示两可。就同言线总的走向说，以北都是●，以南都是○。同言线②通过表示沙金河位置的圆圈，表示沙金河北部（沟里）与南部（沟外）不同。其他同言线通过圆圈时，都表示那个调查点在这个语言现象上两可。比方同言线⑦以北，“扬场、扬麦”的“扬”是［ʐaŋ］，以南是○［iaŋ］，同言线⑦通刘田各庄和梁各庄两处，表示这两处“扬”是［ʐaŋ］或［iaŋ］。

综合图里只有八条同言线，因为原条目是经过选择的，还足以说明同言线的性质和作用。

㈠同言线表示语言（方言）现象的分布，是语言分区地图的依据。其他标准如居民对本地方言的意见、通话情况、山川形势、交通条件、人口流动、行政区划，都是重要的。但是这六项必须对当前语言现象的分布起作用才能作为依据。事实上，这六项常常在语言现象分布上有所表现。语言工作者必须善于掌握当地语言的异同，设计合适的调查条目。利用同言线划分方言区，好比用规矩画方圆。《孟子》说：“圣人既竭目力焉，继之以规矩准绳，以为方圆平直……规矩，方员之至也。”又说：“离娄之明，公输子之巧，不以规矩，不能成方圆。”要是你画的同言线不解决分区问题，那是调查条目设计得不好，不能引《庄子》的话来辩护。《庄子》说：“圆者不以规，方者不以矩。”又说：“矩不方，规不可以为圆。”最后还得引《孟子》的话：“大匠不以拙工改废绳墨。”“大匠诲人，必以规矩。”咱们必须使用规矩绳墨，就是从工作中提高设计条目的功夫。

㈡同言线的重要性由条目的性质决定。一是条目的代表性；二是条目在语汇中的频率（lexical frequency），例如古见母字的频率比古群母字高；三是条目的使用频率，就是条目在说话写作时的频率（textual frequency）。比方说，⑪“啄木鸟”一条，大概不代表其他条目，并且使用频率大概也不高，因此重要性较低。⑦“扬场、扬麦”的“扬”，北区是［ʐ-］，南区是［i-］；⑧“腌菜”的“腌”，北区是［i-］，南区是［ʐ-］。声母的分布正相反，在音韵上代表性都不大。“扬”可以“扬场、扬麦”，还可以“扬豆子、扬谷子”，等等；“腌菜”之外还可以“腌雪里红、腌鱼、腌肉”。这两字的使用频率大概都是中等，重要性大概也是中等。④⑤⑥三条都是关于声调的。⑤动词“没”字北区同音，南区不同音。说话离不开否定词，“没”字的使用频率高。这三条比“扬”字、“腌”字都重要。④“头·上，黄·瓜”是阳平加轻声，阳平是否读低调。⑥“倒·上，道·上”是阴去、阳去分不分。同言线④跟⑤完全重叠。④⑥在声调上都有代表性。①是北京零声母开口呼字的读法，北区是［n-］，南区是［ŋ-］。②是儿化的读音，北区是［-ɯ］，南区是［-r］（卷舌化）；“欗儿：半儿”与“瓜儿：官儿”两对字北区同音，南区不同音。①②两项在声母、韵母上分别有代表性。在音韵上有代表性，若干字的频率加在一起，总频率就高了。所以在方言分区上①②④⑤⑥比⑦⑧⑪重要。方言在地理上的分布，必须用面积小、调查点密的微观的同言线图来说明。

㈢同言线成束，走向略有差别，其中能代表若干同言线的走向的，在分区上比较重要。就昌黎的同言线而论，④⑤⑥就比较重要。

㈣同言线的走向不同，根据这条线属于北区的调查点，根据那条线可能属于南区。钓鱼台、翟家铺、魏家庄这三点及其以南共十四点，根据①②④⑤⑥⑧⑪这七条合并考虑，属于南区；只有根据⑦一条才属于北区。详见 87 页综合图。

㊄八条同言线走向不同，充分反映出方言在地理上的渐变性。

㊅两条不同走向的同言线之间的调查点，就那两条同言线而言是过渡区。根据八条同言线综合起来说，在所有线条以北的地区是北区，在所有线条以南的地区是南区，两者之间是过渡区。

㊆设计的条目合适的程度是相对的，完全合适只是理想的目标，可以逐渐接近，很难完全达到。因此㊀所说的六项（居民意见、通话情况、山川形势、交通条件、人口流动、行政区划），无论设计调查项目，划分方言区域，还是必须参考的。

昌黎方言地图第一、二、四、五、六、七、八、十一图的图例

在综合图中，同言线以北的○元图是●

在综合图中，同言线以南的○元图是○

在综合图中，同言线通过的○元图是◓

第一图"爱、袄、暗、岸"声母

● n（爱 = 耐，袄 = 脑，暗 = 岸 = 难灾难）

○ ŋ（爱≠耐，袄≠脑，暗 = 岸≠难灾难）

◓ n 或 ŋ 小莫营、下寨、葛条港三处

注：耐、脑、难灾难各地都读 n 声母。

第二图"儿、二、橘儿、半儿、瓜儿、官儿"韵母。"儿"用于"儿子"，"二"用于"十二"，"橘儿"用于"刀橘儿"，"半儿"用于"两半儿"

● 儿、二　橘儿 = 半儿　瓜儿 = 官儿

　əɯ　paɯ　kuaɯ

○ 儿、二　橘儿≠半儿　瓜儿≠官儿

　ər　pɑr ≠ par　kuɑr ≠ kuar

◓ 沙金河北部（沟里）是●

　南部（沟外）是○

第四图"头·上、黄·瓜"声调

头·上　黄·瓜

● ˧˦ ˧　˧˦ ˧

○ ˨˩ ˧　˨˩ ˧

第五图动词"没"字和副词"没"字的音同不同。动词"没"字如"我没钱"，副词"没"字如"他没来"

●音同

○ 音不同

第六图"倒·上、道·上"声调。"倒·上"如"把水给他倒·上"，"道·上"如"把水泼在道·上"

● 倒·上 = 道·上

　˩˦ ˧

○ 倒·上 ≠ 道·上

　˥˩ ˧　˧˦ ˧

第七图"扬场、扬麦"的"扬"字声母

● ʐɑŋ

○ iɑŋ

◓ ʐɑŋ 或 iɑŋ 刘田各庄、梁各庄两处

第八图"腌菜"的"腌"字声母

● ian

○ ʐan

◓ ian 或 ʐan 毕家窝铺、小莫营、下寨、黄土湾、薛营、朱建坨等六处

第十一图"啄木鸟"

● 鸽·鸽木

○ 鸽·得木（第二字声母是 t 或 tʻ）

◓ 鸽·鸽木，鸽·得木旧县、黄土湾两处

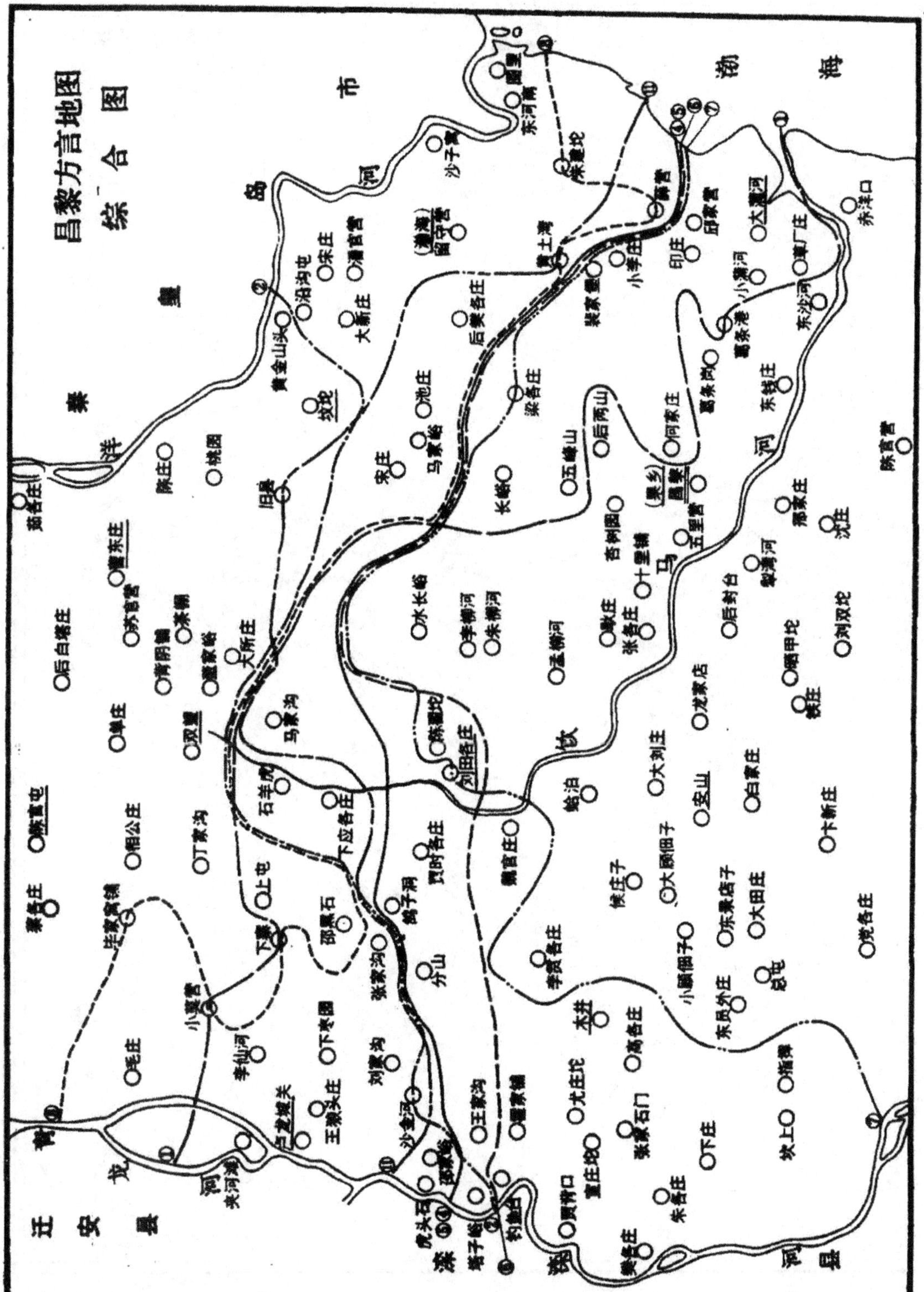
昌黎方言地图
综合图

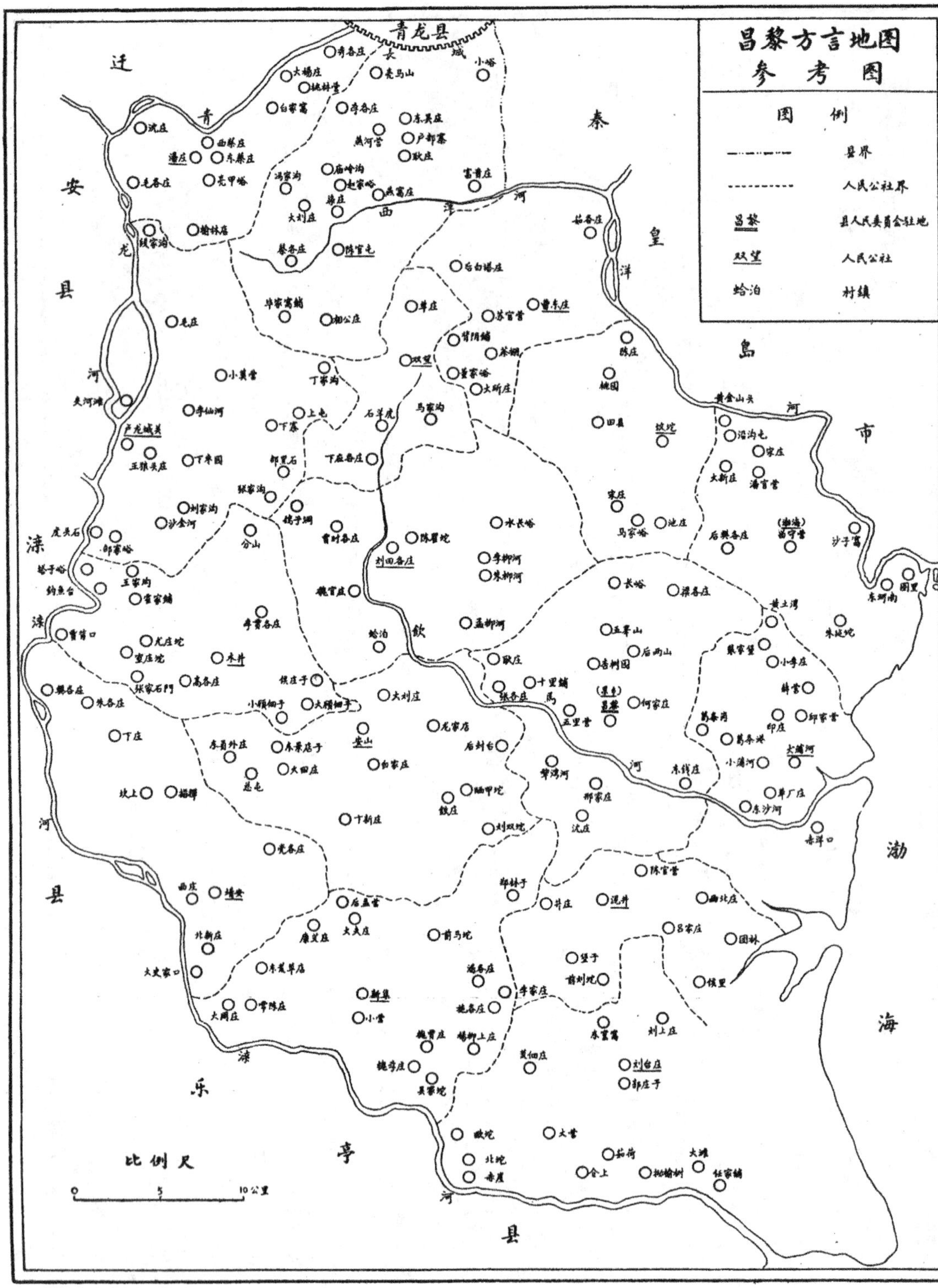

［《方言》1985 年第 2 期 81—88 页］

关于汉语方言分区的几点意见（二）

肆　方言分区与图幅划分

我们现在要画的汉语方言分区图集是四开的，版面是50厘米×36厘米，除全国图外，还有十几幅图是分地区的——有的是几个省一幅图，有的是一个省或半个省一幅图。

本期《方言》发表下列三篇文章（两幅示意图都分区不分片）：

①《河南、山东、皖北、苏北的官话分区（稿）》，附示意图；

②《闽语的分区（稿）》，附示意图；

③《广西的汉语方言（稿）》。

这三篇文章是三幅图的说明。后头有"（稿）"字是因为以后与地图一起正式发表时，还要修改。

官话分布地区广大，要是画在一幅图里，几乎就是全国图了，必须分成若干幅。西南官话分布在四川、云南、贵州三省及毗连地区，地区辽阔，自成一图。河南、山东两省全部和安徽、江苏两省长江以北地区也自成一图。这图还包括湖北省和河北省各一部分。湖北省东北部一小部分，属于江淮方言区，图上这一部分有注记。河北省南部是晋语、中原官话与北方官话的交界处，所以河北省南部有注记。山西全省在晋语图，所以图上没有注记。（山西省西南部大部分方言属中原官话汾河片，这一片跟陕西的中原官话连接，图上也没有注记。）

闽语主要分布在福建、台湾和广东三省，广西壮族自治区和浙江、江西、江苏三省也有闽语分布。要是把闽语全画在一幅图里，面积就太大，比例尺就太小。我国东南部方言复杂，必须分成几幅图。所以现在采取的办法是，福建省和台湾省合为一幅，广东省东部的闽语区（潮汕地区）和福建省南部毗连，画在这幅图里。海南岛主要的汉语方言也是闽语，插入本图之内。凡是在上述地区里的其他方言，也在本图内表示。（梁猷刚同志6月1日来信："雷州话是闽语系统的方言，海康、徐闻的雷州人与海南人可通话，电白的雷州话略有不同。……广东的闽语系统方言，东起潮汕，经海陆丰、中山至电白，雷州半岛到海南岛。雷州话不是独立于闽语之外的一种方言。"六日来信："湛江市市区赤坎、霞山讲广州话，廉江、吴川讲南路白话［粤语高州方言，近广州话］，电白一部分地方也讲南路白话。各县都杂有一些客家话。"）

粤语主要分布在广东和广西壮族自治区。粤语自成一图，南北距离短而东西距离长，不成比例，无法绘图。海南岛画入闽语图之后，两广各成一图，南北与东西距离的比例很合适。

伍　再论方言的命名

本刊1985(2).81—84已经讨论过方言的命名，这里再说几句。合适的学名应该分层次，有区别，沿用老名目要符合习惯，起用新名目要言之成理。这个不容易一下子做到，可以逐渐接近。"虽不能至，然心向往之。"

5.1 统称——方言的名称有的着重地理的一面，如山西话指山西全省的方言，不论有无入声；广东话指广东全省的方言，不管是粤语，闽语还是客家话。(广东话有时特指广州话。)说话、作文少不了这类名目。但是作为学名，不够准确。(所以要用"晋语、粤语"。)话是这么说，即使是讨论方言的文章，有时候也难于避免这类说法。比方我们调查某地方言，当地发音合作人说，某村某镇是湖北省的移民，说湖北话。在经过调查研究，落实到湖北的某县之前，我们只能引用发音合作人的话。

5.2 特指——广东、广西常常用"白话"指粤语，有时特指广州话。"白话文"是语体文，"白话"是口语，两广流行最广的口语是广州话，用"白话"指粤语、广州话有充分理由。广东话有时特指广州话，也是这个道理。福建话有时特指闽南话，如"台湾福建话"，一般是指的台湾闽南话，那是因为台湾省从泉州、漳州来的移民最多。广东常常用省城话特指广州话。离开某种实际环境和上下文，特指的名目有时引起误会，不宜用作学名。

这里附带说一下，闽南话也叫"福佬话"(有人写作"河佬话"，"河"字疑从福建[hok-kien → ho-kkien → ho-kien]的"福"字[ho]来。比较北京"杉木"叫"沙木"。)福佬话用"福"字，容易了解成福州，所以也不宜用作学名。

5.3 自称、他称——自称和他称有时合一。比方"客家话"这名称，客家人和非客家人都用，向来通行，是很好的说法。自称和他称有时不好辨别。客家话有的地区叫"偓话"，那是因为客家话第一人称代词是"偓"[ɳai]。"偓"大概就是"我"字，古疑母今读[ŋ]母；歌部上声字今读[ai]韵，与歌部去声"个"字读[kaiᵓ]平行；次浊上声今读阴平也符合客家音演变的常例。方言的名称说出方言的特点，一字传神，真是画龙点睛。调查方言要记录方言的当地名称，这是田野工作的常规，因为方言的当地名称是重要的方言资料。即使如此，还是不宜用"偓话"取代"客家话"作为学名。

现在从本刊以前发表的文章中节录几段。

《方言》1983.47夏剑钦文：浏阳……县境多山，习惯上分为东南西北四乡，交通不大方便，方言情况也比较复杂。中部浏阳城关与南乡的大瑶镇，以及文家市部分地方基本上属一种口音，通称"浏阳话"；北部讲的是"东乡话"，与城关话相差不多；西部讲的是"西乡话"，接近长沙方言；浏阳地方戏多用此腔，所以"西乡话"又被称为"正音"或"省腔"；北部讲的是"北乡话"和"西乡话"；此外，浏阳东乡和南乡的山区中，有不少人讲的是"客姓话"(客家话)。

《方言》1985.9崔荣昌文：四川的客家人称四川官话为"四邻话"或"四里话"(仪陇)、

“四外话”（西昌）、“湖广话”（成都市东山、资中、威远）和“老湖广”（资中、威远）。“四邻话”、“四里话”和“四外话”是对客家方言岛而言，“老湖广”大概指元末明初进川的湖广人所说的“湖广腔”，而“湖广话”则是指清朝入川的湖广人说的四川话。

又 11：客家话广西叫“新民话”或“麻介话”。四川的客家人自称“广东人”，而其他四川人叫他们“土广东”，说的话是“土广东话”。从这个名称可以推想四川的客家人是从广东迁来的。

又 13：达县除通行西南官话外，还保存有“长沙话”。……当地人把自己的话叫“长沙话”（据说是从湖南长沙和益阳等地来的），把四川话叫“白话”。两种话都通行，一般是对内说“长沙话”，对外说“白话”。

又 14：川北的仪陇县……有仪陇话（四川官话）、新城话（湘方言）、“广东话”（客方言），此外在磨盘乡还有一种“安话”，可能就是我们前面提到的安徽话。

以上引文中的名目大部分是自明的。“正音”或“省腔”根据上文指湖南省正音或省城腔。“新民话”的“新民”是新来的移民。“麻介”相当于永定下洋客家话“乜个”[maʔ˨ kai˦]，是“什么”的意思。“麻介话”命名的原则同“倨话”，也不宜用作学名。“土广东”是本地的广东人。达县把四川话叫“白话”，指的是本地最通行的口语，跟两广“白话”的用法平行，由此可见“白话”不宜作为方言的学名。

5.4 有人来信问起“广府话”命名的依据，这个说法不但流行于广东，如《方言》1985.95 引《连县县志》：“本县方言复杂，……然大别之，实不外客家话、乡土话、四会话、广府话、湖南话五种。”“广府”这个名称已见于隋代，逯钦立辑校《先秦汉魏晋南北朝诗·隋诗》有释玄遂《言离广府还望桂林去留怆然自述赠怀诗》。（比较河北省管保定叫“保府”。）

[《方言》1985 年第 3 期 161—162 页]

中国的语言和方言

《中国语言地图集》图[A1]说明稿

壹　总说

《中国语言地图集》总结了几十年来中国语言调查研究的成果，反映了我国各种语言分布分区的情况。语言调查是国情调查重要项目之一。本图集说明我国十亿多人口语言使用的情况，可以供制定文化教育各项政策的参考，对研究中国的现状和历史都是很有用的。

中国语言的基本情况有统一和分歧两个方面。东南各省汉语方言差别很大，全国还有几十种少数民族语言。因此一般的人都知道中国语言分歧的方面，忽略中国语言统一的方面。我国人民95%说汉语，使用全国统一的文字。汉语方言中最重要的官话方言，分布在长江以北和西南各省区的广大地区，从南京到乌鲁木齐，从昆明到哈尔滨，相距几千公里，官话方言的一致性很高，通话没有困难。官话区人口6亿6224万，占说汉语人口的三分之二强（67.75%），占全国人口的三分之二弱（64.51%）。本图集充分反映了中国语言统一和分歧的实际情况。本世纪推广普通话，进一步加强了语言的统一性。

现在用数据来说明中国语言的统一和分歧。表一列举汉语各方言区的人数和说少数民族语言的人数。汉语方言可以分为官话、晋语、吴语、徽语、赣语、湘语、闽语、粤语、平话、客家话等十区，对官话而言，其他九区可以叫作非官话。官话区又可以分为东北、北京、北方、胶辽、中原、兰银、西南、江淮等八区。对这八区而言，总括的官话区可以叫作官话大区。其他看表自明，毋须解释。

表一　说汉语的人数和说少数民族语言的人数（单位：万人）

汉　语	97 744	官话大区	66 224	全国的少数民族	6661
官话大区	66 224	东北官话区	8200	三十省市区的少数民族	6634
晋语区	4570	北京官话区	1802	台湾省高山族	27
吴语区	6992	北方官话区	8363		
徽语区	312	胶辽官话区	2883	说汉语的人数	97 744
赣语区	3127	中原官话区	16 941	说少数民族语言的人数表四	4621
湘语区	3085	兰银官话区	1173	合计	102 365
闽语区	5507	西南官话区	20 000		
粤语区	4021	江淮官话区	6725	全国的人口	102 650
平话区	200	官话未分区	137		
客家话区	3500			合计数比全国的人口少285万，是	
非官话未分区	206			各语言（方言）人数估算的误差。	

贰 中国的人口

本图集各语言（方言）的人数，是根据1982年第三次全国人口普查的数字估算的近似值。普查的数字见于：

中华人民共和国国家统计局,《关于1982年人口普查主要数字的公报》。1982年10月27日。(简称《人口普查公报》。)

国务院人口普查办公室,《第三次全国人口普查手工汇总资料汇编》，第一册至第六册。1983年6月。(简称《人口普查资料》。)

《人口普查公报》说：

我国进行了第三次人口普查。……二十九个省、市、自治区(不包括福建省的金门、马祖等岛屿，下同)人口和现役军人共1 008 175 288人中，除西藏自治区交通极为困难的个别地方(28 601人)是利用行政记录材料进行估算的以外，全部以1982年7月1日零时为标准时间进行了直接调查。

台湾省人口，是台湾当局公布的1982年6月底的数字；福建省金门、马祖等岛屿的人口，是台湾当局公布的1982年5月底的数字。

本图集的行政区划，根据民政部编的《中华人民共和国行政区划简册》(截至1983年底的资料)。近年来我国行政区划颇有变更。省、直辖市、自治区以下行政区划的变更，这里不提。这里要提的是1988年4月13日决定设立海南省，那是从广东省分出来的。

第七届全国人民代表大会第一次会议审议了国务院关于设立海南省的议案，决定：

一、批准设立海南省，撤销海南行政区。海南省人民政府驻海口市。

二、海南省管辖海口市、三亚市、通什市、琼山县、琼海县、文昌县、万宁县、屯昌县、定安县、澄迈县、临高县、儋县、保亭黎族苗族自治县、琼中黎族苗族自治县、白沙黎族自治县、陵水 黎族自治县、昌江黎族自治县、乐东黎族自治县、东方黎族自治县和西沙群岛、南沙群岛、中沙群岛的岛礁及其海域。

《人口普查公报》和《人口普查资料》说的29个省、市、区是：

北京市　天津市　河北省　山西省　内蒙古自治区　辽宁省　吉林省　黑龙江省
上海市　江苏省　浙江省　安徽省　福建省　江西省　山东省　河南省　湖北省
湖南省　广东省　广西壮族自治区　四川省　贵州省　云南省　西藏自治区
陕西省　甘肃省　青海省　宁夏回族自治区　新疆维吾尔自治区

从广东省分出海南省就是30个省、市、区。加上台湾省就是31个省、市、区。

本图集提到的广东省，一般都包括新建的海南省在内，只有图[B13]《广东省的汉语方言》不包括新建的海南省。海南省的汉语方言见图[B12]，少数民族语言见图[C14]。

表二列举各省、直辖市、自治区的人口，以及汉族和少数民族所占的百分比。人口数字依据《人口普查公报》和《人口普查资料》第一册第4页，第四册第2页。汉族与少

数民族人口之和略多。那是因为人口总数中，还包括“其他未识别的民族”和“外国人加入中国籍”两项。比方“三十个省市区合计”这两项人数分别为 879 201 和 4842。贵州省

表二 中国的人口

地区别	人口	人口		百分比	
		汉族	少数民族	汉族	少数民族
全国总计	**1 026 503 884**				
三十个省市区合计	**1 003 937 078**	936 703 824	66 349 211	93.30	6.60
北京市	9 230 687	8 908 480	322 098	96.50	3.48
天津市	7 764 141	7 600 504	163 601	97.89	2.10
河北省	53 005 875	52 154 466	851 236	98.39	1.60
山西省	25 291 389	25 227 798	63 544	99.74	0.25
内蒙古自治区	19 274 279	16 277 899	2 996 187	84.45	15.54
辽宁省	35 721 693	32 812 517	2 908 577	91.85	8.14
吉林省	22 560 053	20 732 394	1 827 470	91.89	8.10
黑龙江省	32 665 546	31 056 708	1 607 877	95.07	4.92
上海市	11 859 748	11 810 162	49 528	99.58	0.41
江苏省	60 521 114	60 410 785	110 273	99.81	0.18
浙江省	38 884 603	38 723 586	160 947	99.58	0.41
安徽省	49 665 724	49 404 156	261 513	99.47	0.52
福建省	25 873 259 (25 931 106)*	25 624 151	248 091	99.03	0.95
江西省	33 184 827	33 162 708	22 039	99.93	0.06
山东省	74 419 054	74 011 440	407 408	99.45	0.54
河南省	74 422 739	73 625 873	796 465	98.92	1.07
湖北省	47 804 150	46 025 378	1 778 527	96.27	3.72
湖南省	54 008 851	51 815 422	2 193 242	95.93	4.06
广东省和海南省	59 299 220	58 239 089	1 056 731	98.21	1.78
广西壮族自治区	36 420 960	22 484 706	13 933 627	61.73	38.25
四川省	99 713 310	96 052 033	3 653 572	96.32	3.66
贵州省	28 552 997	21 127 460	6 607 714	73.99	23.14
云南省	32 553 817	22 234 819	10 273 800	68.30	31.55
西藏自治区	1 892 393	91 720	1 798 361	4.84	95.03
陕西省	28 904 423	28 771 418	132 985	99.53	0.46
甘肃省	19 569 261	18 020 286	1 548 947	92.08	7.91
青海省	3 895 706	2 359 979	1 535 721	60.57	39.42
宁夏回族自治区	3 895 578	2 651 354	1 244 222	68.06	31.93
新疆维吾尔自治区	13 081 681	5 286 533	7 794 908	40.41	59.58
中国人民解放军现役军人	**4 238 210**				
台湾省	**18 270 749**				

* 福建省括号内的数字包括金门、马祖等岛屿的人口 57,847 人。全国总计是按这个数字计算的。

这两项人数分别为 817 810 和 13（《人口普查资料》第四册第 11 页）。从表上可以看出，30 个省、市、区中，只有西藏和新疆少数民族的人口超过汉族。表里“全国总人口”一项，系由以下三项组成：“三十个省市区合计（再加上表二脚注里金门、马祖等岛屿的人口），中国人民解放军现役军人，台湾省”，所以表里第二栏这四项都排黑体字。

本图集的人口数根据 1982 年我国第三次人口普查的资料，近年来人口又有所增长。据我国人口部门估算，1989 年 4 月 14 日，我国 30 个省、市、区人口已经达到 11 亿。《人民日报》海外版 1989 年 5 月 4 日第五版报道：至 1988 年底为止，台湾地区人口估计为 1990 万人。目前台湾人口自然增长率为 12‰，每月大约增长两万人。1989 年 5 月将达到 2000 万人。同报 1989 年 7 月 20 日第五版报道，台湾地区的人口已突破 2000 万。假如我国各地区各民族人口自然增长率相同，读者只要把本图集的人口数增加十分之一，大致就是 1989 年的人口数了。

香港和澳门的华人共约 600 万。

海外华人目前没有精确的数字。《参考消息》1989 年 6 月 1 日第二版转载西德《商报》5 月 26 日登的，彼得·赛德利茨发自北京的文章，说海外华人有 5000 万。这是最高的估计数。以下两项资料，都说海外华人不到 3000 万。

《人民政协报》1989 年 3 月 7 日第一版登载：美国康奈尔大学鲍斯顿教授在《当代世界华人人口分布》的论文中指出，海外华人人口到八十年代初达到 2680 万至 2750 万之间。这是他和助手在汇集、分析了 132 个国家和地区华人（包括华侨、华人、华裔）人口的大量数据之后得出的结论。

《人民日报》海外版 1989 年 3 月 11 日第二版署名忠民的一篇资料说：据不完全统计，当今海外的华侨、华人分布在五大洲 110 多个国家和地区。各洲人数如下：

亚洲 2500 万　美洲 180 万　欧洲 38 万　大洋洲 18 万　非洲 8 万

合计 2744 万。（原作 2900 万，今据五洲人数之和。）他们之中 80% 以上已先后加入所在国国籍。

叁　少数民族和说少数民族语言的人数

中国 55 个少数民族人口多寡悬殊，最多的壮族 13 378 162 人，最少的赫哲族 1476 人，前者为后者的 9063 倍有余。表三以人数为序，把 55 个少数民族分成三组：（甲）100 万以上，（乙）5—100 万之间，（丙）5 万以下，得出各组人口及其百分比。

		占全国少数民族
甲组 15 个少数民族	60 354 673	90.59%
乙组 21 个少数民族	6 019 484	9.03%
丙组 19 个少数民族	245 803	0.36%
合计	66 619 960	

表三依据《人口普查资料》第四册第1页。不过那里高山族1549是30个省市区的合计数，不包括台湾省的高山族。根据陈蓉1987：1引的卫惠林等的论文，1964年说Amis阿美语的人口为89 802，占台湾高山族的38.3%。由此推算1964年台湾省高山族人口为234 470。表二台湾省1982年人口18 270 749，姑且假定其中高山族人口为270 749。跟30个省市区合计，全国少数民族人口为66 619 960，高山族人口为272 298。表三据此把高山族列入乙组。

表三 少数民族

甲组人口100万以上		乙组人口5—100万		丙组人口5万以下	
1 壮族	13 378 162	16 哈萨克族	907 582	37 毛南族（毛难族）	38 135
2 回族	7 219 493	17 傣族	839 797	38 塔吉克族	26 503
3 维吾尔族	5 957 112	18 黎族	817 562	39 普米族	24 237
4 彝族	5 453 448	19 傈僳族	480 960	40 怒族	23 166
5 苗族	5 030 897	20 畲族	368 832	41 阿昌族	20 441
6 满族	4 299 104	21 拉祜族	304 174	42 鄂温克族	19 343
7 藏族	3 870 068	22 佤族	298 591	43 乌孜别克族	12 453
8 蒙古族	3 411 571	23 水族	286 487	44 德昂族（崩龙族）	12 295
9 土家族	2 832 743	24 东乡族	279 397	45 京族	11 995
10 布依族	2 120 469	25 高山族看上文	272 298	46 基诺族	11 974
11 朝鲜族	1 763 870	26 纳西族	245 154	47 裕固族	10 569
12 侗族	1 425 100	27 土族	159 426	48 保安族	9027
13 瑶族	1 402 676	28 柯尔克孜族	113 999	49 门巴族	6248
14 白族	1 131 124	29 羌族	102 768	50 独龙族	4682
15 哈尼族	1 058 836	30 达斡尔族	94 014	51 鄂伦春族	4132
		31 景颇族	93 008	52 塔塔尔族	4127
		32 仫佬族	90 426	53 俄罗斯族	2935
		33 锡伯族	83 629	54 珞巴族	2065
		34 撒拉族	69 102	55 赫哲族	1476
		35 布朗族	58 476		
		36 仡佬族	53 802		
1—15 小计	60 354 673	16—36 小计	6 019 484	37—55 小计	245 803
				1—55 合计	66 619 960

少数民族之中，回族、满族和畲族几乎全部使用汉语。各民族都有兼通汉语的。有的民族使用几种本民族语言，此现象对理解与研究少数民族语言的现状与历史都十分重要。如表三。

裕固族共10 569人，其中10 227人居住在甘肃省（肃南裕固族自治县8008人，酒泉县

1868人）。裕固族中约有4600人说西部裕固（尧乎尔）语，属于突厥语族［C4］；4000人说东部裕固（恩格尔）语，属于蒙古语族［C2］。

瑶族共1 402 676人。其中属于布努语系统的瑶族约有439 000人，一部分直接使用壮语，使用布努语的约339 000人。属于勉语系统的瑶族约有712 000人，使用勉语的约有692 000人。说勉语的瑶族一般都会说汉语，跟其他民族交往时多用汉语［C8］。

苗族共5 030 897人，说苗语的约有3 916 000人［C8］。海南的苗族人口40 909人，全部使用勉语，大部分还能使用当地的黎语和汉语［C14］。苗语和布努语属于苗瑶语族苗语支，勉语属于苗瑶语族瑶语支。

广西金秀瑶族自治县与平南县自称"拉珈"的瑶族共11 608人，使用拉珈语的约8900人［C12］。拉珈语属于壮侗语族侗水语支。

景颇族共93 008人，其中92 915人居住在云南省（德宏傣族景颇族自治州91 403人）。景颇族中两万多人说景颇语，属于藏缅语族景颇语支；七万多人说载瓦语，属于藏缅语族缅语支［C13］。

表四《说少数民族语言的人数》根据语言调查与人口普查资料估算。先列人数，再列人数占本表合计数的百分比。有时"语言人数"与"民族人数"只有尾数不同。前者大概根据后者略去尾数而得。比方［C4］维吾尔语比维吾尔族少7112人。哈萨克语比哈萨克族少582人。考虑到八个少数民族的人口只有四位数（一万以下），尾数不宜轻易从略。并且各图、各语所省尾数的位数不全一致。为一致起见，各图的说明"语言人数"与"民族人数"只有尾数差别时这里采用"民族人数"作为"语言人数"，同时在数字右上角加星号＊，并且加注。读者可以据图号查对各图说明。从南亚语系到京语，"语言人数"与"民族人数"相同，也加星号＊。

表四　说少数民族语言的人数

阿尔泰语系

蒙古语族六种语言［C2］	3 394 911	7.34%

其中东乡语279 397*，达斡尔语94 014*。

突厥语族八种语言［C4］	7 030 294	15.21%

其中维吾尔语5 957 112*，哈萨克语907 582*，［C4］无图佤语，据［C1］加图佤语2000人。

满－通古斯语族五种语言［C5］	46 350	0.10%

［C5］五种语言人数之和为46 350人，五种语言分布地区人数之和为45 260人，今据前数。

汉藏语系

壮侗语族十四种语言［A4］	16 000 000	34.61%

［C7］"壮侗语族人口数"十四种语言18 965 000人。今据［A4］"壮侗语族各民族人口约有一千九百多万。……这些民族使用本民族语言的人口约一千六百多万，共说十四种语言。"［A4］未列举每种语言的人数。

苗瑶语族四种语言［C8］	4 988 909	10.79%

其中海南苗族说勉语的人数 40 909，据《人口普查资料》第四册 88—89 页。

藏缅语族二十三种语言[C10]	12 305 876	26.62%
其中阿昌语 20 441*，白语 1 131 124*，傈僳语 480 960*。		
南亚语系三种语言（佤语*，德昂语*，布朗语*）	369 362	0.79%
南岛语系——高山族十二种语言* 人数估算见上文	272 298	0.58%
印欧语系两种语言（塔吉克语*，俄罗斯语*）	29 438	0.06%
语言系属未定		
朝鲜语 *	1 763 870	3.81%
京语 *	11 995	0.02%
回辉话[C6]	3700	0.008%
合计	46 217 003	

肆　中国语言地图集的布局

现在说说本图集的布局。本图集共有地图 36 幅，其中 A 组综合性的地图 5 幅，B 组汉语方言图 17 幅，C 组少数民族语言图 14 幅。

[A1]是全国所有语言的总图，[A2]是全国汉语方言的总图，[A4]是全国少数民族语言的总图。原来想绘制一幅中国民族图，后来考虑到汉族分布于全国各省、市、自治区，同一幅图兼容汉族和少数民族的分布，图面不好安排，就改成[A3]中国少数民族图。拿[A3]和[A4]两幅图对比，就可以看出少数民族的分布跟少数民族语言的分布并不完全一致。[A1]、[A2]和[A4]都是全国图，尤其是[A1]包括全国的汉语和少数民族语言，要表示全貌只能突出要点，反映语言和方言分布的大致轮廓，详细的情况见 B 组和 C 组的地图。

本图集只有[A1]和[A5]两幅图是同时表示汉语和少数民族语言的。刚才说过，[A1]表示中国语言的全貌。[A5]表示广西壮族自治区汉语和少数民族语言重叠分布的情况，由[B14]和[C12]两幅图综合而成。我们挑选广西做例子而不选别的省区，理由是广西的汉语方言和少数民族语言都比较复杂。向来都说广西的语言（方言）有“官、平、壮、白、客”之分，其实这五种只是广西主要的语言（方言）。如[A5]所示，广西的汉语方言除西南官话（官话）、平话、粤语（白话）、客家话之外，还有湘语、闽语；少数民族语言除壮语之外，还有侗语、仫佬语、毛南语、苗语、瑶语（勉语）、布努语、拉珈语、水语、仡佬语、彝语、京语。

BC 两组图幅的划分兼顾地区和语言（方言）分布两种标准，也考虑图面的安排。[B1]至[B6]都是官话方言，图幅划分以地区为主。东北官话区只见于[B1]，胶辽官话区分见于[B1]和[B3]两图，中原官话区分见于[B3]、[B4]、[B5]和[B7]四图。其他不必一一列举。就行政区域论，[B7]包括山西全省，河北省西部邻近山西的地区，河南省黄河以北地区（其中孟县属中原官话）、黄河以南的灵宝、陕县和三门峡市，内蒙古中、西部黄河以东地区，以及陕西省的北部地区。就方言论，[B7]包括晋语区全部以及中原官话的汾河片，北方官话的广灵县。

[B8]《东南地区汉语方言图》包括官话和晋语以外的所有方言区，只有四川北部和西部少数县市的客家话不在内。为什么官话和晋语不画总图呢？因为官话分布范围广，东北至黑龙江，西北至新疆，西南至云南，南至广西，晋语东、南、西三方受官话包围，官话总图的范围几乎等于[A2]全国的汉语方言图。图[B9]吴语，[B12]闽语和[B15]客家话都依方言划分。因为图面的限制，吴语的一部分见于图[B10]，闽语的一部分见于图[B13]和[B14]。图[B10]安徽南部，[B11]湖南和江西，[B13]广东省(不包括新成立的海南省)和[B14]广西都依地区划分。[B16]海外汉语方言依地区分成[B16a]太平洋地区和[B16b]其他地区两幅。

[C1]北方少数民族语言，[C6]南方少数民族语言，这两幅总图都是依地区划分。[C12]广西，[C13]云南，[C14]海南和台湾，这三幅也都依地区划分。C组别的图都依语言划分：[C2]蒙古语族，[C3]蒙古语方言，[C4]突厥语族，[C5]满-通古斯语族，[C7]壮侗语族，[C8]苗瑶语族，[C9]苗语方言，[C10]藏缅语族，[C11]藏语方言。

参考书目

赵元任　Yuen Ren Chao, 1943. Languages and dialects in China. *The Geographical Journal* CII: 2.63—66 (1943). [=1976. *Aspects of Chinese sociolinguistics* 21—25. Stanford University Press, Stanford, California, U. S. A.]

赵元任　Yuen Ren Chao, 1948. 国语入门 *Mandarin primer.* Harvard University Press, Cambridge, Massachusetts, U. S. A. pp.3—18. [李荣译文见 1985《语文论衡》188—192。商务印书馆，北京。]

陈蓉　Teresa M. Chen, 1987. Verbal constructions and verbal classification in Nataoran-Amis. (*Pacific Linguistics*. Series C-No. 85.) G.P.O. Box 4, Canberra, A.C.T. 2601, Australia.

《方言》(季刊). 1979—. 北京。

国务院人口普查办公室，1983. [1982年]第三次全国人口普查手工汇总资料汇编，第一册至第六册。

李方桂　Li Fang-kuei, 1937. Languages (and dialects) 中国的语言(与方言), in 中国年鉴 *The Chinese year book.* 1936—1937 Second issue 121—128, 1937 issue (Third year of publication) 59—65, 1938—1939 issue (Fourth year of publication) 43—51, 1944—1945 Seventh issue 129—137. [李荣据 1944—1945 本的译文见济南《山东新报》1947年12月19日第四版。]

中华人民共和国民政部编，1984. 中华人民共和国行政区划简册(截至1983年底的资料)。地图出版社，北京。

中华人民共和国国家统计局，1982. 关于1982年人口普查主要数字的公报，1982年10月27日。

中央研究院历史语言研究所，1948. 语言区域图，中国分省新图第五版第14页。申报馆，上海。

[《方言》1989年第3期161—167页]

汉语方言的分区

《中国语言地图集》图[A2]与图[B8]的说明稿

汉语在中国语言里的地位见图[A1]。本图集把汉语方言分为下列十区。每区后注明人数，单位万人。

官话区 66 224　　晋语区 4570　　吴语区 6975　　徽语区 312　　赣语区 3127

湘语区 3085　　闽语区 5507　　粤语区 4021　　平话区 200　　客家话区 3500

这十区人数加上未分区的“非官话”206万人，说汉语的人数总计97 727万。其中官话区又分为八区。每区后也注明人数，单位也是万人。

东北官话区 8200　　北京官话区 1802　　冀鲁官话区 8363　　胶辽官话区 2883

中原官话区 16 941　　兰银官话区 1173　　西南官话区 20 000　　江淮官话区 6725

对这八区而言，总括的官话区可以叫作“官话大区”。这八区的人数加上未分区的官话137万人，官话区的人数合计66 224万。

本文分七节。第壹节“20世纪前半期全国汉语方言分区的著作”，第贰节“本图集汉语方言区划的层次”，第叁节“晋语从官话分出与官话方言的分区”，第肆节“东南地区方言的研究”，第伍节“客家话与赣语的异同”，第陆节“闽语的性质”，第柒节“汉语方言分区分片一览表”。

壹　20世纪前半期全国汉语方言分区的著作

章炳麟《检论》卷五《方言》作于公元1900—1901年间，分汉语方言为九种。现在分条节录原文，并在“——”后略加说明。原文中省级以下地名，除太仓州外，都是府名。“府州”二字一律省略。若干府并列，第二字假如都是州字，“州”字也省略。浙江的“温、处、台”，指温州府、处州府、台州府。府的治所跟今地名不同时在“——”后说明治所，如台州府治所在今临海。府的治所跟今地名相同时不再说明，如温州府治所在今温州。

①河之朔，暨于北塞，东傅海，直隶、山西，南得彰德、卫辉、怀庆为一种。——这是说黄河以东以北地区是一种方言。直隶省包括今北京市、天津市与河北省。彰德、卫辉、怀庆指河南省黄河以北地区，这三个府的治所分别在今安阳、汲县、沁阳。

②陕西为一种，……甘肃宵之。——这是说陕西、甘肃两省是一种方言。

③开封以西，……汝宁、南阳，今曰河南。……及江之中，湖北、湖南、江西为一种。——汝宁府治所在今汝南。这是说河南省黄河以南地区与湖北、湖南、江西三省是一种方言。参看下文⑨四川等省音近湖北。

④福建，⑤广东，各为一种。……福建之汀附属于江西而从赣。——汀州府治所在今长汀。赣指赣州府。所说“福建之汀附属于江西而从赣”，跟现在的方言分布符合。本图集［B15］福建省西南部的旧汀州府与江西省南部的旧宁都州、赣州府、南安府都属于客家话区。南安府治所在今大余，即大庾。

⑥开封而东，山东曹、沇、沂至江淮间，大略似朔方而具四声为一种。——沇即兖州府的兖。曹州、沂州两府治所在今菏泽、临沂。所说大致相当于江淮官话区东部，即安徽、江苏两省长江以北有入声的地区。但曹、兖、沂三府今并无入声。

⑦江南苏州、松江、太仓、常州，浙江湖州、嘉兴、杭州、宁波、绍兴为一种。……浙江温、处、台附属于福建而从福宁。——处州、台州与福宁三府治所分别在今丽水、临海与霞浦。所举江苏南部之三府一州与浙江之五府，大略相当于本图集吴语区的太湖片。浙江之金华、衢州、台州、温州、处州五府也属于吴语区，不过跟上述八府一州颇有差别。

⑧东南之地独［安徽］徽州、宁国处高原为一种。厥附属者浙江衢州、金华、严州，江西广信、饶州也。——徽州、宁国、严州、广信、饶州等五府治所分别在今歙县、宣城、建德、上饶、鄱阳。所举安徽两府，浙江三府，江西两府，与本图集徽语区相比，范围较宽。本图集徽语分布于安徽省旧徽州府与宁国府南部太平（今属黄山市）、旌德、宁国三县一部分地方；浙江省旧严州府；江西省旧饶州府北部浮梁（今属景德镇市）、德兴两县。

⑨四川……云南、贵州、广西，音皆大类湖北为一种。……湖南之沅州亦与贵州同音。——所说跟本图集西南官话区大致符合。西南官话区包括四川、云南、贵州三省，湖北省西部等地，图［B14］西南官话零散分布于北纬23°20′以北的地区。“湖南之沅州亦与贵州同音”，可以理解为湖南省西边邻接贵州省的地带说西南官话，不能拘泥于沅州府一个府。沅州府治所在今芷江。

以下六项著作，作者都是调查过汉语方言的。

赵元任等，1934. 中华民国新地图，第五图乙，语言区域图。申报馆，上海。

中央研究院历史语言研究所，1939. 中国分省新图第四版第14页，语言区域图。同上。

中央研究院历史语言研究所，1948. 中国分省新图第五版第14页，语言区域图。同上。

——以上三项只是地图，没有文字说明，下文分别简称1934《语言区域图》，1939《语言区域图》，1948《语言区域图》。

赵元任　Yuen Ren Chao，1943. Languages and dialects in China. *The Geographical Journal* CII：2.63－66.［=1976. *Aspects of Chinese sociolinguistics* 21－25. Stanford University Press，Stanford，California，U. S. A.］

——这一项有文字又有地图，地图据1934《中国分省新图》再版，方言分区与1939《语言区域图》相同。

赵元任　Yuen Ren Chao，1948. 国语入门 *Mandarin primer*. Harvard University Press，Cambridge，Massachusetts，U. S. A. pp. 3—18.［李荣译文见1985《语文论衡》188—192. 商

务印书馆，北京。]

李方桂 Li Fang-kuei，1937. Languages（and dialects）中国的语言（与方言），in 中国年鉴 *The Chinese year book*. 1936—1937 Second issue 121—128，1937 issue（Third year of publication）59—65，1938—1939 issue（Fourth year of publication）43—51，1944—1945 Seventh issue 129—137.［李荣据 1944—1945 本的译文见济南《山东新报》1947 年 12 月 19 日第四版。］

——以上两项只是文字，没有地图。

1934《语言区域图》里，"中国语系"分为"华北官话区、华南官话区、吴方言、闽方言、客家方言、粤方言、海南方言"七个单位。图里海南岛方言的颜色和线条跟粤方言相同。台湾西部和广东东部都划到闽方言。

1939《语言区域图》把 1934《语言区域图》的"中国语系"改为"汉语系"。图中"汉语系"分为"北方官话区、上江官话区、下江官话区、吴方言、皖方言、闽方言、潮汕方言、客家方言、粤方言"九个单位。1939 本跟 1934 本的不同有三项：一是把"华北官话区"改名"北方官话区"；二是把"华南官话区"划分为"上江官话区"和"下江官话区"，前者包括湖南省，后者包括江西省，并且把徽州一带划出来成为"皖方言"；三是把"闽方言"的南部分出来成为"潮汕方言"，图中海南岛（中部为黎语）的颜色和线条跟"潮汕方言"相同。

1948《语言区域图》里头，"汉语"分为"北方官话、西南官话、下江官话、吴语、湘语、赣语、客家话、粤语、闽南语、闽北语、徽州方言"等十一个单位。1948 本跟 1939 本主要不同有三项。一是把"上江官话区"划分为"西南官话"和"湘语"；二是把"赣语"从"下江官话区"分出来；三是把"皖语、吴方言、粤方言、客家方言、闽方言、潮汕方言"分别改名为"徽州方言、吴语、粤语、客家话、闽北语、闽南语"。"闽南语"包括①福建省厦门及厦门以南地区，②广东省潮汕地区和海南岛（中部为黎语），③台湾省大部分地区（西北角一小片为客家话，中部为高山语）。

李方桂 1937 与赵元任 1948 都把赣语与客家话合为一区，这是跟 1948《语言区域图》不同的。李方桂 1937 还指出，雷州半岛的一部分说闽南话。

1934 年以后，还有别的人提到汉语方言分区，往往依据上述六项著作，有时在各区之下再依行政区划分片，这里就不说了。

丁声树与李荣的《汉语方言调查》作于 1955 年八九月间，登在 1956 年 7 月出版的《现代汉语规范问题学术会议文件汇编》80—88 页（科学出版社，北京）。这篇文章已经完全过时。当时根据上述六项著作，把汉语方言分成八区。官话区不再细分，也算一区。并且根据当时汉族人口总数 5 亿 4700 万，分区估计人口的约效。

①官话区 3 亿 8700 万	⑤客家话区 2000 万
②吴语区 4600 万	⑥闽北话区 700 万
③湘语区 2600 万	⑦闽南话区 1500 万
④赣语区 1300 万	⑧粤语区 2700 万

八区人口合计5亿4100万，比汉族人口总数少600万，这个差额是留给没有归到上述八区的方言，如徽语、平话的。各区人口估计十分粗略。有人引用各区人数，计算百分数时以汉族人口总数为分母，又凑足各区人口百分数之和为百分之百，那就不合适了。

贰　本图集汉语方言区划的层次

方言分区要有一套合适的名目，包括层次的名目与方言的名目。

本图集的汉语方言区划最多分为下列五个层次：

大区—区—片—小片—点

其中区、片和点是最基本的。区底下一般分成若干片，片有时分成若干小片。有些区可以总括为一个大区。点指调查点，一般是市县或相当于县的行政单位。假如我们已知某个县内部方言有分歧，画图的时候当然考虑进去。比方江苏省的溧水县，县城（在城镇）及以北是官话区，以南是吴语区。浙江省的乐清县，清江以北属吴语台州片，清江以南属吴语瓯江片。山西省的沁水县，城关及以西属中原官话汾河片，以东端氏等地属晋语区上党片。

“区—片—点”里头，“区”是现成的，向来都说汉语方言分成几个区。“点”指调查点，对“区”跟“片”而言才用，计算调查点的数目的时候才用。某个调查点的方言，就直接说某地方言、某地话，例如温岭方言、温岭话。一县不止一个调查点，就说某县某地方言，某县某地话。比方说，山西省沁水城关方言（话）、沁水端氏方言（话）。“区”跟“点”中间的层次采用“片”这个名目，无论说话作文都很通顺。总括几个“区”叫“大区”，一个“片”划分成若干“小片”，都很好理解。

其次说到语言、方言的名称。“文”字专用作有文字的语言的名称，这里不必讨论。“方言、语、话”都用作方言的名称。

“方言土语”常常连用。“土语”单用往往见于书面，口语平常只说“土话”，不说“土语”。有人讨论方言的时候，把“方言”本身作为一个层次，把“土语”用作“方言”底下的一个层次。有人把“次方言”用作“方言”底下的一个层次，这大概是从英文sub-dialect套过来的。要是在方言分布的范围上分清层次（大区—区—片—小片—点），“土语、次方言”一类名目就可以避免。本图集湘南土话与粤北土话都指未分区的方言。

方言的名目有专名部分和通名部分之别。比方说，“吴语区、吴语、苏州话”，“区”字是指分布范围的通名部分，“语”字和“话”字是指方言的通名部分，“吴”字是专名部分，“苏州”也是专名部分。（就地名说，“苏”是专名，“州”是通名。）上文讨论通名部分，现在讨论专名部分。

跟通名部分一样，专名部分尽可能使用现成的字眼，加以必要的修改和补充，力求做到意思明确，避免含混。最重要的是“区、片、小片、点”各层次的专名要有分别。“粤语（方言）”指区，“广府话（方言）”指片，“广州话（方言）”指点。不用区、片一类字眼，层次也清楚。

县或县以下调查点的方言，一般是用地名加“话”字，例如“温岭话、沁水城关话、沁水端氏话”。除非有现成的名称，例如“苍南蛮话”。要讨论的是“大区—区—片—小片”的名目。

“吴语区、粤语区”等可以沿用传统的名目。现在把“晋语”从官话分出来，晋语与各官话区的命名见下节。跟区的名称比起来，片与小片的名称难定多了。这是因为片与小片的数目多，并且缺少前人的说法做依据。现在用六种方法命名。每种都举些实例。

一是用今市县地区名——吴语区太湖片杭州小片指杭州市城区及近郊区。客家话区惠州片包括惠州市的客家话和“本地话”（客家话和粤语的混合方言）。吴语区台州片大略相当于今台州地区与旧台州府。

二是用旧郡府州名——胶辽官话区的青州片。兰银官话区的金城片。晋语区的上党片、并州片。吴语区的婺州片。徽语区的严州片。客家话区的汀州片与粤台片的嘉应小片。

三是用相沿的地区名——中原官话区的关中片。兰银官话区的河西片。粤语区的四邑片。

四是用山河湖泊命名——晋语区的五台片、吕梁片，粤语区的勾漏片，都用山命名。中原官话区的汾河片，吴语区的甬江片、瓯江片与太湖片的苕溪小片，都用河命名。江淮官话区的洪洪泽湖巢巢湖片，吴语区的太湖片，都用湖命名。

五是用省区之别名或简称加方位词——中原官话的陇中片、南疆片。西南官话区的滇西、黔北、鄂北、黔南、湘南五片。其中湘南片指湖南省南部西南官话与湘南土话并用区。

六是用省市区的别名、新旧地名的首字联合——中原官话区的秦陇片以横跨陕西、甘肃两省得名。客家话区之粤台片以分布于广东、台湾两省得名。兰银官话的银吴片。西南官话区的成渝片、贵昆片、桂柳片。吴语区的处衢片与太湖片的苏沪嘉小片。凡是不宜用前五种方法命名的，都可以用这一种。

叁 晋语从官话分出与官话方言的分区

1934《语言区域图》分官话区为华北官话区与华南官话区。华南官话区的范围是长江流域，并非中国南部，就地理上说，名称欠妥。就语言上说，要说明这一地区内部方言的共性是很困难的。

1939《语言区域图》把华南官话区分成两区，湖南及以西为上江官话区；江西及以东为下江官话区，其中划出一小块为皖方言。同时把华北官话区改名为北方官话区。官话区一分为三，要说明每个区内部方言的共性仍旧是很困难的。

历史语言研究所1935年春天调查江西方言，秋天调查湖南方言，1936年春天调查湖北方言，1940年调查云南方言，1941年与1946年调查四川方言。大概是这几次调查导致1948《语言区域图》把上江官话区分为西南官话区和湘语区，把赣语区从下江官话区分出来。

从上述三幅《语言区域图》看，官话区的范围随着研究的深入越来越小。徽州方言和湘语、赣语陆续从官话区分出来。现在我们还要把“晋语”从“北方官话”中分出来。古代的晋国在现在山西省一带，所以“晋”是山西省的别称。“晋语”这个名目平常用作“山西方言”的意思。作为学术名词，“晋语”跟“山西方言”有区别，好比学术名词的“闽语”跟“福建方言”有区别。“山西方言”着眼于地理，指山西省境内的方言。我们用“晋语”着重在语言，指山西省及其毗连地区有入声的方言。内蒙古中部黄河以东地区的汉语方言也属于晋语。那里的很多汉民，原来是从山西迁去的。那里的行政区划，在清朝时盟旗属内蒙古，府厅属山西、直隶。根据有入声这条标准可以把晋语跟周围的官话方言分开。除有入声外，晋语还有一些共同点，参看图［B7］与刘育林 1988：260—261。这些共同点是晋语区别于官话（包括江淮官话）的特点。正因为晋语有这些特点，虽然晋语与江淮官话都有入声，本图集把晋语从官话分出来，江淮官话仍旧算是官话的一个区。当然，这些共同点的分布范围与入声的分布范围不完全符合，只是大致相同。现在配合官话方言的分区，挑选有无入声这一条来划分晋语与官话。同时还要指出，入声归并到其他调类，也是渐变的。拿陕北的晋语说，各方言入声字多寡不一。从地域上来看，古入声今仍读入声的字从北向南逐步递减。到没有入声的地区就是（中原）官话了。

1956 年，作者琢磨汉语方言的分区，尤其是官话的分区。从古入声今南京话仍读入声，重庆话今全归阳平入手，发现古入声字演变为今调类，在官话方言里有下文所说七种方式。古音有平上去入四声。古平上去三声的韵母有的不带辅音韵尾，有的带鼻音［m n ŋ］韵尾，所以合称舒声（lax tones）；古入声的韵母都带塞音［p t k］韵尾，对舒声而言也叫促声（abrupt tone）。古四声的演变受古声母清浊的影响。现在列出表一《古声母表》与表二《古入声例字表》。两个表都分清浊，浊音还分全浊次浊。例字表据 1981《方言调查字表》，记北京音。

表一　古声母表

清		帮	非	端	知	精	庄	章	见	影	
清		滂	敷	透	彻	清	初	昌	溪		
清						心	生	书		晓	
浊	全浊	並	奉	定	澄	从	崇	船	群		
浊	全浊					邪		禅		匣	
浊	次浊	明	微	泥（娘）				日	疑		
浊	次浊			来						云	以

表二　古入声例字表

1 清		急 tɕi˧˥	竹 tʂu˧˥	织 tʂʅ˥	积 tɕi˥	得 tɤ˧˥①	笔 pi˨˩˦		一 i˥②
2 清		曲 tɕʻy˥③		出 tʂʻu˥	七 tɕʻi˥④	秃 tʻu˥	匹 pʻi˨˩˦		
3 清		黑 xei˥		湿 ʂʅ˥	锡 ɕi˧˥		福 fu˧˥		
4 清		割 kɤ˥	桌 tʂuo˥	窄 tʂai˨˩˦	接 tɕie˥	搭 ta˥	百 pai˨˩˦		约 ye˥˩
5 清		缺 tɕʻye˥		尺 tʂʻʅ˨˩˦	切 tɕʻie˥	铁 tʻie˨˩˦	拍 pʻai˥		
6 清		歇 ɕie˥		说 ʂuo˥	削 ɕiau˥		发 fa˥⑤		
7 浊	次浊	月 ye˥˩		入 ʐu˥˩	六 liou˥˩	纳 na˥˩	麦 mai˥˩	袜 ua˥˩	药 iau˥˩
8 浊	全浊	局 tɕy˧˥	宅 tʂai˧˥	食 ʂʅ˧˥	杂 tsa˧˥	读 tu˧˥	白 pai˧˥		
9 浊	全浊	合 xɤ˧˥		舌 ʂɤ˧˥	俗 su˧˥		服 fu˧˥		

表二注：①“得”字广用读［tɤ˧˥］；作“需要，必要，必然”讲读［tei˨˩˦］；轻声读［·tə］，如“走得快，走得不快”。②“一”字在阴平、阳平、上声前读去声，在去声前读阳平，单说或在末尾读阴平。③“曲”字

作“弯曲”讲读阴平，作“曲子”讲读上声。④“七”字读阴平，在去声前也可以读阳平。⑤补充几个古清音入声字今读去声的例子：璧[pi˥˩]，涩[sɤ˥˩]，撤[tʂʻɤ˥˩]，客[kʻɤ˥˩]。

①南京、②重庆、③青岛、④济南、⑤西安、⑥兰州与⑦北京等七处，分别代表现代官话方言古入声演变的七种方式。李荣《中国语文》1956.12：28［=《汉语方言调查手册》1957：84］说：

> 有些方言有入声，有些方言没有入声。大概情况是这样。有些分阴阳入的方言，例如苏州，古清音入声（表二例字1—6六行）的字调子相同，都是阴入，古浊音入声（7—9三行）的字调子相同，都是阳入。广州也分阴阳入，阴入再依元音长短分为两类，1—3三行短元音，读上（阴）入，4—6三行长元音，读中（阴）入。有些方言不分阴阳入，例如①南京，古入声（1—9九行）的字调子都相同，都是入声。还有一些方言，古入声字一部分还是入声，另一部分归到别的调里去了。没有入声的方言，古入声字完全归到别的调里去了。西南官话大部分方言古入声一律归阳平，例如②汉口、重庆、成都、桂林、贵阳、昆明。别的地区古入声归到哪些调类，看古声母清浊而定，各处不大一致，不过古全浊入声，很多地方归阳平，例如北京、青岛、济南、郑州、西安、兰州。③青岛古清音入声字归上声，次浊入声字归去声。④济南古清音入声字归阴平，古次浊入声字归去声。⑤郑州、西安古清音入声字和次浊入声字（1—7七行）一律归阴平，⑥兰州古清音入声字和次浊入声字一律归去声。⑦北京古次浊入声字（第7行）归去声，古清音入声字（1—6六行）归阴阳上去四声的都有，没有明显的条例。

1956年我还不敢说，上述古入声演变的七种方式可以作为官话方言分区的依据。经过1957年开始的汉语方言普查，看到的方言资料渐渐多了，我才有那种想法。本图集的工作在1983年下半年开始，我在1984年冬写了《官话方言的分区》，依照从下江官话中分出赣语，从上江官话中分出湘语的先例，把晋语从1948《语言区域图》的北方官话中分出来，同时提出官话里分出“晋语”之后，其余的官话可以根据表三《古入声字的今调类》，分成七区。

表三　古入声字的今调类

<table>
<tr><th></th><th>西南官话</th><th>中原官话</th><th>冀鲁官话</th><th>兰银官话</th><th>北京官话</th><th>胶辽官话</th><th>江淮官话</th></tr>
<tr><td>古清音</td><td rowspan="2">阳平</td><td colspan="2">阴平</td><td>去声</td><td>阴阳上去</td><td>上声</td><td rowspan="3">入声</td></tr>
<tr><td>古次浊</td><td>阴平</td><td colspan="4">去声</td></tr>
<tr><td>古全浊</td><td colspan="6">阳平</td></tr>
</table>

从表三可以看出：江淮官话的特性是古入声今读入声，与其他六区官话分开，这六区的共性是古全浊入声今读阳平。江淮官话包括淮阴、南京、合肥、安庆、黄冈等地。

西南官话的特性是古入声今全读阳平，与其他六区分开。西南官话包括成都、重庆、武汉、昆明、贵阳、柳州、桂林等地。

中原官话的特性是古次浊入声今读阴平，与其他六区分开。（古次浊入声读阴平蕴涵

[imply]古清音入声也读阴平，古全浊入声读阳平。）中原官话包括西安、运城、洛阳、郑州、信阳，曲阜、徐州、阜阳等地，并深入甘肃、青海两省与宁夏、新疆两区南部。

兰银官话的特性是古清音入声今读去声，与其他六区分开。（古清音入声读去声蕴涵古次浊入声也读去声，古全浊入声读阳平。）兰银官话包括兰州、武威、张掖、酒泉、银川等地，并深入新疆北部。

胶辽官话的特性是古清音入声今读上声，与其他六区分开。（古清音入声读上声蕴涵古次浊入声读去声，古全浊入声读阳平。）胶辽官话包括青岛、烟台、大连等地。

冀鲁官话的特性是古清音入声今读阴平，古次浊入声今读去声。（古清音入声读阴平与古次浊入声读去声蕴涵古全浊入声读阳平。）前者是冀鲁和中原两区的共性，与其他五区分开。后者是冀鲁、兰银、胶辽，北京四区的共性，与其他三区分开。冀鲁官话包括石家庄、献县、沧州、济南等地。

北京官话的特性是古清音入声今分归阴平、阳平、上声、去声，与其他六区分开。（古清音声母分归四声蕴涵古次浊入声读去声，古全浊入声读阳平。）

东北三省有许多方言比河北省更接近北京。专就古入声的清音声母字今分归阴平、阳平、上声、去声而言，东北官话区也可以划到北京官话区。考虑到东北官话区古入声的清音声母字今读上声的比北京多得多；四声调值和北京相近，但是阴平的调值比北京低；以及多数方言无[ʐ]声母（北京的[ʐ]声母读零声母[∅]）等特点，现在把东北官话区独立成一区。

本文说的“北京官话区”范围大于“京师片”，“京师片”大于“北京话”，“北京话”专指北京城区的话。普通话以北京语音为标准音，指的是北京话，并不是这里说的北京官话区。“取法于上，仅得其中。取法于中，不免为下。”标准是不能含糊，不能放松的。

现在说说八个官话区的命名。北京官话区以最接近于北京话得名。东北与西南两区以方位命名，西南官话区的名称已经行开，“东北”是通用的地区名称。

“冀鲁官话区”在《官话方言的分区》与图[B3]里均作“北方官话区”。考虑到通常说的“北方话”泛指我国北方的方言，有时候甚至包括所有的官话区；并且“冀鲁官话区”主要分布于河北、山东两省，所以利用两省的别称命名。这样可以跟泛指的“北方话”严格分开。本图集图[B3]等处的“北方官话（区）”均应改为“冀鲁官话（区）”；但引用他人著作时不改。

山东省人口稠密，辽宁省开发较晚，有很多胶东人渡海而北，定居辽东。所以胶东半岛的人管辽东半岛叫“海北”。（“走海北”相当于“闯关东”。）这两个半岛的方言有共同之点，叫作“胶辽官话”十分妥帖。

中原官话包括河南省黄河以南地区，山东省西部地区，山西省西南部汾河谷地，陕西省中部渭河流域，还深入到甘肃、青海两省与宁夏、新疆两区南部。就地域说，中原“指黄河中下游地区，包括河南省的大部分地区、山东的西部和河北、山西的南部。”《现代汉语词典》1973年版。所以把这一带的方言称为中原官话，实在是天造地设。

兰银官话的名称用本方言区两个省会名称（兰州和银川）的第一个字合成。这是仿效广东省东部的潮汕话与海南岛的琼文话定的。光绪二十六年（1900年）续修《儋州志》卷之二舆地志十五习俗："来自琼文者则言琼文话。"琼文由琼山、文昌两个县名第一字合成。琼文话是海南岛分布最广，人口最多的汉语方言，因此平常都称为"海南话"，作为学术名称，最好沿用《儋州志》"琼文话"的名目，以便与海南岛其他语言（方言）有所区别。

江淮官话以前叫下江官话，因为分布的地区不限于长江下游，采用江淮官话的名目比较好。这是用河流的名称为方言区命名。

肆　东南地区方言的研究

我国东南地区方言复杂。东南地区指长江以南，湖南省、广西壮族自治区及其以东各省。除晋语外，"非官话"方言主要分布在东南地区。下文第伍、第陆两节讨论客家话、赣语与闽语。本节大略的说说东南地区方言的研究。

赵元任1928《现代吴语的研究》是我国用现代方法研究方言的起点。大家一直以为吴语的范围限于江苏南部（包括上海市）与浙江。现在已经查明，吴语的范围扩展到安徽南部。从图［B10］可以看到官话与吴语在安徽南部错杂分布的画面。其实以前吴语的范围还要大些。江北的移民到江南，尤其是1866年以后，移民大量进入江南，官话取代吴语，这才有今天的局面。徽语邻接吴语，方言复杂，目前还只能说说徽语各片的性质。徽语的共性有待进一步的调查研究。赵元任1962《绩溪岭北音系》27说：

> 徽州方言在全国方言区里很难归类，所以我在民国二十七年［公元1938年］给《申报》六十周年出版的《中国分省新图》画方言图时候就让徽州话自成一类。因为所有的徽州话都分阴阳去，近似吴语；而声母都没有浊塞音，又近似官话区。但是如果要嫌全国方言区分的太琐碎的话，那就最好以音类为重，音值为轻，换言之，可以认为是吴语的一种。

不过"分阴阳去"的标准很难采纳。一方面，徽语与吴语都有不分阴阳去的。根据舒宝璋1960年的记音稿，徽语黟县话有五个声调：

阴平［˨˩］21　阳平［˥］55　上声［˥˨］52　去声［˨˦］24　入声［ʔ˧˨］32

铜陵话是吴语确凿无疑，可是根据王太庆1983《铜陵方言记略》100，铜陵话也是五个声调：

阴平［˥］55　阳平［˩］11　上声［˥˩］51　去声［˧˥］35　入声［ʔ˩˧］13

都不分阴阳去。另一方面，江西省东部的玉山、广丰、上饶古全浊音声母今读浊音，平上去入四声都分阴阳，属于吴语区。邻接的横峰、弋阳古全浊音声母今读清音，平去入三声都分阴阳，不能也画归吴语。因此，本图集还是把徽语独立，自成一区。

就古全浊声母今读塞音、塞擦音时送气与否说，徽语内部不一致。赵元任等1965：17说绩溪"大都变为今送气音了。"可是例外不少，"渠，罢被，墜健，弼愎集竭嚼"都读不送气音，"便住隊倦共鼻"都是送气与不送气两读。"渠"［꜀ke˧˨］字《绩溪岭北方言》写作"其"字，注云"他，白话音。"跟"去"［k'e˧˦꜄］字比较，"其"字当作"渠"字。

平田昌司 1982《休宁音系简介》记的是休宁县城海阳镇的音，276 页说："古全浊……音声母多数变成送气清声母，少数变成不送气清声母。分化条件不明。……［o］韵不送气的字特别多，超过一半。"可见徽语并不全是古全浊音今大都读送气清音的，跟赣语大都读送气不同。

李方桂 1937 提出，客家话赣语的特点是古全浊音声母今读清塞音、塞擦音时送气；闽语的特点正好相反，古全浊音声母今读清塞音、塞擦音时不送气。这两条都有例外，"各方言一致的例外"本身是一种规律，例外的研究提高了对方言的认识。以下两节都讨论到这种例外。

李方桂 1937 与赵元任 1948 都把客家话与赣语合为一区，别人也有这样主张的。除吴徽合一，客赣合一之外，还没听说有人主张把湘语、闽语、粤语三区跟别的方言区合并的。客赣的异同，客家话的特性，这两个课题的研究近年颇有进展，第伍节就讨论客家话与赣语的异同。

向来都说汉语方言里最复杂的要数闽语。不过也得指出，有一些关于闽语特殊的说法言过其实，第陆节就讨论闽语的性质。

古全浊音声母今读清塞音、塞擦音时送气与否，在粤语里是分片的标准。勾漏片一般都不送气。吴化片一般都送气。广府、邕浔、四邑、高阳四片一般今读阳平、阳上的字送气，今读阳去、阳入的字不送气。

平话的研究刚刚起步。广西有"官平壮白（粤语）客"五种主要的语言（方言），这个说法相承已久，所以图［B14］画出通常说的平话分布的范围，留待以后核实。平话桂北片与桂南片差别相当大。平话的共同点是古全浊塞音声母今读清塞音、塞擦音时一般不送气，与粤语勾漏片相同。

凡是未分区的方言，无论官话还是"非官话"，包括湘南土话在内，都有待于进一步调查研究，以扩充方言工作者的眼界。

伍　客家话与赣语的异同

客家话和赣语有两项共同点是常常为人称道的。一是古全浊声母逢今塞音、塞擦音时不论四声都读送气清音。二是梗摄字白读是［aŋ uaŋ iaŋ］。这两项都值得仔细探讨。

古全浊声母字今客家话读送气清音是常例，可是也有不送气的。黄雪贞 1987：85 以为，这个不能简单地说成少数或例外。分析起来有两类：第一类是语汇性的，如"渠（也写作佢）辫笨队赠叛铡"等全浊声母字，多数客家话常读不送气清音。表四对比这七个字在三处客家方言（广东梅县、福建永定、四川成都龙潭寺）和赣语南昌方言的读法。

表四　"渠辫笨队赠叛铡"七字的音

	渠群	辫並	笨並	队定	赠从	叛並	铡崇
梅　县	ki˩	piɛn˥	pun˥˧	tsui˥˧	tsɛn˥˧	pan˧˩	tsat˩
永　定	ki˩	p'iɛn˧	pun˧	tei˥˧	tsɛn˥˧	pan˧	tsaʔ˨
龙潭寺	tɕi˩˧	piɛ̃˥	pən˥˧	tui˥˧	tsɛ̃˥˧	p'ã˥˧	tsa˥˧
南　昌	tɕie˨˦/tɕ'ie˦˨	p'iɛn˩	p'ɨn˩	tui˦˥	ts'ɛn˩	p'on˨˦	

表四所收七个字中，永定“辫”字读送气；南昌“渠”送气与否两读，“队”字读不送气阴去。这七个字在赣语里的读法须要全面调查。单就南昌话而言，古全浊今送气跟客家话一致，这话适用于多数字；但是少数客家不送气的字南昌送气，这就显出赣语跟客家话的不同来了。

第二类是方言性的，往往有音韵条件（调类）的限制。例如四川成都龙潭寺与凉水井的古全浊平声字送气，符合客家话常例，也符合西南官话的常例；有的古全浊仄声字不送气，大概是受西南官话影响。例如“电住夺”三字梅县、永定送气，龙潭寺不送气。

表五 “爬旗桥盘电住夺”七字的音

	爬並	旗群	桥群	盘並	电定	住澄	夺定
梅县	pʻa˩	kʻi˩	kʻiau˩	pʻan˩	tʻiɛn˥˧	tsʻu˥˧	tʻɔk˥
永定	pʻa˩	kʻi˩	kʻieu˩	pʻan˩	tʻiɛn˧	tsʻɨ˧	tʻɔʔ˥
龙潭寺	pʻa˨˩	tɕʻi˨˩	tɕʻiau˨˩	pʻã˨˩	tiẽ˥˧	tsu˥˧	tɔʔ˩

“电住夺”三字龙潭寺读不送气音受官话的影响，是后起的现象。表四里七个古全浊声母字今客家话不送气，可能正是客家话的本性。

现在说到梗摄字的读音。赣语与客家话梗摄字今逢低元音、后元音收［ŋ］尾，逢前元音收［n］。前者是白读，后者是文读。表六以南昌与梅县为例。

表六 “争生平命轻听请”七字的音

	争	生	平	命	轻	听	请
南昌白读	tsaŋ˦˨	saŋ˦˨	pʻiaŋ˨˦	miaŋ˩	tɕʻiaŋ˦˨	tʻiaŋ˦˨	tɕʻiag˨˩˧
南昌文读	tsɛn˦˨	sɛn˦˨	pʻin˨˦	min˩	tɕʻin˦˨	tʻin˦˨	tɕʻin˨˩˧
梅县白读	tsaŋ˦	saŋ˦	pʻiaŋ˩	miaŋ˥˧	kʻiaŋ˦	tʻaŋ˦	tɕʻiaŋ˧˩
梅县文读	tsɛn˦	sɛn˦	pʻin˩	min˥˧	kʻin˦		

不过梗摄字文白异读，尤其是梗摄字白读［aŋ uaŋ iaŋ］韵，并不局限于赣语与客家话。据现在所知，这两个现象或多或少分布于赣语与客家话周围所有的方言区：湘语、徽语、吴语、闽语与粤语。这里不能细说，只举表七表八两个例子。并请参看李荣 1989。表七见于李荣《切韵与方言》，刊于《方言》1983.161—165［=1985《语文论衡》39—44］。

表七 “梗”字的合口音

	温岭	广州	永定	南昌	高安	华阳凉水井	广东客家	福州
梗开	kã˦˨	kɐŋ˧˥	kɛn˥˧	kiɛn˨˩˧	kiɛn˥˧			ʿkeng
梗合	kuã˦˨	kʻuaŋ˧˥	kuaŋ˥˧	kuaŋ˨˩˧	kuaŋ˥˧	kuaŋ˧˩	ʿkwang	ʿkwang
矿							ʿkwang	

表七里八处方言、两处是赣语（南昌、高安），三处是客家（永定、华阳凉水井、广东客家），温岭是吴语，广州是粤语，福川是闽语。梗摄合口字少，“梗”字在方言里的合口音与文字在好多方言里已失去联系。“广东客家”与福州的读法值得特别注意。

D. MacIver 编，M. C. Mackenzie 增订，《广东客家方言汉英字典》①：

茎 ͨkwang. The stalk of a plant. A stem，a twig. Also read ͼkin.

矿 ͨkwang. The ore of metals. A mine.　～山 | ～工 | ～石 | ～井

R. S. Maclay 和 C. C. Baldwin 的《福州话拼音字典》②：

梗直 ͨkeng tikͅ

ͨ幹 ……　used for the coll. ͨkwang：the trunk of a tree，the stem or stalks of plants. also read kangͻ，q. v.：COLL.，槺其幹 ch'euͻ ͽki ͨkuang，the trunk of a tree.

广东客家"梗合"字和"矿"字同音最有意思。"矿字"《切三》和《王韵》古猛反。《切韵》"梗"字和"矿"字开合相配。"梗"字读如合口应该和"矿"字同音。广东客家正是如此，可以证实"梗"当"茎"讲是合口，《切韵》没有这个音，可以根据现代方言补充。可惜大部分方言"矿"字读如"旷"字。《广东客家方言汉英字典》ͨkwang 写"茎"是训读的写法，又音 ͼkin 大概是"茎"字的读音。

福州"幹"上声 ͨkwang 是"梗合"训读字，"幹"去声 kangͻ 是"幹"的本音。"槺"是本地字，"槺其幹"是"树的梗合"的意思。福州话植物的茎是"梗合"[kuaŋ˧˩]，叶是"箬"[nuoʔ˥]。请注意，各地"梗合"的音很相近。

表八有三点须要说明。①福州、厦门两处都有七个声调，调值如下，阴入阳入是短调。②两处都是白读。③福州话逢阴平、阳平、上声、阳入元音是[a]，逢阴去、阳去、阴入元音是[ɑ]。

	阴平	阳平	上声	阴去	阳去	阴入	阳入
福州	[˥]55	[˥˧]53	[˧˩]31	[˨˩˧]213	[˧˥˧]353	[˩˧]13	[˥]55
厦门	[˥]55	[˧˥]35	[˥˧]53	[˨˩]21	[˨]22	[˩]11	[˥]55

表八　福州与厦门二十一个梗摄字的音

	ͨ饼	ͼ鹘肋骨	ͽ名	命ͅ	ͨ鼎	定ͅ	ͼ听
福州	piaŋ˧˩	p'iaŋ˥	miaŋ˥˧	miɑŋ˧˥˧	tiaŋ˧˩	tiɑŋ˧˥˧	t'iaŋ˥
厦门	piã˥˧	p'iã˥	miã˧˥	miã˨	tiã˥˧	tiã˨	t'iã˥
	ͽ程	ͨ领	正ͻ	净ͅ	ͨ请	ͼ声	ͽ城
福州	t'iaŋ˥˧	liaŋ˧˩	tsiɑŋ˨˩˧	tsiɑŋ˧˥˧	ts'iaŋ˧˩	siaŋ˥	siaŋ˥˧
厦门	t'iã˧˥	niã˥˧	tsiã˨˩	tsiã˨	ts'iã˥˧	tiã˥	siã˧˥
	圣ͻ	ͼ惊	ͽ行	镜ͻ	ͽ迎	ͼ兄	ͽ营
福州	siɑŋ˨˩˧	kiaŋ˥	kiaŋ˥˧	kiɑŋ˨˩˧	ŋiaŋ˥˧	hiaŋ˥	iaŋ˥˧
厦门	siã˨˩	kiã˥	kiã˧˥	kiã˨	ŋiã˧˥	hiã˥	iã˧˥

① *A Chinese-English dictionary，Hakka-dialect as spoken in Kwang-tung province*. New edition. Shanghai，1926.

② *An alphabetic dictionary of the Chinese language in the Foochow dialect*. Foochow，1870.

	百꜆	拍꜆	壁꜆	僻꜆	摘꜆	籴$_2$	屐$_2$
福州	pɑʔ˨˧	p‘ɑʔ˨˧	piɑʔ˨˧	p‘iɑʔ˨˧	tiɑʔ˨˧	tiaʔ˥	k‘iaʔ˥
厦门	paʔ˩	p‘aʔ˩	piaʔ˩	p‘iaʔ˩	tiaʔ˩	tiaʔ˥	kiaʔ˥

如上所说，古全浊声母今送气与梗摄字的音都不足以说明客赣合成一个方言区是合适的。1984年到1985年，颜森调查江西方言，调查目的是了解江西省内部方言之间的异同，尤其是客家话与赣语在语言上有无区别，有何区别。颜森1986《江西方言的分区》24说：

客家话和赣语毕竟有明显的区别，应该划分为两个不同的方言区。

赣语和客家话的区别主要反映在词汇上的不同。赣语说“喫饭喫茶”，客家话说“食饭食茶”。赣语交合说“戳”，客家话说“鸟”。……赣语说“是”，客家话说“係”。……

语音方面，赣语影母开口呼读[ŋ]声母，客家话读零声母。赣语“裤”读[k‘]声母，客家话读[f]声母。赣语“扶”字读[f]声母，客家话读[p‘]声母。赣语大多数地方“产”读[s]声母，赣南客家话一律读[ts‘]声母。在入声分阴阳的地方，通常情况是，赣语“绿”字阴入，“六”字阳入，而客家话却是“六”字阴入，“绿”字阳入。

即使是和赣南客家话区毗邻的赣语吉莲片和抚广片，也与客家话有显著区别。吉莲片说“立”，客家话说“徛”。吉莲片说“发风”，客家话大都说“起风”。……抚广片说“园《集韵》口浪切，藏也”客家话说“摒《广韵》畀政切”。抚广片透定母开口呼读[h]，客家话都不这么读。

黄雪贞1988与1989指出，客家话声调的特点在于古次浊平声、古次浊上声与古全浊上声都有读阴平的。这才是客家话区别于其他方言的特点，当然也是客家话区别于赣语的特点。

表九　梅县今阴平例字表

次浊平	毛 mau˥	蚊 mun˥	拿 na˥	褛 lau˥	鳞 lin˥	笼 luŋ˥	聋 luŋ˥
次浊上	马 ma˥	买 mai˥	尾 mi˥	满 man˥	猛 maŋ˥	暖 nɔn˥	懒 lan˥
	两 liɔŋ˥	冷 laŋ˥	领 liaŋ˥	岭 liaŋ˥	软 ȵiɔn˥	忍 ȵiun˥	咬 ŋau˥
	有 iu˥	友 iu˥	野 ia˥	痒 iɔŋ˥	养 iɔŋ˥		
全浊上	被 p‘i˥	弟 t‘ai˥	淡 t‘am˥	断 t‘ɔn˥	动 t‘uŋ˥	坐 ts‘o˥	在 ts‘oi˥
	柱 ts‘u˥	重 ts‘uŋ˥	舐 sai˥	徛 k‘i˥	舅 k‘iu˥	近 k‘iun˥	旱 hɔn˥
清音平	歌 ko˥	鸡 kei˥	高 kau˥	猪 tsu˥	专 tsɔn˥	尊 tsun˥	低 tai˥
	边 piɛn˥	安 ɔn˥	开 k‘oi˥	抽 ts‘u˥	粗 ts‘ɿ˥	初 ts‘ɿ˥	天 t‘iɛn˥
	偏 p‘iɛn˥	婚 fun˥	伤 sɔŋ˥	三 sam˥	飞 pi˥		

所谓“读阴平”就是跟古清音平声同声调。表九依来历分四类举出客家话今读阴平的例字，记梅县音。必须着重说明，客家话声调的特点是①古次浊平声与②古次浊上声、③古全浊上声三项都有读阴平的，只有一项不够。并且这三项读阴平的字都是语汇性的，有限制的，不是任意的。表九的例字经过试用增删，大概可以作为客家话的鉴别字。北京话“捞 lau˥｜搂 lou˥｜瞜 lou˥｜掄本作輪 lun˥｜猫 mau˥｜拈 nian˥”等古次浊平声字今读阴平，跟客家话声调特点第一项并不符合。粤语台山话古次浊上声有读阴平的，但全浊上声不读阴平；赣语新

淦话古全浊上声有读阴平的，但次浊上声不读阴平；两处古次浊平声都不读阴平：都与客家话不合。

用客家话声调的特点来衡量赣语，赣语与客家话不能合为一区就更明白了。

现在再说说客家话跟粤语相同而跟赣语不同的一个好例子。

“你是谁？这是什么？是不是？”的“是”（verb, to be），好像在粤语与客家话里都说“係”。这里举粤语的广州与高州，客家话的梅县与永定为例。其中有的字写方言字或同音字。

	你是谁？	这是什么？	是不是？
广州	nei˩˧ hɐi˨ pin˥ kɔ˧ 你 係 边 个	ni˥ kɔ˧ hɐi˨ mɐt˥ iɛ˩˧ 呢 个 係 乜 野	hɐi˨ m˨˩ hɐi˨ 係 唔 係
高州	nei˩˧ hɐi˨ mɐt˥ iɐn˧˩ 你 係 乜 人	kei˧˥ kɔ˧ hɐi˨ mɐt˥ ȵiɛ˩˧ 己 个 係 乜 野	hɐi˨ mau˩˧ hɐi˨ 係 冇 係
梅县	ȵi˩ hei˥˧ mak˩ ·ɛ ȵin˩ 你 係 乜 个 人	li˥˧ ·ɛ hei˥˧ ·mak ·ɛ 利 个 係 乜 个	hei˥˧ ·m hei˥˧ 係 唔 係
永定	hn˩/ȵi˩ hei˧ man˩ ȵin˩ 你 係 蛮 人	li˧ kai˥˧ hei˧ maʔ˨ kai˥˧ 利 个 係 乜 个	hei˧ ·m hei˧ 係 唔 係

作者见到的粤语著作，“是”字都说“係”。黄雪贞调查的客家方言，一律用“係”。严森1986指出赣语说“是”，客家话说“係”。假如粤语真的都用“係”，上文已经说过客家话区别于其他方言的特点，两者结合，我们就可以把粤语跟其他方言分开来。

詹伯慧等1987《珠江三角洲方言字音对照》76页中山（隆都）闽语“係”［hɐi˧］记的是字音，不是口语音。1988《珠江三角洲方言词汇对照》没有收“是、不是、係、唔係”一类条目。易家乐 Søren Egerod 1956《隆都方言》*The Lungtu dialect* 记的是中山县隆都的闽语，118—207页所收隆都语料中“是”字屡见，“係”字未见。

粤语、客家话之外，还不知道有其他方言“是”说“係”的。在书面上，以前文凭、履历、介绍信提到籍贯时，常常用“係”字，格式是“某某某，係某某省某某县人”之类。近年来公文口语化，这种格式逐渐废弃不用了。文言还有“确係实情”一类用法，口语不用。（1617年刻本《金瓶梅词话》七十五回第8页有个履历手本，上头说：“荆忠，年三十二岁，係山后檀州人。”山后是地区名，檀州大约在今北京市密云县。）

陆　闽语的性质

三十年来，闽语的调查研究有很大的进展。以前把闽语分为闽北与闽南两组，主要是根据福州话与厦门话的异同立论的。自其同者而观之，福州话与厦门话都是闽语；自其异者而观之，一在闽北，一在闽南。1957年开始的汉语方言普查，查明了福建省方言的差别，主要是东西之别，并非南北之别。拿本图集的分区说，闽东区（福建省东北部19个市县）、莆仙区（莆田市及所辖莆田、仙游两县，相当于旧兴化府，因为现在江苏省有兴化县，所以莆仙区不宜叫兴化区）、闽南区（福建省南部23个市县）——福建沿海三区的一致性较大，闽东区与闽北区

（建溪流域八个市县）、闽中区（沙溪流域三个市县）——福建北部三区的一致性较小。

其次说到闽语的共性。李方桂1937说，古全浊声母今逢塞音、塞擦音，客家话赣语送气，闽语不送气。实际上是闽语多数字不送气，少数字送气；客家话是绝大多数字送气，极少数字不送气。一两个闽语方言某些古全浊声母字今读送气可以说是例外。这几个闽语方言这些字送气，那几个闽语方言那些字送气，对不起来，那也可以说是例外。要是某些古全浊声母字在全体闽语或者多数闽语里都送气，那就不是例外了。"各方言一致的例外"本身就是一种规律。现在的工作是要把古全浊声母字择一择，搞清楚哪些字今闽语不送气，哪些字今闽语送气。

表十　闽语古全浊今不送气例字

	爬	盘	平	肥	房	妇	吠	饭	薄
福州	pa˥˧	puaŋ˥˧	paŋ˥˧	puoi˥˧	puŋ˥˧	pou˨˦˨	puoi˨˦˨	puɔŋ˨˦˨	pɔʔ˥
厦门	pe˨˦	puã˨˦	pĩ˨˦	pui˨˦	paŋ˨˦	pu˧	pui˧	pŋ˧	poʔ˥
	白	缚	蹄	藤	铜同	弟	断	重	大
福州	paʔ˥	puɔʔ˥	tɛ˥˧	tiŋ˥˧	tøyŋ˥˧	tiɛ˨˦˨	tɔuŋ˨˦˨	tɔyŋ˨˦˨	tuɑi˨˦˨
厦门	peʔ˥	pak˥	tuɛ˨˦	tin˨˦	taŋ˨˦	ti˧	tŋ˧	taŋ˧	tua˧
	豆脰	袋	毒	茶	绸	赵	陈	长肠	
福州	tɑu˨˦˨	tɔy˨˦˨	tøyʔ˥	ta˥˧	tiu˥˧	tieu˨˦˨	tiŋ˥˧	touŋ˥˧	
厦门	tau˧	te˧	tak˥	te˨˦	tiu˨˦	tio˧	tan˨˦	tŋ˨˦	
	箸	紬稻	郑	直	穷	跪	近	舅	
福州	tøy˨˦˨	tieu˨˦˨	tɑŋ˨˦˨	tiʔ˥	kyŋ˥˧	kuoi˨˦˨	kɔyŋ˨˦˨	kieu˨˦˨	
厦门	ti˧	tiu˧	tĩ˧	tit˥	kiŋ˨˦	kui˧	kun˧	ku˧	
	旧	共	猴	寒	厚	齐	罪	泉	
福州	kou˨˦˨	kɔyŋ˨˦˨	kau˥˧	kaŋ˥˧	kɑu˨˦˨	tsɛ˥˧	tsɔy˨˦˨	tsuoŋ˥˧	
厦门	ku˧	kaŋ˧	kau˨˦	kuã˨˦	kau˧	tsue˨˦	tse˧	tsuã˨˦	

表十一　闽语古全浊今送气例字

	皮	薸浮萍	篷	扶	浮	被	鼻	伴
福州	p‘ui˥˧	p‘iu˥˧	p‘uŋ˥˧	p‘u˥˧	p‘u˥˧	p‘uoi˨˦˨	p‘ei˨˩˧	p‘uɑŋ˨˦˨
厦门	p‘e˨˦	p‘io˨˦	p‘aŋ˨˦	p‘ɔ˨˦	p‘u˨˦	p‘e˧	p‘ĩ˧	p‘uã˧
	曝	雹	涂土	啼	桃	头	糖	沓叠
福州	p‘uoʔ˥	p‘øyʔ˥	t‘u˥˧	t‘iɛ˥˧	t‘o˥˧	t‘au˥˧	t‘ouŋ˥˧	t‘aʔ˥
厦门	p‘ak˥	p‘auʔ˥	t‘ɔ˨˦	t‘i˨˦	t‘o˨˦	t‘au˨˦	t‘ŋ˨˦	t‘aʔ˥
	锤	程	虫	柱	杖	骑	徛立	臼
福州	t‘ui˥˧	t‘iaŋ˥˧	t‘øyŋ˥˧	t‘ieu˨˦˨	t‘uɔŋ˨˦˨	k‘ie˥˧	k‘iɛ˨˦˨	k‘ou˨˦˨
厦门	t‘ui˨˦	t‘iã˨˦	t‘aŋ˨˦	t‘iau˧	t‘ŋ˧	k‘ia˨˦	k‘ia˧	k‘u˧

	环	墙	贼	像	柴	塍田	树	席
福州	kʻuaŋ˦	tsʻuoŋ˦	tsʻeiʔ˥	tsʻuɔŋ˧˦	tsʻa˦	tsʻɛiŋ˦	tsʻieu˨˩	tsʻuoʔ˥
厦门	kʻuan˨˦	tsʻiũ˨˦	tsʻat˥	tsʻiũ˧	tsʻa˨˦	tsʻan˨˦	tsʻiu˧	tsʻioʔ˥

表十与表十一是根据潘茂鼎等1963，罗杰瑞1982，1988，黄典诚1984选录的例字。当然，古全浊字各地闽语方言送气与否，并不完全一致，即使就福州与厦门两地而言也是如此。例如“抱沉屐”三字，福州是［pɔ˧˦ tʻɛiŋ˦ kʻiaʔ˥］，厦门是［pʻo˧ tiam˨˦ kiaʔ˥］。罗杰瑞1988：229—230提出12个字作为闽语的判别字。假如某个方言“啼～哭头糖叠李荣案：本字当作沓，《广韵》重也，徒合切”四字读送气清音［tʻ］“蹄铜弟断袋豆脰～骨：脖子。《广韵》项～，徒候切毒”八字读不送气清音［t］，那个方言很可能就是闽语。表十与表十一包含这12个字，经过试用增删，大概可以用来鉴别闽语。

上文说过，有些关于闽语特殊的说法言过其实。过火的原因主要是不明本字（语源）。现在举个例子来说。董同龢1959《四个闽南方言》是很重要的闽语著作，该文最后一段说：

> 闽南语的声母和韵母和《切韵》系统不很一致的地方很多，声调却异常接近，不合上列条例当然还是有——如“嘴”《切韵》是上声（清声母），我们的四个方言却一律是阴去；“后”《切韵》是去声（浊声母），晋江和揭阳却都是阳上——不过那是极少见的。

无巧不成书，这两个例子都是错的。“后”字《切韵》系统上声厚韵匣母。《广韵》厚韵：“后，先后，《说文》迟也，”胡口切。这是广用的“后”字。《广韵》去声候韵匣母：“后，方言云，‘先后’犹娣似［妯娌］，”胡遘切。这是专用的“后”字。请比较“后”字与“徛”字的音：

		厦门	晋江	龙溪	揭阳
《四个闽南方言》	993 后	au꜅	꜃au	au꜅	꜃an
	986 徛	kʻia꜅	꜃kʻia	kʻia꜅	꜂kʻia

古全浊上声今晋江与揭阳读阳上，厦门与龙溪读阳去。董君失检韵书，说“后”字《切韵》是去声，又与《四个闽南方言》上文不合，纯属疏忽。

《四个闽南方言》974“嘴”字四处方言都读［tsʻui꜄］，注云“闽南语的声调一律和古音以及许多方言不同，如非另有来源，便是特殊的音变。”张振兴1982《漳平（永福）方言同音字汇》224引《广韵》去声废韵：“喙，口喙，许秽切，又昌芮切。”“昌芮切”的音正与闽南方言的音符合，董君说与《切韵》系统不合，失考。“昌芮切”的音见于《尔雅·释畜》“黑喙”《释文》：“喙，许秽反，又昌锐反，口也。”“昌锐反”与“昌芮切”同音，后者大概根据前者。总之，查明来历之后，“后”字与“嘴”字（训读为“喙，昌芮切”）声调都跟《切韵》系统一致。

柒　汉语方言分区分片一览表

每一方言区先说明见于某幅图或某几幅图，本区市县数，人口数，所属片数与小片数；再列举片名与小片名，每片与每小片记出市县数。有时同一个市县分属于几片或几小片，导致方言区的市县数比所属各片市县数之和少，片的市县数比所属各小片市县数之和少。例如吴语处衢片 23 个市县，所属处州小片 9 个市县，龙衢小片 15 个市县，因为庆元县分属两小片。

图［B5］没有列新疆三片官话的人口，现在估算如下。新疆说汉语的民族（汉族、回族、满族）586 万人。新疆 87 个市县，已调查 77 个市县，分为以下三片：

［B5］的片名	改定的片名	市县数	说汉语的人口
北京官话北疆片	石克片	11	89 万
兰银官话北疆片	塔密片	22	286 万
中原官话南疆片	南疆片	44	161 万
合计		77	536 万

三片合计人口 536 万，比全新疆说汉语的人口少 50 万。姑且把这 50 万按比例分配，石克、塔密、南疆三片分别加上 8 万人、27 万人、15 万人。三片人数调整后如下：

石克片 97 万人　　塔密片 313 万人　　南疆片 176 万人

这三片人数已经分别加到北京官话区、兰银官话区与中原官话区里。

（甲）东北官话区　本区全在图［B1］之内，包括黑龙江全省，吉林全省，辽宁省大部分地区（6 个市县属于北京官话区，14 个市县属于胶辽官话区），还有内蒙古自治区东部 10 个市县旗，共 172 个市县旗。人口共 8200 万。本区分为三片八小片。

①吉沈片——50 个市县

A 蛟宁小片：14 个市县

B 通溪小片：30 个市县

C 延吉小片：6 个市县

②哈阜片——65 个市县旗

D 肇扶小片：18 个市县

E 长锦小片：47 个市县旗

③黑松片——57 个市县，站话在外

F 嫩克小片：36 个市县

G 佳富小片：21 个市县

H 站话小片：零散分布于 11 个市县部分地区

（乙）北京官话区　本区三片在图［B2］，一片在图［B5］。图［B2］包括北京市 10 个市辖区（以一个市计），8 个县，河北省 13 个市县，天津市 1 个县，辽宁省 6 个市县，内蒙古 4 个市县旗，共北京市 9 个市县和附近省市区 24 个市县旗，人口 1705 万。图［B5］新疆 11 个市县，97 万人。全区合计 44 个市县旗，1802 万人。

①京师片——北京市 10 个市辖区和 5 个县

②怀承片——18 个市县

③朝峰片——9 个市县旗

④石克片——11 个市县

图［B5］把新疆的汉语方言分为以下三片：

北京官话北疆片——11 个市县

兰银官话北疆片——22 个市县

中原官话南疆片——44 个市县

考虑到“北疆片”单说的时候意思不明确，前头必须带“北京官话”或“兰银官话”才清楚。现在把“北京官话北疆片”改名为“石克片”，“兰银官话北疆片”改名为“塔密片”。至于“中原官话南疆片”，单说“南疆片”意思也明确，就毋须改名了。

（丙）冀鲁官话区　本区全在图［B2］之内，包括河北省 105 个市县，山东省 52 个市县，天津市 5 个市县，北京市平谷县，山西省广灵县，共 164 个市县。人口共 8363 万。（本区河北山东两省 94 个市县也见于图［B3］。）本区分三片十三小片。冀鲁官话太平屯方言岛见图［B1］。

①保唐片——52 个市县，分六小片

A 涞阜小片：5 个县

B 定霸小片：24 个市县

C 天津小片：天津市区

D 蓟遵小片：14 个市县

E 滦昌小片：4 个县

F 抚龙小片：4 个市县

②石济片——69 个市县，分三小片

G 赵深小片：19 个市县

H 邢衡小片：15 个市县

I 聊泰小片：35 个市县

③沧惠片——44 个市县，分四小片

J 黄乐小片：24 个市县

K 阳寿小片：13 个市县

L 莒照小片：3 个市县

M 章桓小片：4 个县

本区主要分布在河北、山东两省，图[B3]作“北方官话区”，现在改为“冀鲁官话区”。

（丁）胶辽官话区　本区包括图［B3］山东省 30 个市县，人口 2063 万；图［B1］辽宁省 14 个市县，人口 820 万：共 44 个市县，人口 2883 万。本区方言分布于胶州半岛与辽东半岛，所以定名“胶辽”。本区分以下三片，另有虎林与二屯两个方言岛，都在图[B1]。

①青州片——16 个市县，全在山东

②登连片——22 个市县，其中 14 个市县在山东，8 个市县在辽宁

③盖桓片—— 6 个市县，全在辽宁

（戊）中原官话区　本区分见于［B3］,［B4］,［B5］,［B7］等四图。中原官话以河南省、陕西省关中、山东省西南部为中心，所以定名“中原”。从东到西，分布于江苏、安徽、山东、河北、河南、山西、陕西、甘肃、宁夏、青海、新疆等 11 个省区，390 个市县。人口共 1 亿 6941 万。现在分省区列举市县数如下：

江苏 10　安徽 37　山东 31　河北 2

河南 98　山西 28　陕西 72　甘肃 49

宁夏 6　青海 13　新疆 44

本区分九片，其中汾河片分三小片。①郑曹、②蔡鲁、③洛徐、④信蚌四片见图［B3］。⑤汾河片见图［B7］，其中三市县又见图［B3］。⑥关中、⑦秦陇、⑧陇中三片见图［B4］。⑨南疆片见图［B5］。

①郑曹片——99 个市县

②蔡鲁片——30 个市县

③洛徐片——27 个市县

④信蚌片——19 个市县

⑤汾河片——31 个市县，分三小片

A 平阳小片：9 个市县

B 绛州小片：5 个市县

C 解州小片：17 个市县

⑥关中片——45 个市县

⑦秦陇片——69 个市县

⑧陇中片——26 个市县

⑨南疆片——44 个市县

（己）兰银官话区　本区三片在图［B4］，一片在图［B5］。图［B4］包括甘肃 21 个市县，宁夏 13 个市县，共 34 个市县，人口 860 万。图［B5］包括新疆 22 个市县，人口 313 万。全区合计 56 个市县，1173 万人。本区分为四片。

①金城片—— 4 个市县，全在甘肃

②银吴片——13 个市县，全在宁夏

③河西片——17 个市县，全在甘肃

④塔密片——22 个市县，全在新疆

本片图［B5］作“兰银官话北疆片”，今改。

（庚）西南官话区　本区全在图［B6］之内，江西两点在外，包括四川、云南、贵州三省全部汉语地区，还有毗连的湖北、湖南、广西、陕西、甘肃等省区的一些市县，共计 517 个市县区镇，人口约 2 亿。现在分省区列举市县区镇数如下：

四川 156　云南 126　贵州 83

湖北 47　湖南 37　广西 56

陕西 9　甘肃 1　江西 2

本区分为十二片，其中两片还分小片。湖南、江西各点又见图［B11］，广西各点又见图［B14］，陕西、甘肃各点又见图［B4］，甘肃一点为文县碧口镇。江西省的赣州市区和信丰县城两处是方言岛。

①成渝片——116 个市县，两个区，碧口镇

②滇西片——37 个市县镇，分两小片

A 姚理小片：15 个市县

B 保潞小片：22 个市县镇

③黔北片——35 个市县区

④昆贵片——97 个市县区

⑤灌赤片——86 个市县区，分四小片

C 岷江小片：60 个市县区

D 仁富小片：12 个市县

E 雅棉小片：8 个市县

F 丽川小片：6 个市县

⑥鄂北片——16 个市县

⑦武天片——9 个市县

⑧岑江片——14 个县

⑨黔南片——15 个市县

⑩湘南片——16 个市县

⑪桂柳片——56 个市县

⑫常鹤片——15 个市县

（辛）江淮官话区　本区见于［B3］，［B10］，［B11］三图。图［B3］包括湖北（应山、安陆、应城三县及其东）、安徽、江苏三省长江以北沿江地带，以及江苏长江南岸南京、镇江、江宁、句容、溧水五市县，共 84 市县，人口 6335 万。图［B10］包括安徽省长江南岸若干不连接的地区，以及浙江省安吉、临安两县小部分地区，共 21 个市县，人口 295 万（图［B10］作 320 万，今据郑张尚芳重新估算）。图［B11］包括九江市、九江县、瑞昌县，人口 95 万。全区合计 108 个市县，6725 万人。本区分为以下三片。

①洪巢片——78 个市县，其中 19 个市县在安徽省南部，两个县在浙江省

②泰如片——11 个市县，全在江苏省

③黄孝片——19 个市县，16 个市县在湖北省，3 个市县在江西省

（壬）官话未分区　官话大区分为八区，如上所述。现在说说未分区的官话。

①图［B10］有湖北话与河南话，都是移民的方言。湖北话零散分布于安徽省宁国、广德、宣城、泾县、郎溪六县部分地区，以及浙江省安吉县几个乡。共 65 万人。

②河南话零散分布于安徽省广德、郎溪、宣城宁国四县部分地区，以及浙江省安吉、长兴两县几个乡。共 40 万人。

③图［B12］有福建南平与长乐洋屿方言岛，海南的军话。南平市区及市郊西芹一带说官话。南平市共 405 174 人，姑且假定 30 万人说官话（《方言》1989.55 张振兴文）。

④福建省长乐县洋屿说“土官话”。长乐县共 553 036 人，姑且假定一万人说“土官话”（同上）。

⑤海南省有一种早年驻军传下来的方言叫“军话”。

⑥广西壮族自治区钦州湾内的龙门岛上，有很少数居民说官话（《方言》1986.219 梁猷刚文）。

（子）晋语区　本区全在图［B7］之内。晋语区包括山西省 78 个市县，1900 多万人。（山西省西南部 28 个市县，640 万人，属于中原官话汾河片；西北角广灵县 18 万人，属于冀鲁官话。）河北省西部 35 个市县，900 多万人。河南省黄河以北地区 17 个市县，800 多万人。（孟县 27 万人，属于中原官话。）内蒙古自治区中部黄河以东 28 个市县旗，700 多万人。陕西省北部 16 个县，270 万人。晋语分布于上述五个省区 175 个市县，合计 4570 万人。本区分八个片，其中吕梁、邯新两片各分为两小片。

①并州片——15 个市县

②吕梁片——17 个市县

A 汾州小片：9 个县

B 兴隰小片：8 个县

③上党片——15 个市县

④五台片——30 个市县旗

⑤大包片——30 个市县旗

⑥张呼片——27 个市县旗

⑦邯新片——36 个市县

C 磁漳小片：18 个市县

D 获济小片：18 个市县

⑧志延片——4 个县

（丑）吴语区　本区五片在图［B9］，一片在图［B10］，本区包括：

江苏省东南部23个市县，1660万人。

上海市12个市辖区（下文市县合计以一个市计）和10个县，1185万人。

浙江省74个市县（全省75个市县中，淳安县全说徽语），3657万人。

江西省东部5个市县，185万人。

福建省浦城县北部，27万人。

安徽省南部14个市县，261万人。

以上6省市合计128个市县，6975万人（图［B9］作7010万，今据郑张尚芳重新估算）。本区分为六片，其中三片又分小片。

①太湖片——江苏、上海、浙江67个市县，分六小片。安徽南部郎溪、广德部分地区也属太湖片，未分小片。

A 毗陵小片：江苏13个市县

B 苏沪嘉小片：上海、江苏、浙江30个市县

C 苕溪小片：浙江5个市县

D 杭州小片：杭州市

E 临绍小片：浙江12个市县

F 甬江小片：浙江10个市县

②台州片——浙江10个市县

③瓯江片——浙江12个市县

④婺州片——浙江9个市县

⑤处衢片——23个市县（本片市县数比两小片合计少一县，是因为庆元县重出，他处同此。）

G 处州小片：浙江9个市县

H 龙衢小片：浙江9个市县，江西5个市县，福建浦城县北部

⑥宣州片——15个市县

I 铜泾小片：安徽12个市县

J 太高小片：安徽、江苏、浙江6个市县

K 石陵小片：安徽5个市县

（寅）徽语区　本区全在图［B10］之内。徽语分布于新安江流域的安徽省旧徽州府（包括今属江西省的婺源县），浙江省旧严州府，江西省的德兴县、旧浮梁县（今属景德镇市）。本区包括今安徽省11个市县，江西省3个市县，浙江省2个县，人口312万（图［B10］作320万，今据郑张尚芳重新估算）。本区分五片。

①绩歙片——5个县

②休黟片——6个市县

③祁德片——5个市县

④严州片——2个县

⑤旌占片——5个县

（卯）赣语区　本区全在图［B11］之内。赣语分布在江西省赣江中下游与抚河流域及鄱阳湖地区64个市县，湖南省东部及西南部17个市县，湖北省东南部9个市县，安徽省南部9个县，福建省西北部建宁、泰宁两县。合计江西等五省111个市县，人口3127万。本区分为以下九片。

①昌靖片——16个市县

②宜浏片——12个市县

③吉茶片——16个市县

④抚广片——15个市县

⑤鹰弋片——12个市县

⑥大通片——12个市县

⑦来资片——5个市县

⑧洞绥片——3个县

⑨怀岳片——9个县

（辰）湘语区　本区全在图［B11］之内。湘语分布在湘水、资水、沅水流域，湖南省56个市县跟广西的全州、兴安、灌阳（均在湘水上游）和资源（因在资水上游得名）4个县。人口共3085万。本区分为以下三片，安化分属长益与娄邵两片。

①长益片——32个市县

②娄邵片——21个市县

③吉溆片——8个市县

（巳）闽语大区　本区主要见于［B12］、［B13］、［B14］、［B10］四图。闽语集中分布于福建、台湾、海南（1988年4月建省）三省，广东省的潮汕地区和

雷州半岛。浙江省（主要是南部）、广西壮族自治区、江苏省南部、安徽省南部、江西省东北部也都有闽语分布。说闽语的人口福建省 22 800 546 人，台湾省 14 035 000 人，广东省 12 652 057 人，海南省 4 002 331 人，浙江省 1 388 000 人，广西 168 000 人，江苏省 30 000 人：合计 55 075 934 人。安徽省南部、江西省东北部、珠江三角洲都有闽语移民，未计算在内。（图［B12］作 52 498 000，今据张振兴重新估算。）闽语大区分以下八区。

㈠闽南区　包括福建省南部 23 个市县，台湾省 18 个市县，广东省东部 12 个市县，人口共 33 503 115。本区分三片。

①泉漳片——福建台湾 40 个市县，浙江 4 个县

②大田片——大田县

③潮汕片——12 个市县

㈡莆仙区　包括莆田市及所辖莆田、仙游两个县，人口 2 253 663。

㈢闽东区　包括福建省东北部 19 个市县，人口 7 516 197。本区分两片。又浙江三县未分片。

①侯官片——13 个市县

②福宁片——6 个市县

㈣闽北区　包括福建省北部建溪流域 8 个市县，人口 1 506 976。

㈤闽中区　包括福建中部沙溪流城 3 个市县，人口 683 617。

㈥琼文区　包括海南省（1988 年 4 月建省）的 14 个市县，人口 4 002 331。本区分五片。

①府城片——6 个市县

②文昌片——2 个县

③万宁片——2 个县

④崖县片——2 个县

⑤昌感片——2 个县

㈦雷州区　本区见图［B13］，包括广东省雷州半岛 7 个市县，人口 2 750 000。

㈧邵将区　本区兼具闽语、赣语的特点，包括福建省西北角富屯溪流域 4 个市县，人口 645 060。

为了跟吴语区、粤语区、客家话区等取得一致，闽语大区也许改成闽语区好一点。这样一来，闽南区等八区就要相应的改闽南片等八片；各区下属的片就要改为闽南片泉漳小片，闽东片侯官小片，琼文片府城小片等。这只是分区层次名称的更改。说话作文，仍旧可以说闽南话、闽南方言等等。

（午）粤语区　粤语分布于广东、广西，所以本区分见于图［B13］与［B14］。说粤语的人口广东 2820 万，广西 1200 万。海南省原属广东，1988 年 4 月建省。海南省说迈话的约一万人，迈话是一种粤语方言。粤语人口共 4021 万人。粤语区分七片。（儋州话在图［B12］列为粤语，今改为未分区的“非官话”。）

①广府片——广东 27 个市县，广西 4 个市县，共 31 个市县

②邕浔片——8 个市县，全在广西。方言介乎广府高阳两片之间。

③高阳片——9 个市县，全在广东

④四邑片——7 个市县，全在广东

⑤勾漏片——广东 11 个市县，广西 13 个市县，共 24 个市县

⑥吴化片——3 个市县，全在广东

⑦钦廉片——6 个市县，全在广西

（未）平话区　平话是广西汉语第四大方言，比较集中地分布在交通要道附近。从桂林以北的灵川向南，沿铁路（古官道路线）到南宁形成主轴线，柳州以下为南段，鹿寨以上为北段。北段从桂林分出一支，经阳朔、平乐到钟山、富川、贺县，是为桂北片。南段北端从柳州分出一支，沿融江到达融水、融安；南端从南宁由水路分出三支，右江支到百色，左江支到龙州，邕江支到横县，是为桂南片。融江一支在地理上接近桂北片，从语言特点说属于桂南片。桂南片内部比较一致，多数地区都能通话。桂北片内部差别较大。南北两片差别相当大。两片的共同点是古全浊音今读塞音、塞擦音时一般不送气。平话人口 200 多万，桂南片人口超过半数。

（申）客家话区　客家话分布于我国的8个省区：广东省、海南省（1988年4月建省）、广西壮族自治区、福建省、台湾省、江西省、湖南省、四川省，200多个县市。其中以广东省东部、中部地区、福建省西部地区、江西省南部地区住得最集中。全国说客家话的人数估计约3500万人。分布比较集中的客家话可以分为八片，其中三片在广东，一片在广东、台湾两省，一片在福建省，一片在江西省，两片跨江西、湖南两省。粤台片分布地区最广，分四小片，其中嘉应小片在广东、台湾两省。（图[B12]嘉应片应改为嘉应小片。）其他地区的客家话都不分片。

①粤台片——广东省23个市县，台湾省5个县，共28个市县

A 嘉应小片：广东省3个市县，台湾省5个县，共8个市县（台湾省说客家话人数约400万）

B 兴华小片：广东省5个县

C 新惠小片：广东省12个县

D 韶南小片：广东省3个市县

②粤中片——广东省中部5个县

③惠州片——惠州市

④粤北片——广东省北部10个县

⑤汀州片——福建省西部8个县

⑥宁龙片——江西省南部偏东的13个县

⑦于桂片——江西省南部偏西的13个市县与毗连的湖南省5个县，共18个市县

⑧铜鼓片——江西省铜鼓县及其周围的江西省7个县与湖南省两个县的部分地区

（酉）非官话未分区　有的汉语方言，我们只能确定它们不属于官话，其系属有待进一步调查研究。

①畲话——畲族368 832人，散居在福建、浙江、江西、广东、安徽等省。畲族绝大部分使用汉语，只有广东的惠东、博罗等4个县约1000多人使用本民族语言[C6]。我们管畲族说的汉语叫“畲话”，区别于“畲语”（畲族本民族的语言）。有人以为畲话接近客家话。

②儋州话——海南省市县大部分地区与昌江县南罗等地说儋州话，约50万人。图[B12]把儋州话归到粤语。现在把儋州话列为未分区的非官话。

③乡话——乡话分布在湖南省沅陵县西南部以及溆浦、辰溪，泸溪、古丈、永顺、大庸六县与沅陵交界的地区，面积约6000平方公里，人口约40万，其中沅陵占一半。

④韶关土话——韶关土话分布在广东省北部跟江西省、湖南省交界一些地方，人口约80万。

⑤湖南省南部16个市县的交际语是西南官话，命名为湘南片。各市县内还有土话。湘南土话与韶关土话的关系有待调查研究。

⑥此外，“广西资源、龙胜两县的苗族和湖南绥宁、城步两县大部分苗族说一种汉语方言。贵州天柱县的一部分苗族说另一种汉语方言。贵州晴隆、普安等县的一部分苗族说第三种汉语方言。这三种汉语方言都和当地汉语不同，它们彼此也不相同[C9]”。这些方言都有待调查研究，已发表的有王辅世《广西龙胜伶话记略》，见于《方言》1979. 137—141；231—240。说伶话的约200人。

参考书目

董同龢，1959. 四个闽南方言。台北历史语言研究所集刊第三十本下册729—1042。

黄典诚，1984. 闽语的特征。方言1984.161—164，北京。

黄雪贞，1987. 客家话的分布与内部异同。《方言》1987.81—96，北京。

1988. 客家方言声调的特点。《方言》1988.241—246，北京。

1989. 客家方言声调的特点续论。《方言》1989.121—124，北京。

Jerry Norman，1982. *The classification of the Shaowu dialect*. 台北历史语言研究所集刊53.543—583.

Jerry Norman, 1988. *Chinese*. Cambridge University Press, Cambridge.
李荣，1989. 南昌温岭娄底三处梗摄字的韵母。《中国语文》1989.416—424.
刘育林，1988. 陕北方言略说。《方言》1988.257—269，北京。
潘茂鼎、李如龙、梁玉璋、张盛裕、陈章太，1963. 福建汉语方言分区略说。《中国语文》1963.475—495，北京。
平田昌司，1982. 休宁音系简介。《方言》1982.276—284，北京。
颜森，1986. 江西方言的分区（稿）。《方言》1986.19—38，北京。
张振兴，1982. 漳平（永福）同音字汇。《方言》1982.203—228，北京。
章炳麟，1901.《检论·方言》。“章氏丛书”本，浙江图书馆 1917 年至 1919 年校刊.《检论》卷五第 6 页云：“右方言篇，亡清庚子辛丑间为之。”
赵元任，1963. 绩溪岭北音系。台北历史语言研究所集刊第三十四本 27—30。
赵元任、杨时逢，1965. 绩溪岭北方言。台北历史语言研究所集刊第三十六本上册 11—113。

［《方言》1989 年第 4 期 241—259 页］

在“庆祝《中国语言地图集》出版”会上的发言

诸位女士，诸位先生：

《中国语言地图集》预计共有地图三十六幅，其中综合性的地图五幅，汉语方言图十七幅，少数民族语言图十四幅。图的版面是 50×36 厘米。本图集分两册出版。现在出版的是第一分册，第二分册估计在一年之内可以出版。回顾五十多年前，1934 年申报馆出版了《新地图》，里头有一幅赵元任等编的《语言区域图》，图的版面是 25×18 厘米。拿当时的《语言区域图》和今天的《中国语言地图集》对比，可以看出中国语言研究的进步。本图集总结了几十年来中国语言调查研究的成果，反映了我国各种语言分布分区的情况。语言调查是国情调查重要项目之一。本图集说明我国十亿人口语言使用的情况，可以供制定文化教育各项政策的参考，对研究中国的现状和历史都是很有用的。

中国语言的基本情况有统一和分歧两个方面。东南各省汉语方言差别很大，全国还有几十种少数民族语言。因此一般的人都知道中国语言分歧的方面，忽略中国语言统一的方面。我国 94% 的人民说汉语，使用全国统一的文字。汉语方言中最重要的官话方言，分布在长江以北和西南各省区的广大地区，从南京到乌鲁木齐，从昆明到哈尔滨，相距几千公里，官话方言的一致性很高，通话没有困难。官话区人口 6 亿 6700 万，占全国人口的 2/3。本图集充分反映了中国语言统一和分歧的实际情况。

本图集所依据的资料，就汉语方言而论，有三个主要来源：一是 50 年代汉语方言普查的成果，二是普查以前的研究，三是新近的补充调查。各地的资料详略不等。分析的功夫还没有到家，本图集还有须要改进之处，须要开展更广泛的调查，更深入的研究。

本图集是中澳双方的合作项目，过去的合作已经取得成果。我们准备继续努力，善始善终。

本图集得到中外很多机构和个人的支持和帮助，特此表示谢意。

谢谢诸位女士、诸位先生的出席。

请大家为《中国语言地图集》第一分册的出版，干杯！

[《方言》1988 年第 2 期 84 页]

论李涪对《切韵》的批评及其相关问题

提要 《切韵》成书三百年之后，李涪指摘《切韵》是吴音。这问题唐宋以来讨论的人很多。清朝纪昀的《沈氏四声考》，后来陈澧的《切韵考》，还有陈寅恪的《从史实论〈切韵〉》等，都讨论过这问题。不过在音韵方面还有可补充处。李涪指摘《切韵》分别全浊上去，单单指出李涪的方言全浊上变去是不够的。别人很可以说，《切韵》那个时候已经变了。本文举例说明隋代诗文押韵上去之别符合《切韵》的分类。至于李涪指摘《切韵》分东冬锺。因为很多人自己的方言不分东冬锺，更加需要韵文作证。庾信和隋代诗文押韵符合《切韵》，这是最有力的论证。最有意思的是纪昀《沈氏四声考》，排比沈约诗文用韵，考明李涪《刊误》"所讥陆韵，正是沈音"。上去之辨，东锺之分都是如此。李涪又指摘《切韵》"谋、浮"两字的音韵地位。本文连带讨论慧琳音里的吴音问题。分析李涪《刊误》对《切韵》的指摘可以说明，音韵史的研究必须注重方法。

陆法言的《切韵》是公元601年写成的，序题"于时岁次辛酉，大隋仁寿元年"。长孙讷言为《切韵》作笺在公元677年，序云："此制酌古沿今，无以加也。……于时岁次丁丑，大唐仪凤二年。"王仁昫撰《刊谬补缺切韵》据唐先生考定在公元706年，中宗神龙二年，序里提到："陆法言《切韵》，时俗共重，以为典规。"孙愐增补《切韵》为《唐韵》在公元751年，序云："惟陆生《切韵》盛行于世。……于时岁次辛卯，天宝十载也。"长孙讷言、王仁昫、孙愐都没有提到《切韵》是吴音。到晚唐才有人指摘《切韵》是吴音。孙光宪《北梦琐言》九7《雅雨堂丛书》本《李涪尚书改〈切韵〉》条云：

> 广明元年为公元880年，二年七月改元"中和"以前，《切韵》多用吴音。而清青之字，不必分用。涪改《切韵》，原注：一有"其上声"全刊吴音。当方进而闻于宰相，佥许之。无何，巢寇犯阙同书九6《李氏女》条："唐广明中，黄巢犯阙"，因而寝止。于今无人敢以声韵措怀也。然㑹见《韵铨》，鄙駮《切韵》，改正吴音，亦甚核当。不知八座于此，又何规制也。

李涪《刊误》下8—10《学津讨原》第十二集云：

> 切韵始于后魏……至陆法言采诸家纂述，而为己有。……然吴音乖舛，不亦甚乎？上声为去，去声为上。又有字同一声，分为两韵。……法言平声以东农非韵，以东崇为切；上声以董勇非韵，以董动为切；去声以送種非韵，以送众为切；入声以屋烛非韵，以屋宿为切。又恨怨之恨则在去声，佷戾之佷则在上声；又言辩之辩则在上声，冠弁之弁则在去声；又舅甥之舅则在上声，故旧之旧则在去声；又皓白之皓则在上声，号令之号则在去声。又以恐字、苦字俱去声。令士君子于上声呼佷，去声呼恐，得不为有知之所笑乎。又旧书曰"嘉谋嘉猷"，法言曰"嘉予嘉猷"；《诗》曰"载沉载浮"，法言曰"载沉载浮原注：伏予反"。……且《国风·杕杜》篇云："有杕之杜，其叶湑湑，独行踽踽，岂无他人，不如我同父。"又《雅·大东》篇曰："周道如砥，其直如矢，君子所履，小人所视。"此则不切声律，足为验矣。何须东冬中终，妄别声律。……予今别白去上，各归本音。

当时赵璘《因话录》卷五和苏鹗《苏氏演义》卷上指出陆法言是代北步陆孤氏，后改河南陆氏，不是吴郡陆氏，《切韵》不是吴音。向来讨论这问题的人不少。本文不多引前人的议论，着重讨论李涪对陆法言《切韵》的三项实质性指摘：一是某些字属上声还是属去声，二是东韵跟冬韵、锺韵（以平赅上去入，下同）的划分，三是"谋"字跟"浮"字的音韵地位。

先说第一项，李涪指摘下列四对字《切韵》分属上、去。《切韵》原本已逸。《切三》（S2071）存上声，缺去声。蒋斧藏本《唐韵》缺上声，存去声。两书合观，李涪所说与《切韵》符合。

《切三》	佷，～戾，痕垦反	辯，符蹇反	舅，巨九反	皓，光，胡老反
《唐韵》	恨，怨也，胡艮反	弁，周冠名，皮变反	旧，故也，巨救反	号，～令，胡到反

《切韵》"佷辯舅皓"在上声，"恨弁旧号"在去声。《切韵》成书后三百年李涪认为这种分类不对。今天我们可以从原则和事实两方面，来认识并且解释这个分歧。先说原则问题。语言随空间而变，随时间而变。《颜氏家训·音辞》篇说："夫九州之人，言语不同，生民以来，固常然矣。"《切韵·序》说："吴楚则时伤轻浅，燕赵则多涉重浊，秦陇则去声为入，梁益则平声似去。……江东取韵，与河北复殊。"《切韵》有可能根据方言分韵。《切韵》究竟是否根据方言分韵，那是事实问题，可以用当时韵文来验证。本文作者曾经排比庾信与隋代诗文用韵。《切韵》的上声和去声是分押的，不分古声母清浊都是如此。在这里看不出地理上的差别。详见拙作《音韵存稿》135—258。这里只就李涪所说的四对字中，举庾信及隋代诗文用为韵脚的"辯（辨）、旧、皓、号"四字为例。"辯（辨）"跟"皓"押上声；"旧"跟"号"押去声。

1. 庾信《周大将军赵公墓志铭》：衮衣频露，丹襜亟卷。约法情推，繁辞理遣。盗乌悬察，疑蛇立辯。人共官园，家同野茧。（《全后周文》十七8，天和六年，公元571年）

2. 张公礼《龙藏寺碑》：惟此大城，瓌异所践。疏鐘响度，层磬露泫。八圣四禅，五通七辯。戒香恒馥，法轮常转。（《全隋文》二二16，开皇六年，公元586年）

3. 释真观《梦赋》：夫邪不干正，恶无乱善。清浊异流，升沈各践。吾身披法铠，必游妙典。六贼稍降，四蛇方遣。大乘已驾，小魔宜剪。君是何人？欲来何辨？（《全隋文》三四5）

4. 阙名《苟夫人宋玉艳墓志》：彼苍何亲，昧兹与善。谦盈孰害，彭殇谁辩。溽露春晞，灵芝夏搴。（赵万里《汉魏南北朝墓志集释》志四八九之二）

5. 隋郊庙歌辞《太庙乐歌·皇祖献王神室歌》：盛才必达，丕基增旧。涉渭同符，迁邠等构。弘风迈德，义高道富。神鉴孔昭，王猷克懋。（逯钦立辑校《先秦汉魏晋南北朝诗·隋诗》九2765）

6. 阙名《郑道育暨妻刘氏墓志》：公门卿族，世诞英秀。学礼闻诗，日新月就。琬琰为怀，仁义作富。孝睦闺庭，诺存交旧。（志三八七之二）

7. 虞世基《秋日赠王中舍》：伊昔风期早，金兰信为宝。去来金马门，留连鬥鸡道。鹫岭访三禅，商山追四皓。胜地俱游息，披文递论讨。（《隋诗》六2712）

8. 李播《天文大象赋》：是以帝王之有天下也，莫不分设其官，式司其告。唐则羲和降察，夏则昆吾演奥。嘉殷巫之美服，登周史之雅号。宋述子韦，郑称裨灶。唐昧与尹皋

宣范，甘德暨石申垂诰。故能下守职而恪恭，上知变而无傲。此希夷之妙象，岂蒙昧之私好。(《续古文苑》三 26）

从隋代望前追溯，“很、恨”两字隋及隋以前诗文中没有用为韵脚。其他三对字，每一对都有一个作者同时用为韵脚。潘岳（247—300）用“舅、旧”，谢朓（464—499）用“辩、弁”，沈约（441—513）用“皓、号”。列举如下，诗文短的举全文，长的只举韵脚。

9. 潘岳《北芒送别王世胄诗》：微微发肤，受之父母。峨峨王侯，中外之首。子亲伊姑，我父惟舅。昆同瓜瓞，志齐执友。第一章 | 惟我王侯，风节英茂。执宪中朝，剖符名守。配作此牧，频显烦授。徐以姻掇，凉疾不就。第二章（逯钦立辑校《晋诗》四 631）一二章上去换韵。

10. 潘岳《杨仲武诔》：寝疾弥留，守兹孝友。临命忘身，顾恋慈母。哀哀慈母，痛心疾首。嗷嗷同生，凄凄诸舅。(《文选》中华书局 1974 年影印南宋淳熙八年（1181 年）尤刻本五十六 29—31）|《序》云：“杨绥，字仲武，……春秋二十九，元康九年夏五月己亥卒。”第二年为永康元年，潘岳被害。

11. 潘岳《射雉赋》：于时青阳告谢，朱明肇授。靡木不滋，无草不茂。初茎蔚其曜新，陈柯槭以改旧。天泱泱以垂云，泉涓涓而吐溜。麦渐渐以擢芒，雉鷕鷕而朝鸲。(《文选》九 8—14）

12. 谢朓《三日侍宴曲水代人应诏》：往晦必明，来硕资蹇。于皇克圣，时乘御辩。宝历载晖，瑶光重践。昭昭旧物，熙熙迁善。（逯钦立辑校《齐诗》三 1423）

13. 谢朓《游山》：蹇辩得丧云谁辩缅转澶回流复宛澶浅梗薜衍展践搴免选善(《齐诗》1424）

14. 谢朓《和伏武昌登孙权故城》：战县甸选练眄殿讌蒨荐变啭徧睠弁从赏乖缨弁见绚衍(《齐诗》四 1441）|“选”字“衍”字均上去两音。《切三》：衍，以浅反；选，思兖反，又思绢反。《唐韵》：选，息绢反；衍，予线反，又羊浅反。“澶”字《广韵》市连切，《切三》与《唐韵》均未见。

15. 沈约《梁明堂登歌·歌白帝辞》：神在西方，帝居西皓。允兹金德，裁成万宝。（逯钦立辑校《梁诗》三十 2167）

16. 沈约《郊居赋》：或攀枝独远，或陵云高蹈。因葺茨以结名，犹观空以表号。得忘已于兹日，岂期心于来报。(《全梁文》二五 6）

如上所说，可见《切韵》上去之别，不仅符合隋代诗文用韵，还符合隋略前的用韵。李涪指摘《切韵》，一定是因为从陆法言到李涪，语言变了。这一点很好解释，已经有许多人说过，这里只要简单说几句就行了。“很辩舅皓”是《切韵》上声全浊声母字，“恨弁旧号”是《切韵》去声全浊声母字。在李涪的方言里，全浊上声已经变成全浊去声。这四对字李涪分别同音，《切韵》分归上声、去声。所以李涪指摘《切韵》。在现代汉语方言里，尤其是北方方言里，《切韵》的全浊上声读同全浊去声。以北京为例：“很”hěn，“恨”hèn，“辩 = 弁”biàn，“舅 = 旧”jiù，“皓 = 号”hào。只有“很”字读上声不读去声，跟“俭”jiǎn，“缓”huǎn 一样，是例外。

至于“又以恐字、苦字俱去声”，那是指摘《切韵》这两字各有上去两音。《切三》恐，墟陇反；苦，康杜反。《切三》缺去声，《唐韵》去声开头残缺七八个韵，《王韵》恐，区用反。《唐韵》"胯"小韵有"苦"字，注云"加"，表示《切韵》去声本无"苦"字。由此可知李涪所见《切韵》是增字本，并非陆氏原本。隋代韵文"恐、苦"两字不用为韵脚。现代汉语方言这两字上声。可能李涪的方言，"恐"字、"苦"字都只有上声的音，他认为"恐"字、"苦"字不该有去声的音。李涪的"佷"字已读成去声，"恐"字又只有上声的音，所以说"令士君子于上声呼佷，去声呼恐，得不为有知之所笑乎？"。

李涪引的《唐风·杕杜》"杜湑踽父"四韵；《小雅·大东》"砥矢履视"四韵，《切三》分别为徒古反，私吕反，俱羽反，扶雨反；职雉反，式视反，力几反，承旨反，都是上声字互相押韵。这两章用韵本来切合声律。李涪的方言全浊上声变去声，"杜父视"三字读去声，这两章都变成上去互押，所以他说"此则不切声律，足为验矣"。

总起来说，李涪指摘《切韵》"去声为上"，是就"佷辯舅皓"和"杜父视"等全浊上声字而言。李涪认为这些字是去声，《切韵》不该列入上声。"上声为去"是说"恐"字、"苦"字都只有上声一读，不该有去声的又音。分清李涪说的"上声为去"与"去声为上"的范围，才能理解李涪的本意。

李涪对《切韵》的第二项实质性指摘是东韵跟冬韵、钟韵的划分。这是以平声赅上去入三声，下文有时明说东部跟冬部、钟部，包括四声。这些韵总起来组成等韵的通摄。为讨论方便起见，先列举《切韵》通摄全部的韵目和韵母。

	《切韵音系》	传统等韵	《方言调查字表》	平声	上声	去声	入声
东部一	一等	一等	一等	东韵一	董韵	送韵一	屋韵一
东部丑	丑等	二三四等	三等	东韵丑		送韵丑	屋韵丑
冬部	一等	一等	一等	冬韵		宋韵	沃韵
钟部	丑类	二三四等	三等	钟韵	肿韵	用韵	烛韵

东一与东丑两类，在先秦本来不是一部。后代音变，逐渐合流，合并为一。说到《切韵》东一和东丑两类的合并，读《切韵》的人都知道，从东韵和屋韵列字的次第，可以看出分为两类的痕迹。表一平声东韵开头"东、同"两个小韵是东一类，当中夹着"中"至"隆"十八个小韵是东丑类，末了是"空"以下十三个小韵又是东一类。入声屋韵前头"屋"至"木"十七个小韵是屋一类，后头"福"以下二十七个小韵是屋丑类。上声董韵只有董一类，没有董丑类。去声送韵两类字次序看不出条理。所以这两韵都不列表。表竖行由左往右读。反语下注明古声母和传统的等。

表一东韵根据《切二》（S2055），空"苦红反"元误作"若红反"

屋韵根据《切三》，参用蒋斧藏本《唐韵》。"屋、禄、瘯"三小韵《切三》残缺，据《唐韵》。《切三》"濮"字上脱落"卜，博木反"，据《唐韵》补。"毱，七宿反"《切三》误作"即育反"，"珿，初六反"《切三》误作"踧"，均据《唐韵》改正。

表一

东东同	中虫终忡崇嵩戎弓融雄瞢穹藭冯风丰充隆	空公蒙笼洪蘪翁怱通葼蓬烘崆
韵德徒	陟直职敕锄息而居余羽莫去渠扶方敷处力	苦古莫卢胡徂乌仓他子薄呼五
红红	隆隆隆中隆隆隆隆隆隆中隆隆隆隆隆隆中	红红红红笼红红红红红红同公
反反	反反反反反反反反反反反反反反反反反反	反反反反反反反反反反反反反
端定	知澄章彻崇心日见以云明溪群并帮滂昌来	溪见明来匣从影清透精并晓疑
一一	三三三三二四三三四三三三三三三三三三	一一一一一一一一一一一一一

屋	屋独谷縠哭秃速縠禄榖族镞瘯曝扑卜木	福伏缩六逐菊鞠熟俶育䮶奄粥肉叔蓄竹琭蹙朒缄蝮郁肃目囿稸
韵	乌徒古胡空他送丁卢呼昨作千蒲普博莫	方房所力直举驱殊昌余渠七之如式许陟初子女侧芳于息莫于丑
	谷谷鹿谷谷谷谷木谷木木木木木木木卜	六六六竹六竹竹六六六竹宿六竹竹竹六六六六六伏六逐六目六
	反反反反反反反反反反反反反反反反反	反反反反反反反反反反反反反反反反反反反反反反反反反反反反
	影定见匣溪透心端来晓从精清并滂帮明	帮并生来澄见溪禅昌以群清章日书晓知初精泥庄滂影心明云彻
	一一一一一一一一一一一一一一一一一	三三二三三三三三三四三四三三三三三二四三二三三四三三三

现在请看隋代诗文通摄字是怎样用韵的。这里根据拙作《隋韵谱》与《庾信诗文用韵研究》(均见《音韵存稿》)列表二如下页，详见原文。庾信卒于开皇元年，即公元581年，本来也可以收到《隋韵谱》里。因为当初分为两篇，所以这里先分列，后总计。

表头是韵目，举平声赅上去入三声。表左分“隋”与“庾信”两组，各分平上去入，各有小计，然后是总计。小计之和为总计。为醒目起见，小计和总计的数目排黑体。冬韵字不单用，所以“冬”字下无数目字。庾信上声字不用为韵脚，所以不列上声一行。以锺部为例，《隋韵谱》平声独用21次，上声无例，去声3次，入声15次，小计39次；庾信平声15次，入声3次；小计18次；总计57次。又如冬锺合用《隋韵谱》平声3次，去声跟入声各1次，小计5次；庾信无例，所以总计还是5次。

表二

		东一	东丑	东一，丑	东	冬	锺	东冬	东锺	冬锺	东冬锺
隋	平声	8	8	66	82		21		6	3	1
	上声								1		
	去声	1		2	3		3			1	
	入声	2	10	15	27		15	1	2	1	
隋	小计				**112**		**39**	**1**	**9**	**5**	**1**
庾信	平声		6	23	29		15				
	去声			3	3						
	入声		1	8	9		3	1			
庾信	小计				**41**		**18**	**1**			
总计					**153**		**57**	**2**	**9**	**5**	**1**

从表二可以得出什么结论呢？东部分为两个韵母，表里分“东一独用、东丑独用、东一跟东丑合用”三栏，为区别起见，表头跟用韵次数都用小字排印，并且不列“小计、总计”。例如《隋韵谱》东一韵跟东丑韵分别独用各8次，东一韵跟东丑韵两类合用66次，合计82次。

两类合用多而分别独用少，这大概就是两类《切韵》合为一韵的理由。这是第一个结论。

从上表的总计还可以看出《切韵》东、冬、锺三部分立的理由。东部跟锺部都以独用为主。冬部字少，独用例未见。冬锺合用是冬锺洪细相配之故，《切韵》“恭蜙樅”三小韵入冬韵可以说明冬锺之间的关系。绝大部分韵例说明《切韵》分部符合当时用韵，例外很少。保不定例外里还有个别错字。有人认为庾信有两个东锺合韵的例，靠不住。见《庾信诗文用韵研究》228面。

纪昀《沈氏四声考》乾隆甲申［二十九年＝公元1764年］镜烟堂本卷上3—5与卷下37，51，66—68罗列通摄韵例，卷上5有按语，现将韵例分列于按语之下，以便阅读。

……知东冬锺三韵之分，固休文之旧也。休文诗文用东韵者十四篇，

《郊居赋》：隆躬风东通|《桐赋》：桐葱丛虹|《桐柏寺金庭馆碑铭》：功通空躬|《梁雅乐歌》：宫融终功风通嵩|《塘上行》：通丛风童空东隆终蓬宫|《前缓声歌》：东风宫鸿空虹童空原注：复一韵中嵩|《四时白紵歌》：红风同中|《和刘雍州绘博山香炉》：工铜珑穷鸿穹丛风雄桐充嵩|《咏新荷应诏》：中风红|《咏帐》：宫风|《八咏诗·登台望秋月》：丛风红濛空通珑鸿宫东|《八咏诗·岁暮愍衰草》：风红东宫|《瑞石像铭》：功空濛融通葱风东衷空工隆嵩|《江南弄》：桐宫风以上十四篇原注：并一东

用冬锺韵者五篇“恭”字归到锺韵，当云“用锺韵者五篇”，

《司徒谢朏墓铭》：锺龙重本篇起五篇原注：并三钟|《梁鼓吹曲》：钟镛容龙蹤原注：按《广韵》“恭”字注曰：“陆以恭蹤蜙等入冬韵，非也。”则此三组之字，《切韵》本在冬韵，此据《广韵》注之。荣按：《广韵》作“恭蜙蹤”，“蹤”当作“樅”，“蹤”字《切二》与《王韵》本在锺韵，《切二》、《王韵》、《广韵》都是恭蜙蹤三小韵相次。参看《切韵音系》1956年新版第8面注5。|《怀旧诗》：蹤峰逢松|《梁三朝雅乐歌》：重容从雍恭|《豫章文献王碑铭》：从恭庸龙

以东通冬锺者二篇，

《八咏诗·被褐守山东》：葱空丛濛虫东并一东淙二冬虹风笼通并一东逢三锺|

《游沈道士馆》：功充中宫穷丰躬蘢风并一东蹤三锺鸿通嵩同并一东　以上两篇小字均原注

知其三韵同用。然上声用二肿不杂董韵，

《怀旧诗》：奉拥宠原注：并二肿

去声用“三用”不杂宋、送韵，

《丞相长沙宣武王墓铭》：纵用原注：并“三用”

入声屋、沃、烛三韵凡十五用而各不相入荣按：屋、烛分别独用，未用沃韵字，

《郊居赋》：竹菊|《桐赋》：陆屋毂木|《齐故安陆昭王碑铭》：轴毂哭菊|《齐明帝哀策文》：穆肃屋服|《梁雅乐歌》：肃穆福祝|《梁三朝雅乐歌》：族木掬谷福|《循役朱方道路》：穆服陆複伏牧竹復以上七篇原注：并一屋

《郊居赋》：项烛俗玉|《司徒谢朏墓铭》：属曲|《游锺山诗应西阳王教》：足曲欲足复一韵|《咏筝》：曲续玉|《大言应令》：局足|《八咏诗·岁暮愍衰草》：烛续曲绿|《伤

美人赋》：玉曲躅烛褥|《伤春》：绿曲续玉以上八篇原注：并三烛

知其必各自为部。所谓“欲广文路，自可清浊皆通；若赏知音，即须轻重有别”者也。“欲广文路”四句引《切韵·序》，“有别”原作“有异”。纪氏引“轻重有别”大概是说东冬锺“必各自为部”；“清浊皆通”大概是就“以东通冬、锺者二篇”而言。

其实“以东通冬、锺者二篇”也是东韵独用。上引《游沈道士馆》十三韵中，只有一韵是三钟的“蹤”字。逯钦立辑校《先秦汉魏晋南北朝诗·梁诗》六 1637“蹤”韵两句是：

所累非物外。《文选》[二二]作外物，《文章正宗》[二九]同。为念在玄空。《类聚》[七八]作蹤，《诗纪》[七三]云一作蹤。

六臣注《文选》《四部丛刊》影印宋本二二 30—31 作：

所累非外物，为念在玄空。善曰：慎子曰：夫德精微而不见，聪明而不发，是故外物不累其内。《尔雅》曰：玄，道也。然道体无形，故曰空。翰曰：玄空，道也。言我游此，超然自得，不为外物累己，所念在于道也。

李善注《文选》中华书局影印宋本二二 24 正文及善注均同，惟《尔雅》作《广雅》。当据此注补入《广雅》三“道也”条。可见李善与李周翰所据均作“玄空”。所以沈约《游沈道士馆》实在是东韵独用。

逯钦立辑校《梁诗》七 1668—1669《八咏诗·被褐守山东》全文如下，所校异文与本文所论无关的从略。

守山东，山东万岭郁青葱。两溪共一泻，水洁望如空。岸侧青莎被，岩间丹桂丛。上瞻既隐轸，下睇亦溟濛。远林响咆兽，近树聒鸣虫。路出若溪右，涧吐金华东。万仞倒危石，百丈注悬潨《玉台》[九]作丛，《文苑》[一六〇]、《诗纪》[七四]作淙。掣曳写流电，奔飞似白虹。洞井含清气，漏穴吐飞风。玉窦膏滴沥，石乳室空笼。峭崿途弥险，崖岨步才通。余舍《类聚》无舍字，《文苑》同平生之所爱，欻暮年而《诗纪》作之此逢《玉台》作逢此，《文苑》同。欲一去而不还，怅邹衣之未褫。揖林壑之清旷，事氓俗之纷诡。幸帝德之方升，值天纲之未毁。既除旧而布新，故化民而俗徙。播赵俗以南徂，扇齐风以东靡。乳雉方可驯，流蝗庶能弭。清心矫世浊，俭政革民侈。秩满归白云，淹留事芝髓。

“百丈”句《艺文类聚》三十六作“百丈注悬潨”。《切二》东韵“潨”字职戎反，注云“小水入大水，又［冬韵］在冬反。”“欻暮年而此逢”当据《玉台新咏》与《文苑英华》作“欻暮年而逢此”。“逢此”为动宾式，“此”字当在后。本诗先押东韵：东葱空丛濛虫东潨虹风笼通，再换纸韵：此褫诡毁徙靡弭侈髓。开头押东韵部分写景。后半“余舍平生之所爱”以下转为写意，同时换韵。

校正韵字之后，沈约诗文东、锺两部四声分别独用（“恭”字归锺韵，冬部无字），次数见下，合计东部独用 23 次，锺部独用 17 次。

	平声	上声	去声	入声	合计
东部	16			7	23
锺部	5	1	3	8	17

间尝论之，纪氏未闻以小学名家，而《沈氏四声考》一书，于音韵之学，贡献甚多。第一，

该书乾隆己卯（二十四年，公元1759年）序云："今取其沈约有韵之文，州分部居而考之"。卷下46云："今考休文《明堂登歌》以"皓"协"宝"，《郊居赋》以"号"协"蹈、报"。[李涪《刊误》]所讥陆韵，正是沈音。"上去之辨，东钟之分，都是如此。考明沈约用韵与陆法言《切韵》分部大同小异，实为创见。

第二，《沈氏四声考》上11云："时惟刘勰笃信休文，《文心雕龙》系赞五十篇，以沈韵校之，无不相应。"上32云："《文心雕龙》用韵甚严。"纪氏博极群书，宜有此卓识。

第三，纪氏校订韵字有时亦甚精审。《沈氏四声考》上10云：

> 《六忆诗》：墀六脂思七之饥六脂　按"饥"字刊本作"饑"，是八微韵中字。考约所用支、脂、之韵，皆不入微；所用微韵，亦无一字入支、脂、之。知刊本误也。

考"饥"为"饥饿"之"饥"，"饑"为"穀不熟"即"饑荒"之"饑"。古籍钞刊，二者常互讹，请参看拙作《汉字演变的几个趋势》10（《中国语文》1980.1.5—20）。逯钦立辑校《梁诗》七1663《六忆诗》凡四首，第一首《忆来时》此句正作"相见乃忘饥"。第三首《忆食时》云："欲食复羞食，含哺如不饥。"字均作"饥"，与纪校相符。纪云"知刊本误也"，所用约集，盖非善本。

纪氏排比沈约诗文，云"以东通冬、锺者二篇"，未能校正错字，除刊本有误外，还有深一层的音韵史的理由。先秦古音，东部包括《切韵》东一部和锺部，冬（或中）部包括《切韵》东丑部和冬部。到了《切韵》，东一部和东丑部合并，造成东、冬、锺鼎立的局面。音韵的演变是渐变。韵部的渐变表现为押韵时各部的字独用合用频率之消长。加上先秦古音东、冬（或中）两部的确立有个认识过程。汉以前古音东部跟阳部有瓜葛，冬（或中）部跟侵部有瓜葛。这都增加了画面的复杂性。从先秦到《切韵》，音韵分类渐渐接近《切韵》，符合《切韵》。前人研究音韵，断代的观念不够强。有时片面的历史知识反而妨害认识各时代的音韵面貌。这就是作者罗列隋代诗文，用来验证《切韵》分部与当时用韵关系的理由。

现在讨论李涪东冬锺三韵不该分的话。《切韵》"东"字东一韵德红反《切二》，"农"字冬韵奴冬反《王韵》；"董"字董韵多动反《切三》，"勇"字肿韵余陇反《切三》；"送"字送一韵苏弄反《王韵》，"種"字用韵之用反《王韵》；"屋"字屋一韵乌谷反《切三》，"烛"字烛韵之欲反《切三》。李涪主张东冬、董肿、送用、屋烛不必分，所以他指摘《切韵》"东农非韵，董勇非韵，送種非韵，屋烛非韵。"《切韵》"崇"字东丑韵锄隆反《王韵》；"动"字董韵徒揔反《切三》；"家"字送丑韵之仲反《王韵》；"宿"字屋丑韵息逐反《切三》。根据上文第一项所说，李涪主张全浊上声的字应该归到去声，"动"字定母，依他的主张也该是去声，所以他指摘《切韵》"董动为切"。至于"东崇为切，送家为切，屋宿为切"，这三句只是陪衬的话。李涪主张东冬锺不分，岂有主张东送屋三韵的两类都分成两韵之理。"冬"字冬韵都宗反；"中"字东丑韵陟隆反；"终"字东丑韵职隆反。李涪说"何须东冬中终，妄别声律"，反对分东冬，那是没有问题的。不过"中终"两字都是东丑韵字，只是声母有知母跟照章母之别，李涪上文提到"董勇、送種、屋烛"三对字不该分韵，而没有提到声母的差别。要是李涪原文就是"东冬中终"，东韵字三个，冬韵字一个，锺韵字一个也没有，前后文似乎照应欠周。也许"中终"是"中锺"或"终锺"之误也未可知。（“锺”字《切二》锺韵职容反。《切韵》系统锺韵无知母字。）《沈氏四声考》上 5 与《切韵考》六 9 均引米元章《画史》纪陈二书皆节录，今据《丛书集成》影印《津逮秘书》本 87 云：“陆德明陈澧按：此当作陆法言亦复吴音，传其祖说。故以东冬为异，中锺为别，以象为奖，以上为赏。因其吴音，以聾后学。”“以象为奖，以上为赏”指《切韵》全浊上声仍归上声。《画史》“东冬中锺”与“吴音”的说法可能出于李涪《刊误》。

沈氏用韵与《切韵》大同小异，盖沈氏行文据当时之语言，陆生定韵亦据当时之语言。沈氏天监十二年（公元 513 年）卒，年七十三。陆生与颜魏诸公论韵在开皇初（开皇元年为公元 581 年）。年代相去不远，音类变化不大，亦在意料之中。纪氏谓《切韵》本于沈氏《四声谱》。智者千虑，或有一失。音韵之学，近世渐明，未可因此轻议前贤。

李涪对《切韵》的第三个实质性的指摘是“谋”字跟“浮”字的音韵地位。《切三》尤韵字反切下字系联情况如下。

求	尤雨求反	忧于求反	刘力求反	牛语求反	丘去求反	鸠居求反	愁士求反
鸠	抽敕鸠反	周职鸠反	不甫鸠反	搜所鸠反	邹侧鸠反	裘巨鸠反	
由	遒即由反	柔耳由反	啾子由反	囚似由反	俦直由反		
游	秋七游反			秋	酋自秋反		
周	猷以周反	犨赤周反	收式周反	尤	𩴾匹尤反	搊楚尤反	休许尤反
流	脩息流反	雠市流反	辀张流反	愁	啁去愁反		
谋	浮薄谋反			侯	谋莫侯反		

其中“辀，张流反”《切三》残，据《王韵》补。“啁，去愁反”与“丘，去求反”同为溪母。董同龢《广韵重纽试释》17(《历史语言研究所集刊》第十三本，1948 年）以为“啁”字当移入幽韵溪母。尤韵三十二个小韵，前头三十个小韵反切下字互相系联；最后两个小韵，“浮”字用“谋”为反切下字，“谋”字用“侯”为反切下字，“侯”字不在尤韵，在侯韵。宋跋本《王韵》“浮，缚谋反”与“谋，莫浮切”互相系联，但是这两个小韵与尤韵其他小韵仍旧互补而不系联。

李涪引《书·君陈》“嘉谋嘉猷”（《礼记·坊记》引《君陈》这一段与今本伪古文大致相同），法言曰：“嘉予嘉猷。”又引《诗·小雅·菁菁者莪》“载沈载浮”，法言曰：“载沈载浮原注：伏予反。”洪诚《中国历代语言文字学文选》172—174 疑两个“予”字当作“矛”字。又转引“浮、打、敷”三字音，为《切韵》中有吴音作证。慧琳《一切经音义》卷七：浮，附无反，《玉篇》音扶尤反，陆法言音薄谋反，下二皆吴楚之音也，今并不取。又卷八：打，德耿反，陆法言音都挺反，吴音，今不取也。以上两条据《中国语文》1962.10.476。又卷首：覆，敷务反，见《韵英》，秦音也，诸字书音为敷救反，吴楚之音也。据《观堂集林》卷八《天宝韵英……分部考》。以上三条据《大正藏》五四 349.1，350.1，312.1 校改。

洪诚疑两个“予”字当作“矛”字，大概是对的。他转引的三条慧琳音不足以说明《切韵》中有吴音。“打”字跟“恐、苦”两字类似，指摘者认为《切韵》著录的两个音中，一个是正音，一个是吴音。

《切三》梗韵：打，德冷反，又都定反，一。 冷，鲁打反，又鲁定反，一。

《切三》迥韵："顶，丁茗反"小韵无"打"字。 冷，寒。力鼎反。

宋跋本《王韵》梗韵：打，德冷反，又都行反，击，一。 冷，鲁打反，又鲁挺反，小寒，一。

宋跋本《王韵》迥韵：打，击。丁挺反。 冷，小寒。力鼎反，又鲁打反。

《广雅》胡文焕本三 3 打，曹宪音鼎。

欧阳修（1007—1072）《欧阳文忠公集一二七·归田录》二 18—19《四部丛刊》影印元代刊本：今世俗言语之讹，而举世君子小人皆同其缪者，惟打字尔打，丁雅反，其义本为考击。故人相殴，以物相击，皆谓之打。而工造金银器亦谓之打可矣，盖有槌挝一作击之义也。至于造舟车者曰打船、打车，网鱼曰打鱼，汲水曰打水，役夫饷饭曰打饭，兵士给衣粮曰打衣粮，从者执伞曰打伞，以糊粘纸曰打粘，以丈尺量地曰打量，举手试眼之昏明曰打试。至于名儒硕学，语皆如此，触事皆谓之打。而遍检字书，了无此字丁雅反者。其义主考击之打，自音"谪疑当作滴耿"。以字学言之，打字从手从丁，丁又击物之声，故音"谪耿"为是，不知因何转为"丁雅"也。小字为原注

王观国《学林》《湖海楼丛书》本十 26：打字世呼作丁寡切，而字书打字惟音顶，无丁寡切之音也。

《切三》"都定反、鲁定反"，"定"字均为"挺"字之误，盖钞手全浊上去不分，把全浊上声字写成去声。《王韵》"又都行反"，"行"字亦为"挺"字之误。这些错字的改正都有迥韵字为证。"打"字的音韵特点有二：第一，"打"字端母，见于二等韵，今音读［t］声母。第二，"打"字今大部分方言读［a］韵上声，与"把、马"叠韵。此音与宋代"丁雅切"或"丁寡切"相符。今吴语"打"字读［ˤtaŋ ˤtã］一类音，与"冷"字叠韵。"打"字《切三》仅见于梗韵，迥韵一音列为又音，《王韵》始两韵兼收。所引慧琳音"打，德耿反"，唐人梗二等、耿两韵常不分，德耿反与德冷反同音，德冷反就是慧琳主张的音。加以"德冷反（德耿反）"与今吴语密合无间，可见《切韵》这个音在慧琳时南北通行。而所引慧琳音竟忽略《切韵》或其增订本"打"字有"德冷反"的音。这就需要进一步考究指摘的原因。大概当时《切韵》流行，南北方音颇有差别。北方有的人看到《切韵》与本地方音或心目中正音不合之处，就轻易说是吴音，未必于吴音有真知灼见。正像作者故乡浙江温岭东乡人，管听不懂的话都叫福建话一样。现在讨论前人对《切韵》的指摘，不能限于原告的文字。《切韵》虽逸，唐人抄本韵书尚在。古之吴音，今不可得而闻。今吴语地区人民以千万计，"打"字与"冷"字叠韵，众口一词。研究音韵学要读古人之书，还要审今人之音。

必须注意，书里说的吴语，即使真是吴语，未必就限于吴语。举个眼前的例子。常熟人王古鲁注《初刻拍案惊奇》（上海古典文学出版社，1957 年）常说吴语。一 25"转来、转去"注云吴语，同"回来、回去"。一 25"后生"注云："吴语称年轻人做'后生'或'后生家'。"其实闽语、客家话、赣语、湘语、皖南也说"转来、转去"。晋语、粤语、闽语、客家话、赣语、皖南也说"后生"。

“浮”字跟“覆”字的问题要放到较大的范围来考察。先说“覆”字秦音跟吴楚之音对举。慧琳疏勒人，驻锡长安大兴寺，公元783—807年撰《大藏一切经音义》。他有把握的只是秦音，“诸字书音为敷救反”，《切韵》与其他字书相同，吴楚之音是其他方音甚至是通语的意思。“浮”字性质和“覆”字相同，“附无反”其实也是秦音，“扶尤反”与“薄谋反”是其他方音或通语。《切韵》尤虞两韵唇音字之间本来有又读。《唐韵》遇韵：“仆，堰仆”，方遇反。又宥韵：“仆，前倒”，敷救反。《切韵》以来，尤虞两韵又读更多了。例如《切三》麌韵“字（当作孚）武反”小韵有“殕”字，注云“食上生白［毛］”。《切三》有韵字残缺，“缶，方久反”小韵仅有三字：“缶，瓦器……方九反，三。|缹……|否，又符鄙反”。宋跋本《王韵》“缶，方久反”共九字，第六字为“殕，饼败有气”。由此可见，麌韵唇音字在《王韵》也有有韵的又音。（《广雅》胡文焕本三4殕，曹宪音敷九反。）不光是“浮、覆”两字，其他字书有“附无反、敷务反”的音。加上虞尤唇音字今多数方言常不分，如北京音“扶＝浮”fú。我们可以推定，尤虞唇音字不分，“秦音”走在其他方言前头。

如上所说，据“打、浮、覆”三字慧琳音说《切韵》有吴音，证据是不足的。不过从《切三》和《唐韵》看来，《切韵》的确有方言。《切三》荡韵：“髈，髀，吴人云，疋朗反。”《唐韵》祃韵：“坝，蜀人谓平川为平坝，加”，必驾反。这两条都跟现代方言密切符合。不过从“唐荡宕”跟“麻马祃”六韵全部的字看，吴人与蜀人的字音都已经折合成《切韵》系统了。

［《中国语文》1985年第1期1—9页］

“打”字与“滕”字

壹　“打”字

1. 慧琳与《切韵》系韵书“打”字的反切

李涪《刊误》批评陆法言《切韵》说：“然吴音乖舛，不亦甚乎！”洪诚 1982《中国历代语言文字学·刊误》172—173 替李涪辩护说：“他的吴音说的理由，可能同于时俗的误解。但是仅仅根据错误的籍贯，是不会造成‘吴音’说的。慧琳已具体地指出《切韵》有吴音。”

拙作 1985《论李涪对切韵的批评及其相关问题》，着重讨论李涪对陆法言《切韵》的三项实质性指摘。这里只说两点：一是慧琳与《切韵》系韵书“打”字反切的异同，前文已提；二是“打”字反切在现代方言里的反映，有新的语料。先说第一点。慧琳《一切经音义》卷八云：

> 打，德耿反，……《说文》从手丁声也。陆法言云都挺反，吴音，今不取也。（大正藏五十四 350.1）

《切韵》原本已佚，这里列举《切三》（S2071）与宋跋本《王仁昫刊谬补缺切韵》（简称《王韵》）“打”字的反切。就收字多寡与注解详略言，《切三》在《王韵》之前。据唐立庵先生考证，《王韵》撰于唐中宗神龙二年，即公元 706 年。慧琳《大藏一切经音义》撰于唐德宗建中四年至唐宪宗元和二年，即公元 783 年至 807 年之间，远在《王韵》之后。

《切三》梗韵：打，德冷反，又都定反，一。	冷，鲁打反，又鲁定反，一。
《切三》迥韵：“顶，丁茗反”小韵无“打”字。	冷，寒。力鼎反。
《王韵》梗韵：打，德冷反，又都行反，击，一。	冷，鲁打反，又鲁挺反，小寒，一。
《王韵》迥韵：打，击。丁挺反。	冷，小寒。力鼎反，又鲁打反。

《广雅》胡文焕本三 3：曹宪音鼎。

《切三》“都定反、鲁定反”，“定”字均为“挺”字之误，大概钞手全浊上去不分，把全浊上声字写成去声字。《王韵》“又都行反”，“行”字亦为挺字之误。这些错字的改正都有迥韵字为证。“打”字《切三》仅见于梗韵，迥韵一音列为又音，《王韵》始两韵兼收。慧琳音义“打，德耿反”，唐人庚二等、耕两韵（举平声赅四声）常不分，“德冷反”与“德耿反”同音，就是慧琳主张的音。庚二等、耕两韵不分可以举一个例子：“瞪”玄应直耕反，《王韵》直庚反。玄应撰《一切经音义》在唐太宗贞观之末，即公元 649 年。

> 玄应《一切经音义》《丛书集成》影印《海山仙馆丛书》本卷五 230：瞪，直耕反，《埤仓》直视也。| 卷七 322：瞪，直耕反，《通俗文》直视曰瞪。| 卷二十 923：眙，治塍反，《通俗文》直视曰眙。经文作瞪元误从月旁，直耕反。［眙瞪］二形通用。塍音以胜反。（荣案，

《广韵》證韵："瞪，直视貌，陆本作眙，丈證切。""治滕反"音同"丈證切"。玄应以为眙瞪二形通用而音不同。）《王韵》庚韵："瞪，直视。直庚反。"耕韵"枨，直耕反"小韵无"瞪"字。

"打"字《切三》与《王韵》德冷反，慧琳德耿反，实质上并无差别。要点在于慧琳指摘"打"字"陆法言云都挺反，吴音，今不取也"。问题在于慧琳所说是否可以验证。就现代方言而言，"打都挺反"在已经发表的吴语调查报告里未见有反映，"打德冷反"倒是与吴语密切符合。

曹宪《博雅音》"打"字音鼎，不知与慧琳的指摘有无联系。辽代释行均编的《龙龛手镜》四部丛刊续编本上声卷第二："打，德冷反，打击也，棓也；又江外音都挺反。"手镜序题统和十五年，相当于宋至道三年，公元997年，比《大宋重修广韵》早十一年。"又江外音都挺反"的说法，也许受慧琳音义的影响。

2. "打"字反切在现代方言里的反映

现在讨论第二点，"打"字的反切在现代方言里的反映。"打"字的音韵地位要放在梗摄的范围里才能说清楚。拙著1989《南昌温岭娄底三处梗摄字的韵母》(《中国语文》1989.416—424)，与1996《我国东南各省方言梗摄字的元音》(《方言》1996.1—11)，都讨论过这问题。本文主要以吴语平阳县城的平阳话，与赣语武昌县南部的湖泗话为例。平阳话根据陈承融1979《平阳方言记略》(《方言》1979.47—74)。湖泗话根据张忠松《武昌县志》卷第三十一方言。本卷无出版年月，油印本1—244面，封面印"武昌县志 | 卷三十一 | 方言 | 武昌县志编纂委员会 | 一九八□年"；铅印本585—640面，是个抽印本，正文开头四行是"武汉大学出版社 | 卷三十一 | 方言 | 张忠松"。铅印本便于阅读，不过有些音标和调值符号不大清楚，引用时据铅印本，音标和调值符号不清楚时据油印本。

2.1 平阳话梗摄字

吴语为什么举平阳话为例呢？吴语区各片方言南北之辨也是渐变的，瓯江片包括乐清(清江渡以南；以北是台州片的太平话 = 温岭话)、平阳、文成、瑞安、永嘉、温州、青田，是最南的一片。平阳"打"字读口音韵[ta^{54}]，与其他吴语读鼻音韵[tã]或[taŋ]阴上不同，与吴语以外多数方言（包括北京话[ta^{214}]）相同。不过这种异同是专就音值立论的。就音类而言，平阳"冷"字也读[la^{54}]。平阳不单是"打"字读[a]韵，平阳是梗摄二等读[a]韵。北京"打"字读[a]韵是个别的，北京梗摄二等一般读[əŋ]韵，例如"冷"字读[$ləŋ^{214}$]。假如把"打"字与"冷"字同韵母作为吴语的特征，我想适用的范围一定相当广。带便说说，假如把[m n ŋ l]等逢阴调紧喉，逢阳调带浊流作为吴语的特征，适用的范围也相当广。这种语音标准可能有人觉得不好掌握。考虑到传统的音韵学家也承认这两类的分别，如《鄞县通志·文献志第八册·庚编上·方言（一）》(解放前编成，解放后出版)2655—2660分别浊音与"反浊音"，后者相当于紧喉。这种语音分别是可以掌握的。详见拙著1966《温岭方言语音分析》。此文原载《中国语文》1966.1—9=1985《语文论衡》45—54。

打岔打过了，现在列表对比平阳话梗摄二等与三四等的韵母。

如表上所示，平阳梗摄二等古平上去入四声，今韵母相同。[p]声母至[z]声母，二等[a]韵母与三四等[eŋ]韵母对比。[k]声母至[ɦ]声母，二等[a]韵母与三四等[tɕ]声母至[∅]声母两个韵母对比，舒声[iaŋ]韵母，入声[ia]韵母。平阳话有八个单字调，表上用①至⑧表示调类。

①阴平 44　③阴上 54　⑤阴去 32　⑦阴入 24

②阳平 21　④阳上 35　⑥阳去 22　⑧阳入 213

平阳话声韵拼合情况要略加说明。[a]韵母只拼[p pʻ b m f v t tʻ d n l ts tsʻ dz s z k kʻ g ŋ h ʔ ɦ]等 23 个声母，[eŋ]韵母只拼[p pʻ b m t tʻ d n l ts tsʻ dz s z]等 14 个声母，[iaŋ ia]两韵母只拼[tɕ tɕʻ dʑ ȵ ɕ ʔ ∅]等 7 个声母。[eŋ]韵母与[iaŋ ia]两韵母在跟声母的拼合关系上互补。[eŋ]韵母又不拼介音。可以设想[eŋ]韵母可能在前一个阶段是[*iaŋ]韵母。参看拙著 1996.3 广州的[ɛŋ/ɛk]分别相当于中山的[iaŋ/iak]，广州[ɛŋ/ɛk]的前身大概就是[*iaŋ/*iak]。例字见 1996.9 表四。平阳话[aŋ]韵母来自古深臻曾三摄，没有来自梗摄的。上述声韵拼合情况不限于梗摄字，下列对比表限于梗摄字。平阳话梗摄二等今韵母与三四等今韵母的关系如下：

平阳话梗摄二等[a]韵母对三四等[eŋ]韵母，今元音与韵尾都不同。

平阳话今[aŋ iaŋ]两韵母洪细相配，但[aŋ]韵母来自深臻曾三摄，[iaŋ]韵母来自梗摄。

平阳话今[a iaŋ]两韵母都来自梗摄，今元音洪细相配，不是韵母洪细相配。

平阳话今[a ia]两韵母才是古音同摄，今韵母洪细相配。

平阳话梗摄二等与三四等韵母的对比表

	[a]韵	[eŋ]韵
p	⑦百伯柏迫	①兵③饼丙秉⑤并
pʻ	①烹⑦拍魄	③聘
b	②彭膨棚④㭋逢，原作碰白读⑧白	②瓶屏平坪评萍④并⑥病
m	②盲③猛孟⑧陌脉麦	②名铭鸣明盟⑥命
v	②衡横⑧获划	
t	③打	①了钉铁钉③顶鼎⑤订钉钉住
tʻ		①听厅⑤艇挺⑤听打听
d		②廷庭亭停⑥定
l	③冷	②铃零灵③领岭⑥令
ts	①争睁筝⑦摘责	①贞侦正正月征晶旌睛精③整井⑤正政
tsʻ	①撑⑦策册拆	①青清③请
dz	⑧宅择泽	②呈程⑥郑
s	①生甥牲③省	①星腥声③省反～醒⑤姓性圣②成城诚

z			情晴④静⑥净盛	
			[iaŋ]韵	[ia]韵
k	①庚更~改羹耕③哽耿⑤更⑦格隔革	tɕ	①京荆惊经③景警颈⑥竟境镜敬	⑦击激
k‘	①坑⑦客	tɕ‘	①轻⑤庆	
g		dʑ	⑥竞劲	⑧剧
ŋ	⑥硬⑧额	ȵ	②宁迎	⑧逆
ʔ	①鹦樱	ʔ	①婴缨鹦樱	⑦益
ɦ	②行~为④幸⑥杏	∅	②盈赢形刑型	

上表平阳“鹦樱”各有两音，参看拙著 1996.2 温岭“鹦樱”各有两音，鹦[ʔã^{33}]哥鹦鹉，鹦[ʔin^{33}]鹉；金樱[ʔã^{33}]石榴，樱[ʔin^{33}]桃。

2.2 湖泗话梗摄字

赣语为什么举湖泗话为例呢？拙著 1996.4—5 说：“温岭梗摄不分文白读，二等反映古代元音，三四等就跟曾摄合流了。赣客粤分文白读，白读反映二三四等的元音，文读就跟曾摄不分了。”这就是说，吴语梗摄二三四等洪细韵母一般不相配，即使有相配的，字也极少，如刚才说的平阳话[a ia]两韵。赣客粤（粤语如中山）洪细韵母相配。湖泗话梗摄白读[ã iã uã yã]，是洪细韵母相配的最好例子，南昌话只有开齐合三呼。湖泗话“打”字有三个音：[ta^{42} tɕiã^{44} tɕiã^{23}]。湖泗“打”[ta^{42}]读口元音与全国多数方言相同，与瓯江片以外的吴语带鼻音不同。湖泗“打”读[ta^{42}]与“冷”[lã^{42}]不同韵，平阳“打”[ta^{54}]与“冷”同韵，上文已提。湖泗“打”读[tɕiã^{44} tɕiã^{23}]反映古音“打，都挺切”，这是个新的语料。随着我国方言研究在广度与深度两方面的进展，一定会有更多的新语料发表。湖泗边音[l]略带鼻音。

现在列出湖泗话梗摄白读[ã iã uã yã]四韵字。湖泗话六个单字调，用圆圈码表示调类。①阴平 44　②阳平 11　③上声 42　⑤阴去 23　⑥阳去 33　⑦入声 5

以下分韵母列字，先列声母，次列调类，然后列字。

张书 589 韵母说明云：“湖泗地处湘方言、赣方言和[武昌县北部]纸坊话（属北方方言范畴）相互影响的交叉点，韵母中存在着语音杂萃……现象。如影字有[iəŋ^{42} iã^{42} yã^{42}]三种读音。……[iã ã uã yã]，都是纯粹土语白读音。”湖泗话是受其他方言影响较大的赣语方言，梗摄白读[ã iã uã yã]四呼配合整齐，但是梗摄字到底不多。来历待考的字一律不收。

[ã]韵——[p]⑤迸　[p‘]①膨⑥鬇　[l]③冷　[ts]①争~吵　[ts‘]①瞠撑　⑤牚椅子~　[s]①甥生~根声③省轻~：轻松⑤生~蛋　[k‘]①坑　[ŋ]⑤硬

[iã]韵——[p‘]②平⑥病　[m]②明~日名~字⑥命　[l]①铃②零~钱③岭领　[tɕ]①睛晴钉打惊精~灵③井颈⑤经~线打　[tɕ‘]①轻清青②晴擎③请⑤听声⑥静寂~　[ȵ]②灵精~　[ɕ]①星③醒⑤腥性定~　[∅]②赢③影

[uã]韵——[k]③梗植物的茎，原作训读字　[∅]②横

[yã]韵——[∅]②萦~线，原作训读字，南昌萦字今齐齿呼③影

如上文所说，假如说"打德冷反"是吴音，倒与今吴语［ã aŋ］符合。慧琳说"打都挺反"是吴音，与今吴语不符，倒与今赣语湖泗话符合。

湖泗话"打"字三个音，用法举例如下。张书"打"字屡见，591、602、608、617、623、626、628、631、633、634等十面都有。但是不全记音，举例只能限于有音的。

㈠打［ta^{42}］：打架｜打屁股｜打扮｜打霜下凌｜打流到处打零工谋生｜玩玩打打｜打牛贩马｜驮旗打伞

"短打"本地话是［$tø̃^{42}$ ta^{42}］，学吴语时韵母改作［tø taŋ］

㈡打［$tɕiã^{44}$］投掷：丢石头打人

㈢打［$tɕiã^{23}$］槌击：打桩，与打架的打音异

湖泗话打德冷反今读［ta^{42}］，上文已交代。

"打都挺反"与湖泗话今音对比，声母古端母在今［i］介音前变［tɕ］，梗四等今读［iã］韵，都符合常例。古上声怎么分化成阴平、阴去两类，有待进一步研究。

最后有一点要交代的，《说文》打字从木（但是慧琳音义云《说文》从手），现在打字从手。根据唐太宗贞观二十二年（公元648年）国诠书《善见律》，打字三见，"若女人或打掐比丘"，从手，"朾坏、打坏"一次从木，一次从手。可见当时从木从手两可。

玄应《一切经音义》卷二67—68引《仓颉篇》有云，椎，打物也。今查证，王念孙《广雅疏证》商务影印畿辅丛书本卷三上318引玄应书无物字。陶方琦辑《仓颉篇》补本二12引慧琳《一切经音义》三十五，扑，轻打也。"打"字均从手。王书同处云，《说文》朾，撞也。"朾"与"打"亦声近义同。国诠书《善见律》卷末题阎立本总监，非一般写经从木从手有时随便可比。因此可据以判断当时字形两可。不必说"朾"与"打"亦声近义同。

贰　"滕沙馅"的"滕"字

"澄清"的"澄"dèng，《古今字音对照手册》以为来自《集韵》嶝韵唐亘切："澄，清浊分也。"音义贴切。《现代汉语词典》澄dèng字下收"澄清、澄浆泥、澄沙"三条，附"豆沙"一条供比较。

［澄清］使杂质沉淀，液体变清：这水太浑，澄清之后才能用。

［澄浆泥］过滤后除去了杂质的极细腻的泥，特指制细陶瓷等用的泥。

［澄沙］过滤后较细腻的豆沙。

［豆沙］红小豆、红豇豆或云豆煮烂成泥或干磨成粉，加糖制成，用来做点心的馅儿。

宋代王明清《挥麈后录》有"滕沙粥、滕沙馅"，《西游记》有"邓沙馅"，《金瓶梅词话》有"邓浆盆、邓浆砖"。

> 绍圣间（公元1094—1098年）……［曾］文肃忽苦腹疾，［章］子厚来视病。坐间，文肃忽思滕沙粥。时外祖空青先生曾公衮文肃第三子在侍侧，咄嗟而办。文肃食之甚美，子厚犹未去也，询其速致之术。空青云，适令于市上货滕沙馅担内买来，取其穰入粥故耳。（丁传靖辑《宋人轶事汇编》卷十三641引《挥麈后录》；丛书集成2771影印津逮祕

书本卷七 534 “绍圣间” 误作 “绍兴中”，年代不合；“衮” 作 “卷”。“担” 两本都误从木旁，今改。）

“货滕沙馅担内”，货，卖也。滕沙馅指带这种馅的点心。担，名词去声，指卖点心的担子。穰同瓜瓤儿的瓤，这里指点心皮儿包着的馅儿。所以下句说 “取其穰入粥”，就做好滕沙粥了。

一盘是人肉馅的荤馍馍，一盘是邓沙馅的素馍馍。……今日又好吃邓沙馅。（中州书画社影印本《西游记》五十五回 2—3）

［应］伯爵道：这花倒不打紧。这盆正是官窑双箍邓浆盆。……都是用绢罗打，用脚跐过泥才烧造这个物儿，与苏州邓浆砖一个样儿做法。（影印万历丁巳本《金瓶梅词话》六十一回 13）

“邓滕” 两字《广韵》徒亘切，与 “澄” 字《集韵》唐亘切同音，现在一起讨论。

先说 “澄” 字。《现代汉语词典》“澄清” 条注 “使杂质沉淀，液体变清”，与《集韵》注 “清浊分也” 符合。

其次说 “滕” 字，这个要从澄沙的做法说起。最近同事周磊告知，乌鲁木齐豆馅儿不讲究连皮。大豆（蚕豆）煮熟捣烂，用大布过滤。大布出于丝绸产地和田，手工织，较粗疏，垫笼屉，厨房抹布也用大布。又有一位北京人告知，北京的豆包布，得名之由大概就是过滤豆馅儿，功用相当于新疆的大布。做丝棉袄衬面子，做屉布，都可以用。安定门商场有卖的。“滕” 字《广韵》训 “囊属”，就是一种口袋。用适当材料做的口袋，或是用布裹起来，都可以去粗取细，过滤豆馅。“豆包儿、豆沙包子” 温岭话说 “豇豆馅个馒头”。“澄沙” 温岭话说 “细沙”，如 “细沙蛋糕”。“滕沙” 得名之由大概就是用滕过滤豆沙。

现在说 “澄浆泥、邓浆盆、邓浆砖”。先节录宋应星《天工开物·陶埏第七卷》若干段。宋书序题崇祯丁丑，即十年，公元 1637 年。《金瓶梅词话》成书年代，据吴晗所考，在隆庆二年至万历三十四年，即 1568—1606 年之间。两书相距年代不远。以下按影印初刻本节录宋书原文，不用删节号。方括弧中字是引者注，或用来连缀上下文。竖线用来分段落。

造砖［之法］，汲水滋土，人逐数牛，错趾踏成稠泥。然后［脱坯烧成］。若皇居所用细料方砖，则由苏州造解。［造法无说明。］凡诸陶器精者，中外皆过锈。［宋书锈字音右，相当于今釉字。《集韵》“釉，物有光也”，余救切。“锈，铁上衣也”，息救切。今用法同《集韵》。］凡锈质料，江浙闽广用蕨蓝草。陶家取来燃灰，布袋灌水澄滤，去其粗者，取其绝细。每灰二碗，参以红土泥水一碗，搅令极细，蘸涂坯上，烧出自呈光色。| 江西饶郡浮梁景德镇，从古及今，为烧［瓷］器地，然不产白土。土出徽郡婺源祁门两山，一出粳米土，一出糯米土。造器者将两土等分入臼，舂一日，然后入缸水澄。其上浮者为细料，倾跌过一缸，其下沉底者为粗料。细料缸中，再取上浮者倾过，为最细料，沉底者为中料。既澄之后，以砖砌方长塘，逼靠火窑，以借火力，倾所澄之泥于中吸干。然后重用清水调和造坯。然后［过锈烧成］。

宋书说普通砖造法，没有过罗过滤的工序。细料方砖由苏州造解，与应伯爵所说相同，但具体造法无明文。应伯爵说，造邓浆盆、邓浆砖都有“用绢罗打”，去粗取细的工序。宋书说陶器锈料，草灰要用“布袋灌水澄滤”，要点在“滤”字，明说去粗取细。宋书说白瓷土舂一日，“入缸水澄”，分成粗料中料细料三等。这是用分清浊的办法分粗细。

总起来说，“滕沙”用袋或布过滤，用“滕”字妥当。陶瓷造法用“澄”字，意思就从“清浊分也”扩充到“粗细分也”。“邓”字《广韵》训国名，地名，又姓；用于“邓沙馅、邓浆盆”等是同音假借。“滕”字不常用。“澄”是多音字，《集韵》唐亘切一音上文已引，《广韵》又有“水清定，直庚切”与“清也，直陵切”两音，折合成今音都是 chéng。这可能是用假借字的原因。

[《中国语文》1996 年第 3 期 161—166 页]

三个单字调的方言的调类

《方言》1985.245 表里下列十四处山东方言只有三个单字调：

博山 博兴 无棣 莱芜 崂山 即墨 海阳 莱西 威海 烟台 福山 栖霞 掖县 平度

表上济南、青岛、菏泽三处各有四个单字调，是用来对比的。这三处古平上去与今调类的对应关系，跟北京话相同，也跟全国大多数官话相同，调类命名没有困难，所以表上写明跟古平上去三声相当的今声调。古平声依古声母清浊今分两类，所以叫“阴平、阳平”。古去声今音是一个调，不因声母清浊而分化，所以今音也叫“去声”。古上声全浊声母字今声调和去声相同，这就是平常说的“全浊上声归去声”。古上声除全浊声母字归去声之外，清音、次浊声母字今音是一个调，不再分化，所以叫“上声”。

济南、青岛、菏泽三处古入声今音都不自成调类，都以古声母发音方法为条件分化，分化之后分别与古平上去三声来的今声调相同，这就是平常说的“入派三声”。可是这三处入派三声的方式并不完全相同。所以表上不写跟古入声相当的今声调。这三处古入声全浊声母字今音都跟阳平同调，都是“全浊入声归阳平”，这跟北京话与大多数官话相同。这三处古入声清音、次浊声母字今声调的不同说明三种官话的差别。

菏泽古入声清音、次浊声母字今归阴平，属于中原官话。

济南古入声清音声母字今归阴平，次浊声母字今归去声，属于北方官话。

青岛古入声清音声母字今归上声，次浊声母字今归去声，属于胶辽官话。

现在从表里挑几处方言来讨论命名问题。博山、博兴、无棣、莱芜四处阳平与上声同调，单纯就本方言的古平上去三声的今声调而言，好像可以说“阳平归上声”，也可以说“上声归阳平”。其实不然。讨论古平上去三声不能离开古入声，请比较底下三种说法，㊀是从“阳平归上声”出发的，㊁是从“上声归阳平”立论的，㊂是抛开“谁归谁”来分析问题的。

㊀①古清音入声归阴平，②古次浊入声归去声，③古全浊入声归上声，④古浊音平声归上声。

㊁①古清音入声归阴平，②古次浊入声归去声，③古全浊入声归阳平，④古清音、次浊上声归阳平。

㊂①古清音入声归阴平，②古次浊入声归去声，③古全浊入声归阳平，④阳平和上声同调。

㊀㊁㊂三种说法的①②两项相同，这是北方官话的共性。㊀的③④光就这四处而言也站得住，但是拿来跟大部分官话相比，就欠妥当了。㊀④和㊁④好像是等价的。“古浊音平声和古清音、次浊上声同调”这是博山等四处方言的特性。从㊀④和㊁④都可以看出这个特性。

㊁③和㊀③有高下之别。“古全浊入声和古浊音平声同调”，这是大部分官话的共性。㊁③说的就是这个共性。单从㊀③看，好像这四处没有这个共性，把㊀③和㊀④结合起来，才能看得出来这四处也有这个共性。由此可见㊁③比㊀③略胜一筹，也就是㊁比㊀略胜一筹。

再进一层，对比以下崂山、即墨两处方言，“今上声归阳平”这种措词还不如㊂。㊂的①②③说明博山等四处方言属于北方官话，㊂④是这四处方言的特性。

崂山、即墨两处古今声调对应可以有以下三种说法：

㊃①古清音入声今归上声，②古次浊、全浊入声今归阳平，③古去声（包括古全浊上声）今归阳平。

㊄①古清音入声今归上声，②古次浊、全浊入声今归去声，③古浊音平声今归去声。

㊅①古清音入声今归上声，②古次浊入声今归去声，③古全浊入声今阳平，④阳平和去声同调。

㊃㊄㊅三种说法的第①项相同，这是胶辽方言的共性，以下就不重复了。

㊃的③有毛病，这两处方言古平上入三声今调类都分化了，只有古去声字（加上古全浊上声字）今调类不分化，说去声归到阳平欠妥。

㊄没有㊃的缺点。单就叙述本方言古今调类对应而言，㊄言之成理。可是拿来跟其他方言对比，㊄的缺点就出来了。这两处方言古全浊入声和古浊音平声同调，这是跟多数官话一致的；古次浊入声和古去声（包括全浊上声）同调，也跟许多官话方言一致。从㊄的②③不容易看出这两处方言和其他方言的共性，不能不说是一种缺点。

㊅比较周到，没有㊃㊄的缺点。㊅①②③是胶辽官话的共性，㊅④是这两处方言的特性。

从方言的比较，可以假设博山、博兴、无棣、莱芜四处方言阳平和上声的合流，崂山、即墨两处阳平和去声的合流，都在入声分化之后。

山东之外，辽宁、山西和西北各省都有一些方言只有三个单字调。以上所说可供参考。

有人也许要说：一个方言只有三个单字调，而要说成有阴平、阳平、上声、去声四个单字调，再说阳平与上声同调(㊂)，或阳平与去声同调(㊅)，未免浪费笔墨。

回答是：要是记录一个只有三个单字调的方言，无论怎么叫名都可以，用次序命名叫“一二三”也可以。要是我们想比较南北古今的异同，眼光不能局限于一个方言，命名措词，必须照顾到若干方言，并且照顾面越广越好。从语言(方言)的比较可以看出语言(方言)的沿革。无论自觉不自觉，使用“平上去入”和“阴阳”，就已经进入比较语言学、历史语言学的范围。所以讨论某方言古今调类的沿革与对应，必须考虑到其他方言和古音。上文说博山等四处的特点是清入归阴平，阳平与上声同调；崂山、即墨的特点是清入归上声，阳平与去声同调；似乎较省笔墨。这种说法适用于古今调类演变规律性较强的方言，像平度一类方言必须单独讨论。

平度县城方言的声调（据《方言》1985.215）

今声调	古平声			古上声			古去声			古入声		
	清	次浊	全浊	清	次浊	全浊	清	次浊	全浊	清	次浊	全浊
1	波标瓜靴					受辨父拒	拜架富趣	内利外	治地惠具		麦灭落月	
2a		梅娘罗鱼	婆皮湖									学罚别滑局
2b						市辫坐绪	世变对挂絮	妹厉露运	败避回		纳栗洛	
3				彩喜土许哑	马尾两					发鸭福屈	捏辱入拉	

如上表所示：古全浊上声与古去声今分为两类，古次浊入声今分为三类。就平度本身而言，可以说今声调［1］是阴平；［2a+2b］是阳平；［3］是上声。就方言对比而言，可以说［1］是阴平；［3］是上声；［2a］是阳平，［2b］是去声，阳平和去声同调；古去声和全浊上声分归今去声和阴平。

有的方言连读变调能区别的调类比单字调多，如《方言》1979.1—29温岭借此区分阳平与阳上，1980.1—14平遥借此区分阴平与阳平。三个单字调的方言，连调值得仔细研究。

参考文献

参看《方言》1983.1—15拙作《关于方言研究的几点意见》（特别是7—11）。

1985.2—5拙作《官话方言的分区》。

［《方言》1985年第4期241—242页］

旧小说里的轻音字例释

提要 本文排比《金瓶梅词话》里“晓得、家火、横竖、央告”的异文，跟现在的语言联系起来，提出这些词后字当时读轻音的假设。就是说这些字现在读轻音，在《金瓶梅词话》写作时已经如此。附带提到容与堂刻《水浒传》里的“闹动”，可能是现在的“闹腾”的前身。

近代语音的研究须要把白话文学跟现代方言结合起来。本文写成后，作者翻了一遍《古今小说》。就本文所举例子而论，《古今小说》与《金瓶梅词话》用字反映南北方言的差别。

壹　　晓得

旧小说里轻音字的异体字最常见的是双立人儿“得”写成白勺儿“的”。明容与堂刻《水浒传》卷首《批评〈水浒传〉述语》2 云：

> 《水浒传》讹字极多，和尚（评者自称）谓不必改正。原以通俗，与经史不同故耳。故一切如代为带，的为得之类，俱照原本，不改一字。

“代为带”这里不讨论。“的为得”是“的”字作“得”字用，“得”字写成“的”字。

容与堂刻《水浒传》二八 4 只见管营道：“新到囚徒武松，你路上途中曾害甚病来？”武松道：“我于路不曾害，酒也吃的，肉也吃的，饭也吃得，路也走得。”

这就是“的为得”的实例。贯华堂本三二 11 作“酒也喫得，肉也喫得，饭也喫得，路也走得。”可见贯华堂本有意改字。（参看拙作《文字问题》4—5，印刷中。）

《金瓶梅词话》也有同类现象。现在先举“晓得、认得”的例，后举“晓的、不认的、禁受不的”的例。举例时书名简称金。

> 金二八 6 我不见了［什么儿］关你甚事，你怎的晓得？
>
> 金六九 2 你老人家怎的晓得来？
>
> 金十九 2 我晓得你也不要命了。
>
> 金五三 13 刘婆道：“他惯一不着的，晓得什么来。这个原是‘惊’，不如我‘收惊’倒好。”……妳子道：“别要惊觉了他。”刘婆摇手低言道：“我晓得，我晓得。”……刘婆……撮两粒米，投在水碗内，就晓得病在月尽好。
>
> 金五三 9 这是我认得的。
>
> 金六八 14 我又问你怎的晓的就里？
>
> 金八一 7 俺在江湖上走的多，晓的行情。
>
> 金二一 4［玉楼］因说道：“我有庄事儿来告诉你，你知道不知？”金莲道：“我在这背哈喇子谁晓的？”

金二八 8 他才十一二岁，晓的什么？知道□生在那块儿？

金七七 16［贲四娘子儿］因悄悄说："只怕隔壁韩嫂儿知道。"西门庆道："不妨事，黑影子里他那里晓的？"（"子"字后"里"字据竹坡本补）

金六八 18 小的不认的文嫂儿家。

金六一 10 妇人禁受不的。

这些例句，《金瓶梅词话》和张竹坡评本《第一奇书》用字相同。（五三回两本差别太大，竹坡本无"晓得"例。）有的例句，两本用"的"用"得"不同。以下例句用括弧注明竹坡本异文。

金十三 9 街坊邻舍怎得晓的（怎的晓得）。

金十三 9 我已是晓的（得）不耐烦了。

金十五 9 转不的（得）大钱。［"转"现在作"赚"］

金二一 11 哥，什么话，不争你不去。既他央了俺两个一场，显的我们请哥不的。（……不去。显的我们请不得哥去，没些面情了。）

"请哥不的"与"请不得哥去"句法不同，"的"和"得"对比跟其他例句相同。

"得"字古一等字，官话一般读洪音。"的"字古四等字，官话一般读细音。这两字读轻音就可能同音，如北京话"得、的"读 ·də，因此双立人儿"得"才写成白勺儿"的"。北京话一般不说"晓得"，有的官话说"晓得"，"得"字轻音。

贰　家火

《金瓶梅词话》"家火"也写作"家活"，竹坡本有"家火、家伙、家活"三种写法。以下举例据词话本，竹坡本写法跟词话本不同时用括弧注明竹坡本写法，两本字形相同时不用括弧加注。

金十九 4 只有金莲在卷簾内看收家火（活）……见妇人在亭子上收家火（伙）| 二六 17 他管银器家火（伙）| 二七 13 收了吃酒的家火（伙）| 三一 8 至晚酒席上人散，查收家火（伙），少了一把壶 | 9 他守着银器家火（伙）| 五八 1 雪娥正顾灶上看收拾家火 | 9 其余席上家火都收了 | 五九 5 须臾姊妹二人陪吃了饼，收下家火去 | 六七 4 须臾吃了粥，收下家火（伙）去。

金十七 3 堆着许多箱笼床帐家活（伙）……家活（伙）箱笼就且暂在爹家中寄放 | 五六 4 买件衣服，办些家活 | 6 买几件衣服，办几件家活 | 7 那妇人便一个自吃了，收了家活 | 7 明日去买家活 | 九八 4 其余酒店中家活共算了五十两 | 九九 3 刘二将王六儿酒卓一脚登翻，家活都打了 | 4 又把家活酒器都打得粉碎。

在以上抽查搜集的例子中，词话本"家火"用了 10 次，"家活"用了 9 次，"家伙"未见；竹坡本"家火"用了 3 次，"家伙"与"家活"各用了 8 次。现在对比如下：

词话本	竹坡本
家火 10	家火 3　家伙 6　家活 1
家活 9	家活 7　家伙 2

"家火"写成"家伙"，只是字形起了分化，看不出字音的变化。"家火、家伙"与"家活"通用，可见当时第二字读轻音，现在北京音是 ˛jia· huo。

《金瓶梅词话》九十八回和《古今小说》卷三情节与文字都有相同之处，可能两者都参考另一作品或后者参考前者。现在把跟"家火"写法有关的段落节录如下：

> 金九八 5 正临着河边泊着两只剥船。船上戴（当作载）着许多箱笼卓凳家活，四五个人尽搬入楼下空屋里来。……在船上看家活。……就搬运船上家活箱笼。……也替他搬运了几件家活。
>
> 《古今小说》三 3 只见屋后河边泊着两只剥船。船上许多箱笼卓凳家伙，四五个人尽搬入空屋里来。……就去搬箱运笼。……也替他搬了几件家火。……又替他搬家火。

《古今小说》用"家火、家伙"，《金瓶梅词话》用"家活"，反映了南北方言语音的不同。《金瓶梅词话》的底子大概是一种北方官话。北方官话入声消失，古晓匣两母都读清音，"家活"与"家火"第二字读轻音就可以通用。《古今小说》的编者冯梦龙是吴语地区人，吴语保留入声，古晓匣两母一清一浊，"家火"不宜写成"家活"。

叁　横竖

"横竖"在《金瓶梅词话》里写作"恒数"、"恒属"或"恒是"。"横"在《广韵》里是合口，在北方官话里往往失去合口，读如开口。因此"横"写作"恒"是同音替代。横竖的"竖"轻音，看写法有两种读法："数、属"表示 · shu［· ʂu］一类的音，"是"表示 · shi［· ʂʅ］一类的音，实际说法可能接近其中之一或在两者之间。（参考英文 am 的 strong form 是［æm］，weak forms 是［əm m］）现在请看实例：

> 金二四 10 你恒数不是爹的小老婆就罢了。是爹的小老婆，我也不怕你。*
>
> 金二六 5 月娘道：孩儿你起来。你汉子恒是问不的他死罪。*［竹坡本"是"作"属"］
>
> 金二九 3 若不教他把奴才老婆汉子一条棍撵的离门离户也不算，恒属人挟不到我井里头。［"棍"字本作"提"，据竹坡本改；又竹坡本"属"作"数"］
>
> 金三一 1 伯爵看了文书，因说：吴二哥，你说借出这七八十两银子来，也不勾使。依我取笔来写上一百两，恒是看我面不要你利钱。［"因说"本作"因令"，据竹坡本改］
>
> 金四七 7 乐三道：如今老爹上边既发此言，一些半些恒属打不动两位官府，须得凑一千货物与他。*［"须"本作"顶"，据竹坡本改］
>
> 金六七 8 你老爹他恒是不稀罕你钱，你在院里老实大大摆一席酒，请俺每要一日就是了。［"在"本作"老"，据竹坡本改］
>
> 金六九 13 你们千差万差，来人不差，恒属大家只要图了事，上司差派，不由自己。
>
> 金八九 2 他好胆子，恒是杀不了人。*（加 * 的例句，白维国 1981 年油印论文已引。）

现在的习惯都不用《金瓶梅词话》的写法。一般写作"横竖"。有的作家，文字接近口语，或者注意记录口语，就写作"横是"。例如赵元任和老舍。

赵元任的《早年回忆》原注说："这一篇早年回忆里用的词句，完全是当年平常说话通行的话。"全文35 000字，用了16个"横是"。这里引用三句例句：

横是我爷爷教过我跟我哥哥的书。

因为我们写字的时候儿，嘴里横是没别的事干，就那么拉起腔儿来念着好玩儿。

横是现在没人再能告送我家里从前的事情了，我忘了恐怕就没人记得了。

老舍用"横是"我以前举过《骆驼祥子》69一句例句："你横是多少也有个积蓄。"请参看拙作《汉字演变的几个趋势》128—129（《语文论衡》，商务印书馆，1985年）。

肆　央告

《金瓶梅词话》常常用"央"字当求讲。以下举例第三回是全收，其他都是抽查搜集的。例句的次序先是"央"和"央及"混合排列，然后是"央烦、央说、央告"依次排列，最后是"央"和"央及"的重叠式。（竹坡本五三3敬济再三央求道：……。）

金三1话说西门庆央王婆，一心要会那雌儿一面|2西门庆央及道：干娘，你休撒科，自作成我则个，恩有重报|老身却走过去，问他借历日，央及人拣个好日子，叫个裁缝来做|3不是老身路岐相央，难得这位娘子在这里，官人做个主人，替娘子浇浇手。你便取银子出来，央我买|你便拿银子，又央我买酒去，并果子来配酒|5久闻娘子好针指，只是不敢来相央|老身也曾央人看来，说明日是个破日|6妇人应道，便是间壁干娘央我做送终衣服，日中安排了些酒食点心请我吃。武大道：你也不要吃他的才得，我们也有央及他处。他便央你做得衣裳，你便自归来吃些点心|7老身央及娘子在这里做生活，如何交娘子倒出钱。

金三八3冯妈妈他老人家我央及他厨下使着手哩。

金五二2我央及你好歹快些丢了罢。

金四1一回推害热，脱了身上绿纱褶子。"央烦娘子，替我搭在干娘护炕上。"

金六七7他有庄事儿要央烦爹。……那黄四磕头起来，说：……有小人一庄事儿，今央烦老爹。说着磕在地下哭了。

金六七8今日李三哥起早打卯去了，我竟来老爹这里交银子，就央说此事，救俺丈人。

金三五13韩道国慌了，央说了半日。西门庆分付左右，只受了鹅酒，别的礼都令抬回去了。……西门庆告他说：韩伙计费心，买礼来谢我，我再三不受他。他只雇死活央告，只留了他鹅酒。

金二一11今日他娘儿每赌身发咒，磕头礼拜，央俺二人，好歹请哥到那里。……当下二人死告活央，说的西门庆肯了。

金六七9黄四道："如今紧等着救命，老爹今日下顾，有了书，差下人，明早我使小儿同去走遭。"于是央了又央，"差那位大官儿去？我会他会。"

金二十 7 你改日安排一席酒儿，央及央及大姐姐，教他两个老公婆笑开了罢。

金五十 10 我如今杀个鸡儿，央及你央及儿。

金二八 1 你还不下去央及他央及儿哩。

从以上例句可以看出："央"是单音动词。"央烦、央说、央告"都是并列式。"央告"的"告"就是"求爷爷告奶奶"的"告"，跟"央"一样是求的意思。不单可以说"死活央告"，还可以说"死告活央"。"央及"的意思和用法都像单音动词"央"，好像是词根"央"加词尾"及"，可是又不大像。因为"及"不在其他词根后作为词尾，并且"及"的意思也不好捉摸。从现代方言看，北方一般都说"央 · gə"，北京不单说"央"。"央 · gə"似乎是从"央告"来的，"告"字读轻音 · gə，写成"及"。"及"跟 · gə 的关系就好比词尾"的、地"跟 · də 的关系，华北地名某家庄的"家"和 · gə 的关系。这类地名里"家"读 · gə，常常写成"各、郭、格"等，如唐山以西有胥各庄，现在是丰南县。

伍　闹动

容与堂刻《水浒传》卷三和卷二十八都有"闹动"：

水三 1 外面都头人等惧怕史进了得，不敢奔入庄里来捉人。三个头领把手指道："且答应外面。"史进会意，在梯子上叫道："你两个都头都不要闹动，权退一步。我自绑缚出来，解官请赏。"

水二八 4 管营喝叫"除了行枷"，说道："你那囚徒省得，太祖武德皇帝旧制，但凡初到配军须打一百杀威棒。那兜拕的背将起来。"武松道："都不要你众人闹动，要打便打，也不要兜拕。我若是躲闪一棒的，不是好汉。从先打过的都不算，从新再打起。我若叫一声，也不是好男子。"

以音义求之，"闹动"可能就是北京话和一些方言"闹腾（轻音）"的本字。"动"字在北方官话里照例读 dongˀ，声母不送气，去声。"动"字读轻音，同时声母变送气，元音变央元音，读 · təŋ，所以写成"腾"。这就跟"耳朵、板凳儿"第二音读轻音，声母送气一样。（参看拙作《文字问题》15—19，印刷中。）

本条跟上文四条不同。那四条有异文作证，可以假设当时"晓得、家火、横竖、央告"的后字读轻音。本条只能假设"闹腾"来自"闹动"。"闹动"的后字读轻音还有待进一步搜集例证。姑且附录于此，请读者指教。

一九八七年八月三十日

［《中国语文》1987 年第 6 期 415—418 页］

温岭话“咸淡”倒过来听还是“咸淡”

五十六年前，赵元任先生在《历史语言研究所集刊》第二本第二分 205—223（1930 年）发表《听写倒英文》。原文是英文，《中文摘要》说：

> 上海匣母字的读音。照平常的写法是先写一个辅音再写一个元音，如［ɦæ］，但是倒过来听还是像［ɦæ］，并不是一个普通元音［æ］加一个中性的［ɦ］。可见这［ɦ］是元音的一种形容性而不是一个元音前的声母。

过了四年，赵先生在同刊第四本第四分 363—398（1934 年）发表《音位标音法的多能性》，372 面和 377 面指出，吴语的［ɦɑ］用双字母表示首尾完全一致的音，浊［ɦ］跟元音同时开始，同时终止。

作者估计，温岭阳平和阳上的单字调都是低降调，记为［˧˩］31 调；阳平在阳上前变为低升调，记为［˩˧］13 调。见《方言》1979.1—29。同时估计，温岭“大”［dɑ˧］字和“卖”［mɑ˧］字等的元音也伴有从头到尾的浊［ɦ］。

为了检验上述估计，作者曾经做过一个简单的听辨试验：用开盘录音机录下温岭话的“咸淡”［ɦɛ˧˩˩˧ dɛ˧˩］，再把录音带倒过来放音。发现时间次序正反不同，音听起来完全一样，声母、韵母、声调都一样。我本人听了，还请好些研究方言的同事听了，又请一位传统语音学（口耳之学）和实验语音学都很有功夫的、母语是英语的教授听了，大家都认为倒过来听可以乱真。这就说明：

“咸淡”［ɦɛ˧˩˩˧ dɛ˧˩］其实是 $$\begin{bmatrix} \text{ɦ} & & \text{ɦ} \\ \text{ɛ} & \text{d} & \text{ɛ} \\ \text{˩˧} & & \text{˧˩} \end{bmatrix}$$

因此倒过来听才可以乱真。音标从左到右表示时间的次序，音标上下重叠表示同时。这次听辨试验除了说明吴语浊［ɦ］的性质以外，还说明温岭阳上前头的阳平，它的变调［˩˧］的起点相当于阳上［˧˩］的终点；它的终点相当于阳上的起点。

一九八六年三月二十五日

［《方言》1986 年第 2 期 106 页］

《渡江书十五音》序

《渡江书》是闽南方言韵书，没有听说有刻本，抄本见于《涵芬楼烬餘书录》[附]第二叶上，原注云“为闽人方言而作。”也没有听说还有其他书目提到本书的。想不到 1958 年 6 月 27 日，李熙泰同学在厦门思明北路旧书摊买到此抄本。全书 279 叶，第一叶首题“渡江书”，279 叶末题“十五音全终”，中缺四叶。有几叶略有破损，偶缺一二字。

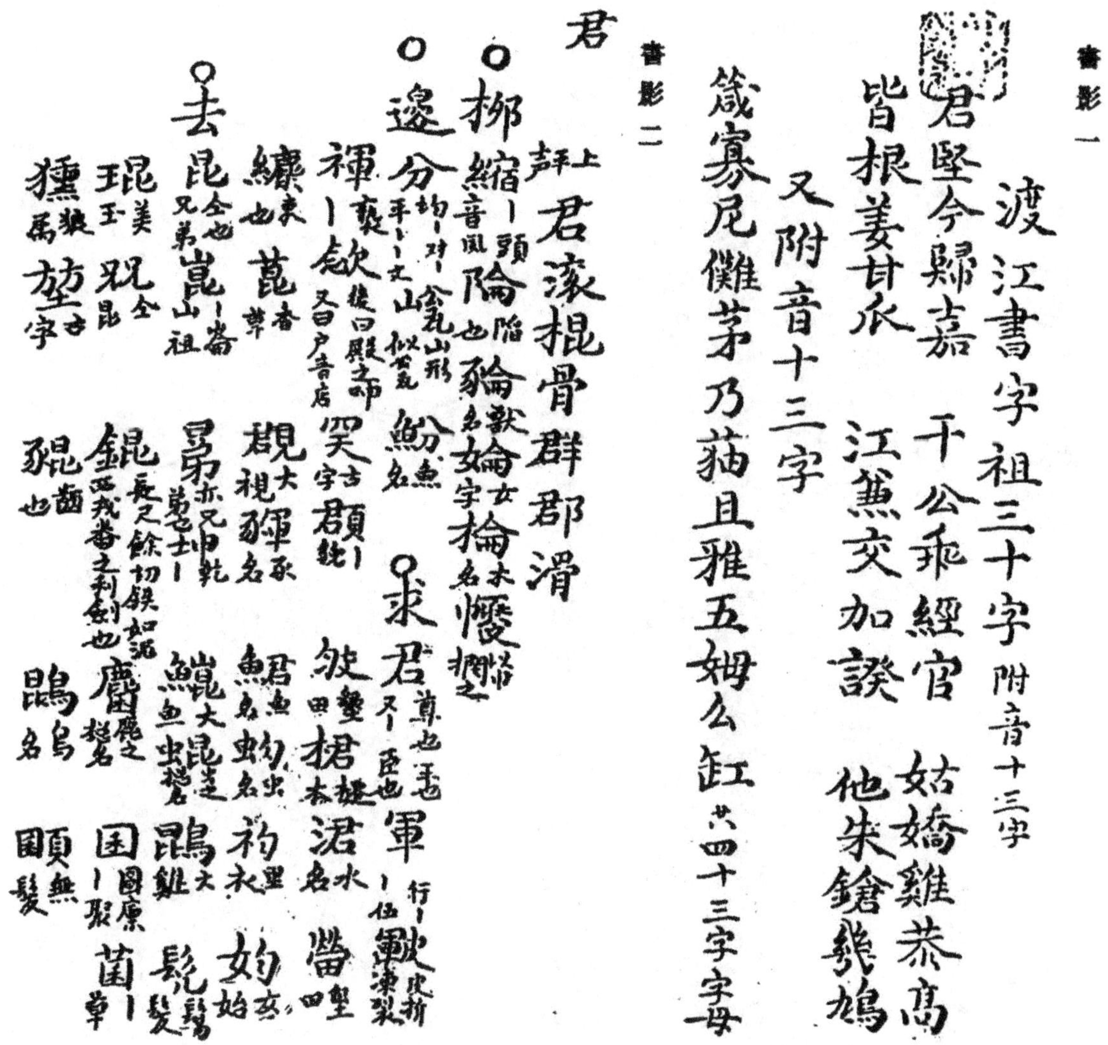

此抄本无序跋，不署编者姓名和年代。闽语韵书常用“十五音”指声母，也常用“十五音”为书名。本书封面和扉叶就用“渡江书十五音”为书名，点出这是闽语韵书。当然也可以单说“渡江书”。

本书是闽语韵书，内证很多，只要指出古知彻澄三母读如端透定三母，归到十五音的治他两母就行了。本书第十叶群韵治母收“唇”字，169叶江韵他母收窗字，220叶己韵去母收齿字，从这三个字的音韵地位，以及其他内证，还可以进一步推定本书是闽南方言韵书。

平常都说闽南话有泉州腔、厦门腔、漳州腔、潮州腔之分。本书119叶拱韵喜母：“享，泉啌。”一二九叶阁韵门母：“卜，泉啌。”147叶近韵喜母，“恨，恨心也，泉啌。”201叶掟韵语母，“雅，泉啌。”同叶晨韵治母：“说，说话，潮啌。”这里的“说”是训读字，本地俗字作“呾”。“啌”字就是“腔”字，见本书148叶，214叶。拿来跟本书卷首“以本啌呼之”对比，似乎“本啌”指本书依据的方言，泉啌潮啌并非本书依据的方言。参考《汇音妙悟》(序题嘉庆五年，即公元180年)明说“悉用泉音”，管部注“漳腔，有音无字。”本书还有一处糖字注“本啌”，现在把有关的音列表如下。

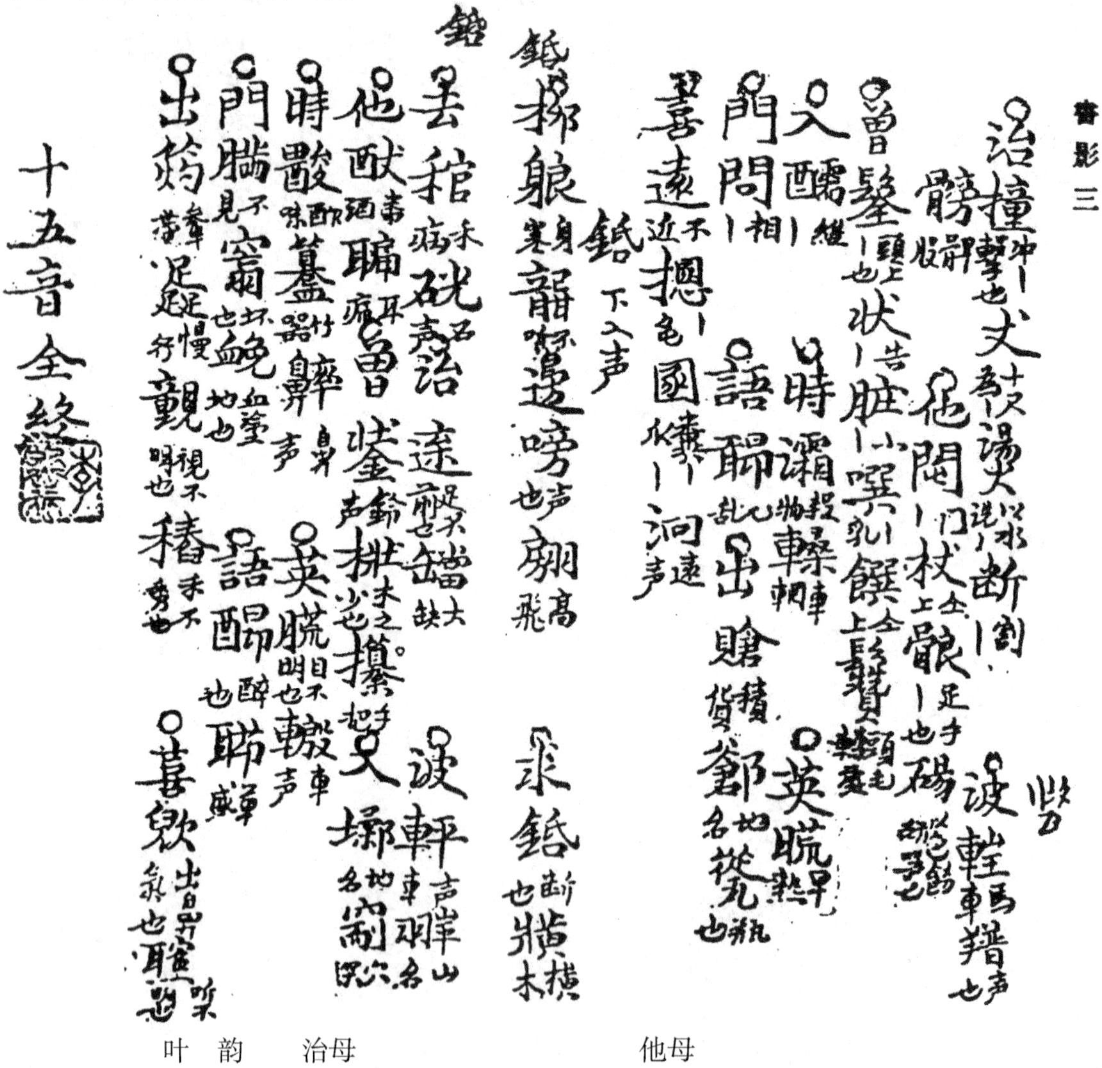

叶	韵	治母	他母
六一—六二	狂	饋，饴也。	饋，饴也。糖，同上。饧，饴～。
二四九	傩	长，～短。肠，～肚。	糖，本啌。

二七八 桃 长，～短。肠，肝～。 糖，榶～。传，～子，～孙。

“糖”字有三个写法四个音。“长、肠”两字是列上备参考的。傩韵治他两母字全录，其他两韵都是节录。注里竖线代替本字（这里改排“～”号）。“饴”就是“高粱饴”的“饴”。“榶糖”就是“蔗糖”，本书191叶寄韵曾母，“榶，可煮糖也。蔗，甘蔗。”“糖”字狂韵的音是所谓文读，其他两韵的音是白读。傩韵的音注明“本喥”，也许对桃韵的音是受外地影响而言，有待研究。

就今天的方言来说，在厦门漳州之间，本书的音韵系统更接近于厦门。

本书跟其他闽南话韵书，尤其是《雅俗通十五音》的关系，须要仔细对比。现在只指出一点。本书四十三部，《雅俗通十五音》五十部，两书卷首都列有全书韵目。前头二十五部两书韵目次序完全相同，韵目用字大致相同。本书有上上声无下上声，《雅俗通十五音》下上声跟上上声韵目相同，并云“全韵与上上同”。

《渡江书》编撰年代待考，可以确定的是在《康熙字典》之后。《康熙字典》序题康熙五十五年，即公元1716年。本书34叶鬼韵求母云：[见图版一]

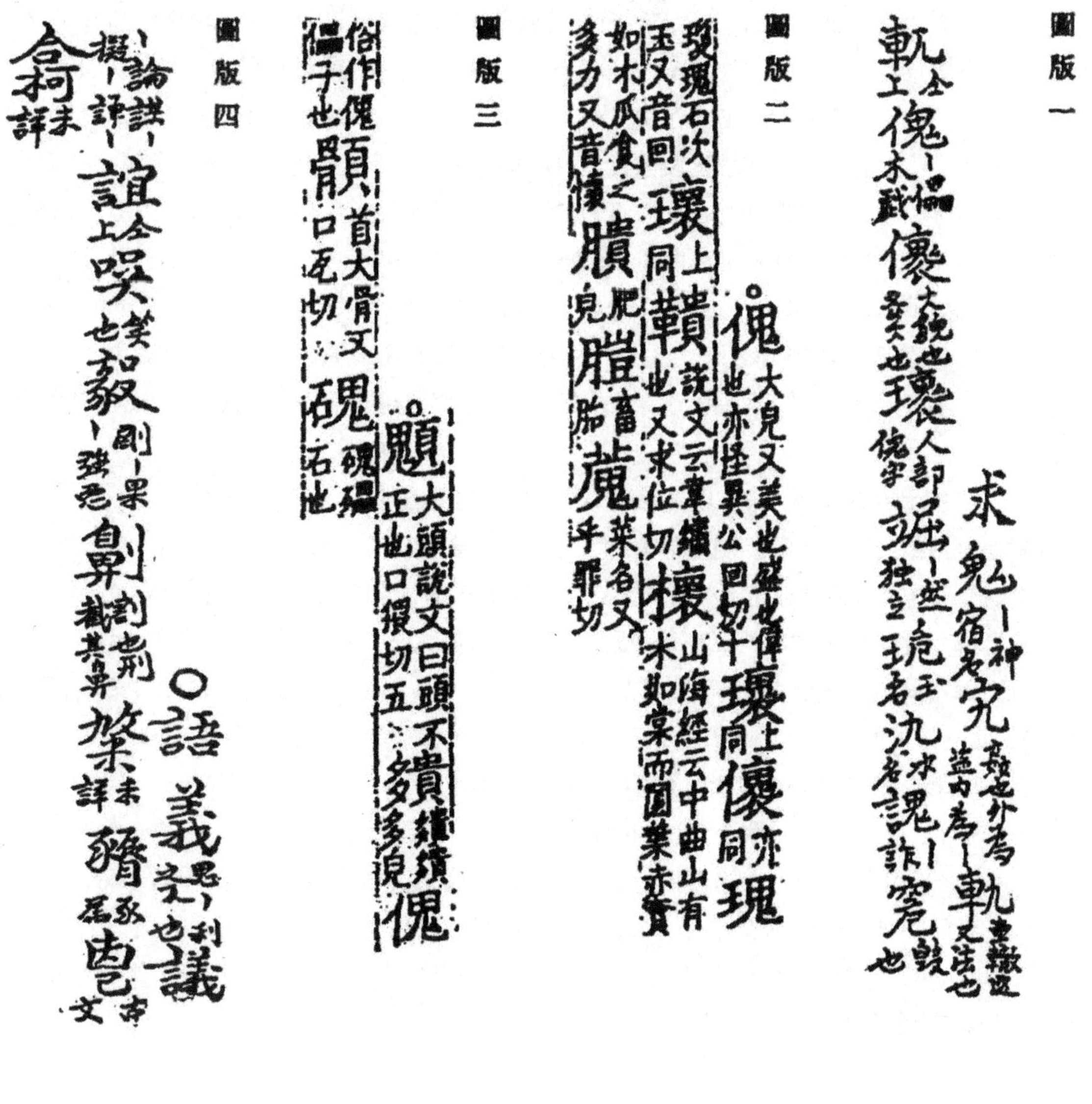

圖版一 圖版二 圖版三 圖版四

“瓌”字注“人部傀字”费解。本书依音排列，“人部傀字”说的是依形（部首）排列，并且“傀”字就在上文。按《康熙字典》午集上玉部“瓌”字注云：

《广韵》同傀，详人部傀字注。

《渡江书》编者据此列字，略去此注首尾六字，留下令人费解的“人部傀字”。我们由此可以推定《渡江书》出于《康熙字典》之后。

“傀”字《广韵》平声灰韵公回切，贿韵口猥切两见，今据商务印书馆影印宋巾箱本节录这两个音如下：［见图版二和三］

《广韵》瓌同傀是平声公回切，见母不送气。“傀儡”的“傀”是上声口猥切，溪母送气。《渡江书》傀列上声求母（十五音求母不送气，去母送气）下，注云“傀儡，木戏。”又把“瓌”字列在“傀儴”之下，实在是个误会。（《渡江书》“儴”字注“又笑也”当据《广韵》“傀”字注作“又美也”。）《康熙字典》子集中人部“傀”字下有按语，讨论《字汇》和《正字通》的注音，这里不具引。

方言研究以实地调查为本。方言的历史比较研究如有文献印证，犹如脚踏实地。早期方言韵书的重要性就在乎此。本书多音字多，训读字多，这是闽南话的特点。最引人注意的是几乎每个声韵调组合都有字。四十三部分七声一共301韵，每韵15个声母，合计4515个音，有音无字的极少。125叶高韵缺少相连的“治波他曾入时英”七母字，这里的常用字很多，例如治母的多字刀字，显然是抄写遗漏。此外30叶级韵无门母字，124叶局韵无边母字，157叶感韵无入母字，252叶茅韵无出喜两母字，254叶乃韵无去母字（也许是第六行头上漏抄声母去字），考虑到164叶瓜韵出母补在喜母之后，193叶极韵时母补在喜母之后（194叶），253叶貌韵喜母补在下一韵韵目之下，271叶嗡韵出喜两母补在书眉，缺字可能是漏抄。单字音超过4500，不免令人设想，本书除记录“本啌”外，还用其他方言和字书补充。现在只举最明显的例子。

上文已提到泉啌潮啌。41叶嘉韵边母，105叶叫韵喜母，184叶姣韵治母都引“官音”。官音就是官话的音。228叶技韵语母有两个字注云“未详”：［见图版四］

这两个注“未详”的字分别见于《康熙字典》辰集中木部，未集上米部，注都引《字汇》云“音义未详”。《字汇》两字注相同，都是“见杨子云《蜀都赋》，音义未详”。“音义未详”是说读音和意义都不知道。编者一时疏忽，以为“音义”是直音，说这两字的音都和“义”字相同，“未详”是说意义不知道。因此把这两字都列于技韵语母“义”字之下，注云“未详”。

240叶寡韵柳母，“𣡽，义阙。”《康熙字典》备考木部此字注云，“《字汇补》拿上声。”《字汇补》木部注云，“乃寡切，拿上声。”本书的音也是折合出来的。

165叶𠄎韵曾母，“纸，文房四宝。𠆩，贝汇篇。”按《大广益会玉篇》一部第一有“𠆩，竹瓦切。”《康熙字典》子集中人部也引《玉篇》竹瓦切。“贝彙篇”当作“见《玉篇》”。“纸”字闽南话读［ˊtsua］。竹瓦切跟“纸”字同音，可见是根据这个反切的官音折合，“竹”字折合为曾母；依闽南话折合，“竹”字就是治母了。

本书卷首“字祖三十字，又附音十三字，共四十三字”，指四十三个韵部。“以本唿呼之，别为序次如左”，是说列举本唿每个韵部的七个韵母。四十三部（韵部）共有301韵（韵母）。比方君部有

君，上平声	滚，上上声	棍，上去声	骨，上入声
群，下平声		郡，下去声	滑，下入声

七韵。每个韵依照“柳边求去治波他曾入时英门语出喜”十五音的次序列字。

书中每部开始时列举本韵部七个韵目，不再单列上平声的韵目，只有第壹部“君”字上注明“上平声”，其他四十二部一律不注“上平声”。每部的上上声至下入声六韵只列本韵韵目，同时注明四声，只有42叶绞韵未注“上上声”。

为了阅读查考引用的方便，我们在书前加了个目录。全书韵目用字略有重复，且前后文韵目用字不尽一致。目录里每个韵部头上写明次第，从“壹，贰”至“肆贰，肆叁”，每个韵目右侧用阿拉伯数字写明叶码。有了次第，“拾官部”跟“叁贰官部”说起来就有个分别。目录里韵目用字一律以最后见的为准。因此，目录里的韵目跟原书卷首的韵目就略有差别。

此抄本原缺243、245、260、262等叶。现在补上这四叶，并且根据上下文写出韵目和十五音。将来如有另一抄本发现，读者可用来补抄成全书。

本书据抄本影印，高度宽度缩至十分之七，不改动原有文字。韵目用字前后文不同不改。42叶韵目“绞”下缺注“上上声”不补。韵目下四声注错的不改。111叶计下去声当作上去声。123叶共下平声当作下去声，局平入声当作下入声。244叶屡上去声当作上上声。有的字显然是读者后加的删去。如244叶用红钢笔注“脱漏噃拈两字”，指原抄本缺243叶这两韵。78叶第三行“鲜”字，112叶书眉“势”字，131叶末了“趖”字，笔迹跟原抄本不同，可能是补抄的，都保留不删。

李熙泰同学建议出版本书。这实在是保存孤本利用古籍的唯一方法。涵芬楼所藏抄本毁为劫灰。此抄本经十年动乱，今日居然出版。故乐为之序。

一九八七年六月十五日

编者案——《渡江书十五音》去年由日本国东京外国语大学亚非言语文化研究所出版。现在重印序文，字句略有更改。序文原来直排，本刊改成横排，图版一至四集中印在第9面。序文离开原书，第7—8面印出“书影一至三”，以供读者参阅。书影一和二，图版一和四尺寸与影印本相同。影印本据抄本朱墨套印，收藏章和十五音上头的圆圈原作朱色，书影一律单色。

[《方言》1988年第1期7—11页]

“捐”字的音

“捐”字的音有点特别。“捐”字《广韵》与专切，跟缘故的“缘”字同音，照例北京音是［yan˧˥］，苏州音是［ɦyø˨˧］，广州音是［yːn˨˩］。事实上“捐”字这三处的音是［tɕyan˥ tɕyø˦ kyːn˥˧］，跟“杜鹃”的“鹃”字与“涓滴”的“涓”字同音。赵元任《钟祥方言记》（1939年）列举古今音演变的例外字，109面列有“捐”字，说“不规则处”是喻以读如见。好些例外字赵先生都在“可参考的方音及附注”栏加注。这里他没有加注，可见他知道的方言都是喻以读如见。张振兴同志告知：漳平永福方言“捐粮交公粮”的“捐”读如喻以母[ɕgian]，“捐献”的“捐”读如见母［ɗkian］。

想不到《石头记》（=《红楼梦》）的异文提供“捐”字读见母的线索。该书第十三回提到贾珍托戴权替贾蓉捐个前程的事，“捐”字见三次，通行本都作“捐”。可是下列五种旧抄本的影印本：

乾隆甲戌（1754年）脂砚斋钞阅再评本《石头记》，胡适影印，1961年，台北。

乾隆己卯（1759年）脂砚斋四阅评本《石头记》，上海古籍出版社影印，1980年。

乾隆庚辰（1760年）脂砚斋四阅评本，文学古籍刊行社影印，1955年，北京。

列宁格勒藏抄本《石头记》，中华书局影印，1986年，北京。

乾隆抄本百廿回《红楼梦稿》，中华书局上海编辑所影印，1963年。

“捐”字都作“蠲”字。《广韵》“蠲”和“涓鹃”古玄切，正跟现代方言“捐”字的音符合。现在据甲戌本把这一段钞录如下。“道（到），遇（与）”表示“道、遇”当据其他四本作“到、与”，“［有］”表示此字据其他四本补。五种旧抄本其他异文不校。

> 可巧这日正是首七第四日，早有大明宫掌宫内相戴权，先备了祭礼遣人抬来，次后坐了大轿，打伞鸣锣，亲来上祭。贾珍忙接着，让至逗蜂轩献茶。贾珍心中打算定了主意，因而趁便就说要与贾蓉蠲个前程的话。戴权会意，因笑道：想是为丧礼上风光些。贾珍忙笑道：老内相所见不差。戴权道：事道（到）凑巧，正［有］个美缺。如今三百员龙禁尉短了两员。昨儿襄阳侯的兄弟老三来求我，现拿了一千五百两银子送到我家里。你知道，咱们都是老相遇（与），不拘怎么样，看着他爷爷的分上，胡乱应了。还剩下一个缺。谁知永兴节度使冯胖子来求，要与他孩子蠲。我就没工夫应他。既是咱们的孩子要蠲，快写个履历来。

第十三回用“捐”不用“蠲”的通行本《红楼梦》可以举以下四种为例：

影乾隆壬子年木活字本百廿回《红楼梦》，台北1961年影印。卷首说明此本经胡适鉴定为程乙本。

《红楼梦》，亚东图书馆排印程乙本，有1927年胡适序。

"国初"抄本原本《红楼梦》，1920年上海有正书局重钞石印本，有戚蓼生序。

《红楼梦》，1957年北京人民文学出版社排校本。

老友朱德熙君告知："昆曲《铁官图·刺虎·端正好》'誓捐躯要把那仇雠手刃'，'捐'读如'缘'。"戏曲口耳相传，犹存旧读。好比京戏《翠屏山》石秀唱"脸面发烧"，《定军山》黄忠唱"眼前若有诸葛亮，管叫他含羞带愧脸无光"，"脸"都读如"检"。京戏音承俞桓同志告知。

[《方言》1988年第3期226页]

南昌温岭娄底三处梗摄字的韵母

赣语与客家话梗摄舒声字今逢低元音、后元音收［ŋ］尾，逢前元音收［n］尾。前者是白读，后者是文读。现在以南昌与梅县为例。入声跟舒声平行，这里不举例。

	争	生	平	命	轻	听	请
南昌白读	tsaŋ˦˨	saŋ˦˨	p‘iaŋ˨˦	miaŋ˨˩	tɕ‘iaŋ˧˩	t‘iaŋ˦˨	tɕ‘iaŋ˨˩˧
南昌文读	tsɛn˦˨	sɛn˦˨	p‘in˨˦	min˨˩	tɕ‘in˦˨	t‘in˧˩	tɕ‘in˨˩˧
梅县白读	tsaŋ˥	saŋ˥	p‘iaŋ˩	miaŋ˥˧	k‘iaŋ˥	t‘aŋ˥	tɕ‘iaŋ˦˨
梅县文读	tsɛn˥	sɛn˥	p‘in˩	min˥˧	k‘in˥		

有人拿梗摄字读［aŋ iaŋ uaŋ］韵作为赣语与客家话合为一区的论据之一。1984年到1985年，颜森调查江西的方言，调查的目的是了解江西省内部方言之间的异同，尤其是平常所谓赣语与客家话在语言上有无区别，有何区别。颜森（1986：24）指出，客家话和赣语有明显的区别，应该划分为两个不同的方言区。黄雪贞（1988，1989）指出，客家话声调的特点在于古次浊平声、古次浊上声与古全浊上声都有读阴平的。这是客家话区别于其他方言的特点，当然也是客家话区别于赣语的特点。所谓"读阴平"就是跟古清音平声字同声调。以下依来历分四类举出客家话今读阴平的例字，记梅县音。

次浊平	毛 mau˥	蚊 mun˥	拿 na˥	褛 lau˥	鳞 lin˥	笼 luŋ˥	聋 luŋ˥
次浊上	马 ma˥	买 mai˥	尾 mi˥	满 man˥	猛 maŋ˥	暖 nɔn˥	懒 lan˥
	两 liɔŋ˥	冷 laŋ˥	领 liaŋ˥	岭 liaŋ˥	软 ȵiɔn˥	忍 ȵiun˥	咬 ŋau˥
	有 iu˥	友 iu˥	野 ia˥	痒 iɔŋ˥	养 iɔŋ˥		
全浊上	被 p‘i˥	弟 t‘ai˥	淡 t‘am˥	断 t‘ɔn˥	动 t‘uŋ˥	坐 ts‘o˥	在 ts‘oi˥
	柱 ts‘u˥	重 ts‘uŋ˥	舐 sai˥	徛 k‘i˥	舅 k‘iu˥	近 k‘iun˥	旱 hɔn˥
清音平	歌 ko˥	鸡 kei˥	高 kau˥	猪 tsu˥	专 tsɔn˥	尊 tsun˥	低 tai˥
	边 piɛn˥	安 ɔn˥	开 k‘oi˥	抽 ts‘u˥	粗 ts‘ɿ˥	初 ts‘ɿ˥	天 t‘iɛn˥
	偏 p‘iɛn˥	婚 fun˥	伤 sɔŋ˥	三 sam˥	飞 pi˥		

其实，梗摄字文白分化的现象不限于赣语与客家话，梗摄字读［aŋ iaŋ uaŋ］也不限于赣语与客家话。客家话声调的特点作为划分方言区的标准，要比梗摄字读法重要得多。

李荣（1983）曾经讨论"梗"字在八处方言里的合口读法，并附广东客家"矿"字音。

	温岭	广州	永定	南昌	高安	华阳凉水井	广东客家	福州
梗开	kã˦˨	kɐŋ˧˥	kɛn˥˧	kiɛn˨˩˧	kiɛn˦˨			˓keng
梗合	kuã˦˨	k‘uaŋ˧˥	kuaŋ˥˧	kuaŋ˨˩˧	kuaŋ˦˨	kuaŋ˧˩	˓kwang	˓kwang
矿							˓kwang	

表一　南昌［aŋ aʔ uaŋ uaʔ iaŋ iaʔ］韵同音字表

	aŋ					aʔ		iaŋ					iaʔ	
	阴平˦˨	阳平˨˦	上声˨˩˧	阴去˦˥	阳去˨˩	阴入˥	阳入˧	阴平˦˨	阳平˨˦	上声˨˩˧	阴去˦˥	阳去˨˩	阴入˥	阳入˧
p	+			迸		百伯柏擘				饼			壁	
p‘	+	彭棚			鬇	拍白	白		平坪瓶			病	劈	
m	+		猛			麦					名明	命		
f					+	+								
t								丁钉疔叮			钉		滴	
t‘								听厅	筳			定	+	
l			冷		+	拿				领岭	零铃		笛栎	
ts	争正		整	正		摘炙只								
ts‘	撑	程成	牚		+	拆坼尺赤								
s	生甥声		省	城成	+	栅	石							
tɕ								精睛惊经		井颈警	径		脊迹	
tɕ‘								青清轻	晴	请磬		净	喫	席
ȵ													额	
ɕ								星腥兄		醒	姓性		锡	
k	更羹耕		+			格隔								
k‘	坑				+	客								
ŋ					硬雁									
h						吓								
ø							萦			影	赢暎	+		
ku			梗			+								
k‘u	眶框					+								
u				横	横									

①“眶框”两字《广韵》阳韵去王切。

②“雁”字《广韵》谏韵五晏切，南昌读［ŋan˨˩］，符合常例。“雁鹅”读［ŋaŋ˨˩ ŋo˨˦］，“雁”字韵尾受“鹅”字声母影响变［ŋ］。

③“拿”字《广韵》麻韵女加切，南昌读［la˨˦］，符合常例。“拿”［laʔ˥］本字当作“搦”，《广韵》陌韵女白切，训“捉搦”。

④本表所收的字，除“眶框”与“雁鹅”的“雁”字外，都是梗摄字。

⑤表中加号“+”表示有音义而无通用字形，熊1989作方框“□”加注。“□硬”南昌是［paŋ˦˨ ŋaŋ˨˩］，温岭是［pã˧ ŋã˨˩˧］。□可以写作《广韵》耕韵北萌切的“绷”或“絣”。

现在不能详细比较各地方言的梗摄字音，只挑选浙江温岭（吴语）、湖南娄底（湘语）跟南昌对比，附带说说其他吴语湘语。本文所采取的办法是先依据熊正辉（1989：182—195）列出表一《南昌［aŋ aʔ uaŋ uaʔ iaŋ iaʔ］韵同音字表》，见上页。再看表里的字温岭与娄底两处的音。我们依据熊的记录，理由是他是发音人兼记音人(informant and linguist)，收字严格。熊在1989《南昌方言同音字汇》182说：

> 《南昌方言同音字汇》里收录的字，都是南昌话里用到的字，在这个前提下尽量地收得多一些，但不能说没有收录的字就一定是南昌话不用的字。因为要收录全那是难以做到的。

熊在《南昌方言的文白读》（1985：205）中说：

> 本文说的文白读，指的是南昌话里用到的字和用到的音。白读音当然不必说，就是文读音也是

日常口语里说的话。比如"青"字，文读是[tɕ'in˅]，白读是[tɕ'iaŋ˅]。这两种读音都用于日常口语。"蔬菜"叫作"青菜[tɕ'iaŋ˅ ts'ai˩]"，"橄榄"叫作"青果[tɕ'in˅ kuo˩]"。南昌人不管是大人还是小孩儿，是识字的还是不识字的，都是这样说话。

熊(1985：206)列表说明梗摄开口字的文白异读，转录为表二。

表二 南昌梗摄开口字的文白异读

	二 等	三 四 等	
		知章组	其 他
白 读	aŋ/aʔ	aŋ/aʔ	iaŋ/iaʔ
文 读	ɛn/ɛt	ɨn/ɨt	in/it

本文作者说的浙江温岭方言，表一的二等开口字读[ã aʔ]，只有一个"吓"字读[huoʔ˥]，例如"吓死"[huoʔ˥ sɿ˅]。"搦"字温岭不用，温岭说"捏"[n̠iʔ˩]。

迸 pã˥ | 彭棚 bã˅ | 髼 bã˨˦ | 猛 ʔmã˅ | 冷 ʔlã˅ | 争 tsã˧ | 撑 ts'ã˧ | 牚 ts'ã˥ | 生甥 sã˧ | 省 sã˅ | 更羹耕 kã˧ | 坑 k'ã˧ | 硬 ŋã˨˦

百伯柏 paʔ˥ | 擘拍 p'aʔ˥ | 白 baʔ˩ | 麦 maʔ˩ | 摘 tsaʔ˥ | 拆坼 ts'aʔ˥ | 栅 saʔ˥ | 格隔 kaʔ˥ | 客 k'aʔ˥

此外，表一没有收的梗摄二等开口字也读[ã aʔ]。现在举几个例子，其中"鹦樱"各有两音。

蚌 bã˅：～壳 k'ɔ̃˅ 一种有介壳的软体动物，不指壳 | 倂 bã˨˦：～着 ·dʑiəʔ 碰到。《广韵》诤韵："～，皆也，俱也，蒲迸切。" | 棖 dzã˨˦：～进去 tɕin˥˧·k'ə 人钻进去，挤进去；物塞进去。《广韵》映韵除更切："～，塞也。" | 庚 kã˧ | 鹦 ʔã˧：～哥 ʔã˧˥ kɯ˧ | 鹦 ʔin˧：～鹉 vu˅ | 樱 ʔã˧：金 tɕin˧˥～石榴 | 樱 ʔin˧：～桃 dɔ˅ | 掐 maʔ˩：～死 sɿ˅ 打死 | 陌 maʔ˩：～生 sã˧ | 脈 maʔ˩：把 po˅～ | 轭 ʔaʔ˥：牛 n̠iɤ˅˨～

梗摄合口字少，现在举几个表一没收的二等合口字。

瀯 ʔuã˧：～清 ʔuã˧ tɕ'in˧˨˦《集韵》梗韵乌猛切，训"水净貌"；《广韵》字不从水，训"清洁"，今温岭读阴平 | 掴 kuaʔ˥ 用手掌打。《广韵》麦韵古获切："打也，亦作敋（古伯切）。" | 硪 kuaʔ˥ 裂。《广韵》古获切，训"～破"。

表一中梗摄三四等字，"径萦暎"作者的温岭话不用，"兄"字温岭是[hyuŋ˧]，别的字平上去三声一律读[in]韵母，也可以读[iŋ]韵母，两者无辨字作用；入声字除"喫"字读[tɕ'yuʔ˥]外都读[iʔ]韵，现在分组列举。

正～月 tɕin˧ | 整 tɕin˅ | 正端～ tɕin˥ | 程 dʑin˅ | 城成 ʑin˅ | 声 ɕin˧

炙只 tɕiʔ˥ | 尺赤 tɕ'iʔ˥ | 石 ʑiʔ˩

饼 pin˅ | 平坪瓶 bin˅ | 病 bin˨˦ | 名明 min˅ | 命 min˨˦

壁 piʔ˥ | 劈 p'iʔ˥

丁钉疔叮 tin˧ | 钉动词 tin˥ | 厅 t'in˧ | 听 t'in˥ | 筳 din˅ | 定 din˨˦ | 零铃 lin˅ | 领岭

ʔlin˧˥

滴 tiʔ˥ | 笛 diʔ˩ | 栎 liʔ˩

精睛惊经 tɕin˧ | 井颈警 tɕin˥˧ | 青清轻 tɕʻin˧ | 请 tɕʻin˥˧ | 磬 tɕʻin˥ | 晴 ʑin˧˩ | 净 ʑin˩˧ |

星腥 ɕin˧ | 醒 ɕin˥˧ | 姓性 ɕin˥ | 赢 ɦin˧˩ | 影 ʔin˥˧

脊迹 tɕiʔ˥ | 席 ʑiʔ˩ | 锡 ɕiʔ˥

至于表一以外的梗摄三四等字，这里就不提了。

温岭南昌两处梗摄与宕江两摄今韵母有分别。为简单起见，这里只说平上去三声，不说入声。并且南昌音只讨论白读，不讨论文读。因为本文的主题着重南昌白读与其他方言的异同。当然，南昌梗摄文读与宕江两摄也有分别。

温岭梗摄字今读[ã uã in]的，上文已举过许多字；梗摄还有少数字读[uŋ yuŋ]的：

[uŋ]——宏[ɦuŋ˧˩]

[yuŋ]——琼 dʑyuŋ˧˩ | 兄 hyuŋ˧˩ | 荣 ɦyuŋ˧˩ | 永 ʔyuŋ˥˧ | 泳咏 ɦyuŋ˩˧

宕摄有唐荡宕与阳养漾六韵，江摄有江讲绛三韵，以下拿平声韵目包括上声与去声。温岭唐韵字今读[ɔ̃ uɔ̃]，江韵字今读[ɔ̃ yɔ̃]，阳韵字今读[ɔ̃ uɔ̃ iã yɔ̃]。

唐——忙 mɔ̃˧˩ | 桑 sɔ̃˧ | 刚 kɔ̃˧ | 光 kuɔ̃˧ | 荒 huɔ̃˧ | 黄 ɦuɔ̃˧˩

江——江 kɔ̃˧ | 棒 bɔ̃˧˩ | 巷 ɦɔ̃˩˧ | 桩 tɕyɔ̃˧ | 窗 tɕʻyɔ̃˧ | 双 ɕyɔ̃˧

阳——方 fɔ̃˧ | 房 vɔ̃˧˩ | 望 mɔ̃˩˧ | 王 ɦuɔ̃˧˩ | 枉 ʔuɔ̃˥˧ | 旺 ɦuɔ̃˩˧

姜 tɕiã˧ | 相 ɕiã˧ | 两 ʔiã˥˧ | 张 tɕiã˧ | 眶 tɕʻyɔ̃˧ | 狂 dʑyɔ̃˧˩ | 往 ʔyɔ̃˥˧

就今天的语音构造说，[ã uã iã]是开合齐相配，无撮口呼[yã]；[ɔ̃ uɔ̃ yɔ̃]是开合撮相配，无齐齿呼[iɔ̃]。就来历说，温岭今音[iã]韵跟[ã uã]本来不同摄，跟[ã uã]同摄的齐齿呼是[in]。

南昌方言梗摄今读[aŋ uaŋ iaŋ]，见表一。南昌梗摄也有少数字读[uŋ yuŋ]的：

[uŋ]——迸 puŋ˧˥ | 猛 muŋ˨˩ | 孟 muŋ˩（迸猛又读[aŋ]韵，猛孟又读[ɛn]韵）

[yuŋ]——琼 tɕʻiuŋ˧˥ | 兄 ɕyuŋ˥˧ | 荣 yuŋ˧˥（兄又读[iaŋ]韵）

南昌宕江两摄今读[ɔŋ uɔŋ iɔŋ]，例字同温岭，以便对比。但熊（1989）未收“旺”字。南昌“框眶”读如梗摄，见表一。

[ɔŋ]——棒 pʻɔŋ˩ | 忙 mɔŋ˧˥ | 望 mɔŋ˩ | 方荒 fɔŋ˥˧ | 房 fɔŋ˧˥ | 桩张 tsɔŋ˥˧ | 窗 tsʻɔŋ˥˧ | 桑双 sɔŋ˥˧ | 刚江 kɔ̃ŋ˥˧ | 巷 hɔŋ˩

[uɔŋ]——光 kuɔŋ˥˧ | 狂 kʻuɔŋ˧˥ | 枉往 uɔŋ˨˩ | 黄王 uɔŋ˧˥

[iɔŋ]——姜 tɕiɔŋ˥˧ | 相 ɕiɔŋ˥˧ | 两 liɔŋ˨˩

如上所说，梗摄与宕江两摄的对比，南昌比温岭系统整齐得多，不过韵母有分别是相同的。

现在简单说说其他吴语。傅国通等《浙江吴语分区》（1985）字音对照部分共收 142 个字，其中有“梗打摘兵清轻丁”等七个梗摄字。表三对比“梗打摘轻”四个字 18 处的音，并附

"姜"字音供参考。这五个字 18 处调类相同，所以调类号只记在字上，不记在音上。

表三 浙江省十八处方言"梗打摘轻姜"五个字音的对比

	꜂梗	꜂打	摘꜆	꜀轻	꜀姜
湖州	kã	tã	tsaʔ	tɕʻin	tɕiã
德清	kã	tã	tsaʔ	tɕʻiẽ	tɕiã
余杭	kã	tã	tsaʔ	tɕʻien	tɕiã
松阳	kaŋ	naŋ	tsaʔ	tɕʻiŋ	tɕiaŋ
昌化 富阳 象山 宁海	kuã	tã	tsaʔ	tɕʻiŋ	tɕiã
嵊县	kuãŋ	tãŋ	tsaʔ	tɕʻin	tɕiãŋ
余姚 温岭	kuã	tã	tsaʔ	tɕʻin	tɕiã
乐清	ka	ta	tɕie	tɕʻiaŋ	tɕia
平阳 文成	ka	ta	tɕia	tɕʻiaŋ	tɕiɛ
瑞安	ka	ta	tsa	tɕʻiaŋ	tɕiɛ
永嘉	kɛ	tɛ	tsa	tɕʻiaŋ	tɕiɛ
温州	kiɛ	tiɛ	tsa	tɕʻiaŋ	tɕi
青田	kue	ne	t·e	tɕʻiaŋ	tɕi

估计湖州至温岭 11 处，[ã aŋ ãŋ] 的差别没有辨字作用，[in iŋ] 的差别也没有辨字作用。

从表三看，湖州至余姚 10 处大致跟温岭相同。浙江省方言中，只有瓯江片乐清等 7 处"轻"字读 [ȡɕʻiaŋ]，跟南昌相近。假如这个音移到温岭，梗摄舒声 [ã uã iã] 就配得很好。事实上，乐清等方言和湖州等方言一样，韵母跟"梗打"相配的都是"姜"字，"轻"字都配不上。

苏州方言梗摄字有文白异读。现在只举见于表一的二等开口舒声 9 个字为例：

	冷	争	撑	生甥	省	更羹耕
白读	lã˨˩	tsã˥	tsʻã˥	sã˥	sã˥˩	kã˥
文读	lən˨˩	tsən˥	tsʻən˥	sən˥	sən˥˩	kən˥

苏州 [ã ən] 对比相当于南昌 [aŋ (i)ɛn] 对比。这里的苏州音据叶祥苓（1988：212—213）。

湖南娄底方言跟江西南昌、广东梅县一样，梗摄字有整套的文白异读。这里根据李济源等《湖南娄底方言的同音字汇》（1987：294—305）。为阅读方便起见，先写出娄底方言的 24 个声母和 5 个声调，再节录原文 295 页。

p pʻ b m t tʻ d n l ts tsʻ dz s tɕ tɕʻ dʑ ɕ ʑ k kʻ ŋ x ɣ Ø

阴平 [˦] 44 阳平 [˩˧] 13 上声 [˦˨] 42 阴去 [˧˥] 35 阳去 [˩] 11

娄底方言有部分文白异读字，主要出现在梗摄字……中。

①梗摄开口二等部分舒声字的韵母文读为[ẽ]，白读为 [õ]。例如"争：争气 tsõ˦ tɕʻi˧˥ | 战争 tɕĩ˧˥ tsẽ˦ ‖ 生：生日 sõ˦ ni˧˥ | 生产 sẽ˦ tsʻã˦˨ ‖ 省：省俭 sõ˦˨ dʑĩ˩ | 节省 tse˩˧ sẽ˦˨"。

②梗摄开口二等部分入声字的韵母文读为［e］，白读为［ɔ］。例如“择：择菜 ts‘ɔ˦ ts‘e˦｜选择 suĩ˨ ts‘e˩‖额：额角髮际 ŋɔ˦ kɔ˩｜定额 din˩ ŋe˩‖客：请客 ts‘iɔ̃˨ k‘ɔ˩｜客居 k‘e˩ tɕy˥‖麦：麦李子麦收时节成熟的李子 mɔ˦ li˨ tsɿ˧｜走麦城 tsiɤ˨ me˦ din˩”。

③梗摄开口二、三、四等部分舒声字的韵母文读是［in］，白读是［iɔ̃］。例如“病：看病 k‘ẽ˦ biɔ̃˩｜治病救人 dʑi˩ bin˩ tɕio˦ n̩in˩‖命：短命 tuẽ˨ miɔ̃˩｜革命 ke˩ min˩‖井：脚井眼脚印 tɕio˩ tsiɔ̃˨ ŋã˨｜井井有条 tsin˨ tsin˨ io˨ diɤ˩”。

④梗摄开口三、四等部分入声字的韵母文读为［i］，白读为［iɔ］。例如“脊：背脊 pe˦ tsiɔ˩｜脊髓 tsi˩ ɕy˨‖锡：锡壶 siɔ˩ ɤu˩｜锡矿山地名 si˩ k‘ɔŋ˦ sã˥‖石：磨子石地名 mo˩ tsɿ˧ ɕio˦｜齐白石人名 dzi˩ pe˩ ɕi˦”。（这里的①②③④相当于原文的②③①④。原文的⑤讨论假摄开口二等见母字的文白异读，这里不引。）

总起来说，娄底白读［ɔ̃/ɔ］大致相当于南昌白读［aŋ/aʔ］，娄底白读［iɔ̃/iɔ］大致相当南昌白读的［iaŋ/iaʔ］。现在对读南昌和娄底同音字汇，把娄底［ɔ̃/ɔ iɔ̃/iɔ］四韵中见于表一的字记下来。

［ɔ̃］ 争 tsɔ̃˥｜撑 ts‘ɔ̃˥｜撑［＝牚］ts‘ɔ̃˦｜生甥 sɔ̃˥｜省 sɔ̃˨｜羹 kɔ̃˥｜梗 kɔ̃˨｜坑 k‘ɔ̃˥

［ɔ］ 白 p‘ɔ˦｜拍 bɔ˩｜摘 tsɔ˩｜客 k‘ɔ˩｜划计～ ɤɔ˩｜额 ŋɔ˦

［iɔ̃］ 饼 piɔ̃˨｜平坪 biɔ̃˩｜病 biɔ̃˩｜命 miɔ̃˩｜钉～子，名词叮 tiɔ̃˥｜钉～钉子，动词 tiɔ̃˦｜厅 tiɔ̃˥｜定 diɔ̃˩｜赢 niɔ̃˩｜精 tsiɔ̃˥｜井 tsiɔ̃˨｜青清 ts‘iɔ̃˥｜请 ts‘iɔ̃˨｜晴 dziɔ̃˩｜星 siɔ̃˥｜醒 siɔ̃˨｜腥 siɔ̃˦｜正 tɕiɔ̃˥｜颈整 tɕiɔ̃˨｜轻 tɕ‘iɔ̃˥｜磬 tɕ‘iɔ̃˦｜声 ɕiɔ̃˥

［iɔ］ 壁 piɔ˩｜劈 p‘iɔ˩｜滴 tiɔ˩｜栎 liɔ˦｜脊 tsiɔ˩｜席 ts‘iɔ˦｜锡 siɔ˩｜只炙 tɕiɔ˩｜尺 tɕ‘iɔ˩

梗摄字南昌有成套的文白异读，温岭没有文白异读。温岭二等字的韵母跟南昌白读的音相近，温岭三四等字的韵母跟南昌文读相近。娄底梗摄字也有成套的文白异读，跟南昌一样，不过两处文读的韵母相近，白读的韵母音不同。要是对比假摄里（只有平声麻韵，上声马韵，去声禡韵）南昌读［a ua ia］韵而娄底读［ɔ iɔ］韵的字，就可以看出两处的假梗两摄元音对应关系是相同的。

南昌［a］ 巴芭疤 pa˨｜把㞎 pa˩｜霸欛罢～休 pa˦｜杷耙琶扒 p‘a˦｜怕 p‘a˩｜罢 p‘a˩～市：蔬菜过了上市的季节 稗 p‘a˩｜妈 ma˨｜马码 ma˩｜麻痳 ma˦｜骂 ma˩｜花 fa˨｜华划～船 fa˦｜画划计～ fa˩｜他其～ t‘a˨｜拿 la˦｜遮抓 tsa˨｜榨诈炸蔗 tsa˦｜叉差车 ts‘a˨｜茶查 ts‘a˦｜岔 ts‘a˩｜沙纱奢赊 sa˨｜捨 sa˩｜蛇赦 sa˦｜社射 sa˩｜家加嘉 ka˨｜假 ka˩｜架驾嫁价 ka˦｜胯 k‘a˩｜哑 ŋa˩｜牙芽伢衙 ŋa˦｜虾 ha˨｜下 ha˩

南昌［ua］ 瓜 kua˨｜寡剐 kua˩｜挂卦 kua˦｜蛙 ua˨｜瓦 ua˩｜话 ua˩

南昌［ia］ 姐 tɕia˩｜借 tɕia˦｜茄 tɕ‘ia˦｜褯 tɕ‘ia˩｜写 ɕia˩｜泻 ɕia˦｜谢 ɕia˩｜野也 ia˩｜爷 ia˦｜夜 ia˩

娄底［ɔ］ 巴芭疤 pɔ˥｜把㞎 pɔ˨｜霸欛 pɔ˦｜怕 p‘ɔ˦｜杷琶耙 bɔ˩｜罢稗 bɔ˩｜妈 mɔ˥｜麻痳 mɔ˩｜马码 mɔ˨｜骂 mɔ˩｜他 t‘ɔ˥｜拿 lɔ˩｜抓 tsɔ˥｜榨诈炸 tsɔ˦｜叉差 ts‘ɔ˥｜茶查

dzɔ˩˧ | 沙纱 sɔ˧ | 瓜 kɔ˧ | 寡剐 kɔ˦˨ | 架嫁挂卦 kɔ˧˥ | 胯 k'ɔ˧˥ | 花虾 xɔ˧ | 华划~船 ɣɔ˩˧ | 下画划 ɣɔ˩ | 牙芽伢衙 ŋɔ˩˧ | 瓦哑 ŋɔ˦˨ | 蛙 ɔ˧ | 话 ɔ˩

娄底［iɔ］ 姐 tsiɔ˦˨ | 借 tsiɔ˧˥ | 邪斜 dziɔ˩˧ | 谢褯 dziɔ˩ | 写 siɔ˦˨ | 泻 siɔ˧˥ | 家加嘉遮 tɕiɔ˧ | 假 tɕiɔ˦˨ | 架驾嫁价蔗 tɕia˧˥ | 车 tɕ'iɔ˧ | 茄 dʑiɔ˩˧ | 奢赊 ɕiɔ˧ | 捨 ɕiɔ˦˨ | 赦 ɕiɔ˧˥ | 蛇 ʑiɔ˩˧ | 社射 ʑiɔ˩ | 爷 iɔ˩˧ | 野也 iɔ˦˨ | 夜 iɔ˩

现在请看下页表四，南昌与娄底古梗假两摄的元音都是［a］对［ɔ］。介音异同这里不细说。

娄底韵母的写法还要说明一下。李济源等（1987：295）的［ɔ̃ iɔ̃］两韵，在294页的韵母表里写作［õ iõ］。295页韵母说明云：

元音［o］在［o io］中，介于［u］和［o］之间。［õ］比［o］开。

元音［ɔ］在［ɔ iɔ］中，开口度较小；在［ɔŋ iɔŋ uɔŋ］中，开口度略大。

娄底［õ］比［o］开，［ɔ iɔ］的［ɔ］的开口度较小，可见［õ］与［ɔ］音近。既然如此，娄底一文的三位作者何以举棋不定，有时记成［õ iõ］，有时记成［ɔ̃ iɔ̃］。请看李济源等（1987：294）娄底韵母表的一部分。

o 婆桌　io 牛脚　õ 生坑　iõ 平正

ɔ 茶瓜　iɔ 爹车　ɔŋ 光霜　iɔŋ 墙张　uɔŋ 网旺

大概写文白对比那两段时，李济源等心里想的是音值，因而记［ɔ̃ iɔ̃］；写韵母表时想的是系统，因而记［õ iõ］。［ɔ iɔ］既然已与［ɔŋ iɔŋ uɔŋ］相配，写［õ iõ］才能跟［o io］相配。其实不必有此顾虑，吴语梗摄舒声读［ã iã uã］或［aŋ iaŋ uaŋ］无辨字作用。厦门［ã iã uã］与［aŋ iaŋ uaŋ］对立，有辨字作用。鼻化韵与［ŋ］尾韵是否对立，各方言不一致，由本方言的语音系统决定。

表四　南昌与娄底古梗假两摄的元音对比

	古梗摄				古假摄	
	古平上去三声	古入声	古平上去三声	古入声	古平上去三声	
南昌	aŋ	aʔ	iaŋ	iaʔ	a	ia
娄底	ɔ̃	ɔ	iɔ̃	iɔ	ɔ	iɔ

现在简单说说浏阳、耒阳、桃江、邵阳四处湖南方言。

浏阳据夏剑钦（1983）。浏阳东部接近江西省铜鼓县地带属客家话铜鼓片；西部属湘语长益片；城关及南部属赣语宜浏片。现在说的就是赣语的浏阳话。浏阳话梗摄字文白异读的字很多，现在转录不见于表一的例字，只有"喫"字例外。

	郑	钉名词	挺	情	静	镜
白读	t'aŋ˩	tiaŋ˧	t'iaŋ˩˧	tɕ'iaŋ˥	tɕ'iaŋ˩	kiaŋ˩
文读	t'ən˩	tin˧	t'in˩˧	tɕ'in˥	tɕ'in˩	kin˩
	萤	霹	嫡	踢	喫	
白读	iaŋ˥	p'ia˧	tia˧	t'ia˧	k'ia˧	［喫饭 k'ia˧ fan˩］
文读	in˥	p'i˧	ti˧	t'i˧	k'i˧	

夏（1983：54）"吃口吃"一条当删去。"喫"字《广韵》锡韵苦击切，训"喫食"。"喫"字简化为"吃"字，就跟"口吃"的"吃"字干扰。参看白宛如《北京方言本字考》"吃巴"条（见《方言》1979：171—178）。

耒阳据钟隆林（1987），耒阳话属于赣语耒资片。钟文没有讨论文白异读，从单字音表及常用词看，似乎是古舒声文[ẽ iæ̃]白[ɔ̃ iɔ̃]，古入声文[e ɿ]白[a ia]。现在从该文常用词选录一些白读的例子。

[ɔ̃]——冷水 lɔ̃˨ ɕy˨｜那是生个，喫唔得 la˥ sɿ˨˩˦ sɔ̃˥ ·kɤ˨，ȶ'ia˦ ·ȵ ·te˦｜喉梗脖子前部 xɤ˦·kɔ̃˨｜屎坑 sɿ˨·k'ɔ̃˥

[iɔ̃]——整病治病 ȶiɔ̃˨ p'iɔ̃˨｜正月初一 ȶiɔ̃˥ ye˥ ts'u˥ i˦｜（正）厅屋正房（ȶiɔ˨）t'iɔ̃˥·vu˦｜日头倒岭黄昏 i˥·t'ɤ˦ tɔ˨ liɔ̃˨｜清稀 tɕ'iɔ̃˥｜轻快 ȶ'iɔ̃˥·kuæ˨｜请 tɕ'iɔ̃˨｜我话已"渠"不送气，声调受"我、你"感染读上声，音已唔赢我说不过他 ŋo˨ va˨˦ tɕi˨·ȵ iɔ̃˦

[a]——伯伯伯父 pa˦ ·pa˦｜白炭木炭 p'a˥ ·t'ã˨｜花麦荞麦 xua˥ ·ma（麦子 mei˥ ·tsɿ˨）

[ia]——只客、猪、鸡的量词 ȶia˦｜喫饭 ȶ'ia˦ fã˨｜一滴崽一点儿 i˦ tɕia˦ ·tsæ˨｜石灰 ɕia˥ xuei˥

"正月初一"原作"张月初一"，据"整正"的音改。"花麦"原作"花马"，据"伯白"的音改。

桃江据张盛裕等（1988），桃江（高桥）话属于湘语长益片。梗摄舒声字少数分文白，白读跟宕江两摄同韵母，例字后注明宕江两摄的同音字。梗摄古入声字分文白的较多，今全读阴去。

[ɔŋ]——浜小河（邦）pɔŋ˧｜坑（康）k'ɔŋ˧

[iɔŋ]——经~纱（强）tɕiɔŋ˩˧｜颈大~骨：大脖子（讲文）tɕiɔŋ˩˧（讲白 kɔŋ˨）｜萤~火虫（羊）iɔŋ˩˧

[a]——拍 p'a˥｜荞麦音"强麦" tɕiɔŋ˩˧ ma˥｜只一~字 ta˥｜尺一~布赤打~膊：赤膊 t'a˥｜摘~下来 tsa˥｜皴龟~：龟裂 ts'a˥｜石~灰 sa˥｜额~头 ŋa˥｜吓~一跳 xa˥

[ua]——划计~ ua˥｜牛轭子 ȵiəu˩˧ ua˥ tsɿ˧ 轭字受牛字韵尾影响读合口呼

[ia]——壁墙~ pia˥｜劈~柴，~开 p'ia˥｜滴~水 tia˥｜踢~一脚 t'ia˥｜脊屋~ tsia˥｜刺七迹切，~嘴巴：用针扎嘴，多用来告诫小孩不要骂人｜锡 sia˥｜喫~饭 tɕ'ia˥

邵阳据鲍厚星（1989），邵阳市区方言属于湘语娄邵片。梗摄字古舒声字不分文白，入声字少数分文白。这里只收白读音。

[a]——只一~ tsa˧｜石 sa˦｜吓~一跳 xa˦｜轭牛~ ɣa˦

[ua]——划计~ ua˦

[ia]——劈 p'ia˨｜滴~水 tia˦｜喫 tɕ'ia˧｜屐~子，《广韵》陌韵奇逆切，训"履屐" dʑia˦

最后说到《湖南方言调查报告》。1935 年秋季，赵元任、丁声树、董同龢、杨时逢四人调查湖南省汉语方言。1974 年，《报告》由杨时逢一人整理出版。当时的调查方式，不容易把白读调查出来。并且调查的字数不多，根据 982—988 页东安同音字表共 842 字，其中"飞"字一字两音。即使如此，书里还是记录了一些梗摄白读字。现在就翻检所及，转录如下：

安化（湘语长益片）——102 石 sa˥ 阴去 | 106 听 t‘iã˧ 阴平 | t‘iã˥ 阴去

醴陵（赣语宜浏片）——385 硬 ŋaŋ˩ 去声 | 听 t‘iaŋ˩ 去声 | 姓 siaŋ˩ 去声

绥宁（赣语洞绥片）——434 石 ɕia˥ 阳平

鄗县（赣语吉茶片；鄗县还有客家话，属客家话于桂片）——865 石文 ʂʅ˧ 去声

867 石白 ʂa˦˥ 入声

《报告》记录“喫食”的“喫”字，可以充分说明研究文白读的重要性。现在先列出 8 处方言分地报告里“喫”字的字形与字音。

表五　湖南省八处方言“喫”字的音

湖南方言调查报告	调查地点	所属方言区	字形	字音	调类	古今声调演变
303 页	岳阳樟木铺	赣语大通片	吃	tɕ‘ia˥	入声	古入声今读入声
322 页	临湘路口	赣语大通片	齸	dʑia˥	入声	古入声今读入声
778 页	安仁新渡村	赣语耒资片	吃	tɕ‘ia˨˧	入声	古入声今读入声
282 页	湘阴大塘	湘语长益片	吃	tɕ‘ia˦˥	阴去	古入声今读阴去
611 页	衡山黄桑桥	湘语长益片	吃	tɕia˩˦	入声	古入声今读入声
679 页	衡阳城内	湘语长益片	吃	tɕ‘ia˨	阳平	古入声今读阳平
486 页	新宁城内	湘语娄邵片	齸	tɕ‘ia˨˧	入声	古入声今读入声
505 页	武冈白仓	湘语娄邵片	齸	tɕ‘ia˧	入声	古清音入声今读入声

表五的页码指“字形”与“字音”所见页码。所属方言区据《中国语言地图集》的分区分片。岳阳、安仁、衡山三处“吃”字下加单横线，表示白读。临湘［dʑ］声母须要说明。临湘有以下 19 个声母，现在同时列出 5 个浊塞音塞擦音声母的例字。

p b m f　t d n　ts dz s　tɕ dʑ ȵ ɕ　k g ŋ h Ø

b 怕婆败拔　　d 贪桃待达李　　dz 坐愁插直　　dʑ 七乔倦绝出　　g 开狂共

临湘的塞音塞擦音声母有清浊两套，没有清的送气音。从例字可以看出，现在的浊音声母，相当于古全浊音与送气清音声母。表里“吃”是“喫”的简体。“齸”字当作“齿”旁“咸”。《广韵》入声洽韵“齸，齧咋，又噍声”，苦洽切，跟“恰”同音。语言研究所 1955《方言调查词汇手册》24 页不误，《方言》（1989：96）重印也误作“齸（恰）饭齸（恰）茶”。《广韵》的注解译成白话是“咬的样子，嚼的声音”，意思跟“喫食”的“喫”不密切符合。就语音演变说，“恰”字的音一地一字可以讲通。同一地点，好些梗摄三四等开口入声字都读［ia］韵就讲不通了。江西湖南两省好些方言“劈滴脊锡”等字白读都跟“喫”字白读韵母相同，可以坐实本字是“口旁契”的“喫”字，并非“齿旁咸”的那个难字。《湖南方言调查报告》303 页上声［tɕ‘ia˧˩］还有一个“齸”字，须要再了解；611 页“吃”字不送气，也许是同音字表排错了位置。为“喫食”的“喫”字费好些笔墨，恐怕只能拿“民以食为天”解嘲。

话说到这里，另文再讨论其他方言梗摄字的音。

一九八九年九月十三日

参考书目

鲍厚星,1989. 湖南邵阳方言音系。《方言》1989:196—207,北京。

傅国通、方松熹、蔡勇飞、鲍士杰、傅佐之,1985. 浙江吴语分区。浙江省语言学会《语言学年刊》第三期方言专刊。杭州。

黄雪贞,1988. 客家方言声调的特点。《方言》1988:241—246,北京。

1989. 客家方言声调的特点续论。《方言》1989:121—124,北京。

即出. 客家话。《中国语言地图集》图[B15]说明。

李济源、刘丽华、颜清徽,1987. 湖南娄底方言的同音字汇。《方言》1987:294—305,北京。

李荣,1983.《切韵》与方言。《方言》1983:161—165,北京。[=1985《语文论衡》39—44.]

夏剑钦,1983. 浏阳南乡方言记略。《方言》1983:47—58,北京。

熊正辉,1979. 南昌方言的声调及其演变。《方言》1979:275—283,北京。

1985. 南昌方言的文白读。《方言》1985:205—213,北京。

1989. 南昌方言同音字汇。《方言》1989:182—195,北京。

颜森,1986. 江西方言的分区(稿)。《方言》1986:19—38,北京。

杨时逢,1974. 湖南方言调查报告。台湾中央研究院历史语言研究所,台北。

叶祥苓,1988. 苏州方言志。江苏教育出版社,南京。

张盛裕、汪平、沈同,1988. 湖南桃江(高桥)方言同音字汇。《方言》1988:270—286,北京。

钟隆林,1987. 湖南省耒阳方言记略。《方言》1987:215—231,北京。

[《中国语文》1989年第6期416—424页]

我国东南各省方言梗摄字的元音 *

提要 本文分四节：(壹)引言，(贰)吴语，(叁)粤语，(肆)语音演变。又用表一至表七排列各方言语料。文字详略由方言音系与语料多寡决定。列表方式还要考虑版面安排。吴语粤语要说的话多，所以各成一节。其他方言多数看表及注自明，只在必要时在第肆节略做交代。本文提出两项初步看法：①梗摄分文白读，梗摄白读层次较早，文读是受曾梗不分的北方话影响后起的。②从古音(《切韵》系统)演变到现代方言，当中有一个阶段，梗摄白读音的主要主音接近前[a]。当时宕摄的主要元音接近后[ɑ]。对比吴赣客粤方言，梗摄古音自见。此外，本文还考订了若干本字。

壹　引言

我国学者向来注意南北方言的差异。颜氏家训音辞篇开头说："夫九州之人，言语不同，生民以来，固常然矣。"接着讨论南北方言的分别。切韵序说："昔开皇初，有刘仪同臻……等八人，同诣法言门宿。夜永酒阑，论及音韵。……江东取韵与河北复殊。因论南北是非，古今通塞。"几十年来，讨论汉语方言分区的作品不少。我国东南部方言复杂，我曾经揣摩其间的异同，古梗摄主要元音今读［a］，为我国东南部吴、赣、客、粤、湘、闽、徽诸方言区共性之一。这里所谓［a］元音，包括鼻化的［ã］，带不带塞音或鼻音韵尾，有没有介音。我考虑这问题是从自己的方言温岭话入手的。弱冠之年，始读韵书。《切韵》系统与温岭方言对应关系十分齐整，令人惊讶。古梗摄二等舒声温岭读[(u)ã]韵，促声读[(u)aʔ]韵。反之亦然，温岭［(u)ã］韵与［(u)aʔ］韵是梗摄二等的舒声与入声。并且赣语南昌、临川与客家的梅县都有类似的情况。同时又看到"梗"字作"植物的茎与茎状物"讲，在吴语、赣语与客家话里都有合口的读法。这些不能是偶然的巧合。接着考查东南各省其他方言，才有上述的想法。

梗摄字的元音，假如单就"打"字一个字而论，大多数的汉语方言都读［a］元音，例如北京［ta˨˩˦］，广州［ta˧˥］，苏州［tã˥˨］，温岭［tã˦˨］。(浙江省南部乐清、瑞安、平阳、文成四县"打"字都读［ta］上声。)

古梗摄今读［a］元音，作为我国东南部诸方言的共性，在各方言区的表现不一。比如赣语的南昌、临川与客家的梅县梗摄白读二三四等一律作［a］。吴语温岭梗摄字不分文白读，二等作［a］，三四等作［i］。苏州二等白读作［a］，文读作［ə］；三四等作［i］。闽语梗摄白读今音读［a］的主要是今音带［i］介音的。多数方言梗摄白读今［a］韵各种介音都有。以上所说，主要指古开口字而言。梗摄古合口限于见系声母，字数本来就少，有的读如古开口，有的读如通摄。

---

* 作者参加 1991 年 7 月 31 日至 8 月 2 日在澳门召开的第三届国际粤方言研讨会，本文初稿在 7 月 31 日的会上宣读。当时在会上发的初稿题目中有"提纲"两字。1995 年 12 月 11 日我才见到《研讨会专辑》，即澳门中国语文学会学报《语丛》1991 年第三、四两期与 1992 年第一期的合订本，发现本文题目后的"提纲"两字已删去，并且排印部分调号略有错误，影印部分字迹不大清晰。现在增订重新发表。

方言比较总免不了牵涉到字的来历，为避免行文累赘，这里举四对例字交代一下。

①广韵讲韵并母步项切：蚌，蛤也。　　耿韵并母蒲幸切：蜯，蛤蜯。

②广韵唐韵明母莫郎切：𥄗，目不明也。　　庚韵明母：盲，目无童（瞳）子，武庚切。

③觉韵泥母：搦，持也，女角切，又女厄切。　　陌韵泥母女白切：搦，捉搦，又正也。

④耕韵澄母：橙，柚属，宅耕切。　　集韵蒸韵澄母持陵切：橙，橘属。

前两对“蚌”与“蜯”，“𥄗”与“盲”字形不同，其实是异体字，所有四对都是多音字。各方言用哪个音不一致。北京“蚌”读［paŋ˅］是步项切，读［pəŋ˅］是蒲幸切。温岭蚌读［bã˩˨］，广州蚌读［pʻaŋ˧］都是蒲幸切。“盲”北京［maŋ˧˥］是莫郎切，温岭［mã˩˨］，广州［maŋ˨˩］都是武庚切。北京口语不用“搦”字，字典里音［nuo˅］，可能是根据“荦荦大者”的“荦”（觉韵吕角切）读［luo˅］推的。温岭口语不说“搦”，不知道读书怎么读。梅县“搦”［nak˩］是握拳的意思。广州“搦”［nek˥］，南昌“搦”［laʔ˩］都是拿的意思，都来自女白切。北京“橙”［tʂʻəŋ˧˥］不能区别来自宅耕切或持陵切；“橙子”说［tʂʻən˧˥ · tsɿ］，［ŋ］尾读成［n］尾。温岭“橙”字两个音用法分化，持陵切［dʑin˩˨˩˦］广用；宅耕切［dzã˩˨˩˦］专用于“狗卵橙”［tɕiɣ˥˧ ʔlø˥˧ dzã˩˨˩˦］，野生的，果实比平常的“橙”小，不能吃。至于广韵嶝韵都邓切：“橙，兀橙。”这是“椅凳”的“凳”字的老写法，跟水果的橙不相干。

贰　吴语

拙作《南昌温岭娄底三处梗摄字的韵母》（《中国语文》1989：416—424）已经讨论过温岭，同时还说到其他一些吴语方言。这里只就温岭方言梗摄字的读法提出两项来说。

一是从古音到温岭的演变条例，举很少的例，古合口字全部列出，例外字全部列出。

开口二等舒声读［ã］，入声读［aʔ］。例如：“冷”［lã˩˨］，“摘”［tsaʔ˥］。例外：“鹦樱”各有两音，鹦［ʔã˧］哥鹦鹉，鹦［ʔin˧］鹉；金樱［ʔã˧］石榴，樱［ʔin˧］桃。［ã］是二等，［in］是二等读如三等。“莺”［ʔin˧］。“茎”口语不用，读书音是［tɕin˥］。狭窄的“窄”［tsəʔ˥］。“吓”［huoʔ˥］。

开口三四等舒声读［in］（温岭［in］也读［iŋ］，不辨字），入声读［iʔ］。例如：“星”［ɕin˧］，“尺”［tɕʻiʔ˥］。例外：“吃”读书音［tɕʻiʔ˥］，口语音［tɕʻyoʔ˥］（=曲）读如通摄。

合口二等舒声读［uã］，入声读［uaʔ］。例如：“横”［ɦuã˩˨］，“掴”［kuaʔ˥］。例外：“矿”（古猛切）跟许多方言一样，读如“旷”（苦谤切）［kʻuɔ̃˥］。“轰”（群车声，呼宏切）与本地象声词“轰轰声”［huã˧ huã˧ ·ɕin］符合；“轰”（众车声也，呼进切）与本地象声词“轰响”［huã˥ ·ɕiã］符合；“轰”读［huŋ˧］大概是受北方话影响。“宏”用于人名、店号与读书，读如通摄，与“红洪”同音。

合口三四等舒声读如开口的有：倾［tɕʻin˧］，顷［tɕʻin˥˧］，营茔萤［ɦin˩˨］，颍颖［ʔin˥˧］。

合口三四等舒声读如通摄的有：兄［hyuŋ˧］（音值是［ç-］），荣［ɦyuŋ˩˨］，永［ʔyuŋ˥˧］，咏泳［ɦyuŋ˩˧］。入声读如通摄的有：疫役（=育欲）［ɦyoʔ˨˩］。

除了这里说的例外，古梗摄二等与温岭［(u)ã (u)aʔ］，古今可以互推。

二是“梗”字音的考订。广韵：“梗，梗直也；又桔梗，药名；古杏切。”“梗直、桔梗”的“梗”今方言都读如古杏切，二等开口，温岭［kã˦˨］。“梗”作“植物的茎或茎状物”讲很多方言都读如合口，温岭［kuã˦˨］。切韵系韵书都不著录“梗”字合口的音，从现代方言看，是韵书收字不全。论证见拙作《切韵与方言》(《方言》1983：161—165 = 1985《语文论衡》39—44)。现在摘录原文的要点。

	温岭	广州	永定	南昌	高安	华阳凉水井	广东客家	福州
梗开	kã˦˨	kɐŋ˧˥	kɛn˧˩	kiɛn˨˩˧				keng
梗合	kuã˦˨	k‘uaŋ˧˥	kuaŋ˧˩	kuaŋ˨˩˧	kuaŋ˦˨	kuaŋ˥˧	kwang	kwang
矿							kwang	

上列八处方言，两处是赣语（南昌、高安），三处是客家（永定、华阳凉水井、广东客家），温岭是吴语，广州是粤语，福州是闽语。“梗”字在上列8处中，温岭与广州是阴上，其他6处都是上声。“矿”字也是上声。梗摄合口字少，“梗”字合口音跟文字，在好多方言里已失去联系。只有比较方言才能恢复这种联系。十余年来，常常看到方言报告著录“梗”字的合口音，令人欣慰。

叁　粤语

粤语广州梗摄二等的元音是白［a］文［ɐ］；三四等的元音是白［ɛ］文［e］。白读［a］元音分布的范围接近苏州。中山石岐梗摄二等的元音与广州相同，是白［a］文［ɐ］；三四等的元音是白［ia］文［e］。中山［a］元音分布的范围接近南昌与梅县。讨论粤语梗摄［a］元音分布的范围，最好的办法是通过广州与中山的比较。广州［ɛŋ/ɛk］分别相当于中山的［iaŋ/iak］。广州［ɛŋ/ɛk］的前身大概就是［*iaŋ/*iak］，跟［ɛ］的前身是［*ia］类似。考虑到广州话的语料易得而中山话少见，表五列出《中山［aŋ ak iaŋ iak ɐŋ ɐk eŋ ek］八韵单字音表》，广州话只见于表六《广州与中山十八个梗摄字文白读对比表》，并不单独列表。

广州“吃”［iak˧］字的音很有意思。这是本地土话，1948《湖北方言调查报告》1496页认为来历待研究。《广韵》锡韵：“喫，喫食，”苦击切。今广州读［iak˧］，好比“钦”字去金切读［iɐm˥˧］(= 音阴)，“屈”字区勿切读［uɐt˥］(= 郁)，都是古溪母今读零声母。“喫”字读中阴入，声调演变也符合常例。成问题的是韵母，请比较下列九字中山、广州两处的音。

广州上阴入 ˥ 相当于中山的阴入 ˥。广州中阴入 ˧ 与阳入 ˨ 中山合并为阳入 ˨。

		壁	劈	笛	踢	脊	尺	石	屐	喫
中山	广州	p	p‘	t	t‘	ts	ts‘	s	k	ø
中山	iak˨	˨	˨	˨	˨	˨	˨	˨	˨	˨
广州	ɛk	˧	˧	˨	˧	˧	˧	˨	˨	

广州“吃”字有两个音，平常用的音是［iak˧］；还有一个音是［hɛk˧］。“喫”［hɛk˧］的

音很好理解，此音跟中山的［iak˨］相当。不过广州音古溪母读［h］，中山读［Ø］。韵母的对应跟其他八个梗摄三四等入声字一致。“吃”广州［iak˧］跟中山［iak˨］很相像，但是中山韵母的演变符合梗摄四等入声的常例，广州韵母却是个特例。民以食为天，粤语“吃”字从非汉语借来的假设不合情理。在粤语地区，广州白话是优势方言，广州“喫”字从中山借来的假设难以成立。从粤语方言的比较，假设“壁”至“喫”九字广州话的前身都读［*iak］韵，“壁”至“屐”八字都有辅音声母，［*iak］韵变今［ɛk］韵；“喫”字分化为两个音，一个音古溪母读如晓母，今音是［hɛk˧］；一个音古溪母失落，无辅音声母，今音保持［iak˧］韵的读法。

广州还有一个字语音演变跟“喫”字平行，音是［iaŋ˧］，意思是腿脚向脚底的方向用力，有人用训读的方法写成“蹬”。饶秉才等1981《广州话方言词典》举的例是：□蹬一脚｜□开度门蹬开这门。这个字的音义似乎跟《广韵》从轻从足的“䟘”字有关。《广韵》径韵：“䟘，一足行，”苦定切。参看《说文解字》十四上金部“䥝”字段注。“苦定切”今读［iaŋ˧］，依上文所说，演变过程是［*k‘iaŋ］失落［k‘］声母，保持元韵母。

请注意［*ia］韵中山有无辅音声母均作［ia］韵，广州有辅音声母字作［ɛ］韵，但无辅音声母字有［ia］有［iɛ］。例如：

中山	爹 tia˥	野 ia˩˧	也 ia˩˧
广州	爹 tɛ˥	野 iɛ˨˧	也 ia˨˧

肆　语音演变

这节从语音演变讨论梗摄字的韵母。先说隋代诗文梗摄字用韵的情况。下列三篇拙作

①隋韵谱（《中国语文》1961—1962＝1982《音韵存稿》135—209）

②隋代诗文用韵与《广韵》的又音（《中国语文》1962＝1982《音韵存稿》210—224）

③庾信诗文用韵研究（《音韵存稿》225—258）

对此有详细的叙述。为了讨论梗摄，先根据拙作1956《切韵音系》重印本的构拟，列出收［ŋ/k］的宕江曾梗通五摄的主要元音相对位置图，并且大略说说这五摄用韵的情况。一三两篇的韵例一并计算。隋代平上去入四声分押。相承四声用韵的方式是平行的。这里用“部”字表示相承的四声。比方庚部指庚梗映陌四韵。其余音韵的分类与名目都同《方言调查字表》。

宕江曾梗通五摄的主要元音

梗摄	青部	eŋ	**曾摄**	登部	əŋ		**通摄**	东部	uŋ		iuŋ
	清部	iɛŋ		蒸部	iəŋ			冬部	oŋ	钟部	ioŋ
	耕部	æŋ		庚部	ɐŋ	iɐŋ	**江摄**	江部	ɔŋ		
宕摄	阳部	aŋ						唐部	ɑŋ		

曾摄的蒸部与登部分别独用的例多，同用的例少。通摄的东部与钟部都以独用为主。东部与钟部同用例不多。冬部字少，独用的例未见；和东部同用例二见；和钟部同用例五见；

东冬钟三部同用例一见。宕摄的阳部与唐部互押，两部同用的例比分别独用的多。江摄字用为韵脚的少见。江部独用四例。江韵与阳韵同用二例。觉韵与铎韵同用一例。江阳唐三部同用的六例。梗摄庚耕清青四部都互相押，同用的例比独用的多。值得注意的是青部独用十四见。梗摄不跟别的摄押韵。萧圆肃的《少傅箴》蒸清阳三韵换韵，可以说是异摄不相押的好例：

> 小心翼翼，大孝蒸蒸。谋谟计虑，问对疑丞。安乐必敬，无忘战兢。夫天道益谦，人道恶盈。汉嗣不绝乎驰道，魏储回环于邺城。前史攸载，后世扬名。三善俱备，万国以贞。姬周长久，实赖元良。嬴秦短祚，诚由少阳。虽卜年七百，有德过历而昌。数世万一，无德不及而亡。（百衲本周书四二 7；全隋文十三 10 元良作贤良，盖非。）

“蒸丞兢”属于曾摄蒸韵，“盈城名贞”属于梗摄清韵，“良阳昌亡”属于宕摄阳韵：分别属于三个摄的三个［ŋ］尾三等韵换韵。

现在回来看元音示意图。图中线条表示五摄的划分。［ŋ］尾表示舒声（平上去三声）收［ŋ］，入声收［k］。主要元音前列出三等［i］介音。四等青部主要元音是［e］，没有［i］介音。宕曾梗三摄是开合韵，不过合口限于见系字，合口介音没有列出。通江两摄是独韵，开合口不对立，［u o ɔ］都是主要元音，没有合口［u］介音。对比元音的高低前后与押韵情况，可见构拟的元音还是合情合理的。

	梗二开 争	梗二开白 争	梗二开文 争	曾一开 增	宕一开 赃	通一 宗
温岭	tsã˧			tsɤŋ˧	tsɔ̃˧	tsuŋ˧
临川		tsaŋ˨	tsen˨	tsen˨	tsoŋ˨	tsuŋ˨
梅县		tsaŋ˦	tsɛn˦	tsɛn˦	tsɔŋ˦	tsuŋ˦
广州		tsaŋ˥˧	tsɐŋ˥˧	tsɐŋ˥˧	tsɔŋ˥˧	tsoŋ˥˧
北京	tʂəŋ˥			tsəŋ˥	tsɑŋ˥	tsuŋ˥

再来看现代方言的韵母。吴赣客粤最能反映古代的元音。温岭梗摄不分文白读，二等反映古代元音，三四等细音就跟曾摄合流了。赣客粤梗摄分文白读，白读反映二三四等的元音；文读就跟曾摄不分了。古今对比一方面要从梗摄的元音看，另一方面还要拿梗摄跟别的摄比。上页以“争增赃宗”四字，温岭、临川、梅县、广州、北京五处为例。“争”字两处不分文白，三处分文白。从这四个字五处的音可以看出梗摄文白读的区别。隋代诗文梗摄各部互相押韵，而不跟他摄押韵，可见梗摄白读与曾摄韵母不同是固有现象；梗摄文读跟曾摄韵母相同是后来受北方话曾梗不分的影响。从现代方言梗摄读［a］分布于大片地区，可以推定从古音演变到现代方言，当中有一个阶段，梗摄的元音接近于前［a］。区别于梗摄，宕摄的元音接近于后［ɑ］。

说过梗摄字的主要元音，现在说到韵尾。古音梗摄收［ŋ/k］尾，广州话完全反映古音的面貌。赣语与客家话梗摄字今白读低元音、后元音保留［ŋ］尾，文读前元音、央元音［ŋ］尾变［n］尾。这里举临川、南昌与梅县三处“争生平命轻听请”七字为例。

	争	生	平	命	轻	听	请
临川白读	tsaŋ˧˨	saŋ˧˨		miaŋ˨	tɕʻiaŋ˧˨	tʻiaŋ˧˨	tɕʻiaŋ˦˥
临川文读	tsen˧˨	sen˧˨	pʻin˨˦	min˨	tɕʻin˧˨	tʻin˧˨	tɕʻin˦˥
南昌白读	tsaŋ˦˨	saŋ˦˨	pʻiaŋ˨˦	miaŋ˩	tɕʻiaŋ˦˨	tʻiaŋ˦˨	tɕʻiaŋ˨˩˧
南昌文读	tsɛn˦˨	sɛn˦˨	pʻin˨˦	min˩	tɕʻin˦˨	tʻin˦˨	tɕʻin˨˩˧
梅县白读	tsaŋ˦	saŋ˦	pʻiaŋ˩	miaŋ˥˧	kʻiaŋ˦	tʻaŋ˦	tɕʻiaŋ˧˩
梅县文读	tsɛn˦	sɛn˦	pʻin˩	min˥˧	kʻin˦		

本文排列吴赣客粤湘闽徽各方言区梗摄字今主要元音读［a］的语料，每区挑一两个方言为例(见表一至表七)。并结合语音演变，做出适当的推论。拙作1989已经讨论过温岭与南昌。本文接着讨论赣语临川与粤语广州中山，并就温岭略做补充。上列各处梗摄字古今音对应整齐，例外有限，可以列举。梅县情况，大致与南昌临川相同，请看表二及注。这里只举一个例外，广韵唐韵莫郎切："盲，未知也。"梅县"未知"说"［maŋ˩］知"，同事黄雪贞以为就是"盲知"。莫郎切梅县照例读［mɔŋ˩］，"盲"是梗摄以外读［aŋ］韵的可信例字。

湘闽徽三区梗摄字古今音对应没有吴赣客粤四区整齐，现在分别交代。

湘语长沙梗摄舒声白读［aŋ］韵，与宕摄同韵；文读［ən］韵，与曾摄同韵。并且长沙［aŋ］韵等已并入山咸两摄［an］韵等；［ən］韵等已并深臻两摄［ən］韵等。长沙方言受北方话影响较深，梗摄白读使用频率有降低趋势，不易识别，须多加考证。参看表六及注。

闽语文白读的层次多，在闽语方言间韵母对应逐一弄清楚之前，本文采取保守藏拙的办法。所以表五举例限于福州［iaŋ iaʔ aʔ］分别对厦门［iã iaʔ aʔ］，也不列"梗合横"两字福州［uaŋ］韵对厦门［uãi］韵。同事冯爱珍告知，福州梗摄舒声有读［aŋ］韵的，二等：棚彭盲撑生；三四等：平评柄病郑井姓性暝。据周长楫1993《厦门方言词典》，厦门梗摄舒声很多见于［ĩ］韵，二等：绷棚彭猛撑净庚鲠坑硬；三四等：平病郑井晴静姓暝醒经。我不便把福州的［iaŋ］韵对厦门的［iã］韵，同时又把福州的［aŋ］韵对厦门的［ĩ］韵，恐怕层次不同。关于福州的［aŋ］韵对厦门的［ĩ］韵，参看表二⑦梅县戏棚注。

徽语绩溪岭北没有鼻尾韵，只有鼻化韵。［ã iã yã］三韵的来源多，包括古［m］尾深摄，［n］尾臻摄，［ŋ］尾曾梗通三摄。只有与上述吴赣客粤方言配合，才能作为梗摄古音读［a］的旁证，不能单独作证。徽州别的方言有不少梗摄读［a］的语料。例如平田昌司先生记录的休宁海阳镇方言(《方言》1982：276—284)，梗摄四声都有读［a ia］开尾韵的。据《单字音表》，［a］韵有32个字：兵并百平拍白命麦定挺锭听令领灵精井责清请静策译星醒粳革坑客杏吓核；［ia］韵有六个字：经庆硬生英影。希望徽州方言有更多的详细报告发表。

表一　临川[aŋ iaŋ iuŋ aʔ iaʔ eʔ iʔ]七韵单字音表

	aŋ					iaŋ					iuŋ					aʔ		iaʔ		eʔ		iʔ	
	阴平˧˨	阳平˨˦	上声˦˥	阴去˥˨	阳去˧	阴平˧˨	阳平˨˦	上声˦˥	阴去˥˨	阳去˧	阴平˧˨	阳平˨˦	上声˦˥	阴去˥˨	阳去˧	阴入˧˨	阳入˥	阴入˧˨	阳入˥	阴入˧˨	阳入˥	阴入˧˨	阳入˥
p								饼	柄							百		壁		百		碧	
p‘		彭								病						拍	白	劈		拍	帛	僻	
m							名			命										陌	麦	觅	
f																					或		
t	正			正		钉	铃	岭				龙				只			笛	德		炙	笛
t‘		程			郑	听				定						尺		掷		忒	特	赤	敌
l			冷																	勒		溺	
ts	争															摘				责		积	
ts‘	撑	橙																		策	择		籍
s	生	城	省													栅	石			色		昔	石
tɕ						精		井			弓		扃	供								戟	剧
tɕ‘						轻	晴	请	磬	净	倾	琼	顷		共			喫	席			喫	屐
ȵ										宁		浓							额			逆	
ɕ						星		醒	性		兄	雄	迥	嗅	诵			锡				隙	
k	更															格				格			
k‘	坑															客				客			
ŋ					硬															额			
h		行														吓				赫	核		
ø							萤	影	映		雍	荣	永	拥	用					厄		益	翼
ku																				虢			
u		横																					

①临川语料据罗常培1940《临川音系》。

②表一[aŋ iaŋ]两韵四十一字，全是梗摄舒声白读。

③[iuŋ]韵十九字，十一字为通摄舒声；"扃（拱）倾琼（穷）顷（恐）兄（胸）迥荣（容）永（勇）"八字为梗摄舒声，其中六字有通摄同音字，在括弧中注明，"倾迥"两字无通摄同音字。表中"嗅"字据同音字表补，集韵送韵香仲切："嗅，鼻审气也。"

④[aʔ iaʔ]两韵十九字，全是梗摄入声白读。

⑤[eʔ]韵二十一字，"或德忒特勒色"六字为曾摄入声；十五字为梗摄入声文读，"拍白格客额厄"六字无曾摄同音字；"百（北）陌（默）麦（墨）责（则）策（测）择（贼）客（克）赫（黑）虢（国）"九字在括弧中注明曾摄同音字。

⑥[iʔ]韵二十字，"僻觅笛籍剧喫隙"七字为梗摄入声文读，无曾摄同音字；"碧（逼）炙（职）赤（敕）敌（直）溺奴历切（匿）积（即）昔（息）石（食）戟（棘）屐（极）逆（抑）益（翼）"十二字为梗摄入声文读，在括弧中注明曾摄同音字。"翼"为曾摄入声，今临川读阴入有梗摄同音字，读阳入无梗摄同音字。

⑦以上各注，要点在于说明，梗摄白读无曾摄同音字；梗摄文读有曾摄同音字，就是与曾摄同韵母。限于篇幅，没有列[en in]两韵。梗摄舒声文读与曾摄同韵，可以由入声[eʔ iʔ]两韵推出。

下文表二、表三注的次序，依所注字在表中位置而定，由左竖行到右竖行，由上到下。表三ABC等注在前。

表二　　梅县梗摄字同音字表

	aŋ				ak		iaŋ				iak	
	阴平˦	阳平˩	上声˧˩	去声˥˧	阴入˩	阳入˥	阴平˦	阳平˩	上声˧˩	去声˥˧	阴入˩	阳入˥
p	扐				百伯柏擘				饼丙炳	柄摒	壁	
p‘		彭膨澎棚		髶	魄	白		平坪瓶		病	劈	
m	猛	盲	蜢		脈	麦拍	暝	名明		命		
f												
v		横		横		划						
t	钉疔		顶订									
t‘	听厅	庭				笛籴			艇			
n						搦						
l	冷	零铃伶拎	冷			历沥	领		岭	靓令		
ts	争䏨正		整	正	摘只炙		腈靓		井		迹	
ts‘		澄橙程成粮盯		牚晟	拆坼册尺		清青	晴	请	净	趞	席
s	生牲声	城成	省	圣		石	腥		醒	姓	惜锡	
k	庚耕羹更		哽	径	格隔篙		惊麖荆		颈	镜		
k‘						揢	轻	擎		磬	剧	屐
ŋ				硬				迎		迎	额	逆
h	坑	行桁			客吓	核		邢				
ø	罂				厄扼轭			营赢	影	映		
ku			矿梗									
k‘u												

①表二语料由同事黄雪贞提供，特此鸣谢。

②扐：拉，撑，拔。集韵扐哺横切，相牵也。

③冷阴平广用；上声用于冷清。

④脚䏨：脚后跟。

⑤正阴平用于正月；去声广用。

⑥经布是织布，经席是织席，经音庚。（表里漏列。）

⑦戏棚，梅县 hi˥˧ p‘aŋ˩，广州 hei˧ p‘aŋ˨˩，温岭 ɕi˥˧ ban˧˩，福州 hie˨˩˦ p-βaŋ˥˧，厦门 hi˨˩˥ pĩ˩˦。

⑧横阳平广用；去声用于横下：倒下。

⑨禾庭：场院。

⑩拎衫：晾衣。

⑪成 ts‘aŋ˩：一成，两成，收成；成 saŋ˩：办得成无？办无成。成无成？（成［sən˩］功。）

⑫米粮：米花。集韵粮除庚切，粮也。

⑬盯目：刺目。广韵盯直庚切，直视。

⑭晟：盛物木器。广韵晟承政切，器也。广韵也作土旁盛，本地写作木旁盛。　　晟字后漏列郑字。

⑮行：行路。

⑯圣公：男巫，好比女巫叫神婆。本地写作觋公，训读字。井冈山客家地区也写作觋［ʃaŋ˥˧］公（《方言》1995.126 卢绍浩文）。江西萍乡作□［ʂã˩］公（《方言》1995.171 魏钢强文），□当作圣。

⑰箩篙：竹器。

⑱搦：握拳。

⑲地沥：水沟。

⑳揢等：拿着，握着。

㉑核卵：睾丸。

㉒青暝：夜里不能见物。　　清明 ts‘iaŋ˦ miaŋ˩。

㉓腈肉：瘦肉。

㉔黄麖：似鹿而小。

㉕布荆：植物名。

㉖迎阳平广用；去声用于对迎：相持不下。

㉗摒：藏匿。广韵摒畀政切，摒除也。

㉘靓：好看。广韵靓疾政切，装饰也。tsiaŋ˦ 是本地话；liaŋ˥˧ 是受粤语影响的训读字，本字是“巧言令色”的“令”字。

㉙令儿 liaŋ˥˧ ·ŋe 谜语。这是“酒令”的“令”字。

㉚磬：俭省。广韵磬，尽也，苦定切。

㉛趞上趞下：匆忙走来走去。广韵趞七迹切，仓卒。

㉜汉剧：剧阴入。

表三　　中山[aŋ ak iaŋ iak ɐŋ ɐk eŋ ek]八韵单字音表

	aŋ	ak	iaŋ	iak	ɐŋ	ɐk	eŋ	ek
	阴阳上去 平平声声 ˥ ˨˩ ˩˧ ˧	阴阳 入入 ˥ ˧	阴阳上去 平平声声 ˥ ˨˩ ˩˧ ˧	阴阳 入入 ˥ ˧	阴阳上去 平平声声 ˥ ˨˩ ˩˧ ˧	阴阳 入入 ˥ ˧	阴阳上去 平平声声 ˥ ˨˩ ˩˧ ˧	阴阳 入入 ˥ ˧
p p‘ m f	 澎彭棒 A 盲猛 	迫百 　拍 　麦 	饼病 G 平 　名　命	壁 　劈 	崩 烹朋 　萌猛孟 	北 嚜墨 	冰　丙病 拼平娉聘 　明瞑命 	逼 僻 擘觅
t t‘ n l	 　冷		钉　顶定 听亭艇 　灵领靓	笛 　踢 　沥	登　等凳 　腾等 H 能 　冷	得特 忒 　M 　勒	丁　鼎订 听停挺听 拧宁　佞 　陵岭令	的敌 忒 匿 沥力
ts ts‘ s	争　　D 撑橙　撑 生　C	责 　策 　F	精　井净 青　请 腥城　姓	脊 　尺 　石	曾　　赠 I 层 生省 L	则泽 测贼 塞	精　井正 清情请秤 升绳醒胜	即直 戚 色食
k k‘ ŋ h	耕　　E 　　硬 坑行	格 　额 黑客	惊　颈镜 轻	屐 	耕　耿更 J　哽 亨行肯杏	革 克 呃逆 	经　警敬 倾擎顷罄 　迎 兴形　兴	戟极
ø	罂	鈪	嬴影	喫	莺　K	厄呃	英盈　应	忆翼
ku k‘u ŋu u	 B　　逛 　横　横	掴 　或			轰 泓弘　晕		 　　永	虢 　疫
i							影	

表三及注均据赵元任《中山方言》，见《历史语言研究所集刊》第二十本上册49—73。引者补注前记荣案二字。有的元音写法依原文发音概说更改。原文□用罗马字母表示次序，现在同时用来替代□。

脚A kœk˧ maŋ˥ = 绑腿。

B = 一个箍。

C = 用胰子（或苏打）洗。

D埋 tsaŋ˧ mai˨˩ = 塞起来；D入去 tsaŋ˧ iap˧ hy˧ = 塞进去。荣案：D当作碀，广韵映韵："碀，塞也，"除更切。

打E ta˩˧ kaŋ˧ = 路劫；过E kɔ˧ kaŋ˧ = 过小山坡儿。（"冈"字的音变？）

F = 一牙儿（例如：一牙儿橘子）。

交椅G kau˥ i˩˧ p‘iaŋ˥ = 椅背。

柴H ts‘ai˨˩ nɐŋ˥ 柴上的节巴。

I = 哼哼，叽咕。

J = 弹，敲（瓷器，来辨别好坏）。

K脚 ɐŋ˩˧ kœk˧ = 硌脚（例如鞋里有沙子）；K心 ɐŋ˩˧ sɐm˥ = 叫心里挂着放不下来。荣案："硌"原作□。

L = 擤（鼻涕）。

M = 晒。

①罂，一种锅。

②好猛 = 好得很（说事情）。

③凳横 tɐŋ˧ uaŋ˧，交椅横 kau˥ i˩˧ uaŋ˧ = 凳椅横档。

④迫读pek˥的时候多，可认为"训读"为"逼"。（跟广州一样。）

⑤鈪 = 镯子。

⑥精 = 麻利，"棒"。

⑦禾亭 ɔ˨˩ t‘iaŋ˨˩ = 打米麦的场子。荣案：表二⑨梅县庭字注，禾庭 vo˩ t‘aŋ˩ 场院。梁玉璋1987

福清县志方言志 80 埕(庭) tiaŋ˦，晒谷场。林连通 1993《泉州市方言志》埕 tiã˨˦，粟埕(晒谷场)。“亭”为“庭”的同音字，“埕”为方言字。

⑧灵位 liaŋ˥˩ uɐi˧，好灵 hou˩˧ liaŋ˥˩ = 灵得很。

⑨靓 = 漂亮，好。荣案：看表二㉘梅县靓字注。

⑩干净 kɔn˥ tsiaŋ˧；但当副词净读 tseŋ˧ = 只，光。

⑪大沥 tai˧ liak˧，细沥 sɐi˧ liak˧，村名。

⑫泓 = 涮，过水。

⑬等(送气)一吓 t‘ɐŋ˩˧ iɐt˥ ha˩˧ = 等会儿；等我看吓 t‘ɐŋ˩˧ ŋɔ˩˧ hɔn˧˨˥ ha˧ = 让我看看。

⑭“嘜”是英文(trade) mark 的音译，嘜头 mɐk˥ t‘ɐu˥˩ = 好看，漂亮。

⑮私呃诡骗 si˥ ŋɐk˥ kuɐi˩˧ p‘in˧，形容骗诈的行为。荣案：本条“呃”ŋɐk˥ 阴入。

⑯“呃”ɐk˧ 是助词，用于：“哦，我睇或者做得呃。等佢翻来我问吓佢□。” ɔ˥˩，ŋɔ˩˧ t‘ɐi˩˧ uɐk˧ tsia˩˧ tsu˧ tɐk˥ ɐk˧. t‘ɐŋ˩˧ k‘y˥˩ fan˥ lɔi˥˩ ŋɔ˩˧ mɐn˧ ha˧ k‘y˥˩ lɛ˥. 哦，我看也许行罢。等他回来了我问问他罢。荣案：本条“呃”ɐk˧ 阳入。

⑰拧 = 拿。

表四　广州与中山十八个梗摄字文白读对比表

	广州白	广州文	中山白	中山文		广州白	广州文	中山白	中山文
生	saŋ˥˧	sɐŋ˥˧	saŋ˥	sɐŋ˥	籴	tɛk˧		tiak˧	
百	pak˧		pak˧		领	lɛŋ˩˧	leŋ˩˧	liaŋ˨˩˧	leŋ˨˩˧
拍	p‘ak˧		p‘ak˧		请	ts‘ɛŋ˧˥	ts‘eŋ˧˥	ts‘iaŋ˨˩˧	ts‘eŋ˨˩˧
梗茎	k‘uaŋ˧˥	kɐŋ˧˥	k‘uaŋ˨˩˧	kɐŋ˨˩˧	正	tsɛŋ˧	tseŋ˧	tsiaŋ˧	tseŋ˧
横	uaŋ˨˩		uaŋ˥˩		城	sɛŋ˨˩	seŋ˨˩	ts‘iaŋ˥˩	ts‘eŋ˥˩
掴	kuak˧		kuak˧		声	sɛŋ˥	seŋ˥	siaŋ˥	seŋ˥
名	mɛŋ˨˩	meŋ˧˥	miaŋ˥˩	meŋ˥˩	惊	kɛŋ˥	keŋ˥	kiaŋ˥	keŋ˥
命	mɛŋ˧	meŋ˧	miaŋ˧	meŋ˧	镜	kɛŋ˧		kiaŋ˧	
听	t‘ɛŋ˥	t‘eŋ˥	t‘iaŋ˥	t‘eŋ˥	屐	k‘ɛk˧		k‘iak˧	

表五　福州与厦门二十四个梗摄字的音

	饼上声	髀后背，阴平	名阳平	命阳去	鼎上声	定阳去
福州	piaŋ˧	p‘iaŋ˥	miaŋ˥˧	miɑŋ˨˦˨	tiaŋ˧	tiɑŋ˨˦˨
厦门	piã˥˧	p‘iã˥	miã˧˥	miã˧	tiã˥˧	tiã˧
	听阴平	程阳平	领上声	正阴去	净阳去	请上声
福州	t‘iaŋ˥	t‘iaŋ˥˧	liaŋ˧	tsiɑŋ˨˩˧	tsiɑŋ˨˦˨	ts‘iaŋ˧
厦门	t‘iã˥	t‘iã˧˥	niã˥˧	tsiã˨˩	tsiã˧	ts‘iã˥˧
	声阴平	城阳平	圣阴去	惊阴平	行阳平	镜阴去
福州	siaŋ˥	siaŋ˥˧	siɑŋ˨˩˧	kiaŋ˥	kiaŋ˥˧	kiɑŋ˨˩˧
厦门	siã˥	siã˧˥	siã˨˩	kiã˥	kiã˧˥	kiã˨˩
	迎阳平	兄阴平	营阳平	百阴入	拍阴入	屐阳入
福州	ŋiaŋ˥˧	hiaŋ˥	iaŋ˥˧	pɑʔ˨˧	p‘ɑʔ˨˧	k‘iaʔ˥

厦门　ŋiã˧˥　hiã˥　iã˧˥　paʔ˩　p‘aʔ˩　kiaʔ˥

上表有三点须要说明。①福州、厦门两处都有七个声调，调值如下，阴入阳入都是短调。

	阴平	阳平	上声	阴去	阳去	阴入	阳入
福州	[˥]55	[˥˧]53	[˧]33	[˨˩˧]213	[˧˥˧]353	[˩˧]13	[˥]55
厦门	[˥]55	[˧˥]35	[˥˧]53	[˨˩]21	[˨]22	[˩]11	[˥]55

②两处都是白读。③福州话逢阴平、阳平、上声、阳入元音是[a]，逢阴去、阳去、阴入元音是[ɑ]。

表六　长沙梗摄字[an a ian ia]四韵同音字表

	an					a	ian					ia
	阴平 ˧	阳平 ˩˧	上声 ˦˩	阴去 ˥	阳去 ˩	入声 ˩˧	阴平 ˧	阳平 ˩˧	上声 ˦˩	阴去 ˥	阳去 ˩	入声 ˩˧
p p‘ m f	绷	 盲氓			⿱髟彭並	伯 拍魄		平 明	饼		 病 命	璧 劈
t t‘ l							钉 听桯	 零	 挺	钉 听		滴 踢
ts ts‘ s							精 清青 星	晴	井 请 醒			 锡席
tʂ tʂ‘ ʂ ʐ		 成				只炙 拆坼尺 石						
tɕ tɕ‘ ȵ ɕ							经 轻	擎	颈			屐 喫
k k‘ ŋ x						隔 喀						
ø								萦				
ku k‘u u	 倾				 横	掴帼虢						

①表六据李旦冀1937《湘音检字》（参看《方言》1994.13）与鲍厚星等1993《长沙方言词典》以及其他长沙方言作品写成。李书用注音符号，现在据鲍书改为音标。

②《湘音检字·湘音国音差异之统系》7说唐[taŋ˩˧]谭[tan˩˧]不分为“俗音”，本编不收。现在长沙音只有[an

ian uan yan]，并无[aŋ iaŋ uaŋ yaŋ]，古音收[ŋ]的[aŋ]韵等分别并入[an]韵等。又李书 222《湘音补遗》又把有关的[ŋ]尾字记成[n]尾，可见作者本人也认为这是长沙音。

③长沙的梗摄白读音须要考证，这里举两个例子。《长沙方言词典》178 与 180 页云：

倾 k‘uan˧ 倒掉：把屑子垃圾～咖|～水 ‖“倾”在“倾向、倾斜”中读 tɕ‘yn˧，这是文读音。在“倾屑子、倾水”等动宾式中保存了白读音。

□子 uan˩ · tsɿ 床铺、桌子、窗户等器物上的横木条，起支撑平衡的作用：咯张床断咖一根～。

“倾”字白读音所考甚是，表六已收。□ uan˩ 当作横字阳去，也已改。参看表三③中山横字去声注。

④“绷”字用于“绷硬”，温岭、南昌都跟长沙相同。

⑤“盲”字长沙音不能区别莫郎切或武庚切，今以武庚切论。

表七　　绩溪岭北梗摄字[ã a iã yã]四韵同音字表

	ã					a	iã					yã	
	阴平˧˩	阳平˦˨	上声˥˧	阴去˧˨˦	阳去˨˧	入声˦˨	阴平˧˩	阳平˦˨	上声˥˧	阴去˧˨˦	阳去˨˧	阴平˧˩	阳平˦˨
p p‘ m f v	烹	明	猛		並	百迫 拍白 麦	兵	平娉 明名			病並 命		
t t‘ n	丁钉	灵					听	停婷廷蜓		听	定		
ts ts‘ s z	争峥筝贞侦征 青清蜻 生星醒声	成城诚晴	井 请 省醒	正 姓圣		责 宅泽择							
tɕ tɕ‘ ɕ							经荆 轻	行	景	径镜		倾	琼
k k‘ ŋ h	亨				杏	客 额 吓							
ø								盈赢					营萦嵘

①表七据赵元任与杨时逢 1965《绩溪岭北方言》，见历史语言研究所集刊三六 111—113。该文据发音人录音材料写成。

②本表[ã iã yã]原作[æ̃ iæ̃ yæ̃]。该文 13 说：“低元音 æ 是第三第四标准元音之间的[æ]，有时读得近于[a]的倾向，但并不与 a 韵相混。低元音 a 读音部位较后，严式国际音标可作[ɑ]。”又 14 说鼻化元音的部位跟口元音相同。因此把原文的[æ̃]写作[ã]。为了四声元音相配，入声[a]保持原来写法不变。

③本表只收梗摄字，不收别摄的字。

④本表“并听醒”三字各有两音。

[《方言》1996 年第 1 期 1—11 页]

温岭方言的轻声

拙作 1979《温岭方言的连读变调》(《方言》1979 年第 1 期 1—29 页，收入拙作 1985《语文论衡》65—97 页 | 以下称“前文”) 讨论不包含轻声字的两字组和三字组。本文讨论轻声。因为限于篇幅，只能举些例子来说。前文的连调规律称“广用连调”。“变音”一般不读轻声，本文不讨论变音，请参看拙作 1978《温岭方言的变音》(《中国语文》1978 年第 2 期 96—103 页，收入拙作 1985《语文论衡》55—64 页)。

本文分五节：(壹) 温岭方言的声调，(贰) 轻声的性质，(叁) 研究的方法，(肆) 反复问与动词重叠式，(伍) 两种述宾式，(陆) 数量式，(柒) 主谓式复合词。

壹　温岭方言的声调

温岭是浙江省台州沿海的一个县份，台州在宁波之南，温州之北。

温岭话有八个基调，两个变音。阳平和阳上的独用调相同，可是两者的连调和变音都不同。

基调	皮 [bi˧˩]	被 [bi˧˩]
前字连调	皮里 [bi˧˩˩˨ ʔli˦˨]	被里 [bi˧˩ ʔli˦˨]
后字变音	薄皮 [boʔ˩ bi˩˥]	薄被 [boʔ˩ bi˥˩]

这里以阳平“皮”字与阳上“被”字为例，可以看出阳平和阳上分成两个基调 (base tone)，作为描写温岭声调的基础 (出发点)，比起阳平与阳上不分来，要简单明白得多。

阴平	阴上	阴去	阴入	阳平	阳上	阳去	阳入	升变音	隆变音
˧	˦˨	˥	ʔ˥	˧˩	˧˩	˩˧	ʔ˩	˩˥	˥˩
33	42	55	<u>55</u>	31	31	13	<u>11</u>	15	51
猪 tsɿ˧	草 ts‘ɔ˦˨	布 pu˥	桌 tɕyoʔ˥	皮 bi˧˩	被 bi˧˩	豆 dɤ˩˧	佛 vəʔ˩	鸡 tɕi˧˩˥	饼 pin˦˨˥˩
天 t‘ie˧	手 ɕiu˦˨	菜 ts‘e˥	尺 tɕ‘iʔ˥	绳 ʑin˧˩	稻 dɔ˧˩	饭 vɛ˩˧	贼 zəʔ˩	猫 ʔmɔ˧˩˧	妹 me˩˧˥˩
山 sɛ˧	马 ʔmo˦˨	戏 ɕi˥	角 koʔ˥	牛 ȵiɤ˧˩	皂 zɔ˧˩	帽 mɔ˩˧	麦 maʔ˩	羊 ɦiã˧˩˩˥	粥 tɕyuŋ˥˩

第一行是调名。第二行是五度制调号。第三行是用阿拉伯数字表示的调值，[1 2 3 4 5] 分别表示低、半低、中、半高、高，数字下加横线表示短调。以下三行是例字，这些例字都可以单独成句。例字中变音两栏先记基调，再说变音，“粥”字读 [tɕyoʔ˥]，变音是 [tɕyuŋ˥˩]。

为行文方便起见，本文有时用阴调包括阴平、阴上、阴去、阴入，阳调包括阳平、阳上、阳去、阳入；平声包括阴平、阳平，上声包括阴上、阳上，去声包括阴去、阳去，入声包括阴入、阳入；仄声对平声而言，包括上声、去声、入声；舒声对入声而言，包括平声、上声、去声；变音包括升变音和降变音。

温岭话的阴调都是清音声母，包括紧喉声母在内，阳调都是浊音声母，变音的声母有清有浊。温岭字调最引人注意的特点是，阴去跟阴入的绝对调值比多数方言里的最高调值还要高。(限于平常说话，并且发音人性别相同，年龄相近。)汉语调值的高低说的是相对音高，某个方言调值的高低，是就那个方言内部字调的高低对比求出来的。就北京音说，

阴平	阳平	上声	去声
˥	˧˥	˨˩˦	˥˩
55	35	214	51

北京阴平是高平调。可是我学北京的四声，用温岭的中平调阴平，取代北京的高平调阴平，北京人说高低差不多。我用温岭的高平调阴去，取代北京的高平调阴平，北京人说不行，太高了，北京音没有这么高的调门儿，北京音用不着这么尖的嗓子。(这里比的是调值，不是调类。)

温岭连调的特点是，广用连调两字组前字阴去从55调变33调，前字阴入从55短调变33短调(阴入在阳平前不变)，下文总称从高调变中调。例如：

阴去加阴去[˥˧ ˥]	志气[tsɿ tɕʻi]	告诉[kɔ su]	四散[sɿ sɛ]
阴去加阴入[˥˧ ʔ˥]	气魄[tɕʻi pʻaʔ]	见识[tɕie ɕiʔ]	印色[in səʔ]
阴入加阴去[ʔ˥˧ ˥]	客气[kʻaʔ tɕʻi]	答应[təʔ ʔin]	作怪[tsoʔ kua]
阴入加阴入[ʔ˥˧ ʔ˥]	出客[tɕʻyʔ kʻaʔ]	压迫[ʔəʔ paʔ]	急速[tɕiʔ soʔ]

从下文可以看到，数量式的后字(量词)跟动词重叠式的后字，高调都变成中调，同时字音略缩短。跟刚才说的广用连调两字组前字由高调变中调，字音不缩短有分别。

温岭高调作为两字组的前后字都常变中调，非高调变高调的限于阴平前的阴平，阳平前的上声，与平声、去声后头的阳去。因此，两个高调字紧挨着的不多，主要是下列两种情况：

一是带结果补语的述补式，例如"晒燥"[so˥ sɔ˥]，"切碎"[tɕʻiʔ˥ se˥]。

二是两个高调字分属于一个句子的主谓语，例如"被絮脱地[·dɔ]"[bi˨˩ sɿ˥ tʻøʔ˥ di˩ ·dɔ](被套儿掉地下了)。[·dɔ]是[·də]与[·ɦɔ]的合音。"地[·də]"相当于"地下"；[·ɦɔ]相当于"了"，可以写作"爻"。

贰　轻声的性质

温岭轻声的性质有四项。

2.1 字音的时间缩短　舒声字缩短较显著；入声字本来就短，缩短不显。例如：

数量连调　　　　广用连调

五斤[ʔŋ˨˩ tɕĭn˧]　≠　五经[ʔŋ˨˩ tɕin˧]

十斤[ʑiʔ˩ tɕĭn˧]　≠　席经[ʑiʔ˩ tɕin˧](草席的经线|"经"也写作"筋")

粗粗一听，听不大出"五斤、十斤"的第二字略短。对比以上两对两字组，就能听出这两对两字组前字同音，后字声韵相同，差别就在于量词"斤"字的音略短。他处量词短音从简不记。

2.2 字调的音程变窄　音程变窄就是音高的高低范围缩小，其中最显著的是高调变成中

调。例如：

数量连调　　　　　　　　广用连调

三寸[sɛ˧ ts‘øn˥˦] ≠ 三寸[sɛ˧ ts‘øn˥]（指蛇的致命处，离头三寸，如“打蛇打三寸”。）

三角[sɛ˧ koʔ˥˦] ≠ 三角[sɛ˧ koʔ˥]（数学的分科）

三国[sɛ˧ kuoʔ˥˦] ≠ 三国[sɛ˧ kuoʔ˥]（特指魏蜀吴三国或《三国演义》）

数量连调“三寸”的“寸”字跟“乡村”的“村”字声韵相同，都是33调，可是前者的字音略短。

2.3 失去固有调形或固有调形未详　这一项跟上一项密切相关，音程变窄调形容易变含糊了。例如：

我·都听·弗·着。[ʔŋo˨ ·tu t‘in˥˦ ·fə ·dʑiə]（我都听不见。）

尔南京去·凡？ [ʔn˨ nɛ˩˧ tɕin˧ k‘ie˥ ·vɛ？]（你南京去吗？）

南京我·要去·个。[nɛ˩˧ tɕin˧ ʔŋo˨ ·iə k‘ie˥ ·gə]（南京我要去的。）

温岭“国都”的“都”读[tu˧]阴平33调，全称副词的“都”读[tu˥]阴去55调。例句里的“都”字当全称副词讲或当“连……也”讲两可，失去固有调形。例句里“弗”字本音阴入[fəʔ˥]，“着”字阳入[dʑiəʔ˩]，“要”字阴去[ʔiə˥]，“个”字阴去[kie˥]，这些字也都失去固有调形。至于例句里的[·vɛ]，相当于北京话疑问词“吗”，固有调形未详，现在借用阳平“凡”[vɛ˩]字表示它的声韵。

失去固有调形造成调类的合并，调类总数的减少。阴调舒声的合并，阳调舒声的合并，都见下文。

2.4 有时候还有声韵的变化　声母的变化主要是清音变浊音，响音（sonant）失去紧喉与带浊流的分别。韵母的变化往往是部位明确的元音变成部位含糊的央元音（schwa）。刚才已经举了一些轻声的例字，现在再举“个”字、“滴”字的轻声为例。

个[·kə]纸鹞老实好看[·kə tsɿ˨ ɦiɔ˩˧ ʔlɔ˨ ɦiʔ˩ ·hɔ tɕ‘ie˥]。（这风筝实在好看。）

尔讲尔个[·kie]，渠讲渠个[·kie]。（你说你的，他说他的——两人争所有权。）

尔讲尔个[·gə ～ ·kə]，渠讲渠个[·gə ～ ·kə]。（各说各的，两人说不到一块儿。）

我个[·kə ～ ·gə ～ ·ɦə]书（我的书）

“个”字读[ku˥]阴去是读书音，比方用于“两个黄鹂鸣翠柳，一行白鹭上青天”。平常说话不用。上述“个”字轻声各种读法大概是从阴去[kie˥]来的。“个”当“这”讲读[·kə]。“个”当领格“的”讲韵母有[ie ə]之别。“个”读[·kie]后头不能跟着名词，读[ə]韵母时声母往往可清可浊，可通可塞，后头可以带名词，也可以不带名词。如上例所示，后头都不带名词，意思还是有分别。

“慢滴起”从字面上讲是“慢点儿”（“起”字相当于后置的“先”字），是“等一火儿”的意思。其中“慢”字读阳去[mɛ˩˧]，“起”字上声读轻声[·tɕ‘i]，“滴”字有下列五个音：

[·tin ·din ·lin ·ʔn ·n]

“滴”字是阴入[tiʔ˥]，变音是[tin˥˩]，这五个音都是变音的弱化，最后一音几乎变成“慢”

字的韵尾了。

叁 研究的方法

上节举的轻声字都是频率最高的字，特点是短，舒入趋于混淆，声母有时可清可浊，韵母也变得含糊。这类轻声字容易识别。有些字没有上述例字那么轻，分析和记录的方法须要讨论。本文写作的步骤可以说就是本文的方法。

3.1 广用连调与轻声连调分开处理 1978 年写前文时本来想把轻声与非轻声一块儿讨论。写着写着出来好些困难。考虑到广用连调两字组大部分是前字变调；轻声连调（连调组里包含听起来略轻的字，这些字经研究可能定为轻声字）绝大多数是后字读轻声，前字读轻声的只有“好用、好看、好吃”之类的“好”字。分开处理两种连调不会影响两者之间的联系，可以分散难点。

3.2 阴阳舒入分开处理 吴语的特点是声调随声母的清浊分阴阳，阴调高而阳调低。多数吴语的字音随韵尾分舒促，舒声包括平上去，时间长；促声就是入声，收喉塞音，时间短。阴调跟阳调，舒声跟促声一般不混淆。分开处理，轻声的研究就简化成阴平、阴上、阴去是否混淆，阳平、阳上、阳去是否混淆的问题。

3.3 不掩盖例外 连调的规律有时有例外，例外检验规律，一定不可掩盖。初步归纳规律时，也不可因例外耽误全局。也许经过研究，例外本身可能有规律。比方“新鲜、诗经”（阴平加阴平）的广用连调是：前字 55 调，后字 33 调略降略短。后来发现这种广用连调跟某些数量连调相同，见下文第陆节。

3.4 比字 研究连调要解决两方面的问题。一是同音字（声韵调全同）在什么条件下调值分化了（就是不同音了），二是声韵同、调不同的字在什么条件下调值相同了（就是同音了）。耳听判断调值的分合，比字才能证实调值的分合。调值不同往往意义也不同，本地人对此天生的敏感。现在举些比字的例子。

“三年、五年、九年、四年”（数字是阴平、阴上、阴去）读数量连调指年数（多少年），读广用连调指年份（哪一年）。但是“七年、八年、六年、十年”（数字是阴入、阳入）无论表示年数年份，都读广用连调。如前文所说的广用连调，阳平在平声、上声、入声后变调，在去声后不变调。

	三年	五年	九年	四年
数量连调指年数	sɛ˧ ȵie˧˩˩	ʔŋ˦˨ ȵie˧˩˩	tɕiu˦˨ ȵie˧˩˩	sɿ˥ ȵie˧˩˩
广用连调指年份	sɛ˧˧ ȵie˧˩˧˩	ʔŋ˦˨˥ ȵie˧˩˧˩	tɕiu˦˨˥ ȵie˧˩˧˩	sɿ˥˧ ȵie˧˩
	七年	八年	六年	十年
广用连调指年数年份	tɕʻiʔ˥ ȵie˧˩˧˩	pəʔ˥ ȵie˧˩˧˩	loʔ˩ ȵie˧˩˧˩	ʑiʔ˩ ȵie˧˩˧˩

数量连调指年数如“一共三年”，广用连调指年份如“贞观三年”。

“三代、五代、八代”读数量连调表示代的数目（如“三代同堂”），分别跟“三袋、五袋、八袋”同音。“三代”特指夏商周，“五代”特指梁唐晋汉周，“八代”特指东汉魏晋宋齐梁陈隋（“文起八代之衰”的“八代”就是指这八代），都读广用连调。如前文所说的广用连调，阳去在平声、去声后变55调。

	三代	五代	八代
数量连调指代的数目	sɛ˧ de˨˦˩	ʔŋ˧˨ de˨˦˩	pɔʔ˥ de˨˦˩
广用连调特指某些朝代	sɛ˧ de˨˦˥	ʔŋ˧˨ de˨˦	pɔʔ˥˧ de˨˦

3.5 分格式比字　以下四节分格式讨论。反复问三字组和数量式便于比字。两种述宾式跟谓词重叠式连调相同，主谓式复合词跟数量式连调相同。

肆　反复问与动词重叠式

本节讨论的格式有两字组、三字组两种。温岭话单音形容词一般不重叠，两字组就限于单音动词重叠。例如“坐坐”[zo˧˨ ·zo]、“笑笑”[ɕiɔ˥ ·ɕiɔ]。反复问三字组指动词、形容词重叠中加表示否定的“弗”字。例如“送弗送”[suŋ˥ ·fə ·suŋ]，“贵弗贵”[ky˥ ·fə ·ky]。这两种格式的共同点是后字读轻声，平上去不分，只分舒入，阴调比阳调高，舒声比入声长。现在从三字组反复问说起。下页的表举例说明：作为后字，阴平、阴上、阴去不分，阳平、阳上、阳去不分。

下表“搞”本作“搅”。“扛”本作“搁”，是“抬”的意思。“嬉”是“玩儿”的意思。“睏”是“睡”的意思。“垫”本作“𧂡”，徒念切，支也。“煎、剪、见”用作前字有阴平、阴上、阴去之分，用作后字三字同音，都读轻声[·tɕie]。其他可以类推。

反复问三字组之一

后字阴平阴上阴去不分	煎弗煎	剪弗剪	见弗见 |	高费高	搞弗搞	教弗教
	tɕie˧	tɕie˧˨	tɕie˥	kɔ˧	kɔ˧˨	kɔ˥
后字阴平阴上不分	扛弗扛	讲弗讲 |	嬉弗嬉	洗弗洗 |	香弗香	响弗响
	kɔ̃˧	kɔ̃˧˨	ɕi˧	ɕi˧˨	ɕiã˧	ɕiã˧˨
后字阴平阴去不分	开弗开	去弗去 |	通弗通	痛弗痛 |	酸弗酸	算弗算
	k‘ie˧	k‘ie˥	t‘uŋ˧	t‘uŋ˥	sø˧	sø˥
后字阴上阴去不分	捆弗捆	睏弗睏				
	k‘uən˧˨	k‘uən˥				
后字阴入	迫弗迫 |	喫弗喫				
	paʔ˥	tɕ‘yoʔ˥				
后字阳平阳去不分	忙弗忙	望弗望 |	斜弗斜	谢弗谢 |	甜弗甜	垫弗垫
	mɔ̃˧˨	mɔ̃˨˦	ʑia˧˨	ʑia˨˦	die˧˨	die˨˦
后字阳上阳去不分	抱弗抱	鉋弗鉋				
	bɔ˧˨	bɔ˨˦				
后字阳入	白弗白 |	辣弗辣				
	baʔ˩	ləʔ˩				

用同样方式可以说明阳平、阳上、阳去作为后字没有分别，都读轻声。

从下列四组重叠式的对比可见阴阳调不混：阴调是轻声［˧］（中），阳调是轻声［˩］（低），轻声点不分中低。

反复问三字组之二

买弗买［ʔma˦˨ ·fə ·ʔma］	卖弗卖［ma˩˧ ·fə ·ma］	埋弗埋［ma˧˩ ·fə ·ma］
要弗要［ʔiɔ˥ ·fə ·ʔiɔ］	舀弗舀［ʔiɔ˦˨ ·fə ·ʔiɔ］	摇弗摇［ɦiɔ˧˩ ·fə ·ɦiɔ］
拜弗拜［pa˥ ·fə ·pa］	败弗败［ba˩˧ ·fə ·ba］	排弗排［ba˧˩ ·fə ·ba］
迫弗迫［paʔ˥ ·fə ·paʔ］	白弗白［baʔ˩ ·fə ·baʔ］	

这四行都表示轻声有阴阳调（声母分清浊）之别。“拜弗拜”跟“迫弗迫”对比，“败弗败”跟“白弗白”对比，可见轻声有舒促之别。“迫”是“粘贴”的意思。“败弗败”用于以下例句。其中“替”［t‘i˥］是“写”的同音字，是“这么、这样”的意思，“家私”是“家产”的意思。

打仗阴去替打法尔讲败弗败？（也可以说“……输弗输？”［ɕy˧ ·fə ·ɕy？］）

［tã˦˨ tɕiã˥｜t‘i˥｜tã˧˩ fəʔ˥｜ʔn˦˨ kɔ̃˧˩｜ba˩˧ ·fə ·ba？ ］

替喫法尔讲家私败弗败？

［t‘i˥｜tɕ‘yoʔ˥˧ fəʔ˥｜|ʔn˦˨ kɔ̃˧˩｜ko˧˥ sɿ˧｜ba˩˧ ·fə ·ba？］

以上三字组的例字，只要是动词，都可以去掉“弗”字，造成两字组动词重叠式。本节所说三字组与两字组的前字是独用调；后字是轻声，分阴舒、阴促、阳舒、阳促四类：

	舒	促
阴	阴舒［˧］	阴促［ʔ˧］
阳	阳舒［˩］	阳促［ʔ˩］

因为从声韵母可以分阴阳舒促，记音时只要用“轻声点”就够了。

伍　两种述宾式

上节动词重叠式所说也适用于下列两种述宾式。

述宾式一般读广用连调。代词“我、尔（你）、渠（他）”做宾语的述宾式读轻声连调，前字是独用调，后字读轻声。“我”［ʔŋo˦˨］跟“尔”［ʔn˦˨］阴上。“渠”［gie˧˩］阳平，声母是浊塞音，读轻声时声母通［·ɦe］塞［·gie］两可，读通音的居多。例如：

打渠［tã˦˨ ·ɦe］　　笑我［ɕiɔ˥ ·ʔŋo］　　咄尔［tøʔ˥ ·ʔn］（骂你）

“渠”字常常跟它前头的字合为一音。“休要搭渠讲”［ɕiɔ˥ ·te kɔ̃˦˨］是“别跟他说”的意思。［ɕiɔ˥］是“休要”［ɕiu˧ iɔ˥］的合音，［·te］是“搭渠”［təʔ˥ ·ɦe］（跟他）的合音。

量词“记、袒、滴、眼”做宾语的述宾式也读轻声连调，前字是独用调，后字是轻声。例如：

嬉记［ɕi˧ ·tɕi］	睏记［k‘uən˥ ·tɕi］	坐记［zo˧˩ ·tɕi］
嬉袒［ɕi˧ ·tɕ‘iã］	睏袒［k‘uən˥ ·tɕ‘iã］	坐袒［zo˧˩ ·tɕ‘iã］

高滴[kɔ˧ ·tin]	细滴[ɕi˥ ·tin]	买滴[ʔma˨ ·tin]
高眼[kɔ˧ ·ʔȵiɛ]	细眼[ɕi˥ ·ʔȵiɛ]	买眼[ʔma˨ ·ʔȵiɛ]

"记"[tɕi˥]字本为动量词，表示次数，转写时量词。"昶"[tɕʻiã˥]字为时量词。"记"字与"昶"字都表示很短的时间，"嬉记，嬉昶"都是说"玩一火儿"，"睏记，睏昶"都是说"睡一火儿"。对比起来，"嬉昶"要比"嬉记"时间长些。"滴、眼"两字本是表示微量的量词；转为表示程度，几乎可以用在所有形容词后头，只有"真、假"等少数例外。"滴"字本音是[tiʔ˥]，变音是[tin˥˩]，这里记的音是变音的弱化。"眼"字广用是阴上[ʔȵiɛ˨]，用作量词是阴平[ʔȵiɛ˧]。前者的变音是降变音，如"花眼瞎子"[hua˧ ʔȵiɛ˥˩]。后者的变音是升变音，如"眼眼一点儿"[ʔȵiɛ˧ ʔȵiɛ˧˥]，前字阴平，后字变音。"滴、眼"两字无论表示微量或程度，都相当于北京的"点儿"。"高滴，高眼"都是"高点儿"，"细滴，细眼"都是"细点儿，小点儿"，"买滴，买眼"都是"买点儿"。

陆　　数量式

阳平跟阴上没有数词，数词分属于以下六个调类：

阴平	三[sɛ˧]	千[tɕʻie˧]		
阴上	两[ʔliã˨]	五[ʔŋ˨]	九[tɕiu˨]	几[tɕi˨]
阴去	四[sɿ˥]	半[pø˥]		
阴入	一[ʔiʔ˥]	七[tɕʻiʔ˥]	八[pəʔ˥]	百[paʔ˥]
阳去	二[n˨˦]	廿[ȵie˨˦]	万[mɛ˨˦ ～ ve˨˦]	
阳入	六[loʔ˩]	十[ʑiʔ˩]		

"数量名"格式里，数量词与名词分属于不同的连调组，如"三朵 | 花，两对 | 花瓶"。因此可以单独讨论数量词的连调。

数词"一"加量词读"轻声加变音"的多，这里举四个例子。注意"堆、场"两字古平声，读升变音；"对、丈"两字古仄声，读降变音。变音一般不读轻声，但"滴"字变音常读轻声，本文也不讨论变音，下文不再举数词"一"字为例。

一堆[·i te˧˧˥]　一对[·i te˥˥˩]　一场[·i dʑiã˨˧˥]　一丈[·i dʑiã˨˥˩]

两字组数量词前字（数词）都是独用调，后字（量词）略轻（阳平、阳上见下），现在依后字调类为序分开讨论。

阴平做量词跟阴去做量词同音，都读33调而略短。现在举阴平"堆"[te˧]字与阴去"对"[te˥]字为例：

三堆 = 三对　两堆 = 两对　四堆 = 四对　八堆 = 八对　廿堆 = 廿对　六堆 = 六对

在这六对例子里，"对"[te˥˧]由55调变33调，因此跟"堆"[te˧]同音。有两对例子的对比特别有意思：

数量连调　　广用连调　　数量连调　　广用连调

四斤［sɿ˥ tɕin˧］ = 诗经［sɿ˧˥ tɕin˧］　四岁［sɿ˥ ɕy˥˦］ = 诗书［sɿ˧˥ ɕy˧］

数量式连调前字独用调，后字阴去跟阴平同调。广用式两阴平相连，读 55 调加 33 调。在前字是 55 调的条件下，后字 33 调其实是略短的 32 调。作者在前文 1979《温岭方言的连读变调》第 3 页说：阴平加阴平，后字阴平略降略短，接近 32 调［˧˨］，从简记作［˧˥ ˧］。前文的略短就是本文的略轻。这样就造成了上列两对两字组分别同音。

阴上做量词与阴平、阴去做量词不同调，可以举上声“主”［tɕy˦˨］字做量词与阴平“株”［tɕy˧］字做量词对比。以下十对两字组都不同音。

三株≠三主　五株≠五主　九株≠九主　两株≠两主　四株≠四主

七株≠七主　八株≠八主　廿株≠廿主　六株≠六主　十株≠十主

“株”相当于“棵”，是植株的量词。“主”相当于“笔”，是交易的量词。

阴入读 55 短调，做量词读 33 短调。“三角、三国”的广用连调后字读 55 短调，跟数量连调后字读 33 短调不同音，意思也不相同，已见上文 2.2 节。

阳平、阳上、阳去做量词在舒声后不分，都读 11 调。现在举阳平“场”［dʑiã˨˩］字跟阳上“丈”［dʑiã˨˩］字，阳平“团”［dø˨˩］字跟阳去“段”［dø˩˧］字为例。

三场 = 三丈　五场 = 五丈　四场 = 四丈　廿场 = 廿丈

三团 = 三段　五团 = 五段　四团 = 四段　廿团 = 廿段

阳平、阳上做量词在入声后读 51 调，跟广用连调相同。阳去做量词在入声后读 11 调，跟在舒声后相同。（温岭阳上字本来少，做量词的很少，如“丈”、“件”［dʑie˨˩］、“桶”［duŋ˨˩］、“部”［bu˨˩］。“丈、件、桶”三字总读阳上；“部”字做“书”与书名的量词读阳上，做“车”与机器的量词读阳去。）

甲　七场 = 七丈　八场 = 八丈　六场 = 六丈 = 落场　十场 = 十丈 = 入场

乙　七袋≠挈袋　六袋≠落队　十袋≠石埭

甲行表示“入声数词加阳平、阳上量词”连调与广用连调相同，量词不读轻声。

乙行表示“入声数词加阳去量词”连调与广用连调不同，量词略轻。“落”与“六”同音，“挈”与“七”同音，“队”与“袋”同音，“入、石、十”三字同音。“挈”是“提”的意思，“挈袋”是提东西的袋。“落场”对“入场”而言。“落队”就是掉队，“石埭”是安徽省的县名。

阳入本来是 11 短调，做量词仍读 11 短调。下列例子中，“对”字升变音，“纸”字降变音。

兩沓信封［ʔliã˦˨ dəʔ˩ ɕin˥˦ fuŋ˧˧˥］　三沓信纸［sɛ˧ dəʔ˩ ɕin˥˦ tsɿ˦˨˥˩］

两字组数量连调跟广用连调不同处在于：广用连调前字变调的多，后字变调的少，个别后字略短；数量连调的前字是独用调，后字（量词）一般略轻。略轻体现为调类少，除入声后的阳平与阳上读［˥˩］51 调不轻之外，分为下列五类：

阴平 = 阴去　［˧］　阴上［˦˨］　阴入［ʔ˥］

阳平 = 阳上 = 阳去　［˩］　阳入［ʔ˩］

动词重叠式两字组的前字是独用调，后字（中）轻声。（中）轻声体现为四个调类：阴舒，阳舒，阴促，阳促。见上文第肆节。

本文把温岭的轻声分为三类。第一类最轻，容易识别，例如第贰节加轻声点的字音。第二类(中)轻声，分四个调值。第三类略轻，分五个调值。第三类[˧]33 调（阴平 = 阴去）跟[˦˨]42 调（阴上）对立，记音时要记调值。本文第陆节、第柒节就只记调值，不加轻声点。第二类只有阴舒、阴促、阳舒、阳促之分，阴阳舒促可以从声韵母看出，第肆节、第伍节就不记调值，只记轻声点。第一类最轻，不能区分调值，只能记轻声点。第一、第二两类有时不好分；第二、第三两类距离大，第三类接近于非轻声。为记录分析温岭方言，可以只认为一二两类是轻声。

柒　　主谓式复合词

主谓式自成句子，无论长短，主语跟谓语都属于不同的连调组。例如“我 | 去”这句话里，主语“我”跟谓语“去”都自成连调组。“我 | 天酿 | 杭州 | 去”这句话分成四个连调组，意思是“我明天 [到] 杭州去”。（“我”是主语，以下是谓语，单竖线“|”分开连调组。）这类句子都不在本文讨论之列。两字组主谓式复合词可以根据连调分成紧的和松的两类。

紧的　春分　霜降　天酿　心痛　心过

松的　腰酸　嘴苦　口燥　胆细　脚痛　头痛　肚瞎　心烦　眼红　皮厚　皮薄　卵出

“天酿（←天亮）”是明天的意思。“肚瞎”是“饿”的意思，“瞎”[həʔ˧]是写的同音字。

紧的主谓式复合词都读广用连调。“春分、霜降、天酿”是名词，可以说“天酿霜降”，就是“明天霜降”。三字组的名词不论构造如何，都读广用连调。例如“望弗进”跟“鬼弗要”。两者都用作对人的贬称。前者指行为怪僻，不易了解，后者指十分讨厌，难于应付。

松的主谓式复合词前字是独用调，后字略轻。

“心痛”跟“脚痛、头痛”，“心过”跟“心烦”貌合神离。“心痛、心过”的否定式前头加“弗”。松的复合词一行的否定式在中间加“弗”。“心痛”可以带代词宾语，是地道的动词。“心痛、心过”的后字阴去读广用连调是[˥]55 调。松的复合词一行的后字阴去（燥、细、痛）读成[˥˧]33 调，跟后字阴平（酸）[˧]同调。“卵出糟了”后字阴入，读[ʔ˥˧]33 短调。

“嘴苦”后字上声读[˦˨]42 调。“肚瞎”后字来历待考，但读 33 短调，为阴入无疑。“心烦，眼红”后字阳平，“皮厚”后字阳上，都读 11 调。“皮薄”后字阳入读 11 短调。以上后字读法，都跟数量连调相同。（松的主谓式复合词手头没有后字阳去的例，也没有前字入声加后字阳平、阳上的例子。）

后记　关于温岭方言的声调系统，作者计划写四篇文章：

㊀温岭方言的变音　拙作 1978 只讨论格式，拟另文讨论功用。

㊁温岭方言连读变调出现的范围　讨论什么格式变调，什么格式不变，尚未写定。

㊂温岭方言的连读变调　拙作 1979 只讨论两字组和三字组，更长的格式待补充。

㊃温岭方言的轻声　本文的初稿曾在1988年12月的一次吴语会议上宣读，1989年改定。此次付印，略有更动。因为限于篇幅，未能细说，有待补充。

屈指算来，这计划十四年只完成一半。岁暮天寒，记此备忘。

一九九一年十二月二十一日

[《方言》1992年第1期1—8页]

《中国音韵学研究》出版说明 *

本书为研究汉语方言与汉语古音的重要著作，法文原本在 1915—1926 年分四次出版；中文译本在 1940 年初版，1948 年再版。

本书的贡献有三项：（一）先根据《广韵》的反切和等韵，考订古音的音类，再用比较语言学的方法，构拟古音的声母韵母的音值。（二）说明语音的分类和性质，罗列三十来处方言的辅音元音。（三）在构拟的古音下，排比二十六处方言三千来个字音，反映古今音的演变，方音之间的异同。

译本书前加的“译者提纲”说明全书的要点；“名辞表”罗列本书使用的中文法文对照的语音学和音韵学名词，并有详细的附注；“音标对照及说明”通过瑞典方言字母与国际音标的对比，阐述使用音标的原理：这三项对阅读本书很有帮助。

原本出版过程中和出版之后，作者对古韵母音值的构拟有所变更，这些在译本中已经改正。译本出版后有一项更改需要提一下。高本汉（1954 年 268 页）根据赵元任（1941 年 225 页），把“幽黝幼”三韵的音值由 i̯əu 改为 i̯ĕu（照译本的写法是由 iə̆u 改为 ĭĕu）。

原书有些疏忽的地方，主要是一些字的古音音类。这里举译本 71 页为例。

译本 71 页（法文原本 112 页）有“衣依椅殷慇湮掩意缢冤威畏慰淤欝”等十五个影母字标明“三四等？”，意思是说三四等不定。现在分别说说这些字的等。

“衣依”两字《广韵》平声微韵开口，“威”字合口；“畏慰”两字去声未韵合口。“殷慇”两字平声欣韵开口；“欝”字入声物韵合口。“冤”字平声元韵合口。这些韵都是本书的 ß 类韵，这些韵的字全在韵图的三等。看译本 471—472 页（法文原本 625—626 页）。［上页“隱癮”两字上声隐韵开口；“苑婉宛”三字上声阮韵合口，“怨”字去声愿韵合口，“谒”字入声月韵开口；七字全列三等，不误。］

“意”字去声志韵。“淤”字平声鱼韵央居切又去声御韵依据切，现代方言一般读平声，此处当移到平声。这些韵影母只有三等。［上页平声之韵“醫”字与鱼韵“于”字都列三等，不误。］

“椅”字译者注云：“《广韵》‘支’‘纸’两见，但今多数方言读上声。”案《广韵》支韵：“椅，木名，梓实桐皮，”于离切。纸韵：“椅，椅柅，”于绮切。高本汉所列的“椅”当是“椅子”的“椅”。“椅子”本作“倚子”，字从人旁。“倚”字已见上页三等，跟支韵的“椅”音义都不同，跟纸韵的“椅”音同义异。

“掩”字上声琰韵衣俭切，跟“黶”字于琰切三四等对立。［“厭”字跟“黶”字同等，上页

* 本文为李荣先生撰写，署名为商务印书馆编辑部。——编者注

列三等，应改列四等。]

“湮”字平声真韵于真切又先韵乌前切，本书用于真切的音，见译本110，616—617页（法文原本174，783—784页）。“湮，于真切”的同音字“因茵姻”三字均见上页四等，不误。先韵是本书的γ类韵，是四等韵，看译本472页（法文原本626页）。

“缢”字去声寘韵于赐切又霁韵于计切，本书用于计切的音，见译本97、577页（法文原本154、744页）。霁韵也是本书的γ类韵，是四等韵。寘韵“倚，于义切”跟“缢，于赐切”三四等对立。

如上所说，本书所列影母十五个“三四等不定”的例字中，“湮缢”两字为四等，其余十三字都是三等。

同页喻母四等开口入声列“译绎驿亦奕役疫”等字。译本714—715页（法文原本881页）以为这七个字同音。《广韵》入声昔韵“绎亦奕译驿”五字羊益切，跟同韵“役疫”两字营只切开合对立。“营只切”反切上字合口，下字开口，由上字决定“役疫”两字是合口。

诸如此类的疏忽之处，此次重印都没有改正。读者如有疑问，可以参考《广韵》《韵镜》与《方言调查字表》。

译本再版较初版有所改进。初版遗漏照母读音表，再版已补上，页码是291a。472页正文第六行括弧中韵母初版误排，再版已改正。现在据再版本影印。书后增一附录。

商务印书馆编辑部

一九八七年一月

[商务印书馆，1994年]

方言词典说略

汉语方言的调查研究工作近年来略有进展。在这个背景下，我们计划编一部以实地调查为主的，综合的汉语方言词典。这个计划分两步走。第一步是调查四十处方言，编四十册分地方言词典。第二步是在四十册分地方言词典的基础上，补充一些其他方言资料，编一部综合的汉语方言词典。工作在1991年上马，到1992年秋季，有三四册分地方言词典的稿子送到印刷所排印。这里提出若干意见，请读者指教，求同行批评，供同事讨论。

本文分两部分，共九节。第一部分讨论三个题目：（壹）发音合作人，（贰）调查方法，（叁）相同的字各地用法的异同。第二部分分六节讨论分地方言词典，（肆）是分地方言词典的引论，以下五节讨论分地方言词典的内容：（伍）出条，（陆）注音，（柒）释义，（捌）举例，（玖）用字。（本文前三节初稿曾在《中国语文》今年第5期321—324刊出。）

壹　发音合作人

方言词典以方言调查为本。调查首先要物色发音合作人。发音合作人尽可能选择老年中年，也不排斥青年。根据前者确定音系，参考后者可以补充词语。年长的本地话纯熟稳固，年轻的易受外地话影响。前者往往保持当地的本色，后者时常露出演变的趋向。在口音分老派新派的地方，老派的音类区别大都比新派细。这也是发音合作人选择老派的理由之一。拿苏州与长沙说吧，两处的老派都分尖团，新派都不分尖团。当然具体的分法两处并不完全一致。以下举例，例字上头分别注明古声母“精清心”与“见溪晓”。

	精	见	清	溪	心	晓
苏州	浆 tsiã˥	—薑 tɕiã˥	枪 ts‘iã˥	—腔 tɕ‘iã˥	箱 siã˥	—香 ɕiã˥
	尖 tsiɪ˥	—肩 tɕiɪ˥	千 ts‘iɪ˥	—牵 tɕ‘iɪ˥	先 siɪ˥	—轩 ɕiɪ˥
长沙	浆 tsian˧	—薑 tɕian˧	枪 ts‘ian˧	—腔 tɕ‘ian˧	箱 sian˧	—香 ɕian˧
	尖 tsiẽ˧	—肩 tɕiẽ˧	千 ts‘iẽ˧	—牵 tɕ‘iẽ˧	先 siẽ˧	—轩 ɕiẽ˧

苏州与长沙两处老派都分尖团音，古精清心三母的字在今细音前读［ts ts‘ s］，跟古见溪群三母的字读［tɕ tɕ‘ ɕ］不同音。以上例字记的就是老派的音。新派古精清心三母字在今细音前也读［tɕ tɕ‘ ɕ］，跟古见溪晓三母字相同。以上两处各六对例字，前字都读如后字就成了新派的音。（古全浊声母“从邪”与“群匣”也有分不分的问题，这里就不细说了。）

就尖团音而论，从老派的音可以推出新派的音，从新派的音不能推出老派的音。根据老派记音，只要交代一句，“老派［ts ts‘ s］拼细音新派读［tɕ tɕ‘ ɕ］”，就得到新派的音。要是根据新派记音，就要列举新派全部［tɕ tɕ‘ ɕ］三母的字，逐一说明老派是［tɕ tɕ‘ ɕ］组声母还是

[ts ts‘ s]组声母，才能得出老派的音。

贰　调查方法

调查方言要反映事实。反映事实并不容易。这个牵涉到调查人的能力，调查人的经验，调查人对所调查方言熟悉的程度。能力可以逐步增长，经验可以日积月累，随着调查时间的推移，熟悉的程度也跟着提高。“不识庐山真面目，只缘身在此山中。”即使是调查母语，调查人习焉不察之处，须要发音合作人提醒。何况限于经历与行业，每人对母语的知识，总不能是完完全全的。凡此种种，都性急不得。不过有一味药，可以提高工作效率。

调查方言，一开头总是用印象记音法，听见什么记什么。单字——词语——短句——对话——故事，语料逐步加长，随时用后来所得语料印证，修改，并且补充以前所得的语料。在这过程中，就出来音系、变调规律，等等。印象记音法就逐渐演变为系统记音法。一味什么药呢？就是系统记音法开始之后，不要把系统看死了。调查时随时准备发现新的声母、韵母、声调，新的声韵调拼合方式，与新的连调变化。千万不要忘记用新语料印证、修改，并且补充那个系统。黄雪贞调查客家话略有经验，她调查梅县话变调的事可供参考。

梅县客家话平声入声都分阴阳，上声去声都不分阴阳，有六个单字调，轻声在外。

阴平[˦]44　阳平[˩]11　上声[˧˩]31　去声[˥˧]53　阴入[˩]1　阳入[˥]5

梅县话两字组里，阴平与去声作为前字，在阴平与阳入前头不变调，在阳平、上声、去声、阴入与轻声前头变调，阴平变[˧˥]35调，去声变[˥]55调。举例如下。轻声举“儿”[·e]为例。

阴平＋阴平[˦ ˦]	山沟 san keu	春耕 ts‘un kaŋ	秋收 ts‘iu su	上工 soŋ kuŋ
阴平＋阳平[˦˧˥ ˩]	斋嫲 tsai ma	番薯 fan su	猪栏 tsu lan	耕田 kaŋ t‘ien
阴平＋上声[˦˧˥ ˧˩]	山水 san sui	天井 t‘ien tsiaŋ	双抢 suŋ ts‘ioŋ	相打 sioŋ ta
阴平＋去声[˦˧˥ ˥˧]	灯罩 ten tsau	山货 san fo	针线 tsəm sien	冬种 tuŋ tsuŋ
阴平＋阴入[˦˧˥ ˩]	瓜葛 kua kot	山脚 san kiok	被角 p‘i kok	煲粥 po tsuk
阴平＋阳入[˦ ˥]	正月 tsaŋ ŋiat	三十 sam səp	私塾 sɿ suk	煨熟 voi suk
阴平＋轻声[˦˧˥ ·˧]	车儿 ts‘a ve	靴儿 hio e	乡儿 hioŋ ŋe	蜂儿 fuŋ ŋe
去声＋阴平[˥˧ ˦]	外甥 ŋoi sen	夏收 ha su	赴车 fu ts‘a	负心 fu sim
去声＋阳平[˥˧˥ ˩]	芋头 vu t‘eu	戏棚 hi p‘aŋ	莳田 sɿ t‘ien	过来 kuo loi
去声＋上声[˥˧˥ ˧˩]	露水 lu sui	大雨 t‘ai i	树梗 su kuaŋ	放假 pioŋ ka
去声＋去声[˥˧˥ ˥˧]	半夜 pan ia	味道 mi t‘au	种树 tsuŋ su	看戏 k‘on hi
去声＋阴入[˥˧˥ ˩]	顾客 ku hak	豆角 t‘eu kok	认得 ŋin tek	睡目 soi muk
去声＋阳入[˥˧ ˥]	算术 son sut	树叶 su iap	好食 hau sət	放学 foŋ hok
去声＋轻声[˥˧˥ ·˧]	藠儿 k‘iau ve	罐儿 kuon ne	病儿 p‘iaŋ ŋe	瓮儿 vuŋ ŋe

梅县两字组注——斋嫲：带发修行的女子｜番薯：白薯。“薯”字广韵从艸从储，平声署鱼切，梅县阳平跟古音与多数方言符合｜双抢：抢收早稻与抢种晚稻的合称｜相打：打架｜车儿：车子｜靴儿：靴子｜乡儿：乡里｜

蜂儿：蜜蜂 | 赴车：赶车 | 戏棚：戏台 | 莳田：插秧 | “放假”的“假”与“真假”的“假”梅县都读上声 | 味道：滋味 | 睡目：睡觉 | 好食：贪吃 | “放假”的“放”与“放学”的“放”梅县声母不同，双唇音属于较早的层次，齿唇音属于较晚的层次 | 蓖儿：蓖头 | 罐儿：罐子 | 病儿：病了 | 瓮儿：瓮

［˨˦］35 调与［˥］55 调都是单字调之外的新调值，前者都从阴平［˦］44 调变来，后者都从去声［˥˧］53 调变来。［˧˥］35 调容易听辨。［˦］44 调与［˥］55 调近似，加上这两个调不在相同的语音环境里出现，难于对比：

阴平＋阳平　教佢 kau˦˧˥ ki˩　　　阴平＋上声　家史 ka˦˧˥ sɿ˨˩
去声＋阳平　告佢 kau˥˧˥ ki˩　　　去声＋上声　驾驶 ka˥˧˥ sɿ˨˩

“告佢”的“告”只能跟单说的“教”比［˥］55 调与［˦］44 调的高低，不能跟“教佢”的“教”比；“驾驶”的“驾”只能跟单说的“家”比，不能跟“家史”的“家”比。（客家语料由黄雪贞提供。）

黄雪贞说：“我的 1988《客家方言声调的特点》（《方言》241—246）与 1989《客家方言声调的特点续论》（《方言》121—124）以为梅县话两字组去声在阳平、上声、去声、阴入的前头变得跟阴平单字调相同。我 1991 年再到梅县调查，反复听辨，去声的变调比阴平单字调高。这种分别在本地人的口里是稳定的。现在我把阴平单字调记作［˦］44 调，去声的变调记作［˥］55 调。即使这两种调值不在相同的语音环境里出现。”

叁　相同的字各地用法的异同

同一个字（语素）在一个方言内部，尤其是在若干方言之间，有不同的用法。这还没有受到充分的注意。现在举个例子来说。

广韵屋韵丁木切：“豚，尾下窾也。启，俗。”集韵都木切：“豚，博雅‘臀也’，或作豚，俗作启。”拙作 1982《论入字的音》（《方言》，241—244＝1985《语文论衡》107—111）云：

> 在现代方言里，豚有“尾部，臀部，私处浙江东阳、缙云谓男性者，上海远郊松江、奉贤谓女性者，器物底部，末了”等意思。

以下再引用一些语料，说明各地“启”字的用法。本文行文用“启”字，引文用原文。

山东莒县　［启儿］tur˥˧ 蜂蝎刺人的器官：蝎子～（石明远告知）

江苏徐州　李申 1985《徐州方言志》146［豚］tu˨˩˦ 尾：听不出头～来 | 158［头豚儿］t‘ou˥ tur˨˩˦ 头绪，原委：半天问不出个～ | 147［豚子］tu˨˩˦ ·tsɿ 昆虫的尾部：蜻蜓～断了 | 107［对豚子］＝［接尾巴］蚕蛾交配 | 226［胡头倒豚儿］xu˥ t‘ou˥ tɔ˥˧ tur˨˩˦ 颠三倒四，稀里糊涂

洛阳　曾光平等 1987《洛阳方言志》70［赤启儿启儿］t‘ʂʅ˧˩ tuɯ˧˩˦ tuɯ˧˩ 光屁股 | 61［老末启儿］lɔ˥˧˦ muɔ˧˩˦ tuɯ˧˩ 最后一个人

武汉　朱建颂 1980《武汉方言单音词汇释》（《方言》）78［豚］tou˨˩˦ 底：碗里还剩下一～底上的 | 朱建颂 1984《武汉方言简志》油印本 12［豚脏］肛道：掉～脱肛 | ［豚子］①容器底部或其残留物 ②跟儿：高～鞋

四川　王文虎等1986《四川方言词典》90 启启 tu˨˩ tu˨˩˥（器物）底部：这个坛子～烂了，漏水了‖原书"启"字写作同音字"独"字，注音据附录一成都音改成音标，古入声今读阳平，"启独"两字同音，重叠时后字读55调［˥］，调值与阴平相同。

山西忻州　温端政1985《忻州方言志》95［启子］tuəʔ˨ ·tə 屁股

阳曲　孟庆海1991《阳曲方言志》80［启子］tuəʔ˨ tsəʔ˨ 屁股｜141［启启］tu˧ tu˧（原作"椟椟"，用于儿歌）屁股

太原　温端政1981《太原方言词汇》（《方言》）305［启子］tuəʔ˧ ·tsɤ 屁股

文水　胡双宝1988《文水方言志》78［启则］山西子尾常写作则 tuəʔ˨ tsəʔ˨˦ 屁股

平遥　［启子］tuʌʔ˨˩˧ tsʌʔ˨˩˥ 屁股｜［烟启子］iᴇ˨˩˧ tuʌʔ˨˩˧ tsʌʔ˨˩˧ 烟屁股｜［启蛋子］tuʌʔ˨˩˧ taŋ˦ tsʌ˨˩˥ 屁股蛋儿｜［锅启底］kuei˨˩˧ tuʌʔ˨˩˥ ti˥˧ 锅底｜［启血］tuʌʔ˨˩˥ ɕyʌʔ˨˩ 非正常月经出血｜［跌启］tiʌʔ˨˩˧ tuʌʔ˨˩˥ 脱肛（侯精一告知）

长治　侯精一1985《长治方言志》85［启子］tuəʔ˥˧˥ təʔ˥˧˥ 屁股

江苏海门四甲坝（旧属南通）［启底］toʔ˦ ti˥˩ ①底下：东西放来［·lɛʔ］放在～｜②尽头：王家走～就是咯［·koʔ］（许宝华告知）

安徽歙县　［太阳启下］tɔ˧˨˦ io˥ to˥˧ ·xo 太阳地里｜［月亮启下］uei˧ lio˧ to˥˧ ·xo 月亮地里（程朝辉告知）

南昌　熊正辉1983《南昌方言词汇》（《方言》）63［豚］tuk˥ 器物的底：碗～｜桶～｜76［豚上］tuk˥ sɔŋ˩（碗、桶等的）底儿上：衣裳搁得箱子～箱底｜［豚下声］tuk˥ ka˩ 下面一层：面上是夏天穿个衣裳，冬天穿个衣裳都在～［末底韵豚］mot˦ tit˦ tuʔ˦ 末了｜［太阳豚下］tʻai˨˩·iɔŋ tuk˦ ka˩ 太阳地里（据熊正辉补充改正）

长沙　鲍厚星等1984《长沙方言词典》稿油印本二94［碗豚子］õ˨˩ təu˨˦ ·tsɿ＝［碗蒂子］õ˨˩ ti˥ ·tsɿ 碗的底部

梅县　［豚］tuk˩ ①器物底部：瓮～ vuŋ˥˧˥ tuk˩｜镬～ vok˦ tuk˩｜碗～ von˨˩ tuk˩｜碗～上 von˨˩ tuk˩ hoŋ˥˧ 碗内底部 ②顶部：帽～ mau˥˧˥ tuk˩｜尖～笠嫲 tsiam˦˦˥ tuk˩ lep˩ ma˩ 尖顶笠｜平～笠嫲 pʻiaŋ˩ tuk˩ lep˩ ma˩｜和尚头，髡儿豚，爱饭唔爱粥和尚头，秃了顶，要饭不要粥 vo˩ soŋ˥˧˥ tʻeu˩；kʻuat˩ ·te tuk˩，oi˥˧˥ fan˥˧ m˩ moi˥˧˥ tsuk˩ 童谣，指僧头为豚（黄雪贞告知）

广州　［豚］tok˦ ①底部，底：碗～ un˦ tok˦｜盆～ pʻun˩ tok˦｜沙煲～ sa˥˧˥ pou˥ tok˦｜米缸～ mɐi˧ kɔŋ˥˧˥ tok˦｜桶～ tʻoŋ˦ tok˦｜～底 tok˦ tɐi˦｜打烂沙盆璺（问）到～成语 ta˦ lan˧ sa˥˧ pʻun˩ mɐn˧ tou˧ tok˦｜沙梨～ sa˥˧ lei˩ tok˦ 猪臀部的肉｜枱～ tʻɔi˩˥ tok˦ 桌子下边 ②尽头：巷～ hɔŋ˧˥ tok˦｜屈说文无尾也，广韵衢物切～巷 kuɐt˧ tok˦ hɔŋ˧˥ 死胡同｜屋～ ok˦ tok˦ 房子的最里边｜村～ tsʻyn˥˧˥ tok˦｜行到～ haŋ˩ tou˧ tok˦ 走到头儿（白宛如告知）

"启"字分布地区广阔，如上述用例所示，见于官话、晋语、吴语、徽语、赣语、湘语、

客家话、粤语等方言区。本文作者未见闽语用例。方言里"启"字的"臀，尾，阴部，底部，末了，尽头"等意思，可以说都从《广雅》"臀也"演变而来。由此出发，包含"启"字的词语全可以得到适当的解释。吸烟时剩下的部分上海叫"香烟屁股"，平遥叫"烟启子"，厦门叫"熏头"，温岭叫"香烟蒂头"，平常说话写标语就说"烟头"，头尾措词有别，所指相同。至于梅县童谣指僧头为豚，则谑而虐矣。帽子翻过来，帽顶就成了帽底，无怪梅县管帽顶叫"帽豚"。"启"字在各地方言里用法的异同比较，对研究语言史、考本字、编字典都有帮助。

以上三节，(壹)讨论怎样物色发音合作人；(贰)的题目是调查方法，其实说的是调查态度；(叁)举例说明，调查方言时相同的字各地用法的异同值得注意。这些都是研究方言，包括编写方言词典的一般问题。以下六节讨论分地方言词典，(肆)是词典引论的内容，凡是该在词典里说而又不便在词典正文里说的事都在引论里交代；以下分五节说明词典正文的五个方面：(伍)出条，(陆)注音，(柒)释义，(捌)举例，(玖)用字。

肆　分地方言词典的引论

分地方言词典规模粗定，有三四册的稿子已经发排。综合方言词典以后再说。

分地方言词典的要求有两项：一是为综合方言词典准备条件，二是反映本地方言的特色。为了做到这两项，我们制定统一的调查表与编写体例。凡是调查表中的单字与词语，只要本地方言能说的，都要调查，这样各地的语料才能对比，才能编写综合词典。

每一册分地方言词典都分三部分：首先是引论，主体是词典正文，最后是义类索引。

引论分七节，以苏州方言词典为例是：一 苏州 | 二 苏州方言的内部差别 | 三 苏州方言的声韵调 | 四 苏州方言单字音表 | 五 苏州方言的特点 | 六 苏州方言词典凡例 | 七 词典中例句常用字注释 | 其他方言词典只要把地名改了就行了，比方"苏州"改成"长沙"。(一)说明当地的沿革、地理与人口。(二)说明当地方言内部的地理差别与年龄差别，交代本词典的发音合作人的方言派别。(三)说明声韵调与连读变化。(四)单字音表，就是反映字音构造的声韵调拼合表。初稿出来之后要认真询问核对，把放错位置的字改了，把有音义无通行形体的字(简称有音无字)通通记下来。[m n ŋ]是否自成音节。有没有什么音在表里不好安排。这是发掘方言事实的一种有效方法。不会写光会说的字往往是口语常用的，可以补充用字表调查之不足。老读轻声的字可以在表前交代，不列入表内。(五)说明本方言在语音、语汇、语法各方面的特点。特点指本方言区别于其他方言，尤其是区别于附近方言之处；以及本地人在外地人面前希望避免，有时受到外地人非议之处。从语言学的观点看，这种非议往往是没有道理的，调查研究毋须避免。一般的说，代词，指示词，方位词，数量词(如"一个"至"十个"的合音)，语助词，口头禅，招呼应对吵架的话，这些往往显出方言的特色。(六)交代出条、注音、释义的方式，大小字区别，各种符号的用法，等等。(七)把例句中常用的须要说明的字眼先提出来注释，对编者读者都很方便。引论上文已经提过的方言字眼，当然不必重复。(至于词典正文，当然要包括引论里说过的所有条目。)

有人说，凡例应当放在引论的末了。一则常用字注释要用到凡例。二则常用字就是从正文中选出来的，还是紧接着正文为妥。

引论分成七节是依内容分的，每节长短不拘，有话即长，无话即短。假如某地方言有些事实须要在引论里叙述，现成的框框装不进去，或者装进去不合适，那就可以另立一节。比方某些方言的训读字与变音。

为了面目清楚，引论的层次最多为二层，每层最多分为九项。第一层以“壹、贰、叁、肆”等大写数字为序，第二层以圆圈数字㊀㊁㊂㊃等为序，第三层以圆圈码①②③④等为序。当然也可以少分层次或不分层次，少分项或不分项。

词典正文按字音排列，以韵母、声母、声调为序。为了查阅方便，正文之后要有义类索引。要不要编别的索引，由分地方言词典的编者考虑决定。

词典正文用条目释例的方式，分“出条、注音、释义、举例、用字”等五节讨论。现在从苏州、温岭、梅县、广州、南昌等五处方言选取 114 条，分成五组，分别作为刚才说的五节的例子。为称说方便，条目编号用三位数，百位数表示第几节，以下两位数表示第几条。如下表。

	伍　出条	陸　注音	柒　释义	捌　举例	玖　用字	小计
苏州	501—517	626—629	701—716	801—808	901—908	53
温岭	518—525	601—623		809—813	909—918	46
梅县	526—533					8
广州					919—923	5
南昌		624—625				2
小计	501—533	601—629	701—716	801—813	901—923	

关于条目选样，还有几点要说明一下。

①苏州、梅县、广州、南昌四地条目分别由叶祥苓、黄雪贞、白宛如、熊正辉起草，有时本文作者略加润色。温岭是作者本人的方言。

②条目进入词典，当然都按音排列，以各方言的韵母、声母、声调为序。这里连着的相关条目，如［504—506］三条，到词典里就分开了。本文把条目分为五组，以及每组的先后，都以行文方便为序。也有少数这一节参看那一节条目之处。

③以下每节都先说明后举条目。条目是主体，说明是冲着条目说的，当然不必条条都说。

伍　出条

“出条”是说词典里立个条目，注音释义。什么语言成分可以出条？不拘一格，什么语言成分都可以出条。单字条目、多字条目都行。语素可以出条，词可以出条，词组可以出条，不连续的语言成分也可以出条。苏州［501］“止”字出条，以“止血｜止泻｜止咳｜止痛｜止痒”为例，比出“止血”等五条合适，注释也比出五条方便。

苏州［504—506］“有喜（哉）｜拖身子｜大肚皮”出三条，在一处合注，梅县［526—528］

与［530—531］出五条，在“冷水”条合注，相关条目的意思因对比而显。

调查时“猪肝｜猪舌头｜猪耳朵｜猪尾巴”等等都要调查，各地可能有不同的名称。苏州“猪舌头”叫“门枪”，［511］以后者出条，前者作注。苏州［507］“猪”字条以“猪肝”为例，表示“猪肝”没有特别的名称。

苏州［517］动词用于“呒……处”之间，温岭［518］动词用于“呒处”之后，因此两地出条方式不同。温岭接着出［519］“呒处寻”与［520］“呒处去”，这两条说明本义与引申义的差别。苏州“呒…处”与温岭“无处……”是活的格式，列举不尽，非出条又适当举例不可。

梅县［530］“滚水”与［531］“沸水”同义而出两条，因为起头的字不同。［532—533］“逆风｜拦面风｜拦头风”三项同义，也只出两条，因为其中有两条都拿“拦”字起头。

501—517 苏州

501【止】ts ɥ˥˩ 停止或缓解某种症状：～血｜～泻｜～咳｜～痛｜～痒

502【惹】zɑ˨˩ 排泄大小便：～恶拉屎｜～尿撒尿｜～屁放屁

503【啥】sɑu 什么：～人什么人，谁｜～物事什么东西｜～辰光什么时候｜～场化什么地方｜今朝买～小菜

504【有喜（哉）】ɦiʏ˨˦ ɕi˥˩˧（·tsᴇ）怀孕的文雅说法，一般说法是【拖身体】，通俗说法是【大肚皮】

505【拖身体】t‘əu˥ sən˥˧ t‘i˥˩˨ 见【有喜（哉）】

506【大肚皮】dəu˨˩˨ dəu˨˩˧ bi˨˦˨ 见【有喜（哉）】

507【猪】tsɥ˥ 一种最常见的家畜：～头｜～脑子｜～血｜～心｜～肝｜～脚爪 ‖ 俗称猪猡猡 tsɥ˥ lo˥ lo˥˨ ○“猡”是俗字，两个音，这里音与“罗”ləu˨˦ 不同

508【猪猡】tsɥ˥ ləu˨˦˨ 骂人愚蠢得像猪一样 ○“猡”字两个音，参看【猪】

509【猪油】tsɥ˥ ɦiʏ˨˦˨ 有板油与网油之分，熬成后也叫荤油

510【猪窠灰】tsɥ˥ k‘əu˥ huᴇ˥˨ 一种农家肥，垫猪圈的稻草与泥土。在农谚中简称猪灰 △种田三个宝，猪灰、河泥、红花草紫云英

511【门枪】mən˨˦ ts‘iã˥˧ 作为食品的猪舌头 tsɥ˥ zəʔ˨˦ dʏ˨˦˨，北京叫口条

512【顺风】zən˨˩˨ foŋ˥˧ 作为食品的猪耳朵 tsɥ˥ ȵi˨˧ təu˥˩˨

513【摇捎】ɦiæ˨˦ siæ˥˧ 作为食品的猪尾巴 tsɥ˥ ȵi˨˧ po˥˨ ‖ 参看【捎】

514【捎】siæ˥ 摇动：～子鱼产卵｜～马桶洗刷马桶｜摇捎猪尾巴 ‖ 广韵宵韵相邀切：“捎，摇捎，动也。”“捎”本地常写作“消”

515【-头势】dʏ˨˦ sɥ˦ 后缀，用在形容词及少数动词之后构成抽象名词，表示性质的程度或行为的状况，前面常有领属或指示定语：长～｜矮～｜细～｜亮～｜聪明～｜嗅～｜怕～｜俚葛矮～实头少见他的矮实在少见｜搿种齷齪～吓煞人｜𣍐见歇搿种笨～没见过这种笨样子

516【一…头】iəʔ˥ … dʏ˨˦ 用在单音动词前后，表示动作一下子就完成：俚听仔一走头他听了一下子就走开了｜搿点酒吾一呷头这点酒我一口就喝完了｜搿把锁小张开勿开，小李走

过来一开头一下就打开了

517【呒…处】m˩ … ts'ʮʮ˪ 相当于"呒处……"。例如"呒请处"是"没有地方请"，其他可以类推：半夜巴生病是郎中匣呒请处葛|房间忒小，物事匣呒摆处|茶馆才关门，茶匣呒喫处

518—525 温岭

518【呒处】m˨ ·tɕ'y［～·ɕy］不单用，用于动词前①没有地方……（本义）：～寻 ②不可，不能，不许（引申义）：～说无法辩解|～讲不能说|～乱讲|～笑|～搅玩儿|～移过屋不宜搬家|～望不许看；太难看；质量次|～听不堪入耳 ○本条处字有［·tɕ'y ·ɕy］两音

519【呒处寻】m˨ ·tɕ'y［～·ɕy］ʑin˨ 没有地方找，找不到：园集韵口浪切，藏也爻了～|出考去爻的合音～

520【呒处去】m˨ ·tɕ'y［～·ɕy］k'ie˥ ①没有地方去，无聊：坐屋里家里～ ②不能走：老九～ ‖义项①用"呒处"的本义，②用"呒处"的引申义

521【泥水（匠）】ȵi˨˩ ɕy˧（ʑiã˦）瓦匠：渠咋呣个他做什么的？—渠泥水匠 △泥水木匠，前穿后亮瓦匠、木匠来不及修理自己的房子‖参看【做泥水个】tsu˥˧ ȵi˨˩ ɕy˧ ·gə

522【做泥水个】tsu˥˧ ȵi˨˩ ɕy˧ ·gə 泥水匠，就是瓦匠

523【谐呣皆音】ɦa˨ ·m =【解呣皆音】ka˧ ·m 什么

524【解呣皆音】ka˧ ·m =【谐呣皆音】ɦa˨ ·m 什么

525【咋呣皆音】tsa˧ ·m 做什么？‖"做" tsu˥˧ 与"谐呣什么" ɦa˨ ·m 或"解呣什么" ka˧ ·m 的合音

526—533 梅县

526【冷水】laŋ˦˩ sui˨ 没煮的水（北京叫凉水）。略加热叫作温吞水（北京叫兀突水 u˥ ·t'u ʂuei˩˦），再加热叫作烧水（北京叫热水），煮开了叫作滚水或沸水（北京叫开水）。说滚水的多；说沸水的少，往往是年纪较大的

527【温吞水】vun˦ t'un˦˩ sui˨ 没有煮开的不冷不热的水‖参看【冷水】

528【烧水】sau˥˩ sui˨ 偏正式，不是动宾式，热的水‖参看【冷水】与【暖水】

529【暖水】non˦˩ sui˨ 动宾式，不是偏正式，煮水‖参看【烧水】

530【滚水】kun˨ sui˨ =【沸水】pi˦˩ sui˨ 开水‖参看【冷水】

531【沸水】pi˦˩ sui˨ =【滚水】kun˨ sui˨ 开水‖参看【冷水】

532【逆风】ŋiak˥ fuŋ˦ =【拦面风】lan˩ mien˧ fuŋ˦ =【拦头风】lan˩ t'eu˩ fuŋ˦ 迎面吹来的风

533【拦面风】lan˩ mien˧ fuŋ˦ =【拦头风】lan˩ t'eu˩ fuŋ˦ =【逆风】ŋiak˥ fuŋ˦ 迎面吹来的风

陆 注音

注音一律用音标，这里交代一些特殊问题。温岭［601—623］都是说有的字有宽用窄用

两音，如“早”字一般读阴上，就是说广用音是阴上；但是“早界”的“早”读阴平，是窄用音，也就是专用音。至于“早年”的“早”字读[┏]55调，那是有规律的连读变调。

温岭[612]“天亮[l-]”与[613]“天亮[ȵ-]”，两条“亮”字的声母不同而意思有别，调查时应特别留心。

温岭[604—605 607—608 614 616—623]等条都说到变音。温岭平声用升变音[↑]，仄声用降变音[↓]，作用大致相当于北京的儿化。变音是语汇现象，必须逐条记录。“早酰|早时|今日|晚头”后字必须变音。“天亮晚头”的“头”字变音不变音意思差不多。“娘舅|娘妗|舅公”后字必须变音。“妗婆”的婆字变音与否口气不同，都可以用作称呼。“先生”的生字用本音（不变音）含敬意，“先生”的生字用变音不含敬意。方言里如有这类现象，必须仔细记录分析。

南昌[624]说明“春”字书容切，南昌读[tsuŋ˥˧]，北京读[tʂʻuŋ˥]，温岭读[ɕyuŋ˧]，三地声母发音方法不同，这是方言词典的本分。

苏州[626]“十”字声母因用处不同而有清浊之别。长江与钱塘江之间的吴语可能有同类现象。

苏州[627]“荔枝”与[628]“戒指”后字受“子尾”感染改字音，这可以说是“子尾”的扩充，由此可见“子尾”的来历也不单纯，像北京的“儿尾”是的。

苏州[629]“外甥”有“姊妹之子”与“女之子”两个意思。其他方言如河北昌黎也是如此（见《昌黎方言志》246）。可是书面上“外甥”与“外孙”总有分别。温岭“外甥”叫[ŋa˩˧ sã˧↑]，“外孙”叫“囡儿孙”[ʔnɛ˥˧ n˧˩˨ søn˧↑]。“外孙”也叫“外甥”是后者用法的扩充，有的方言“孙”字与“甥”字同音是巧合。

601—623 温岭

601【蜈音蒙蚣】muŋ˧˩˦ kuŋ˧

602【杨声，限于杨柳柳】liã˧˩˨ ʔliu˥˧ ‖ “杨”字广用音 ɦiã˧˩，这里受后字影响改声母

603【绿客韵，限于绿客】loʔ˩ kʻoʔ˥ 土匪：～婆|～胚‖“客”字广用音 kʻaʔ˥，这里受前字影响改韵母

604【早酰】tsɔ˥˧ vɛ↓[＜vəʔ]从前有一回

605【早年】tsɔ˥˧┏ ȵie˧˩˦ =【早时】tsɔ˥˧ zɿ˧˩↑ 从前

606【早调，限于早界界】tsɔ˧ ka˥ 上午‖“早”字广用音 tsɔ˥˧ 上声

607【晚头】ʔmɛ˥˧ dɤ˧˩↑ 今天晚上

608【天亮晚头】tʻie˧ ȵiã˩˧ ʔmɛ˥˧┏ ·dɤ [～ – – ˥˧ ˧˩ ↑] 明天晚上‖“晚头”不用来说过去

609【晏】ɛ˥ 晚：～爻晚了，快眼快点儿煮饭—还赠本地字，勿曾的合音晏，等记凑还不晚，再等一下

610【晚调调，限于晚界界】ʔmɛ˧ ka˥ =【晏界】ɛ˥˧ ka˥ 下午‖“晚”字广用音 ʔmɛ˥˧，读书音 vɛ˧˩

611【晏界】ɛ˥˧ ka˥ =【晚界】ʔmɛ˧ ka˥ 下午

612【天亮】t'ie˧ liã˨˦ 天明‖亮字广用音 liã˨˦

613【天亮】t'ie˧ ȵiã˨˦ 明天‖当明天讲亮字 ȵ 声母，大概受“天”字早期收鼻音尾的影响

614【今韵，限于今日与今年日】tɕi˧ ȵin↘[<ȵiʔ˩]

615【今韵，限于今年与今日年】tɕi˧ ȵie˨˩˦‖今字广用音 tɕin˧，在“今年”与“今日”里，-n 韵尾并入后字声母

616【下年】ʔo˦˨˥ ȵie˨˩˦ =【下来韵年】ʔo˦˨ ·lø ȵie˨˩ =【转来年】tɕyø˦˨ ·lø ȵie˨˩ 明年‖来字广用音 le˨˩，元音受前字影响变圆唇。“来年”只用于文言

617【转来韵年】tɕyø˦˨ ·lø ȵie˨˩ 明年‖参看【下年】

618【娘舅】ȵiã˨˩˨ dʑiu˨˩↘ 母亲的弟兄，舅父‖温岭仄声的降变音↘读 51 调

619【娘妗】ȵiã˨˩˨ dʑin˨˩↘ 舅父的妻，舅母

620【舅公】dʑiu˨˩ kuŋ˧↗ 父亲的舅父‖温岭平声的升变音↗读 15 调

621【妗婆】dʑin˨˩˦ bu˨˩˦[～ ˨˩ ˨˩ ↗] 父亲的舅母‖“娘舅、娘妗、舅公”三条后字必须变音，否则别人听不懂。只有读书才用本音。“妗婆”条婆字读本音表示尊敬，读变音表示亲热，因此本音变音两可。温岭的变音大致相当于北京的儿化

622【先生】ɕie˧˥ sã˧ 老师；医生；对人的尊称；面称背称都可以用

623【先生】˧ ˧↗ 像“先生”其实不是“先生”，不含敬意，限于背称，不用于面称：着遣起来的合音～样个穿起来像先生是的 tɕiəʔ˥ ·tɕ'ie ˧ ˧↗ ɦiã˨˦ ·gə

624—625 南昌

624【舂碓】tsuŋ˦˨ tui˦˥ 用碓来舂米的动作：你会～啵？‖舂，广韵钟韵书容切。南昌读如章母；北京读如昌母 tʂ'uŋ˥；浙江温岭“舂米” ɕyuŋ˧ ʔmi˦˨，与钟韵书母合

625【舂瞌睏】tsuŋ˦˨ k'ot˥ ·kun 打瞌睡：用心听，不要～！‖“睏”是从“困”分化出来的专用字，本读送气声母，此处由于轻声，变成不送气

626—629 苏州

626【十】zəʔ˧ ‖“二十”至“九十”的“十”读 səʔ˥。“十”字后如有个位数，如“二十一、二十二”至“九十九”，“十”字仍读 zəʔ˧

627【荔枝】li˨˩˨ ·tsɿ‖～、戒指后字受子尾感染，读为子尾，本地有人写作“荔子”‖枝老派读 tsʮ˥，新派读 tsɿ˥；指老派读 tsʮ˦˨，新派读 tsɿ˦˨

628【戒指】kɑ˦˥ ·tsɿ‖～、荔枝后字受子尾感染，读为子尾，本地有人写作“戒子”‖指老派读 tsʮ˦˨，新派读 tsɿ˦˨；枝老派读 tsʮ˥，新派读 tsɿ˥

629【外甥】ŋɑ˨˩˨ sã˥˩ ①姊妹之子 ②女之子‖女之子（外孙）苏州口语也说“外甥”，书面上“外孙”与“外甥”有分别

柒　释义

我们编写方言词典，经常参考《现代汉语词典》。《现代汉语词典》用白话解释白话，突

破前人用文言解释白话的框框，意义分析周到妥帖，虚字用法提要钩玄，是专业人员多年坐冷板凳的成果。我们建议方言词典编写人员，正确理解并且适当引用《现代汉语词典》，不必注明出处。引用其他书刊，原则上都要注明出处。

苏州［701］“连衫裙”就是用《现代汉语词典》的注，加上北京叫连衣裙。［714］“连枷”用的是《现代汉语词典》注释的第一句。因为方言词典与通语词典体制不同，这类条目的注释不必很详细。［707］“莲蓬子”注“新鲜的莲子”，［708］“莲心”注“干的莲子”，注释与《现代汉语词典》“莲蓬子儿｜莲子”的注释略有差别，这是因为这些字眼方言的用法与通语不同。

苏州［701—703］注释还交代北京的说法。［704］“豆腐花”干脆就用“北京、南京都叫豆腐脑儿”作注。

注释最怕引人误会，所以苏州［705］“蛤蟆”注“蝌蚪”之后，加上“长大了叫田鸡”。

［713—716］注里有苏州本地风光。

意思因对比而显，梅县［528］“烧水”注“偏正式，不是动宾式，热的水”；［529］“暖水”条注“动宾式，不是偏正式，煮水”。注里点出语法构造不同，意思也不同。

701—716　苏州

701【连衫裙】liɪ˩˧ sᴇ˥ dʑyən˨˩˨ 上衣和裙子连在一起的女装，北京叫连衣裙

702【节掐】tsiəʔ˥ k‘aʔ˥ 指甲（北京话 tʂʅ˨˩˦ ·tɕia）：剪～｜修～

703【洒点子(哉)】sɑ˥˩ tiɪ˥˩ tsɿ˥˩˧（·tsᴇ）落下稀疏的雨点‖北京说掉点儿了

704【豆腐花】dʏ˨˧˨ vu˨˧˧ ho˥˨˩ 北京、南京都叫豆腐脑儿

705【蛤蟆】ɦɑ˩˧ mo˥ 蝌蚪，长大了叫田鸡 diɪ˩˧ tɕi˥˧

706【蚜虫】ŋɑ˩˧ zoŋ˨˧˧ 一种农业害虫

707【莲蓬子】liɪ˩˧ boŋ˨˧˧ tsɿ˥˧˩ 新鲜的莲子

708【莲心】liɪ˩˧ sin˥˧ 干的莲子

709【面架子】miɪ˨˧˨ kɑ˦˧ ·tsɿ =【面盘子】miɪ˨˧˨ bø˨˧ ·tsɿ 脸蛋儿

710【寿材】zʏ˨˧˨ zᴇ˨˧˧ =【寿器】zʏ˨˧˨ tɕ‘i˦˧ 生前预制的棺木

711【下半夜】ɦo˨˧˨ pø˦˧ iɑ˦˨˩ =【后半夜】ɦʏ˨˧˨ pø˦˧ iɑ˦˨˩

712【后半夜】ɦʏ˨˧˨ pø˦˧ iɑ˦˨˩ =【下半夜】ɦo˨˧˨ pø˦˧ iɑ˦˨˩

713【莳】zʮ˩˧ 苏州一带的插秧时节。夏至当天起～，分头～，二～，三～，每～五天，共半个月 △梅里西风～里雨，～里西风当天雨‖“梅”指梅子黄的时节，春夏之交；这时节下的雨叫梅雨

714【连枷】liɪ˩˧ kɑ˥˨˩ 脱粒用的农具。苏州现今不用～。宋代苏州田园诗人范成大诗云：“笑歌声里春雪动，一夜～响到明。”可见当时苏州也用连枷脱粒

715【纸头店】tsɿ˥˩ dʏ˨˧˧ tiɪ˦˨˩ 纸店，苏州纸店以观玄妙观前街东来仪为最有名

716【丝线店】tɿ˥ siɪ˦˧ tiɪ˦˨˩ 苏州～旧时集中在东西中市一带。阊门内大街为中市街，皋桥以东叫东中市，以西叫西中市

捌 举例

释义给读者轮廓，举例给读者全貌。配上合适的例子，整个注释就活了。一般名词的注，没有例句烘托也明白，加上例句就更显豁了。苏州［801—803］的例句就是如此。

苏州［804］“多”注“多少的多”，［805］“浅”注“深浅的浅”，传达的信息不多，就要仰仗例句。“多”做定语读 tɑ˥，做谓语读 təu˥，功用不同，一定得用例句说明。

通语词典的“选种”包括动植物，苏州用法一般限于植物，［806］条注“选择良种”，例句“三年勿～，粳稻糯稻一笼统”，就点出植物来了。

为求语义明确，必要时可说明语法构造。苏州［807］“住家”注云“动宾式，作为家庭住所”；加上例句“租仔一楼一底葛房子，楼下开店，楼上～”，就好比画龙点睛。

温岭［809］“转”字条主要收不见于《现代汉语词典》的用法，所以非得有例句。

801—808　苏州

801【子】tsɿ˦ ①地支之一 ②植物的～：黄瓜要落市哉，～多得来

802【主张】tsʮ˥˩ tsã˥˩ 主见 △塌鼻梁，呒～

803【师姑】sɿ˥ kəu˥˩ =【师太】sɿ˥ t'ɑ˥˩ 尼姑 △坐得正，立得正，那怕和尚～佮板凳合坐一条凳子‖说文八上人部：佮，合也。广韵合韵古沓切，折合成北京音当为 kɤ˥

804【多】tɑ˥ 多少的多：～日｜～年勿见，倷一点匣勿老｜哀点物事要～钿得来？‖多读 tɑ˥ 只能做定语，不能做谓语，做谓语读 təu˥

805【浅】ts'iɪ˥˩ 深浅的浅：饭盛得忒满，吃勿落，要～点｜热天着葛衣裳颜色要～点

806【选种】siɪ˥˩ tsoŋ˥˩ 选择良种：三年勿～，粳稻糯稻一笼统

807【住家】zʮ˩ kɑ˥˧ 动宾式，作为家庭住所：租仔一楼一底葛房子，楼下开店，楼上～

808【吱吱叫】tsʮ˥ tsʮ˥ tɕiæ˥˩ 形容出声 △若要俏，冻得～｜爱漂亮，穿得太单薄

809—813　温岭

809【转】tɕyø˦ ①回：～·来｜～·去 ②做趋向补语：反·～东西翻过来｜踈·转滚过来，多说人｜旋²·～转身｜仰·～向仰着的方向转｜仆·～｜侧·～ tɕiʔ˥ ·tɕyø 侧转睏，北京说侧歪着睡 ③转来与转去做复合的趋向补语：驮拿转·来｜送转·去 ④重新：头一酣覅考牢头一次没考取，第二酣～考第二次再考

810【转日】tɕyø˦ n̠in˩［＜n̠iʔ˩］过几天；以后：～搭尔讲跟你说

811【转角】tɕyø˦ kɔ̃˩［＜koʔ˩］街巷等拐弯的地方，相当于北京的转角儿

812【酌米】tɕiaʔ˥˧ ʔmi˦ 打米下锅 △买鲜鱼，多～菜好饭吃得多

813【谷种】kuoʔ˥˧ tɕyuŋ˦ 稻的种子 △～落缸，百廿日进仓‖从泡种到进仓，生产周期一百二十天

玖 用字

条目一般用通行的文字，各地俗字随条说明。有的条目写的是同音字，如苏州［502］

“惹”，温岭［523—525］“谐㕵|解㕵|咋㕵”，都用小字注明“皆音”。

关于本字与语源要交代几句。“本字”与“语源”仔细说来略有分别，这里姑且都用“本字”。苏州［901］“外路人”条“路”字的用法起源于宋代一级行政区划的名称。温岭［909］石榴叫“金樱”是避吴越王钱镠讳。吴语地区“钱”又音“田”，因而“钱”又有“钿”的写法。“钱粮”又说“田粮”。温岭［912—918］说了“钱”字有两个音，三个写法。广州［919—920］“茶盅=焗盅”，“盅”本作“鐘”，“焗”为俗字，尽人皆知。

方言调查以记录事实为主。考本字也重要，到底不是主要的。考本字考对了是理应如此，考本字考错了是画蛇添足，没有把握的本字要少说。没有把握的时候最好用同音字。上文第245面引《四川方言词典》“启启”一条，说明原书写作同音字“独独”。该条注音、释义、举例，皆上乘之作。编者收录本条，足见采集语料之周到。写同音字足以反映方言事实，并非白璧之瑕。知之为知之，不知为不知，是知也。

词典讨论本字，措词宜有分寸。苏州［906］方位后缀“·浪”［·lã］，由“上”［zã˨］字变来，今从众写作浪。［908］“牙垠”一条说“今姑且写作垠”。那是因为“垠”字古今音变符合现在说法，字义虽然有点牵连，并无书证。广州［922］“冧”字在《广韵》与《集韵》里是多音字。我们说“今广州读如去声来母”，点出古今音关系。［923］“麻经”的“经［kaŋ˥］是白读，梗摄四等读如二等。”话不能说满了，满了就过火了。

901—908 苏州

901【外路人】ŋɑ˨˩ ləu˨˧ ȵin˩˧˩ =【客边人】k‘ɑʔ˥ piɪ˥˧ ȵin˩˧˩ 外地人‖路是宋代行政区，大致相当于现在的省，现在很多吴语方言都有“外路人”的说法

902【私囡五】sɿ˥ nø˨˧ ·ŋ 私生子‖五的本字为“儿”，“儿”轻声本地俗写作五

903【解】gɑ˨ ①将系好的东西松开：～钮子，～鞋带，～开裤子带 △摇仔三日三夜船，缆绳匣赠～ ②稠的东西变稀：白米粥隔仔夜～脱哉 ③对某件事不感兴趣：该种事体吾是看得蛮～葛‖解另见 tɕia˥˨，tɕiɑ˨，kɑ˨‖解广韵胡买切，集韵注散也。全浊上声今读阳去，匣母今读如群母。义项②北京说“解了”ɕie˥˨ ·lə

904【老孵鸡】læ˨˩ bu˨˧ tɕi˥˩ 多年的母鸡

905【黄孵鸭】ɦuã˩˧ bu˨˧ aʔ˥˧ 母鸭‖“孵”读 bu˨˧ 是训读，本字当作伏。广韵宥韵扶富切：“伏，鸟菢子”，苏州音 bu˨。广韵虞韵芳无切：“孵，卵化”，苏州音 fu˥。平常认为孵 fu˥ 是文读，孵 bu˨ 是白读，这是把本音认为文读，训读认为白读

906【·浪】·lã 方位后缀，由“上”zã˨ 变来，今从众写作浪：天～|地～|头～|枱～桌子上|街～

907【矮簻】ɑ˥˨ daʔ˧ 比门框矮两三尺的门，关上后上边仍可通风透光，～的后面还有一扇可以完全关闭的门‖广韵盍韵徒盍切：“簻，窗扇。”集韵注“客扉谓之簻” ○苏州的“矮簻”温岭叫“半腰门”pø˥˧ ʔiɔ˧ mən˨↗

908【牙垠】ŋɑ˩˧ k‘ən˨˩ =【牙黄】ŋɑ˩˧ ɦuã˩ 牙垢‖集韵恨韵苦恨切：“垠，土有起迹曰垠。”

姑且这样写

909—918　温岭

909【金樱】tɕin˧꜒ ʔã˧ 石榴 ‖ 宋吴处厚《青箱杂记》卷二 4:“钱武肃王讳鏐，至今吴越间谓石榴为金樱。”（商务印书馆 1922 年）○“樱”另见 ʔin˧

910【樱桃】ʔin˧꜔ dɔ˨˩˦ ○“樱”另见“金樱” tɕin˧꜒ ʔã˧ ‖“樱”两音与“鹦”两音平行

911【鹦鹉】ʔin˧ vu˨˩ =【鹦哥】ʔã˧꜒ ko˧ △红嘴绿鹦哥，金镶白玉璧‖这是小菠菜连根根色红而味略甜煮豆腐的别名，豆腐蘸酱是金镶白玉璧

912【钱】dʑie˨˩ 姓 ○另见 die˨˩, 但读书音一律是 dʑie˨˩

913【钱庄】dʑie˨˩꜓ tsɔ̃˧

914【钱】die˨˩ 十分之一两 △鲫鱼头抵得三～参 ○另见 dʑie˨˩

915【洋钱】ɦiã˨˩꜓ die˨˩˦ 银圆 ○也作洋钿,“钿”是吴语地区的俗字

916【铜钱】duŋ˨˩꜔ die˨˩˦ 银圆；财产 △有～，开当店；无～，挂花会‖这两行准赚不赔 ○也作铜钿,“钿”是吴语地区的俗字

917【钱粮】die˨˩꜔ liã˨˩˦ 田赋 ○也作田粮

918【完粮】ɦuø˨˩꜓ liã˨˩˦ =【完钱粮】ɦuø˨˩꜔ die˨˩꜔ liã˨˩˦

919—923　广州

919【茶盅】tsʻa˨˩ tsoŋ˥ =【焗盅】kok˩ tsoŋ˥ 有盖的茶碗，底下有茶碟托着。北方叫“盖碗儿”‖“盅”本作“鍾”,“焗”俗字

920【焗盅】kok˩ tsoŋ˥ =【茶盅】tsʻa˨˩ tsoŋ˥ ‖“盅”本作“鍾”,“焗”俗字

921【椗】teŋ˧ 瓜果的蒂：苹果～ | 瓜～ ‖ 俗字，见黄锡凌《粤音韵汇》

922【罧】lɐm˩ ①摞（起来）。多用于大件的笨重的东西：将几只箱～起 | ～高佢 | ～人山叠罗汉 ②堆，丛：工夫～成堆的工作 | 罧～比喻难办的事，棘手的事 ③量词，相当于“堆，垛，片大面积”等：一～柴（屋，禾草，砖，米包，箱，木材，石头）‖ 集韵侵韵犁针切：“罧，积柴水中聚鱼也”；平声来母。又沁韵所禁切，注同；去声生母。今广州读如去声来母

923【麻经】ma ˩ kaŋ˥ 加工较粗的，多是松松地拧起来的双股麻绳‖也叫“粗麻绳”。“经”是白读，梗摄四等读如二等

［《方言》1992 年第 4 期 243—254 页］

分地方言词典总序

方言调查记录语言的现状，方言比较反映语言的历史。方言词典用分条列举的形式，表达调查研究的初步成果。读者可以用来查考方言词语的意义。语言工作者可以据此从事专题研究。文学、历史等方面的学者，也可以取用其中的语料。

汉语方言的调查研究工作近年来有所进展。在这个背景下，我们计划编一部以实地调查为主的，综合的现代汉语方言词典。这个计划分两步走。第一步是调查四十处方言，编四十册分地方言词典。第二步是在四十册分地方言词典的基础上，补充一些其他方言资料，编一部综合的汉语方言词典。分地方言词典与综合的汉语方言词典均由江苏教育出版社出版。

方言词典以方言调查为本。调查首先是物色发音合作人。发音合作人选择老年中年，也不排斥青年。根据前者确定音系，记录语料；参考后者补充词语，同时说明音系与前者不同处。

调查表有字表与词表两种，前者采用公开出版的《方言调查字表》，后者是专为本计划新编的《方言调查词表》。这两个表里所列的单字与词语，凡是本方言能说的，都尽可能问清楚。这样各地的语料才能对比异同。这些语料不过是分地词典的最大公约数。各地的编者有充分的篇幅，可以广泛收罗本方言的字音与语汇。

分地方言词典的要求有两项：一是为综合的方言词典准备条件，二是反映本方言的特色。

分地方言词典的内容分为三部分：主体是词典正文，前有引论，后有义类索引与条目首字笔画索引。

引论大致包括以下八项：(壹)本地的沿革、地理与人口。(贰)本方言内部的地理差别与年龄差别，本词典发音合作人的方言派别。(叁)本方言的声韵调，声韵调的连读变化。假如有变音，就说明变化的格式与功用。(肆)单字音表，就是反映字音构造的声韵调拼合表。这种表可以检验所定音系是否周到，有没有什么音在表里不好安排。老读轻声的字与超出一般语音系统之外的象声词，都可以在表前交代，不列入表内。注意[m n ŋ]成音节时的用法。仔细询问表里空格所代表的音有什么意义，把有音义而无通行写法的字通通记下来。这是采集语料的一种有效方法。不会写、光会说的字往往是口语里常用的，可以补充单字与词语调查之不足。(伍)本方言在语音、语汇、语法各方面的特点。特点指本方言区别于其他方言，尤其是区别于附近方言之处。(陆)凡例，说明本词典出条、注音、释义的方式，大小字区别，各种符号的用法，等等。(柒)词典例句中常用字注释。(捌)音节表。

词典正文按字音排列，以本方言的韵母、声母、声调为序。为了查阅方便，正文之后有两个索引。义类索引大致依据《方言调查词表》的分类和次序。

方言词典编写时经常参考《现代汉语词典》，有些条目并从中引用注文，不说出处。引用其他书刊时一般都说出处。

我们全体工作人员，虽说多少做过一些方言工作，在词典方面还是初学乍练。本计划在1991年春天起步，1992年秋天起，分地词典先后交稿，陆续出版。趁此机会向读者提个要求，希望对已经出版的各册多提意见，帮助我们把以后的工作做得好一点儿。是为序。

一九九三年一月

[《方言》1993年第1期1页]

《汉语方言大词典》序

复旦大学教授许宝华研究方言、讲授方言课程三十余年，成绩显著。1986年起，主持编纂《汉语方言大词典》，1991年完稿发排，近闻三校已毕，即将印行。编者索序，今就编者《〈汉语方言大词典〉编纂中的理论和实践问题》（载京都外国语大学《研究论丛》1993年XLII号）一文中所提以下二事，举例讨论，供读者参考。

用汉字记录方言，有用本字记录的，有用俗字记录的，有用同音字记录的，而且所用本字不尽一致，俗字和同音字也往往很多。

引用的文献例证有一部分为第二手资料，未及核查原著。

先说本字与俗字、同音字。这里举一个例子。"屋斜使正"说"牮"，字从代从牛。宣城梅膺祚《字汇》其兄序题万历乙卯，即四十三年，公元1615年牛部云：

牮，作甸切，音薦，屋斜用牮。

会稽范寅《越谚》自叙题光绪四年，岁在戊寅，即1878年；光绪壬午（八年）谷应山房刊卷中25"牮屋"条据《字汇》，"牮"字音薦，训"屋歪使正"。

《鄞县通志》1949年之前编成，1949年之后出版《方言（二）》3067"牮屋"条也据《字汇》，"牮"字音薦，训"甬称屋斜倾，扶之使直曰牮"。

"牮屋"的说法见于上海与浙江宁波、绍兴、台州等地。福州有"牮厝"的说法，闽语"屋"说"厝"，"牮厝"相当于"牮屋"。"牮"字还见于福建、浙江、上海、江苏、安徽、河南、四川、贵州各处地方志等。

"牮"字不见于旧籍，作为一个俗字，流行的范围相当广，都是屋斜使正的意思。以常理推之，这种俗字往往有本字可考。"牮"字音薦，"牮"字的本字其实就是"薦"字。唐刘餗《隋唐嘉话》云：

今明堂始微于西南倾，工人以木于中鹰之。武后不欲人见，因加为九龙盘纠之状。其圆盖上本施一金凤，至是改凤为珠，群龙捧之。（商务影印《顾氏文房小说》本卷中24）

唐李肇《国史补》云：

苏州重元寺阁一角忽垫。计其扶薦之功，当用钱数千贯。有游僧曰："不足劳人。请一夫斫木为楔，可以正也。"寺主从之。僧每食毕，辄持楔数十，执柯登阁，敲椓其间。未逾月，阁柱悉正。（《学津讨原》本卷中17）

"于中鹰之"的"鹰"与"扶薦之功"的"薦"同音通用，要略加说明。宋跋本与项跋本《王仁昫刊谬补缺切韵》霰韵"作见反"小韵都拿"薦"字开头，第二字才是"鹰"字。并且纸韵池尔反小韵"鹰"字都有子见反［=作见反］的又音。

亡友朱德熙《关于侯马盟书的几点补释》云：

> 《说文》把“薦”解释成为会意字十分牵强。邵王簋“薦”字作“䕻”(《金文编》538页)，应该是从皿廌声。可见“廌”字古有“薦”音，“薦”本是从艸廌声的形声字。(朱文原载《文物》1972年第8期，今收入1995年《朱德熙古文字论集》54—59。)

“薦”字音义古籍与当代方言符合，有充分理由假设：“㭼屋”之“㭼”本字为“薦”。“㭼”字虽然相当流行，到底是俗字，不是人所共知。记录方言往往无暇考求本字，“仓卒无其字”，就写个本地方言同音字。比方说，许宝华与汤珍珠主编的《上海市区方言志》217“计屋”条注“屋歪使正”，“计”字下加浪号，表示是本方言同音字。发音人尖团不分，[ɪɪ]韵并到[i]韵，“薦计”两字(都是阴去)就成了同音字了。从实用方面说，俗字“㭼”适用于明代以来文献与当代方言；本字“薦”适用于唐代以来文献与当代方言；计字的音只适用于少数当代方言，对上海市区老派方言就不适用了。

现在说到第二手资料的核对。前人引书有时删节过甚，读者使用时最好能检查出处。例如《汉书》卷二十五上《郊祀志上》(百衲本影印景祐本18；中华排印本1216大致相同)颜师古集注云：

> 孟康曰：“……兄弟妻相谓先后。……”师古曰：“先音苏见反，后音胡构反。古谓之娣姒，今关中俗呼为先后，吴楚俗呼之为妯娌，音轴里。”

杭世骏《续方言》卷上仅引“古谓之”以下，未引“先后”两字的音。《史记》卷十二《孝武本纪》司马贞《索隐》(百衲本影印黄善夫本2；中华排印本453音同)云：

> 邹诞生音先后并去声，即今妯娌也。

蒋斧藏本《唐韵》去声霰韵与候韵云：

> [霰韵苏甸反]先，先后犹娣似[即娣姒]。又姓，出河[原误作何]东。又苏前反。
>
> [候韵胡遘反]后，方言云先后犹娣姒。

《广韵》大致同《唐韵》，今不具引。如上文所引，《史记》邹诞生音，《汉书》颜师古音，《唐韵》，《广韵》，四者一致。“先后”训妯娌时，两字均去声；与“先”字广用平声，“后”字广用上声不同。

今关中许多方言，山西若干方言，妯娌都说先后。例如西安与万荣。

> 西安“先后”[ɕiæ̃^{55} xəu^{21}]，去声加^{21}调，后者像轻声。
>
> 山西万荣“先后”[ɕiæ̃^{33} xəu^{0}]，去声加轻声。

西安与万荣“先”字去声，反映古音是去声；“后”字轻声，不能反映古调类。史汉旧音，唐宋韵书，均与当代方言一致。古籍与今音互证，可见引用《汉书》注不宜删去反切。

最后说到本词典的用途。首先当然是查考方言词语。其次，就语言工作者而言，本词典提供古今四方的语料，取精用弘，在乎读者，是为序。

1996年夏

读《现代汉语词典》笔记（提纲）

壹　雎

“范雎”的“雎”（从且不从目）当读子余切 jū，不当读息遗切 suī。钱大昕《潜研堂金石文跋尾》卷一 29—30《武梁石室画象》云：

> 战国秦汉人多以且为名，读子余切，如穰且、豫且、夏无且、龙且皆是。且旁或加隹，如范雎、唐雎，文殊而音不殊也。胡身之注《通鉴》辄音范雎之雎为虽，是误仞为目旁矣。据此碑可正胡注之误。（长沙龙氏家塾重刊本）

庾信《奉和永丰殿下言志十首》均押鱼韵，韵脚是：（一）誉锄蘧舒；（二）如裾璩舆；（三）虚墟居初；（四）除闾妤车；（五）余疏雎书；（六）初畬渠于；（七）沮祛菹诸；（八）嘘庐徐鱼；（九）樗渔挐书；（十）蔬胥疏玙。第五首全文如下：托情忻六学，游目爱三余。覆局能悬记，看碑解暗疏。讵尝游魏冉，那时说范雎。池水朝含墨，流萤夜聚书。（诗纪一百十七·北周诗纪六 3—4，逯钦立辑校，先秦汉魏晋南北朝诗·全北周诗二 2389—2390）

贰　诈唬（咤呼）

《史记·淮阴侯列传》：“项王喑噁叱咤，千人皆废。”索隐曰：“喑，于鸩反；噁，乌路反；叱，昌栗反；咤，卓嫁反。咤或作吒。喑噁，怀怒气。叱咤，发怒声。”（百衲本九二 3。中华排印本 2612，喑，于金反。）

《史记·范雎列传》：“太史嗷叱呼骇三军。”正义曰：“呼，大［当作火］故反。”（百衲本七九 21，中华排印本 2422，“大”字正作“火”字。）

《现代汉语词典》收“诈唬”，疑为“叱咤”与“叱呼”后字之复合。

叁　变工，换工

《现代汉语词典》收了“变工，换工”。

《隋书·食货志》：至河清三年（公年 564 年）定令，“人有人力无牛，或有牛无力者，须令相便，皆得纳种，使地无遗利，人无游手焉。”（百衲本二四 8，中华排印本 678）

《隋书》用“便”不用“变”。约三十年前，浙江东阳有人给我写信，说当地有“便屋、便工”的说法。1979 年同事崇明人张惠英告诉我，当地“便工组”的“便”字读浊音声母。

广雅三上释诂“庸，代也。”疏证：“汉书食货志：教民相与庸挽犁，颜师古注云：言换功共作也。”（汉书百衲本二四上 16，中华排印本 1140）

肆 娓

《资治通鉴》一六六 5145 梁敬帝太平元年：[陈]霸先命炊米煮鸭，人人以荷叶裹饭，娓以鸭肉数脔。胡三省注："娓，公浑翻。以鸭肉盖饭上曰娓。今江东人犹谓以物蒙头曰娓。脔，力兖翻。""娓"字集韵公浑、户衮二切，注皆云"女字"。"娓"字音义当据胡注，今浙江台州有此用法。

伍 操

《现代汉语词典》与《新华字典》都不收 cào 去声的音，嫌它不文雅。《增补剔弊五方元音》1886年，《国音常用字汇》1932年，《国语辞典》1937年这个音都有字。后来"操"字因避讳改读平声，"糙"字也是避讳从去声改平声。《汉汉口音集字》（序题 1899 年）"操"字平去两收，"糙"字收去声。现在武汉音也是这样。"曹操"的"操"仍读去声。湖南娄底方言《方言》1987.300 分阴阳去，"操场"的"操"字阴平，"曹操"的"操"字阴去。

"肏"为后起会意字。原来以为"操"字去声作为行房的忌讳字见于《金瓶梅词话》万历丁巳（1617年）刻本影印本八二 3"操乱了乌云鬏髻儿歪"，也是后起的。想不到这用法早已见于 1973 年底长沙马王堆三号汉墓出土的竹简医书。《马王堆汉墓帛书[肆]》（1985 年出版）云：

《合阴阳》图版 101 竹简 107—108，释文 155："四曰下汐股湿，徐操。""汐"假借为"液"。

《天下至道谈》图版 114 竹简 54，释文 166："下夕股湿，徐操。""夕"借假为"液"。

有人说这里的"操"作"抚摩"讲，那作"行房"讲就是引申的用法了。现在编词典，似乎不必再回避 cào 去声。至于字形，可以从俗用"肏"，注明古作"操"。也可以就用"操"，《新儿女英雄传》1953 年就这么写。

陆 腻歪，腻味

"腻歪"或作"腻味"，我自己不说，人家说了我懂。后字当作 wai 轻声，轻声字有时元音变窄，听起来接近 wei 轻声；wei 轻声元音变宽的可能性不大。丁声树先生说 wai 轻声的本字当作懀。广韵泰韵："懀，恶也，乌外切。"注里的"恶"去声，是"憎恶、可恶"的"恶"。一下子找不到说明"腻歪"就是"腻味"的例证。所以没有改《现代汉语词典》收的"腻味"条。

《人民日报》海外版 1986 年 9 月 22 日，王蒙《小说家言》一文中两次用"腻歪"，一次用"腻味"，可见作者笔下，"腻歪"就是"腻味"。以下摘引原文三段：

> 西方的模式的精髓似乎是活得腻歪得慌，而我们大多数感受到的还是活得艰难。
>
> 脱离开中国现实的土地，脱离开现实的生活，把西方的文学模式奉为圭臬，急急忙忙地去表现活得如何腻味，只能引起还活得相当艰难的人的反感。学得再像，其价值也是可疑的。
>
> 所以，我主张，搞文学的人一定要努力地生活在非文学的生活环境里，如果周围都

是文学的话，有时是一种危险，如果只能从文学到文学，那么文学就要枯萎，就要真地“腻歪”起来了。这不但影响文学，也影响自己的身心健康。（原载《中国文化报》，本报摘发时经作者修改）

这里再举一条《北京日报》1988年3月21日陈世伟《取消“紧箍咒”》用“腻歪”的例子：

孩子是努力学习的，成绩中等偏上。处于“临界线”上的学生最腻歪家长的唠叨。

北方话很多地方都说“腻歪”，如江苏徐州，山东平度，山西平遥，河南获嘉。

1934年排印本《完县新志》有“腻外”条。（波多野太郎编《中国方志所录方言汇编》五383）

柒　估衣（故衣）

有人问起《现代汉语词典》“估衣”的“估”字怎么读去声。

“估衣”本作“故衣”。《世说新语·贤媛》：“衣不经新，何由而故。”

宋张端义《贵耳集》卷下（淳祐六年丙午，公元1246年序）14：“御前有燕杂剧伶人妆一卖故衣者。”（《丛书集成》影印《津逮秘书》本第2783册49面下）

宋周密《武林旧事》（上海进步书局石印本）卷六12“诸色伎艺人”下有“故衣毛三”。

明田艺蘅《西湖游览志余》有故衣铺。

“故衣”的“故”是“故旧”的“故”，因忌讳亡故，所以改字形作“估”，但不改音。

[《〈现代汉语词典〉学术研讨会论文集》，商务印书馆，1996年]

“这不”解

徐世荣 1990《北京土语辞典》481“这不”条如下。拼音后加注音标，下同。

> 这不 zhè bù [tʂɤ˥˩ ·pu]用以否定[①]别人的想法、说法，指出已实现在眼前，如：“这不，他到底还是来了。”“你们说今儿个没雨？这不，西北阴上来了。”“别着急啦！这 不，咱们的车回来了。”

这里的解释欠妥，请看以下两段引文。

《北京晚报》1997 年 9 月 2 日第 10 版，戴树棠《剃光头》云：

> 一晃四十多年过去了，可我这老头，理发时依然习惯于专寻那些“一条围裙一个凳，一把推子定乾坤”的小摊。……当然，岁数大的人，也并非不爱美。这不，我不再剃光头了。

《参考消息》1997 年 9 月 26 日第 8 版，法国《费加罗报》9 月 17 日《婚庆服务》译文云：

> 一家婚庆服务店的橱窗里摆着大幅彩照。在这些照片里，新婚夫妇的身后配有不同的背景。有尼亚加拉大瀑布、柬埔寨的宝塔……。墙上挂有婚纱，一个赛一个的华丽高雅。……结果，来的不仅是刚结婚的年轻人。这不，我们碰到了一对两年前结婚的夫妇。当时，他们没能照上这样的相。……他们正在犹犹豫豫地选景，不知是选威尼斯好还是紫禁城好。

在这两段引文中，“这不”的上下文是一个人说话，并无别人。上下文的语气都是一贯的，并不是先否认上文，下文再指出跟上文所说不合的情况。上文说“岁数大的人并非不爱美”，下文说“我不再剃光头了”，是用来证实“并非不爱美”，哪儿是用来否认“并非不爱美”？上文说“来的不仅是刚结婚的年轻人”，下文说“我们碰到一对两年前结婚的夫妇”，下文是用来证实上文，哪儿是用来否认上文？

现在用《北京土语辞典》“这不”条的解释来分析本条的例句。“这不，他到底还是来了。”其中的“这不”有下文无上文。“别着急啦！这不，咱们的车回来了。”其中“这不”的上下文是一个人说的话。这两条例句中都没有别人的想法、说法。“你们说今儿个没雨？这不，西北阴上来了。”“这不”的下文指出就要下雨，跟“这不”的上文说没雨正相反。这大概就是辞典编者说的否认别人的想法、说法了。

由此可见单凭辞典编者所引的例句，不能得出“这不”正确的意义与用法。编者又忽略了“这不”上下文语气连贯的例句，就给“这不”找了个对立面，拿“别人的说法、想法”作否认的靶子。未免以偏概全。

---

① 为行文明确起见，这里的“否定”可改为“否认”。

"这不"是反问的话，相当于反问句"这不是吗？"可以说是"这不是吗？"的紧缩式。反问句的形式和意义正相反，否定形式（即带否定词的形式）表示肯定。[①]"这不是吗？"是反问句，意义是"是的"。"这不"是"这不是吗？"的紧缩式，意义也是"是的"，用来加强底下说的话。

以上举的带"这不"的例句，无论是《北京土话辞典》原有的例句，还是本文新举的例句，其中的"这不"，意义都是"是的"，对下文起加强口气的作用。"这不"都没有靶子须要否认。

以上所举带"这不"的例句可以分成三类：一是上下文语气连贯的例句：……这不，我不再剃光头了。|……这不，我们碰到了一对两年前结婚的夫妇。‖二是"这不"下文所说跟上文所说相反：……这不，西北阴上来了。‖三是其他：这不，他到底还是回来了。|别着急啦！这不，咱们的车回来了。‖第三类有的例句，"可不"前可以添补上文，成为第一类或第二类。

《北京土话辞典》原有第一个例句"这不，他到底还是回来了。"其中"这不"有下文没有上文，我们可以添补出两种上文来。

> 我们说他会回来的。这不，他到底还是回来了。"这不"的上下文都说"回来"。
>
> 你说他不会回来的。这不，他到底还是回来了。"这不"的上文说"不会回来"，下文说"回来"。

无论"这不"的上下文所说相同或者不同，"这不"的用途都是加强下文的口气。

现在再看《北京土语辞典》221"可不"与"可不是"两条。

> 可不 kě bu［k'ɤ˨˩˦ ·pu］表同意。如：甲说"这场雨下得好哇！"乙答"可不！两个月来太旱了，这场大雨对庄稼有好处。"
>
> 可不是 kě bu shì［k'ɤ˨˩˦ ·pu ʂʅ˥˩］同"可不"。或说"可不是吗！"虽用"吗"为助词，但仍是表肯定，表同意。

《北京土话辞典》的编者说："可不是"同"可不"，或说"可不是吗！"我们说："这不"为"这不是吗？"的紧缩式。两者一对比，可见"可不，可不是，可不是吗！"都是反问的话。问句用"吗"，反问句的否定形式"表肯定"，这都是常规，不必说"虽然、但是"一类话了。至于"表同意"，那恐怕限于本句，不能推广。

《汪曾祺自选集》1984《跑警报》43 云：

> 联大有一个姓侯的同学，原系航校学生，……他不知道为什么对"警报"特别敏感。他正在听课，忽然跑了出去，站在"新校舍"的南北通道上，扯起嗓子大声喊叫："现在有预行警报，五华山挂了三个红球！"可不！抬头望南一看，五华山果然挂起了三个很大的红球。

这里的"可不！"的意义是"可不是吗？"用来加强底下的话而已，无所谓同意。

［《方言》1998 年第 4 期 241—242 页］

---

① 朱德熙 1982《语法讲义》15.1.4 有的句子形式上是疑问句，但不要求回答，只是用疑问句的形式表示肯定或否定。这种疑问句叫作反问句。反问句的形式和意义正相反，肯定形式（即不带否定词的形式）表示否定，否定形式（即带否定词的形式）表示肯定。

说“按揭”

1997年，我见到的语文刊物里有两处讨论“按揭”。一是姚德怀先生《词语随笔》的第一条“按揭”，见香港中国语文学会出版的《词库建设通讯》1997年8月总第十三期第36面。姚文简要，无可删节，全录如下。

> 香港话称“抵押”（mortgage）为“按揭”。很多人觉得“按”字容易明白，因为粤语单用一个“按”字即有“抵押”的意思，而“揭”字则颇费解。查《中文大辞典》有“揭借”条，意为“告贷也”，并引《福惠全书·刑名部·差拘》文：“倾囊倒橐、未遂鲸吞、乃假代为揭借”。又《汉语大词典》卷六“揭”字第9义为“借债”，引姚雪垠《长夜》二八自注：“揭高利贷叫做揭债、揭借，简称‘揭’。”同卷也有“揭借”条，意为“借贷”。这样看来，“按揭”意为“抵押”也不难理解了。

二是俞忠鑫先生的《常用词语寻源》的第一条“按揭”，见《中国语文》1997年第六期第443面，摘录如下：

> 近年来，房地产业日见兴旺，买房的用户若不能一次付清款项时，可以向银行贷款，而用所买的房产作抵押，这就是按揭。……一般词典根本没有这个词，唯有上海辞书出版社的《当代港台用语辞典》有“按揭”一词，但也只说是抵押贷款。
>
> 看来“按揭”这个词是从广东话里借过来的。……在广东话里，“按”有抵押的意思。[①]向别人借钱而以实物作抵押时可以说：“这只手表按给你，借一点钱给我吧。”（我请同事白宛如把这句话译成广州话并且记音：呢只手表按畀你，借啲钱畀我喇［ni˩ tsɛk˧ sɐu˥ piu˥ ɔn˧ pei˧ nei˨，tsɛ˧ ti˥ ts‘in˩˧ pei˧ ŋɔ˨ la˥］——引者注）。
>
> “按揭”……一词对应的英语是mortgage，读作［mɔːgidʒ］，而“揭”字的广东话读音是［gik］，“按揭”二字就读作［ɔngik］。［gik］的读音跟［gidʒ］很相似。因此可以认为，“按揭”是半音半意的外来词，就像“啤酒”、“卡车”一样。“按”是表意，“揭”是表音。所不同的，“啤酒”、“卡车”是前音后意，而“按揭”则是前意后音。

汉语本来就有“抵押”，何必借用英语的mortgage，意译成“按揭”。这么说，“按揭”必定有特定的用法，区别于一般的“抵押”。从俞文第一小段可以看出，“按揭”是购房抵押贷款，以所购房为抵押品。

俞文以为“按揭”是半音半意的外来词，欠妥。俞文写作时没有见到姚文，故有此失。

---

① 上海《报刊文摘》1120期第3版（1997/7/10出版）登有倪摘自《采风》第4期的《内地、香港部分词语对照》，共32条，其中有一条是：内地“押金”——香港“按金”。（引者注）

姚文没有给“按揭”注音，俞文注音有缺点。现在引 Ernest John Eitel《广州话字典》（*A Chinese dictionary in the Cantonese dialect*）“按揭”两字的音义与例子。Eitel 书内容分 Cl.文言，Co.口语，与 Mi.文语通用三项。（后两项本来可以译为“白话”与“文白通用”，因为广州话里“白话”就是广州话的意思，所以只能这样译。）这里引的都是属于“文语通用”的。

【按】ɔn˧ | 按当 ɔn˧ tɔŋ˧ 抵押品交与当铺借钱（注音改用国际音标，下同。）

【揭】k‘it˧ | 揭借 k‘it˧ tsɛ˧ 借债 | 揭单 k‘it˧ tan˥˧，揭字 k‘it˧ tsi˨ 借据，有息债券 | 揭项 k‘it˧ hɔŋ˨，揭数 k‘it˧ sɔ˧ 借的钱，债

我这里引用的 Eitel 字典是 1877 年初版本，出版于香港与伦敦。其中“按”与“揭”两条都没有“按揭”的例。大概当时“按揭”的说法还没起来。此书有 1910 年 Immanuel Gottlieb Genähr 的增订本，我一下子找不到。广州、香港对语源有兴趣的同行不妨查考查考此书增订本跟其他早期的汉英字典。当然，研究“按揭”的起源还要阅读其他书籍报刊。名者，实之宾也。研究“按揭”字眼的历史还要先研究“按揭”制度的历史。本文作者无能为力。下文只就耳目所及，举两条资料供参考。

“揭借”的“揭”广州读送气音，北方一般读不送气音。有一回，丁声树先生跟我讨论对对子，说起贫士过年贴的一副春联：

年好过，月好过，日子难过。

进有门，出有门，揭借 tɕie˥ tɕie˥˩ 无门。

可惜当时没有问清这春联的出处。丁先生当时“揭”字依北京音读阴平不送气，当来自古入声清音不送气。“揭”字北方不送气，广州送气，这是方言研究里所谓特别字。好比“箍”字，各地方言也有送气［k‘］跟不送气［k］的差别。参看拙著 1965《方言语音对应关系的例外》，见 1982《音韵存稿》129。“揭”字的古音见下表。

“揭”字的古音（据广韵与集韵）

韵目	声母	反　切	“揭”　字　及　注
月韵	见母	居竭切	揭，揭起，说文曰，高举也
	溪母	丘谒切	揭，举也，尔雅，浅则揭（本条据集韵丘谒切＝广韵去谒切①）
	群母	其谒切	𢷎，担𢷎物也，本亦作揭
薛韵	见母	居列切	揭，揭起
	溪母	丘竭切	揭，高举也。又担也
	群母	渠列切	揭，高举

“竭”字广韵月韵其谒切与薛韵渠列切两音，所以“竭”字可以作月薛两韵的反切下字。

① 巾箱本广韵薛韵“朅，……丘竭（此字许多本子都误作“谒”）切，又去谒切。”广韵月韵无“去谒切”（开口溪母）小韵。周祖谟 1938《广韵校勘记》卷五 26 叶 17 条：“案月韵去月切下无此字。”同人 1951《广韵校本》卷五 17 叶在去月切（合口溪母）小韵补“朅”字。去月切合口，照例没有开口去谒切的字，不能把去谒切的字补到去月切。

“揭”字广韵六个音，五个音已见上表；祭韵溪母开口去例切一音上表未收。

“揭”字集韵十一个音，丘谒切一音已见上表；居谒切、其谒切、蹇列切、丘傑切、巨列切五音已据广韵见上表；元韵溪母开口丘言切，祭韵彻母开口丑例切、去例切、群母开口其例切，月韵疑母开口语讦切五音上表未收。

现在说说“揭”字的古今音变。古音据广韵集韵，见上表。今音以广州北京为例，“揭”字两处的音已见上文。上表只列“揭”字月薛两韵见溪群三母六个音的反切。“揭”字平声和去声四个音，以及月韵疑母开口一个音都不收；因为依照语音演变的常例，这五个音都不能解释今广州音与北京音。

多数现代方言，月薛两韵见溪群三母字分别同音，居竭切＝居列切，丘谒切＝丘竭切，其谒切＝渠列切，下文只引月韵的反切。广州揭 k‘it˧ 来自丘谒切，北京揭 tɕie˥ 来自居竭切。其谒切广州照例读 kit˨ 阳入不送气，北京照例读 tɕie˧˥ 阳平不送气，所以群母字不能解释今广州音与北京音。

因此，“按揭”从广州［ɔn˧ k‘it˧］传播到北京，应读［an˥˩ tɕie˥］，第二字声母应依来历读不送气音，不宜依表面折合作［an˥˩ tɕ‘ie˥］。

这里可以交代一下俞文注音的缺点。俞文记英文 mortgage 用国际音标，［g］表示浊音；俞文记“按揭”广州音为［ɔngik］，［g］的用法同拼音方案，表示不送气清音，可是广州“揭”字声母是送气清音。俞文看到英文［gidʒ］跟他记的“揭”字［gik］音有点像，就得出“按揭”译自英文 mortgage 是先意后音的错误结论。

底下说到“按揭”在我国广州、香港、北京、上海四地的使用情况。

据美国《时代周刊》1998/12/07 一期文章，住房抵押贷款和其他分期付款信贷业务，是美国银行家詹尼尼开创的。[①] 我五十天前才看到广州出版社发行的，曹淳亮主编的 1994《香港大辞典·经济卷》，条目中有“按揭”的共有“按揭、按揭贷款、房地产按揭程序、楼宇按揭”四条。其中 583“按揭”条开头就说“香港房地产法律常用术语”。584“楼宇按揭”条云：

> 购楼者以其购买的楼宇作抵押取得银行贷款支付楼价，并分期偿还贷款的一种购楼方式。这种作法在香港甚为普遍。香港楼价高昂，即使是普通中等入息的家庭，要一次付清楼价也十分困难。房地产发展商为销售楼宇，便采取 50 年代开始盛行的分层出售、分期付款方式。只要收入达到一定水平，能付得起首期楼价款（一般为 10%—30%）的人士，都可将所买楼宇向银行按揭。银行以购楼者的楼宇抵押为条件，代替购楼者一次将楼价全部付予卖方，购楼者要按规定的还款方式及期限，加上利息分期还款给银行。

---

① 《参考消息》1998/12/29 第 4 版，《詹尼尼：银行业鼻祖》

【美国《时代周刊》12 月 7 日一期文章】题：阿马德奥·彼得·詹尼尼［1870—1949］

今天，大多数银行客户都认为詹尼尼开创的银行业务是理所当然的，例如住房抵押贷款、汽车贷款和其他分期付款信贷业务。在大部分人眼里，银行更是理所当然的。但是在詹尼尼出现之前，这些都是不存在的。

……近年来，楼宇按揭贷款大增，1993年达2680亿元，比1989年增加二倍。

广州《南方日报·南方楼市·楼市沙龙》1998/12/11第14版，有两位记者记录七位投资家与代理商讨论降息对楼市的影响，在排满了一共2138字（75行×26字+8行×11字+10行×10字）的篇幅里，“按揭”一共用了19次，这里节录一段。廖惠文（广州兴业房地产中介责任有限公司经理）云：

以前买房办按揭的如果有3—5成就算比较高了，而现在办理按揭购房的占到总数的6—7成，降息之后选择按揭供楼的人会更多。……仅两年多时间，银行的按揭利率从13点降到现在的6点多。

“按揭”使用频率，南北差别很大。粤港常用“按揭”。京沪口语均少用。就北京的报纸而言，在卖房子的广告里，“贷款、按揭、按揭贷款”三种说法都有，一般行文，大都用“抵押贷款”。上海的卖房广告，还有“公积金贷款”。《参考消息》1998年7月某日第8版登了美国《波士顿环球报》7月1日《私有住房可能是中国的新革命》（发自上海）的译文，节录如下：

现在三十七岁的期货商某某某最近借助抵押贷款——这在中国还是新概念——购买了一套公寓房。……现年三十八岁的经纪人某某某去年以抵押贷款形式用大约六十五万元（78 313美元）为他的四口之家购买了四室的公寓住房。

《参考消息》1998年9月15日第4版美国《华盛顿邮报》9月2日一篇文章，摘录一段：

经济的住房建筑部门今年蓬勃发展，其中的一个原因是：去年冬季住房抵押贷款利率开始下降。

以上两段引文，其中的“抵押贷款”大概是mortgage（按揭）的翻译。

《参考消息》1998/08/02第8版，香港《明报》[7月]29日报道：

香港金管局宣布，取消银行的房地产贷款占本地贷款总额不宜超过百分之四十的“限制”。香港银行界普遍欢迎，认为有助增加住房按揭贷款。

请注意，香港《明报》就用“按揭”的说法，与《参考消息》的译文不同。

以下引用北京和上海报上的卖房广告共十二条，说明“按揭”在北京和上海还是新词，使用范围有限。可见“按揭”的说法确实是从粤港传播到各地的。“按揭”要跟“住房抵押贷款”等竞争一段时间，才有可能通行全国。

以下十二条节录的广告，有两点要说明的。(一)本刊不登卖房广告，所以卖房单位名称，前两字用××代替。(二)除公积金贷款外，其他各项贷款名称不同，实质都跟购房抵押贷款的“按揭”一样。六成贷款表示购房时先付四成现款。十年贷款，表示付款期限是十年。其他依此类推。不说几成几年，就在订约贷款时再确定。

①《参考消息》1998/07/16第9版××园广告：提供个人住房担保贷款

②《参考消息》1998/08/06第12版××苑广告：建行七成住房贷款

③《参考消息》1998/07/16第16版××园广告：建行提供个人贷款

④《参考消息》1998/07/16第16版××北里广告：建行六成十年按揭

⑤《参考消息》1998/07/16 第 12 版 ×× 物业广告：建设银行提供十年六成按揭贷款

⑥上海《新民晚报》1998/12/25 第 14 版 ×× 苑广告：普陀建行七成十五年贷款

⑦同上 1998/12/24 第 26 版 ×× 苑广告：工行徐汇支行提供最长二十年贷款

⑧同上 1998/12/23 第 10 版 ×× 公寓广告：建行四支行提供七成二十年按揭

⑨同上 1998/12/26 第 27 版 ×× 公寓广告：银行提供六成十年按揭贷款

⑩同上 1998/12/23 第 10 版 ×× 苑广告：八成公积金或建行按揭贷款

⑪同上 1998/12/23 第 10 版 ×× 新村广告：付款形式灵活多样，可面洽，代办公积金贷款

⑫同上 1998/12/24 第 2 版 ×× 苑广告：上海建行杨浦支行提供七成十五年公积金按揭组合贷款

总结上文所说，“按揭”的贷款购房方式，首先由美国银行家詹尼尼开创，约在 20 世纪初。香港在 20 世纪 50 年代开始盛行。前些年传到广州，然后传到上海北京，不过是十年左右的事。北京有些事业单位跟企业单位向职工卖房，分期付款，有点像按揭。

一九九九年一月十三日

［《方言》1999 年第 1 期 1—4 页］

“步”字和“惣”字

汉字是语素文字（logogram），不是拼音文字。教学汉字，必须说明汉字的构造。比方说“河从水可声”，“不正为歪 wāi”。北京和许多方言两个常用的姓“张”和“章”同音，要说明形体上的差别就得说“弓长张”，“立早章”（根据《说文解字》的分析是“音十章”）。从这些例子可以看出，“部件”（组成汉字的成分）本身成字便于教学称说。

“部件成字”是汉字演变的趋势，可以来解释中日两国汉字形体的大同小异。现在举日本通用的“步、惣”两个例子来说。这两个字形分别见于《类聚名义抄》133 页和 272 页（图书寮本，（株）勉诚社 1976 年发行）。

“徒步、进步”的“步”写成上止下少。根据《说文解字》，“步”字从止屮，屮是反止，写成楷书是“步”，底下不是“少”，比“少”字少一点。但是屮平常说话不用，一般人也不认识。你说“步”字上止下屮，一般人不懂，说了等于没说。底下写成“少”，虽然多一笔，可是便于称说。唐写本王仁昫《刊谬补缺切韵》（下文简称《王韵》）已经有从“少”的写法。“涉”字“频”字从“步”，也应该这样理解。

“総”字也写作“惣”。如现行的《东京都 23 区职业别电话帐》（中册）847 页有“総（惣）菜宅配”，848 页有“総（惣）菜店”。今年 2 月 3 日，千叶县沿海大风，渔船第 65 惣宝丸不幸沉没，船名就用“惣”。“総”这个写法见于《王韵》，《广韵》有俗体“惣”。右上角去掉一笔，就成为从物从心的字。

这两个例子都是根据“部件成字”的趋势造成新字，第一个例子已见于唐代，第二个例子才是日本新创的。

［（日本）《中国语》1987 年第 4 期］

“驿”字

中日两国汉字用法有差别，有的是由日本沿用汉字的古用法造成的。本文举“驿”字为例。

中国说“站”，日本说“驿”。日本的“东京驿、上野驿”，就好比中国的“北京站、丰台站”。日本的“驿长、始发驿”相当于中国的“站长、始发站”。中文的“站”本来是“站立”的“站”，见于《广韵》，是清音声母字。现在用于“车站、兵站、货站、站长”的“站”是蒙古语借字“站赤”的简略，吴语读浊声母。舞剧《丝路花雨》里，“站”字用作“货站”的意思，跟舞剧所反映的时代（唐代）不合。这两个“站”字形体相同，北京音也相同，读 zhàn，但是来历不同。“驿”本来指官员、文书传递人员等换马、休息、住宿的地方，备有马匹。唐代长安、洛阳都有“都亭驿”。驿设在交通线上，设驿的交通线叫驿道。隋代智者大师给晋王杨广的信就提到山下的伽蓝（寺）“偏近驿道”。驿道上的驿好比现在铁路公路沿线的站。日本“驿”字的用法大概是从唐代传去的。现在中文“驿”字，主要用于“驿站”（总名）和地名（从前设驿的地方）。

［（日本）《中国语》1987年第5期］

“卓”字

“桌子”的“桌”中国写“桌”，日本写“卓”。这差别也是由日本沿用汉字的古用法造成的。

“桌子”的“桌”和“卓越”的“卓”本来都写作“卓”。日本现在还是如此，例如“卓越、卓球、食卓、麻雀卓”。从明末清初的刻本小说可以看出，“桌”字从“卓”字分化出来，大概在17世纪。《金瓶梅词话》（明万历四十五年丁巳，公元1617或1618年）用“卓”字，张竹坡评本（清康熙三十四年乙亥，公元1695年）就有“卓、棹、桌”等写法。拿第九回说，词话本用九个“卓”字：“破卓、灵卓、把卓子踢到”三处张本作“卓”，“灵卓子”三见张本都作“桌”，“卓椅”张本作“棹椅”，还有两处张本不用“卓”字。现在中国一般都写“桌”字，偶然也写“棹”字，写“卓”字的极少，限于旧书读得多、写字讲究的人。“卓”字一般限于“姓卓”和“卓越”一类用法。《广韵》“桌”是“卓”的古文，比较《说文解字》和《集韵》，《广韵》“桌”字也许是“[illegible]”的隶字。无论如何，从用法看，“桌子”的“桌”是晚起的写法。

［（日本）《中国语》1987年第6期］

禁忌字举例[①]

壹

研究语言的人常常排斥有关“性”的字眼，编辑字典跟研究方言都是这样。其实说话的时候要回避这类字眼，研究的时候是不必排斥的，并且是不能排斥的。就学问本身说，这类禁忌字常常引起字音的更改与语汇的变化。前者造成语音演变规律的例外，后者导致方言间说法的差别。研究这些字对认识语言的现状与历史都是很重要的。就学问的应用说，要理解又要回避这类禁忌字。“理解”需要调查研究。“回避”也需要调查研究，才能知道回避什么，怎样回避。这些字的口语与文字常常失去联系。有些书上的字，不知道口语里用不用，不知道是死的还是活的。有些嘴里的字，不知道怎么写，不知道它的本字。换句话说，就是有的字没有通用的写法，方言著作里有时有方框“□”表示，有时就写个训读字。即使有俗字可用，也因为缺乏论证，不知道它的音韵地位。研究方言，结合文献，可以帮助我们推定口语与文字的关系。

女子性器的口语说法在各种语言里都是禁忌字。北京等五处女阴的说法如下：

北京	成都	广州	南昌	长沙
pi˥	phi˥	hɐi˥	piɛt˥	pie˧˦

现在分别讨论各处是怎么回避这些音的，同时讨论这些音的本字。

为方便起见，这里大略说说本文的标调法。

（1）调类用右上角小的数码表示。$^{1\,2\,3\,4\,5}$分别表示阴平、阳平、上声、去声、入声。第肆节用 ^{7} 表示阴入，用 ^{8} 表示阳入。本文没有提到阴上阳上与阴去阳去，不会引起误会。

（2）调值用赵元任先生的五度制字母式调号记音。详见赵元任 1930《一套标调的字母》，《方言》1980.81—83。

（3）广州阴平［˥˧］53 调，在另一［˥˧］53 调与［˥］55 调前变［˥］55 调。又阴平的高变音也是［˥］55 调。

贰

北京女阴说屄［pi^{1}］，现在我们看看北京话是怎么回避这个音的。为行文方便起见，下文

① 本文英文节译本 A tabu word in Chinese 见第二十六届国际汉藏语言学会（大阪 1993 年 9 月 13—17 日）会议录 Current issues in Sino-Tibetan linguistics，1994.421—427. 英文本与本文不同处，当依本文改正。

"屄"字有时作为训读字使用。就语音演变说，常用字在北京语音里可能读［pi¹］的共有下列十三个：

裨~益蓖~麻［pi⁴］——古平声，今去声

碑卑悲［pei¹］——古平声，今阴平，元音［ei］

逼［pi¹］——古入声，今阴平

笔［pi³］——古入声，今上声

滗毕必碧璧壁［pi⁴］——古入声，今去声

其中12个字都避开［pi¹］这个音，元音相同的声调不同，声调相同的元音不同。只有一个动词"逼"字例外。动词"逼"［pi¹］字与名词"屄"［pi¹］字不容易在相同环境里出现，很少误会可能。

"蓖麻"的"蓖"字读音很有意思。广韵"蓖"字平声齐韵边兮切，照例北京读［pi¹］。《字汇》（1615年序）"蓖"字与"屄"字均边迷切。《金瓶梅词话》（1617年跋）八二回4有《生药名·水仙子》为证："浪荡根插入荜麻内"。"浪荡"即广韵的"莨菪"，来宕徒浪二切，注云"毒药"。百衲本影印黄善夫本《史记》一百五17"饮以莨菪"，《正义》"浪宕二音"。《金瓶梅》的写法兼顾音义。"荜麻"即广韵的"蓖麻"，"荜"（蓖）字影射"屄"字，可见当时两字同音，都读阴平。现在"蓖"字读［pi⁴］去声，是回避［pi¹］的音。山西太原与云南水富，大关等三处也回避此音，不过回避的方式不同，"蓖"字加上鼻音韵尾：

	山西太原	云南水富	云南大关
屄	pi˩	pi˧	pi˥
蓖~麻	piŋ˩	pin˧	pĩn˥

平常都认为山东全省"屄"字都是［pi¹］阴平。"笔"字古入声，广韵质韵鄙密切，它在北方方言里的反映接近［pi¹］，现在我们用地图表示，山东省"笔"字是怎么回避这个音的。山东省108个调查点，笔字的音分为六派。

（1）西片六十五点，古入声清音声母字照例读阴平，今"笔"字读［pei¹］，跟［pi¹］元音不同。

（2）东片三十三点，古入声清音声母字照例读上声，今"笔"字读［pi³］，跟［pi¹］声调不同。

（3）无棣、沾化、沂水三点，今"笔"字读［pei³］，元音读［ei］同西片，声调读上声同东片，跟［pi¹］元音与声调都不同。

（4）章丘一点，今"笔"字读［pei⁵］，元音读［ei］同西片，声调读入声跟东西片都不同，跟［pi¹］元音与声调都不同。

（5）邹平、桓台、利津三点，今"笔"字读［pi⁵］，元音跟东片相同，声调读入声跟东西片都不同，跟［pi¹］声调不同。

（6）滨县、广饶、潍坊（潍城）三点，今"笔"字读［pi¹］。

六派之中，只有第六派"笔"字读［pi¹］，值得注意。山东省"笔"字读音的语料是山东大学教

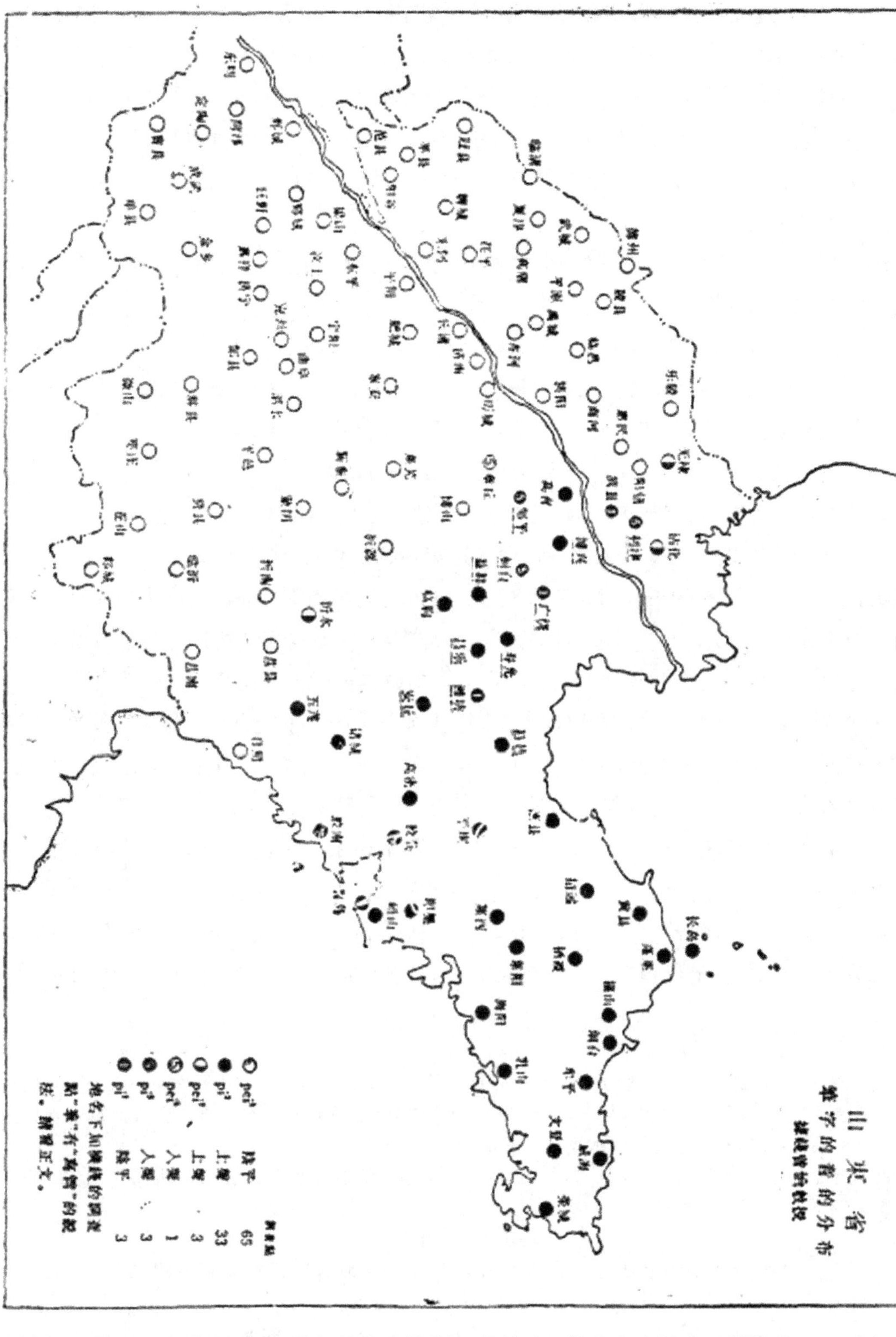

授钱曾怡提供的。根据她以前累积的方言资料，潍坊今“笔”字也读[pi¹]阴平。1993 年 7 月我到青岛，青岛大学教授崔西璐，潍县人（今潍坊市潍城区西乡），当时五十九岁，他告诉我，上小学时，当地笔这个字读书音是［pi¹］，笔这个东西叫“写管”。青岛大学教授李行杰，青岛人，告诉我昌乐也有“写管”的说法。1994年7月13日钱曾怡来信说，据杨秋泽调查，无棣“笔”字音［ɸei］阴平；据冯荣昌调查，“笔”字潍县也有人音［ɸei］阴平。163面地图这两点“笔”字音仍分别以［ˋpei］上声与［ɸi］阴平论。① 山东中部的方言回避不回避，怎么回避“屄”［pi¹］这个音，“写管”的说法在山东省分布的范围有多大，都要进一步调查。敬请熟悉山东方言者教正。

湖南邵阳话也使用跟山东潍坊相似的回避法。1989年8月，汉语方言学会第五届年会在湖南大庸举行，黎良军在会上宣读的论文说：

> 邵阳笔说“写字杆”。因为邵阳南乡话入声字大都派入阴平，这样“笔”字就同另一个十分不雅的禁忌字（“屄”［pi¹］）同音了，不得不避，所以不单说“笔”。但“笔”这个词仍没有消失，要是回答“何谓文房四宝？”还是要说“纸笔墨砚”。

明代宣城梅膺祚所撰《字汇》序题万历乙卯，即万历四十三年，公元1615年，是字典中首先著录“屄”字的。该书寅集尸部，上海辞书出版社1991年影印本122面云：

> 屄，篇夷切，音披，女人阴户。〇又边迷切，音卑，义同。

大致的说，“屄”字分布于长江以北广大地区，江苏与安徽南部，浙江与湖南一些地方，西南各省。东部东经“110°以东”用边迷切的音。西部东经“110°以西”边迷切与篇夷切的两个音都有。这两个音分别是［pi］阴平与［phi］阴平。少数方言读舌尖元音是［pɿ］阴平与［phɿ］阴平（［ɿ］相当于成音节的［z］）。各地调类相同，少数不分阴阳平的方言是平声，多数分阴阳平的方言是阴平。各地调值不同。以下二十四处方言“屄”字的音，其中只有绩溪、太原、文水三处读舌尖元音；只有太原与文水两处单字调不分阴阳平，调类是平声。

北京 pi˥	济南 pi˨˩˧	徐州 pi˨˩˧	郑州 pi˨˦	武汉 pi˥	绩溪 pɿ˥
苏州 pi˥	杭州 pi˧	邵阳 pi˥	太原 pi˩	文水 pɿ˨	昆明 pi˦
绥德 pi˨˩˧	洛阳 pi˧	南京 pi˧˩	柳州 pi˦	大方 pi˥	乌鲁木齐 pi˥
西安 phi˨˩	兰州 phi˥˧	西宁 phɿ˦	成都 phi˥	重庆 phi˥	贵阳 phi˥

① 李行杰来信说：潍城、坊子、寒亭、安丘、昌乐、寿光六区县（本文潍坊市辖区只收潍城一点，不收坊子寒亭），“毛笔”老人叫“写管”［ɕie˥˨˩˦ ·kuan］（潍城音，下同），青年人叫“毛笔”［mɔ˥˧ pei˨˩˦］。青年人“钢笔”说［kaŋ˨˩˧˦ ·pi］，也叫“水笔”［ʂuei˥˨˩˦ ·pi］。

据钱曾怡等1992《潍坊方言志》，所收十二点方言的单字调很相近，两字组连调很接近。十二点（青州=益都）单字调如下表，轻声在外。

潍坊市十二点单字调表

	潍城 坊子 诸城 五莲	寒亭	昌邑 高密 安丘 昌乐 临朐 青州	寿光
阴平	［˨˩˦］214	［˨˩˧］213	［˨˩˧］213	［˨˩˧］213
阳平	［˥˧］53	［˥˧］53	［˦˨］42	［˥˧］53
上声	［˥］55	［˥˧］53	［˥］55	［˥］55
去声	［˧˩］31	［˧˩］31	［˨˩］21	［˨˩］21

用篇夷切这个音的地区，禁忌字就从[pi^{1}]变成[phi^{1}]了。“批评”说[phei^{1} phiŋ^{2}]，不说[phi^{1} phiŋ^{2}]。批评会上，当地人当然说［phei^{1} phiŋ^{2}］；要是有外地人多说几次［phi^{1} phiŋ^{2}］，就会破坏会议的气氛。

“屄”是不见于古籍的俗字，有多种异体字，“屄”见于《字汇》，最为通行。比“屄”早三百多年的写法有“㞙”，见于关汉卿《蝴蝶梦》第三折〈滚绣毬〉：

> 得我日你妳妳歪㞙。（脈望馆本 18。中华书局排印本《元曲选》644“得”作“等”，“日”作“㕣”。荣按：“妳”今作“奶”。）

关汉卿元大都（今北京）人，1279 年在杭州，年近七十。臧懋循（1580 年进士，1621 年卒）元曲选注：“㕣音入，㞙音鄙平声。”“㞙”字音相当于《字汇》的边迷切。因为《字汇》没有收“㞙”字，现在的字典一般也不收。其他异体字这里不能细说。

“屄”的本字待考。“屄”是会意字，“㞙”是形声字。姑且根据后者假定［pi^{1}］音早起，[phi^{1}]音是后来分化出来的。“屄”的本字可能与古籍中“牝牡”的“牝”有关。“牝牡”指雌（母的）与雄（公的），“牝、牡”两字对举可以指女子性器与男子性器。“牝”字单用常指性器。但“牡”字单用一般不指性器。“屄”字通行之后，“牝”字还继续用来指女子性器。这里举几个例子。例(4)无“牝”字，是用来做参考的。

（1）未知牝牡之会而朘怒，精之至也。（马王堆汉墓帛书[壹]《老子》乙本 90）

（2）牝恒以静朕（胜）牡。为其静也，故宜为下也。（同上 91）

（3）浴（谷）神不死，是胃（谓）玄牝。（同上 95）

（4）知其雄，守其雌，为天下溪。……知其白，守其辱，为天下浴（谷）。（同上《老子》甲本 12，乙本 97；《庄子·天下篇》引老聃曰此六句相连）

（5）高者为生，下者为死。丘陵为牡，谿谷为牝。（四部丛刊本《大戴礼·易本命》十三 8，又见四部丛刊本《淮南子·地形》四 4）

（6）以巾玩牝。（马王堆汉墓帛书[肆]《养生方》108）

（7）男露其势，女露其牝。（汉魏丛书南丰赵秉清校本东方朔《神异经》4。百二十卷本说郛六六 4 同。涵芬楼排印一百卷本六五 15 作“男露其牡，女张其牝”。四部丛刊本《太平御览》三七七 7 作“男露其势，女彰其杀”。“杀”大概是错字。）

（8）武成自诧其具云：尔牝小，我牡大，故尔觉痛耳。（新辑出相批评《僧尼孽海》第一则“沙门昙献”。此书卷首有唐寅（1470—1523 年）题词，不知是否假托。日本东京两个图书馆藏有抄本，未见刻本。）

老子《道德经》五千言，论述宇宙人生的基本问题，无所谓语言文字的忌讳。《养生方》为房中之书。《汉书·艺文志》方技类著录“房中八家，百八十六卷”，并云：

> 房中者，情性之极，至道之际，是以圣王制外乐以制内情，而为之节文。传曰：先王之作乐，所以节百事也。乐而有节，则和平寿考。及迷者弗顾，以生疾而陨性命。

房中书不能有文字忌讳。《神异经》是古代神话，也没有文字忌讳。一般著作都回避性的字眼。小说、戏曲就不能完全回避。至于晚明以后的色情文学，如《僧尼孽海》与《金瓶梅词话》，故意渲染房事，就谈不上回避了。这里只举前者一例。“屄”字[pi¹]与“牝”字有关联，但是要说前者由后者变来，在语音上还有点问题，现在略说几句。“牝”字广韵上声旨韵扶履切，又轸韵毗忍切；集韵平声“牝”字又有补履切一音，与“匕妣”同音。朱骏声《说文通训定声》履部“牝”字：“按读如妣，今音转如膑。”上引《老子》与《大戴礼》《淮南子》均以“死”字与“牝”字押韵（“死”广韵旨韵字息姊切），朱氏“牝今音转如膑（毗忍切）”之说可信。“妣”音的转变好比云南水富方言 159 屄［pi˧］，150“蓖麻”读［pin˧ ma˩］；云南大关方言 42“屄”读［pi˥］，58“蓖麻”的“蓖”读［pĩn˥］。

富善（Chauncey Goodrich）长期居住在北京东边的通州，基督教的新约全书就是由他译成中文的。他在 1891 年编了一部汉英小字典 *A pocket dictionary*（*Chinese-English*）*and Pekingese syllabary*。据说他当时编写的原则是：口语用字据北京方言，书面用字据北京知识分子的读书音。该字典 155 面“屄”音［pi⁴］（据美国 1943 年影印上海 1918 年版），我不知道作者的方言根据。可能这音是根据中古上声全浊声母字北京今读去声的演变规律，从广韵“牝扶履切”推出来的。

叁

广州“屄”叫［hɐi¹］。广州粗话有“屌本字为鸟，名词作动词用你老母屄［tiu˦ nei˨ lou˨ mou˦ hɐi˥］”，相当于北方“操你妈的屄”。又广州话不好的粥叫［hɐi˥ tsok˥］，是引申的用法。Ernest John Eitel 根据《分韵撮要》（1782）编的 *A Chinese dictionary in the Cantonese dialect*（伦敦与香港 1987）与黄锡凌《粤音韵汇》（上海 1941）都不收这个音。一般广州单字音表都收这个音，注云女阴，认为本字不明，没有适当写法。从广州音的演变推论，［hɐi¹］这个音中古可能有两个来历，平声齐韵溪母［*khei¹］与平声齐韵晓母［*xei¹］。晓母没有合适的字。集韵齐韵：㞗，说文尻也，牵奚切。（《大广益会玉篇》尸部第一百四十三：“㞗，诘地口溪二切，尻也。”《广韵》只收前一音至韵“诘利切”。）“尻”是臀的意思，现代方言也有用来指女阴的，陕西商县女阴也说“尻子”。

集韵“溪㞗”同音，古溪母字［*kh-］字今广州读［kh-］或［h-］（在合口前读［f-］），“溪㞗”分别读［khɐi˥ hɐi˥］，“溪”避开“㞗”的音，“㞗”就没有同音字了。女阴怎么叫“㞗”呢？古代“㞗溪”同音，得名理由在于“溪（= 谿）谷”的象征意义。上引老子“守其雌，为天下溪”，《大戴礼》与《淮南子》“谿谷为牝”。云南水富 159“屄”俗称“沟子”［kəu˧ tsɿ˥］。广州“㞗溪”分化为两音，来历就弄不清了。

中山“屄”［hɐi˥］，“溪”［khɐi˥］。（赵元任 1948《中山方言》57［ɐ］原作［a］，该文的［a aː］分别相当于本文的［ɐ a］。）中山“屄”本字同广州。

詹伯慧等（1988.204）登录二十五处粤语方言“屄”的说法，广州以外二十四处的音都跟广州相当。参照詹伯慧等（1987.75）二十五处粤语方言“溪”字的音，广州以外二十四处也跟广州相当。

二十五处中，十六处用训读字“屄”字，香港两处用“閪”（门内西）字，台山等七处用“膎”字。俗字“閪”字来历未详。广韵平声佳韵：膎，脯也，肉食肴也，户佳切，与“鞋”字同音。佳韵二等，户佳切今广州当作［hai˩²］，音义均与［hɐi˦¹］不合。

广东西部信宜：屄［hɐi˦］，女阴。见罗康宁（1897.59，153）。广韵平声脂韵：“屄，臂之别名”，喜夷切。止摄脂韵喜夷切今音广州当作［hei˦］，元音不合。

两广方言用“屌”指女阴不限于粤语，还有非粤语，如以下四处。

广东新丰客家：□［hei˦］，女阴。“溪”［k‘ei˦¹］。见《方言》1992（01）.33周日健文。

广西西河客家：□［hai¹］，女阴。陆川客家：□［hæi¹］，女阴。见李如龙等 1992.308。

广西柳州：西南官话 屄［pi˦¹］；又说“嫨”［həi˦¹］，这是受广州话影响。广韵平声齐韵：嫨，女奴，胡鸡切。胡鸡切今音当为阳平，“嫨”字音义都不合。

肆

长沙“屄”［pie˧］字的来历要跟“鳖别撇［phie˧］”等字一起讨论。这些都是入声字，从语音演变推论，来自中古薛屑两韵。

撇，普蔑切　　鳖，并列切　　别区～，彼列切　　别离～，～人皮列切

“撇”字古滂母［*ph-］，今音送气［ph-］符合常例。“鳖”字古帮母［*p-］，但是长沙回避此字不送气的音。长沙“鳖”这种动物有四种叫法：

脚鱼 tɕio˧ y˩　　水鱼 ɕyei˨ y˩　　甲鱼旧 tɕia˧ y˩　　团鱼郊区 tõ˩ y˧

都不用“鳖”字，用拐弯的办法说它是一种鱼。读书时不依古音来历读［pie˩］，“鳖”字改读为送气音［phie˧］，如“瓮中捉鳖［phie˧］”，可见是回避［pie˧］的音。“别”字古帮母彼列切［*p-］与并母皮列切［*b-］两音，长沙两者今音照例都读不送气的［p-］，现在两者都读送气的［ph-］，可见也是回避改音。

其实长沙“屄”字的本字就是“鳖”字。长沙女阴用“鳖”字好比福建永春用“龟”［ku˥¹］字，都取龟鳖扁平之形。清初的小说《醒世姻缘传》七二 7 云：

程思仁仍开材铺，孙氏程大姐各卖鳖鸡。（文学古籍刊行社影印同德堂刊本）

“鳖鸡”好比太原的“扁鸡”［pæ̃˦³ tɕi˩¹］与“扁屄”［pæ̃˦³ pi˩¹］，都取义于扁平。

江西南昌与黎川“屄”字的来历与长沙相同，不必重复上文的讨论。

南昌　　“屄”［piɛt˥⁷］　　“撇”［p‘iɛt˥⁷］　　“别～人”［p‘iɛt˩⁸］

“鳖”字口语不用，鳖这种动物叫“脚鱼”［tɕiɔʔ˥ ȵiɛ˦²］。

黎川　　“屄”［pieʔ˧⁷］　　“撇”［p‘iɛʔ˧⁷］　　“别区～，分～”［p‘iɛʔ˥⁸］

“鳖”字口语不用，鳖这种动物叫“水鸡”［ɕy˧³ ki˩¹］或“脚鱼”［kiɔʔ˧⁷ niɛ˦²］。

有两点须要补充。长沙不分阴阳入，只有一个入声，黎川与南昌都分阴阳入，不过南昌话阳入有归到阴入的趋势，阳入可以读阴入。“别”字古帮母与并母两音，南昌与黎川并母“离别，别人”的“别”字占优势，帮母“区别”的“别”字也读如并母。

作女阴讲的“鳖”字较早的写法是“别”字。

妇人剜了别，舍人割了卵。(《永乐大典戏文三种·宦门子弟错立身》，钱南扬校注本 222）“别”字与“卵”字分别指女阴和男阴。从南昌与黎川“屄”字读不送气阴入看，这里的“别”字是取彼列切帮母的音，所以可用来取代“鳖”字。附带说一句，这里的“卵”字用法也适用于长沙与南昌，黎川三处，三处的音如下，调类都是上声：

长沙 lo˦˩　　南昌 lon˨˩˧　　黎川 lon˦

李如龙等 1992 列举三十四处方言的 1320 个字音与 1466 六条语汇，据该书的分类，客家话与赣语各十七处。对比该书 96“别”字音与 255“鳖”，309“男阴、女阴”等三条语汇，赣语十七处几乎全部与南昌，黎川一致，客家话中也有若干处符合，这里不具引。

伍　调查表

调查下列方言调查字表（摘录），可以看出方言有无回避［pi^1］音的现象。

止开三　支	平 支	上 纸	去 寘
帮	碑·卑	彼·俾	·臂
滂	披		·譬
并	皮疲·脾	被·婢	·避
明	縻~子糜粥·弥	靡	

止开三　脂	平 脂	上 旨	去 至
帮	悲	鄙·比秕~子，~谷	祕泌轡·庇痹
滂	丕		·屁
并	·琵~琶枇~杷		备·鼻篦（枇）
明	眉楣	美	媚·寐

蟹开三　祭	去 祭
帮	·蔽
滂	
并	·敝弊币毙
明	

	蟹开四　齐		
	平	上	去
	齐	霁	荠
帮	蓖~麻		闭箅~子
滂	·批		
并		陛~下	*鐾~刀布，把刀~~
明	迷	米	谜

	臻三	曾三	梗三	梗三	梗四
	入	入	入	入	入
	质	职	陌	昔	锡
帮	笔·毕必	逼	碧	璧	壁
滂	·匹一匹布，一匹马			僻	劈
并	弼			辟	
明	密·蜜				觅

方言资料出处

方言调查点依地名汉语拼音为序排列。括弧里是作者姓名与书目，有姓名无书目的据通信或面告。最后四项以出版年为序。

Chángshā　湖南长沙（鲍厚星）

Chéngdū　四川成都（梁德曼）

Dàfāng　贵州大方（李蓝）

Dàguān　云南大关（张映庚 1990《大关方言志》）

Guǎngzhōu　广东广州（白宛如）

Hénán　河南（张启焕等 1993《河南方言研究》）

Jīxī　安徽绩溪（赵日新 1989 安徽绩溪方言音系特点，《方言》1989（02）：125—130）

Kūnmíng　云南昆明（张宁 1986 昆明方言单音词汇释，《方言》1986（04）：287—297）

Líchuān　江西黎川（颜森 1993《黎川方言研究》）

Liǔzhōu　广西柳州（刘村汉）

Nánchāng　江西南昌（熊正辉）

Shāndōng　山东（钱曾怡 | 李行杰）

Shāngxiàn　陕西商县（张成材）

Shàoyáng　湖南邵阳（黎良军）

Shuǐfù　云南水富（卢开廉，张茀 1988《水富方言志》）

Suídé　陕西绥德（刘育林）

Tàiyuán　山西太原（温端政）

Wéifāng　山东潍坊（钱曾怡等 1992《潍坊方言志》| 崔西璐）

Wénshuǐ　山西文水（胡双宝 1990《文水方言志》）

Wūlǔmùqí　新疆乌鲁木齐（周磊）

Wǔhàn　湖北武汉（朱建颂）

Xī-ān　西安（杨春霖）

Xīníng　青海西宁（张成材）

Xīnfēng　广东新丰（周日健 1992 广东新丰客家方言记略，《方言》1992（01）：31—44）

Xìnyí　广东信宜（罗康宁 1987《信宜方言志》）
Xúzhōu　江苏徐州（李申 1985《徐州方言志》）
Zhōngshān　广东中山（赵元任 1948《中山方言》，《史语所集刊》二十本 49—73）
李荣 1982　论"人"字的音，《方言》1982（04）：241—244＝1985《语文论衡》107—111
詹伯慧等 1987 《珠江三角洲方言字音对照》
詹伯慧等 1988 《珠江三角洲方言词汇对照》
李如龙等 1992 《客赣方言调查报告》

［《方言》1994 年第 3 期 161—169 页］

A Tabu Word in Chinese

I

Linguists, lexicographers, as well as dialectologists often reject the words concerning sex. As a matter of fact, it is unnecessary and impossible to exclude those words in linguistic studies though we usually avoid using them in daily conversation.

Linguistically, those tabu words often give rise to the modification of pronunciation and the change of lexicon. The former causes exceptions to sound laws and the latter makes lexical references among dialects. It is, therefore, very important to study the tabu words of a language so as to have a better understanding of the current state and the historical evolution of the language in question. The tabu words have often lost their connections between their spoken forms and their written forms. We are not sure whether the written forms found in books are in the spoken language. Nor can we determine if they are living words or dead words. Some spoken tabu words have no received written forms. Sometimes a square □, a vulgar character or a *kun*-reading character is used to represent the relevant word. Dialectological studies combined with relevant documents could help us infer the etymology of the spoken tabu words.

For convenience's sake, we would like to give some remarks on the tone notation in the present article.

(1) The tone class is marked with the number in small prints on the upper right corner. The numbers $^{1\ 2\ 3\ 4\ 5}$ represent respectively yinping 阴平, yangping 阳平, shangsheng 上声, qusheng 去声 and rusheng 入声.

(2) The tone value is marked with the five-level "tone-letters" devised by the late Prof. Yuen Ren Chao 赵元任. The speaking voice is divided into five pitches: 1 low, 2 half low, 3 middle, 4 half high, 5 high. Each tone-letter consists of a vertical reference line to which horizontal line denoting the height of the pitch is attached to its left. For example:

Tone letter	Tone name	Explanation
˥	tone 55	From high to high.
˧	tone 33	From middle to middle.
˩	tone 11	From low to low. The above 3 tones are level tones.
˧˥	tone 35	From middle to high.

˨˦	tone 24	From half low to half high. The above 2 tones are rising tones.
˥˧	tone 53	From high to middle. This is a falling tone.
˨˩˧	tone 213	From half low to low then to middle. This is a circumflex tone.

Ⅱ

Female genitals (hereafter FG) are tabu words in all languages. FG is called "屄" [pi¹] in Beijing dialect. Now we are going to see how this pronunciation is avoided.

According to the sound laws there are 13 common characters in Beijing dialect which can be pronounced as [pi¹], namely:

裨～益 (benefit) 蓖～麻 (castor-oil plant) [pi⁴]

碑卑悲 [pei¹]

逼 [pi¹]

笔 [pi³]

滗毕必碧璧壁 [pi⁴]

It is worth mentioning that twelve characters among the above thirteen ones have avoided the pronunciation [pi¹], some of the above characters have the same vowel but differ in tones whereas others have the same tone but differ in vowels.

逼 is the sole verb having the same pronunciation as that of 屄 [pi¹]. However, these two characters seldom appear in the same context. Therefore, no misunderstanding could be involved.

The pronunciation of the character 蓖 in 蓖麻 (castor-oil plant) is very interesting. In 广韵 *Guangyun* rhyme 齐, this character is glossed as 边兮切, which means Mandarin [pi¹]. In 字汇 *Zihui* 蓖 and 屄 have the same gloss 边迷切 [pi¹]. In Chapter 82–84 of *Jin Ping Mei Ci Hua* (postscript in 1617), we read, 浪荡(蕑蕩)根插入萆麻内. 萆麻 is the same thing as 蓖麻 found in *Guangyun*. In this quotation, 萆 (蓖) alluded to 屄. It is obvious that at that time the character 蓖 was still pronounced as [pi¹]. At present, the character 蓖 [pi⁴] has taken the 去声 qusheng tone [⁴] in order to avoid the speech sound [pi¹]. Similarly, in Taiyuan of Shanxi, at Shuifu and Daguan of Yunnan, the pronunciation [pi¹] is also avoided but in a quite different way. i. e. by adding a nasal ending.

	Taiyuan	Shuifu	Daguan
屄	pi˩	pi˧	pi˥
蓖～麻	piŋ˩	pin˧	pĩn˥

It is commonly believed that the word 屄 [pi¹] is generally used in the whole province of

Shandong. Now, we would like to use a map to illustrate how the word 笔(pen) is pronounced in different ways so as to avoid the pronunciation [pi^1].

We had 108 investigation sites in Shandong. The pronunciation of the word 笔 (pen) could be divided into six groups:

(1) The western area consisted of 64 sites. In these sites, the word 笔 (pen) is pronounced [pei^1], different from [pi^1] in the vowel.

(2) The eastern area consisted of 35 sites. In these sites the word 笔 (pen) is pronounced [pi^3], different from [pi^1] in tone.

(3) At the sites 无棣 Wudi, 沾化 Zhanhua and 沂水 Yishui, the word 笔 (pen) is pronounced as [pei^3], both the vowel and the tone are different from [pi^1].

(4) At the site 章邱 Zhangqiu, the word 笔 (pen) is pronounced as [pei^5] both the vowel and the tone are different from [pi^1].

(5) At the sites 邹平 Zouping, 桓台 Huantai and 利津 Lijin, the word 笔(pen) is pronounced as [pi^5], its tone is different from [pi^1].

(6) At the sites 滨县 Binxian and 广饶 Guangrao, the word 笔(pen) is pronounced as [pi^1].

The linguistic material concerning the different pronunciations of the word 笔(pen) was supplied by Ms. Qian Zeng-yi 钱曾怡, a professor at Shandong University. According to her collection of dialect data, at 潍坊 Weifang the word 笔 (pen) is also pronounced as [pi^1], but in 钱曾怡等 1992. 56 the word is pronounced as [pi^3]. In July 1993, I got to 青岛 Qingdao and met Mr. Cui Xi-lu 崔西璐, a professor at Qingdao University. He was then 59 years old, a native of Wei County (at present the western rural area of Weifang City). He told me that when he went to primary school, the character 笔 was pronounced as [pi^1] but only as a pronunciation for reading. Orally 笔(pen) was called 写管 (writing tube). Mr. Li Xing-jie 李行杰, a native of Qingdao, and a professor at Qingdao University, told me that 昌乐 Changle has also the same way of saying 写管 (writing tube). Therefore how 滨县 Binxian and 广饶 Guangrao have avoided the pronunciation [pi^1], and the distribution of 写管 (writing tube) in Shandong need further investigation.

The dialect of 邵阳 Shaoyang in Hunan has a similar expression to that used in the dialect of 潍坊 Weifang in Shandong. In August 1989, at the Fifth Biennial Conference of the Chinese Dialect Society held at 大庸 Dayong in 湖南 Hunan, Mr. Li Liang-jun 黎良军, read a paper containing the following paragraph.

> At 邵阳 Shaoyang, the thing 笔 is called 写字杆 (a writing shaft). As in the southern rural area of Shaoyang, most of the Chinese characters belong to the old 入声 entering

tone have taken yinping [1] tone. Thus, the character 笔 (pen) would be homonymous with the tabu word 屄 [pi¹]. However, the word 笔 (pen) still exists and never disappears. For instance if you are asked what the four treasures of the study are, you will invariably answer "纸笔 [pi¹] 墨砚 paper, pen, ink stick and inkstone".

Among the Chinese dictionaries, it was 字汇 *Zihui* complied by Mei Ying-zuo 梅膺祚, native of 宣城 Xuancheng in the Ming Dynasty, which first took the character 屄 as an entry in the radical 尸 of the dictionary which was prefaced in 1615.

The whole entry and explanation found at p.122 read as follows (according to the photo off set copy published by Shanghai Dictionary Publishing House) .

屄，篇夷切，音披，女人阴户。○又边迷切，音卑，义同。

Roughly speaking, the word 屄 is distributed over a large area north of the Yantze River, in South Jiangsu province, in Zhejiang province, in some places of Hunan province as well as in South-western provinces. In the eastern part, east to the 110° East Longitude, the pronunciation 边迷切 [pi¹] is used. In the western part, west to the 110° East Longitude, the pronunciation 篇夷切 [phi¹] is used. However, both pronunciations [pi¹] and [phi¹] exist in Yunnan province.

A small number of dialects use sound as [pɿ¹], and [phɿ¹] (the apical vowel [ɿ] corresponds to syllabic [z]). The tone class in different places is identical. A small number of dialects having no difference between 阴平 yinping [1] and 阳平 yangping [2]. In different places, the tone value is not identical. In the following 18 sites, you will find the pronunciation of the word "屄". It is pronounced with an apical vowel only at Jixi, Taiyuan and Wenshui. Furthermore, at Taiyuan and Wenshui, tone [1] and tone [2] are not differentiated.

北京 Beijing [pi˥˥]	济南 Jinan [pi˨˩˧]	徐州 Xuzhou [pi˨˩˧]
苏州 Suzhou [pi˥˥]	杭州 Hangzhou [pi˧˧]	邵阳 Shaoyang [pi˥˥]
郑州 Zhengzhou [pi˨˦]	武汉 Wuhan [pi˥˥]	绩溪 Jixi [pɿ˥˥]
太原 Taiyuan [pi˩˩]	文水 Wenshui [pɿ˧˧]	昆明 Kunming [pi˦˦]
西安 Xi'an [phi˨˩]	兰州 Lanzhou [phi˧˩]	西宁 Xining [phɿ˦˦]
成都 Chengdu [phi˦˦]	重庆 Chongqing [phi˥˥]	贵阳 Guiyang [phi˥˥]

West to 110° East Longitude the tabu word [pi¹] has been transformed into [phi¹]. So the expression 批评 is pronounced as [phei¹ phiŋ²]. At the meeting of criticism the native people certainly say 批评 [phei¹ phiŋ²]. In case the people from east to 110° E use several times the expression 批评 [phi¹ phiŋ²], the atmosphere of the meeting would be damaged.

The character 屄 is a vulgar one which is not found in classic books. Since the publication of 字汇 *Zihui* (prefaced 1615), it is very commonly used.

Earlier than the character 屄, there had been a variant form 屄 found in the third act of

蝴蝶梦 The Dream of Butterfly by 关汉卿 Guan Han-qing. The sentence in question reads as follows.

得我日你妳妳歪㞗. Let me fuck your grandmother's oblique cunt. （脈望馆本 18，中华书局排印本元曲选 644 得（to let）作等（to wait），日（to fuck）作合.）

关汉卿 Guan Han-qing was a native of Dadu（at present Beijing）, he was in Hangzhou in 1279 at the age of about 70. 臧懋循 Zang Mao-xun's gloss to Guan's drama in *Yuanqu Xuan* 元曲选 reads, 㞗 is pronounced as [pi^1]. As 字汇 *Zihui* did not include the character 㞗, later dictionaries don't take this character either.

As 㞗（a phonetic compound character 形声字）occurred earlier than 屄 by 300 years, let us suppose for the moment that the pronunciation [pi^1] had an earlier occurrence and the pronunciation [phi^1] differentiated later from the former one. It is possible that the word "㞗 = 屄" [pi^1] was cognate to the word 牝 used in classic Chinese books. The two words 牝牡 mean female and male. However, the single word 牝 may refer to the sex organ, whereas the word 牡 used alone does not. After the word 屄 has been generally used, the word 牝 is still used to denote the female genitals. Here are some examples. The examples（1）and（7）are explained in English, while the examples（4）,（5）and（8）are partly explained in English.

（1） 未知牝牡之会而朘怒，精之至也。（马王堆汉墓帛书［壹］《老子》乙本 90）

Even before knowing of the union of male and female, his member is aroused, this is because the vital force has risen to a peak.

（2） 牝恒以静朕（胜）牡。为其静也，故宜为下也。（同上 91）

（3） 浴（谷）神不死，是胃（谓）玄牝。（同上 95）

（4） 知其雄，守其雌，为天下溪。……知其白，守其辱，为天下浴（谷）。（同上《老子》甲本 12，乙本 97，《庄子·天下篇》引老聃曰此六句相连。）

Understanding the male principle in things and keeping close to the female principle, one becomes a ravine towards which the things of the world flow.

（5） 高者为生，下者为死。丘陵为牡，谿谷为牝。（四部丛刊本《大戴礼·易本命》十三 8，又见四部丛刊本《淮南子·地形》四 4）

Mound denotes the male, ravine denotes the female.

（6） 以巾玩牝。（马王堆汉墓帛书［肆］《养生方》108）

（7） 男露其势，女露其牝。（汉魏丛书南丰赵秉清校本东方朔《神异经》4。一百二十卷本说郛六六 4 同。涵芬楼排印一百卷本六五 15 作男露其牡，女张其牝。四部丛刊本太平御览三七七 7 作"男露其势，女彰其杀"。"杀"大概是错字。）

Man and woman exposed their genitals.

（8） 武成自诧其具云：尔牝小，我牡大，故尔觉痛耳。（新辑出相批评《僧尼孽海》第一则“沙门昙献”。此书卷首有唐寅（1470—1523）题词，不知是否假托。日本东京两个图书馆藏有抄本，未见刻本。）

Your organ is small, while mine is big, so you feel painful.

道德经 *Dao De Jing* consisting of 5000 words by Laozi deals with fundamental principles relating to the universe and human life so there is no tabu wording at all in this book. 养生方（*The way to keep in good health*）is a book specially dealing with the bedchamber affairs, in which no tabu words are avoided. 神异经（*Shen Yi Jing*）is a collection of myths in which no tabu words are avoided. In general writings, the words concerning sex are always avoided. But in novels or operas, they can not be completely avoided. As for the erotic books occurring after the Late Ming Dynasty such as 僧尼孽海 *Seng Ni Nie Hai* and 金瓶梅词话 *Jin Ping Mei Ci Hua* which intentionally play up sexual affairs, the avoidance of tabu words was out of the question. Here we quote only one example（8）from the former book.

If we determine that 屄 evolved from 牝 because of their existing connections, the crux arises in their pronunciations. I shall give a few remarks here. In 广韵 *Guangyun*, the word "牝" has got 2 pronunciations, one under rhyme 旨，扶履切，the other under rhyme 轸，毗忍切. In 集韵 *Jiyun* it has got a third pronunciation 补履切 which is homonymous with 匕 and 妣. In 说文通训定声 *Shuowen Tongxun Dingsheng* by 朱骏声 Zhu Jun-sheng, the author says 牝 should be pronounced as 妣，but now its pronunciation has changed into that of 膑，毗忍切.

In above quotations from 老子，大戴礼 and 淮南子，the words 死 and 牝 are rhyming（In 广韵 *Guangyun* 死 is under the rhyme 旨）. Therefore, Mr. Zhu's hypothesis is believable.The change in pronunciation of the word 牝 is quite similar to that of 蓖 in 水富 Shuifu dialect and 大关 Daguan dialect in Yunnan province as mentioned above.

Mr. Chauncey Goodrich 富善 who translated the New Testament into Mandarin lived in 通州 Tongzhou to the east of Beijing for a long time. He compiled A pocket dictionary（Chinese-English）and Pekingese syllabary in 1893. The compiling principle he used is said to be: the colloquial words are based on the Beijing dialect, while the literary words are based on the reading pronunciation of Beijing scholars. At p. 155 of the dictionary the word 屄 is pronounced [pi^4]. I wonder if this pronunciation had any dialect ground. It might be inferred from the *Guangyun* 广韵 gloss "牝，扶履切".

REFERENCE

In this reference, the names of the investigation sites are arranged according to their alphabetic order of Han Yu Pin Yin 汉语拼音 with their correspondent Chinese characters, except the last item. The names of the person along with their writings are put in brackets. Those whose names are mentioned in brackets without the titles of their writings are the scholars who have provided linguistic materials by correspondence or in conversation.

Changle 山东昌乐（李行杰）

Chengdu 四川成都（梁德曼）

Daguan 云南大关（张映庚 1990《大关方言志》）

Henan 河南（张启焕等 1993《河南方言研究》）

Jixi 安徽绩溪（赵日新 1989 安徽绩溪方言音系特点，《方言》1989（02）：125—130）

Kunming 云南昆明（张宁 1986 昆明方言单音词汇释，《方言》1986（04）：287—297）

Shandong 山东（钱曾怡）

Shaoyang 湖南邵阳（黎良军）

Shuifu 云南水富（卢开廉，张茀 1988《水富方言志》）

Taiyuan 山西太原（温端政）

Weifang 山东潍坊（钱曾怡等 1992《潍坊方言志》| 崔西璐）

Wenshui 山西文水（胡双宝 1990《文水方言志》）

Wuhan 湖北武汉（朱建颂）

Xi-an 西安（杨春霖）

Xining 青海西宁（张成材）

Xuzhou 江苏徐州（李申 1985《徐州方言志》）

李 荣 1982 论“入”字的音，《方言》1982（04）：241—244 = 1985《语文论衡》107—111

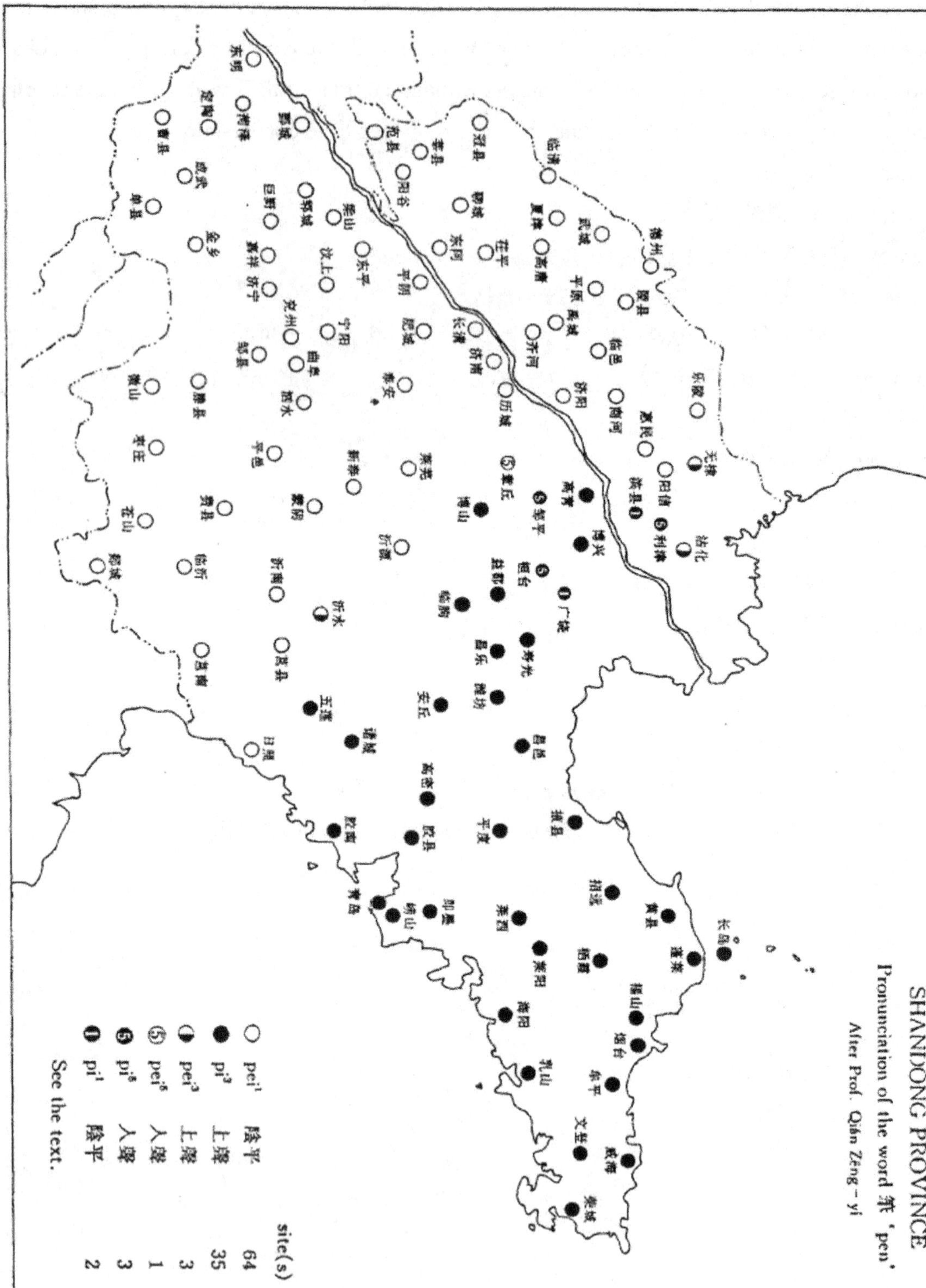
SHANDONG PROVINCE
Pronunciation of the word 笨 'pen'
After Prof. Qián Zēng-yì
site(s)
○ pei¹ 陰平 64
● pi³ 上聲 35
◐ pei³ 上聲 3
⑤ pei⁵ 入聲 1
❺ pi⁵ 入聲 3
◑ pi¹ 陰平 2
See the text.

汉字的演变与汉字的将来 *

主席，诸位女士，诸位先生：

今天，在“汉字文化之历史与将来”的国际会议上，我有机会向大家讲演，觉得十分高兴。我的题目是：《汉字的演变与汉字的将来》。

从殷虚的甲骨文算起，汉字有三千年的历史。从汉代起，汉字作为汉语和汉文化的“载体”（carrier），传到当时在文化上后进的邻邦，形成汉字文化圈。这才有今天的会议。汉字的历史悠久，分布的地区广大，使用的人口众多，详细讨论汉字的演变需要写好几本书。今天，我想先从宏观的、通史的角度，大略说几条汉字演变的大方向；再从微观的、主要是近代史的角度，举些有意思的、新鲜的例子，说明演变的总趋势是越来越合理，汉字的效率越来越高，有适当的羡余率（redundancy），充分的适应性（adaptability）。然后转入题目的下半，讨论汉字的将来，汉字的前途。指出汉字适用于汉语的整体，不管是古往今来的，还是东西南北的汉语。

壹　汉字的演变

汉字演变的大方向可以举出三条来说。

1.1 篆书变为楷书

秦代实际应用的文字有篆书和隶书，汉代又加上草书。近年出土的云梦秦简、马王堆帛书、银雀山竹简，字体都介乎篆隶之间。篆书写快了就是隶书，隶书又变为楷书。篆书庄重，四平八稳，不便于日常应用。草书草率，易写难认，也不便于日常应用。楷书流畅，就成为后代书写、印刷的标准。楷书比篆书易写，比草书易认。楷书作为标准，不能不说是汉字的进步。

---

* 1986 年 5 月 19 日至 20 日，日本大修馆书店与朝日新闻社“主催”，在东京召开“汉字文化之历史与将来”国际讨论会。这是作者在会上的讲演稿。本文原稿 5 月 17 日写出，发表时略有更改。

1.2 形声字增加

形声字由形旁和声旁两部分组成，形旁跟全字的意义有关，往往是《说文》以来字书的部首，声旁跟全字的读音有关。例如“江”字“河”字，“氵(水)”字是形旁，“工”字“可”字是声旁。“江”指江水，就是长江。“河”指河水，就是黄河。以后字义扩大，“江”和“河”分别泛指南北的江河；最后泛指江河，不分南北。“工”字的古音跟“江”字的古音相近，“可”字的古音跟“河”字的古音相近。

汉字有形声化的趋势，《说文》里的形声字，按比例说，比甲骨文和金文多。朱骏声《说文通训定声·说文六书爻列》统计《说文》9475字，六书的字数如下：

指事 125　　象形 364　　会意 1167　　形声 7697　　转注 7　　假借 115

其中，形声字占81%。上述分法在细节上有可议之处。有许多字兼属两类。就结构而言，形声字的数目还要增加。现在使用的文字中，形声字按比例说比《说文》还要多。

1.3 假借字减少

假借字指同音替代的字和音近替代的字。

略读古书的人都知道，古书假借字多。唐代张参《五经文字·序》(序题大历十一年，即公元776年)云：“又以前古字少，后代稍益之故，经典音字，多有假借。”原注云：“谓若借后为后，辟为避，太为大，知为智之类，经典通用。”多音字分化和多义字分化起减少假借字的作用。现在举几个例子。

《论语》第一章，“子曰：学而时习之，不亦說乎？”“说”借作喜悦的“悦”。

《马王堆帛书》里的《老子》甲乙两本都是《德经》在前，《道经》在后。《德经》第一章(通行本第三十八章)甲乙两本“厚薄”的“薄”都作“泊”，“彼此”的“彼”甲本作“皮”，乙本作“罷”。通行本第三十九章“侯王自谓孤寡不谷”，甲乙两本“谓”都作“胃”，“谷”都作“槖”，并且全书别的地方都如此。

假借字减少和形声字增加有时候分不开。例如朱德熙先生的《自指和转指》，见《方言》1983.16—31页，引用古书例句在古今字形不同时就用括弧注明现行的字形。例句前标明该文页码。

19　原(源)浊者流不清。(《墨子·修身》)

20　今有功者必赏，赏者不得(德)君，力之所致也。有罪者必诛，诛者不怨上，罪之所生也。(《韩非子·难三》)

20　武城人或有因于吴竟(境)田焉，拘郑人之沤菅者。(《左传·哀公八年》)

21　圣人先得我口之所耆(嗜)者也。(《孟子·告子上》)

23　横说之，则以诗书礼乐，从(纵)说之，则以金版六韬。(《庄子·徐无鬼》)

25　秦攻梁者，是示天下要(腰)断山东之脊也。(《战国策·魏策四》)

以上例句中，除“得”借作“德”之外，“原、竟、耆、从、要”五字现行的字形分别加上形旁，成为形声字。“原、竟、耆、从、要”是本字，广用字，不是假借字。“源、境、嗜、纵、腰”

是专用的形声字。可是从表面看来，“原”等五个字好像是假借字。

上文从宏观的、通史的角度讨论汉字演变的大方向。现在从微观的、主要是近代史的角度说明汉字演变的合理化趋势。文字是记录语言的，合理化的标准就是看记录得明确还是含混。做这类研究工作选材特别重要，讨论字形变化，排印本的用处不大。我们用的是晚明刻本小说和旧抄本《石头记》（=《红楼梦》）的影印本。

1.4 回避同音字

回避同音字有两种方式，一是改音不改字，二是改说法，就是改字或者加字。现在分开来说。

改音是本字不变，只改读音。有人问：“耶稣”的“耶”《广韵》平声麻韵以遮切，北京音照例读阳平 yé，为什么读阴平 yē？这是回避“爺孃”的“爺”yé 字改音。

“爺孃”的“爺”本作“耶”，从“父”的字形著录于《大广益会玉篇》卷三父部第二十五，注云：“以遮切，俗为父爺字”，是后起的写法。《颜氏家训·文章第九》引梁简文帝指摘“不知是耶非？”的诗句，说是“不识其父”。“耶”在这句诗里可以作“语助词”讲，又可以作“父”讲。所以简文有此指摘；颜氏说这个虽然是“古事”，“不可用也”。“古事”指《汉书·外戚传》汉武帝思念李夫人所作诗的第一句“是邪非邪［=是耶非耶］？”

同类的例子有“神甫”。《现代汉语词典》1965 年试用本这一条的释文如下：

［神甫］shén ·fu 天主教、东正教中有一定职位的传教士。过去也作神父。

“神父”写成“神甫”，就是回避“父”字，读成 shén ·fu，第二字轻声，连音也不同了。“师父”shī·fu 通常写成“师傅（付）”，也是同样的道理。

再举个眼前的例子，就是“癌症”的“癌”字。《中华大字典》（1915 年）癌读若喦，注云：“脏腑所生毒瘤也”。《辞源》（1915 年）癌读如喦，“癌肿”条注云：“谓恶性肿毒”。《校改国音字典》1921 年 2 月国语统一筹备会订正，商务印书馆印行“癌丨历，音碞。”“读若喦，读如喦，音碞”折合成北京音就是 yán。以后的字书，“癌”字都用这个音，包括《国音常用字汇》（1932 年）、《辞海》（1936 年）、《国语辞典》（1947 年），一直到解放后编的 1953 年出版的《新华字典》，都是如此。《现代汉语词典》1960 年印的试印本“癌”字条释文如下：

［癌］yán <医> 上皮组织发生的恶性肿瘤。……也叫癌瘤或癌肿。

“癌”字还是用 yán 的音。

1961 年，《新华字典》大修。编者考虑到“癌症”（cancer）跟“炎症”（inflammation）最好有个区别，就参考某些方言“岩（巖）”读如“崖”，就是 ngái 一类的音，北京语音没有 ng［ŋ］声母（除非是连读或［ŋ̍］自成音节），就推荐“癌”读 ái，第二年，《新华字典》印出来，扉页印着“（1962 年修订重排本）”，“癌”字的音是 ái（旧读 yán）。《现代汉语词典》1965 年和 1973 年两次印的试用本“癌”字条释文同试印本，音改成 ái（旧读 yán）。音 ái 就音 ái 好了，为什么还要来个旧读呢？这有两层意思：第一表示 ái 这个音不是印错了，是有意推荐的跟旧读不同的音。第二是声明，要是你不赞同 ái 的音，你还可以用旧读 yán。林语堂等编的《当代汉英词典》（1972 年）“癌”字音 yán，并且说有人主张读 ái，用来跟“炎症”的“炎” yán 区别。

癌 ái 的音站住了，行开了。新《辞海》也用 ái 的音，注明旧读。《新编小学生字典》（1983 年）也用 ái 的音，不注旧读。广播、电视跟平常口语都用 ái 的音。

现在说说“癌”字的来历，这是语源，也是文字的演变。从吴谦等在乾隆四年到七年（1739—1742 年）编辑的《医宗金鉴》看来，“癌”字是从“巖（岩）”字来的，“乳癌”本作“乳巖（岩）”。《医宗金鉴·妇科心法要诀》人民卫生出版社影印四九 96 云：

> 更有乳内结核，如围棋子，不肿不痛，但坚硬不散，日久内溃者，谓之乳巖，其证甚凶。

下文 97 略同。“乳巖”又见于《外科心法要诀》六六 220，222—223，字句较详，不过字形作“乳岩”。

《广韵》“喦、碞”五咸切，“巖(岩)”五衔切，音义均相近。《尔雅·释山》郭注“谓山峰头巉巖”，《释文》“喦本又作巖字”，可见《释文》所据底本作“喦”。《书·召诰》“畏于民碞”正义：“碞即巖也”。唐宋以来，多数方言咸衔两韵不分，三字同音。“乳巖（岩）”变成“乳癌”，加形旁疒，又以喦为声旁，也是形声化。

以上说“改音”，现在说到“改说法”。改说法是改字或者加字，换一个说法。解放以前我们中国出版的书籍，计算版次用“初版、再版、三版、四版……”，解放以后用“第一版、第二版、第三版、第四版……”。改变说法的理由是“初”字的音。我国出版事业的中心，解放以前在上海，解放以后转移到北京。比方商务印书馆跟中华书局的总管理处和编辑部都从上海迁到北京。上海在吴语方言区里，吴语“初”字阴平，“出”字阴入，两字声调不同。北京话没有入声，“初 = 出” chū 两字同音。“出版”跟“初版”吴语不同音，北京话同音 chū bǎn。书籍的版权页上“出版”和“初版”常常同时出现，看起来很明白，说起来意思两可。“1985 年 11 月 chū 版”可以是“出版”，也可以是“初版”。我想这大概是“初版”改成“第一版”的原因。

台湾和香港出版的书籍沿用“初版、再版”的说法，原因恐怕也要从两地的方言里去找。台湾推广国语（普通话）的成绩很好，当地说闽南话的居民还是占多数。香港居民学习普通话的越来越多，当地最通行的方言还是粤语。闽南话和粤语都有入声，“出”和“初”都不同音。

刚才举了北京话同音改说法的例子，现在再举一个上海话的例子。几年前我到上海，发现文具店出售的稿纸上印着“原稿纸”。原因大概在于上海话“稿纸”和“稿子”同音，改成“原稿纸”可以避免误会。北京“稿纸”是 gǎo zhǐ（第一字变阳平），“稿子”是 gǎo · zi（第一字变“半上”，第二字轻声），音差得很远，没有误会可能。

1.5 多音字分化

从结构上说，汉字绝大多数是形声字，形旁跟全字的意义有关，声旁跟全字的读音有关。因而在使用汉字的社会形成一种“形声化”的潜意识，这就转化为加形旁、改形旁、改声旁、新造形声字的习惯。

进一步地寻根究底，这种习惯形成的原因要从汉字的性质来看。汉字是语素文字（logogram），有形有音有义，《尔雅·释训》释文引张揖《杂字》云：“训者谓字有意义也。”北京话有1400个音节，北京话的语素比音节总要多若干倍。《集韵》收音比《广韵》多，《广韵》斟酌用《集韵》补充，约有4000个音节，当时汉语的语素的数目一定还要多得多。要区分同音的语素，加形旁、改形旁是理有固然，势所必至。

俗字加形旁常常过火，如陆德明《经典释文·序录》所说：“且六文八体，各有其义，形声会意，宁拘一揆。岂必飞禽即须安鸟，水族便应著鱼，虫属要作虫旁，草类皆从两中。如此之类，实不可依。”不过应该指出，适当地使用这种方法来区分多音字，区分多义字，使文字更加明确，是合理的。比如“扇”字分化成“扇”和“搧”。

“扇”字《广韵》有去声式战切 shàn 和平声式连切 shān 两音，去声是名词，平声是动词。《集韵》有从手的“搧”字，专用作动词。现在从晚明小说里举些“扇”字（名词去声）和“搧”字（动词平声［阴平］）连用的例子。

《金瓶梅词话》五二5只顾搧扇子。（这句话又见于四九14，“搧”字误从“扉”。）|五四2政（正）待打开衣带，搧搧扇子。（《金瓶梅词话》用万历丁巳本影印本。）

《警世通言》二3为何举扇搧土。|4因此举扇搧之。|此扇即搧土之物。|9将扇搧坟。《警世通言》第二卷《庄子休鼓盆成大道》共用“扇”字15次，都是名词；“搧”字12次，都是动词。没有一个例外。（《警世通言》用天启甲子本复印本。）

研究文字要了解古字、本字，但是不能迷信古字、本字。有人根据“搧”字本作“扇”，主张把“搧”字简化为“扇”。这种主张虽然于古有征，可是不便于今天使用。“扇”字本来是多音字，分化为“扇”shàn 字和“搧”shān 字，可以区分不同的字音，不同的词类，是一种进步。“搧”字重新简化为“扇”是不合适的。（这一节据拙作《文字问题》3.7节改写，该书在排印中。）

1.6 声旁的变化

“脚踩 cǎi 在地上”的“踩”，晚明刻本小说里常用的写法有“蹀、躧”，“躧”较常见。例如：

《金瓶梅词话》三十8蹀小板凳儿糊险道神。

金二一16倒把我一双脚蹅 chǎ 在雪地，把人的鞋也蹀泥了。……躧在泥里。|六八9躧着火盆。……野马蹀场。

金二一3你躧不躧不在于我（“躧”指躧妓院的门）。|二三10你说把俺每躧下去了。|三一10把人躧到泥里。|三八7每日躧街道罢了（“躧”原误作“蹝”）。|四二10一壁厢舞迓鼓，一壁厢躧高撬。|五十4傅伙计见他帽子在地下，说道……你替他拾起来，只怕躧了。|六八18躧着马台，望上一骗，打了一鞭，那马咆哮跳跃，一直去了。（“骗”原误作“骟”，“咆哮”原受“跳跃”感染从足旁，“骗”是侧身抬起一条腿上马。）|七四6那一个有些时道儿，就要躧下去。

《古今小说》五4躧脱双靴，便伸脚下去洗濯。（《古今小说》用明天许斋本影印本。）

《醒世恒言》三 33 躧脱了绣鞋，和衣上床。(《醒世恒言》用天启丁卯叶敬池本影印本。)

“蹀、躧”的声旁都不读 cǎi，这两个字现在合并为“踩”。例如：

《人民日报》1985 年 3 月 3 日第 2 版：“艰难险阻总在英雄脚下踩。”

《现代汉语词典》推荐“踩”这个字形。“踩”和“采”同音，写成“踩”是一种进步。

1.7 形旁的变化

现在通行的“烫”字，容与堂本《水浒传》卷二十四至二十九都用从皿的“盪”，贯华堂本卷二十八至三十三才用从火的“烫”。（两本分别用中华书局 1966 年与 1975 年影印本。）

容二四 8 等武二去盪酒正当。（贯二八 16 烫）

容二四 9 那妇人起身去盪酒。（贯二八 17 烫）

《金瓶梅词话》一 18 同容二四 9，句首无“那”字。

容二四 19 热盪温和大辣酥。（贯二八 34 烫）

《金瓶梅词话》二 10 同。

容二七 6 客官，打多少酒？武松道：不要问多少？只顾盪来。（贯三一 11 烫）

容二七 7 我盪来你尝着……盪得热了。（贯三一 13 烫）

容二九 9 盪一碗过来。［共三见］（贯三三 17－18 烫）

《金瓶梅词话》除了跟《水浒传》对比的两处同容与堂本外，他处也作“盪”。《古今小说》跟《二刻拍案惊奇》也有用“盪”的。(《二刻拍案惊奇》用日本内阁文库藏崇祯壬申本影印本。)

《金瓶梅词话》二七 10 只见春梅盪了酒来。| 六一 3 当下王六儿把酒打开盪热了 | 六七 10 又是两盘玫瑰鹅油盪面蒸饼儿。

《古今小说》二六 14 又将烧红烙铁盪他。

《二刻拍案惊奇》四 29 盪热了酒，等见见官来尽兴。| 五 13 叫店家且慢盪酒。

从《水浒传》两个本子看，是先有“盪”的写法，后有“烫”的写法。可是从《石头记》（＝《红楼梦》）二十五回看，《脂砚斋重评石头记》甲戌本和庚辰本都用从火的“烫”，乾隆抄本百廿回本《红楼梦稿》不用从火的“烫”，用从皿的“盪”。不知道这三个抄本所据底本的早晚。第二十五回说到贾环故意把宝玉烫了。甲戌本二五 3—5 共用 18 个“烫”字，这里只举林黛玉探视那几句为例。（甲戌本用胡适 1961 年台北影印本，庚辰本用北京文学古籍刊行社 1955 年影印本，《红楼梦稿》用中华书局 1963 年影印本。）

甲戌本二五 4—5 林黛玉见宝玉出了一天门，就觉得闷闷的，没个可说话的人。至晚正打发人来问了两三遍回来没有，这遍方才说回来，偏生又烫了脸。林黛玉便赶着来瞧，只见宝玉正拿镜子照呢，左边脸上满满的敷着一脸药。黛玉只当烫的十分利害，忙上来问怎么烫了，要瞧瞧。宝玉见他来了，忙把脸遮着，摇手不肯叫他看。……林黛玉因笑道，我瞧瞧烫了那里了，有什么遮着藏着的。

要充分理解上述从火的“烫”取代从皿的“盪”的含义，必须大略说说“盪”字和“湯”字的古今音。“盪”字《广韵》两个音：上声徒朗切相当于北京 dàng 去声（古全浊声母上声字今读去声）；去声他浪切相当于北京 tàng 去声。“湯”字《广韵》两个音：平声吐郎切注云“热水”，相当于北京音 tāng 阴平；去声他浪切注云“热湯”（参看《集韵》注云“热水灼也”），相当于北京音 tàng 去声。（“湯”字《广韵》还有平声式羊切一音，注云“湯湯，流儿”，相当于北京音 shāng 阴平，这里不讨论。）

“燙”这个字形晚起，是“湯”tàng 去声的专用字。如上所说，“燙”tàng 取代“盪”dàng 之后，“湯”tāng，“燙”tàng，“盪”dàng，三个都成了单音字，意义区别显著。这类演变提高了文字的效率。

1.8 该不该加形旁？

“东西搁在某处”的“搁”，晚明小说里多写作不从手的“阁”。例如：

容与堂本《水浒传》四五 19 一只手把刀去脖子上阁着。

《金瓶梅词话》十八 11 送了五个帖儿，在拣妆上阁着。| 五七 8 就写上五百两，阁了兔毫笔。| 六七 5 上头又阁着个小描金方盒儿。

这类“阁”字现在都写作从手的“搁”。加上手字旁，意思好像显豁一点。（“耽阁、阁置”晚明小说作“阁”，现在作“搁”，这里不细说。）

有的字加上形旁，意思好像没有什么不同。可以举“咨”字跟“諮”字为例。

小时候读诸葛亮的《出师表》，发现这篇文章里有两个从口次声的“咨”字，还有两个从言咨声的“諮”字，音一样，意思也一样，只是写法不同。问老师他也没有告诉我所以然。

无论是不从言的“咨”或是从言的“諮”，本来都不是很常用的字。这几年来，我国对外开放，对内搞活经济。无论口头上或书面上，“咨（諮）询”都大量出现。下边随手举几个报刊上的例子。《经济参考》1984 年 1 月 13 日第 4 版《咨询机构介绍·中国科学技术咨询服务中心》，正文共有 18 个“咨询”。《参考消息》1984 年 1 月 14 日第 2 版《〈英国咨询局新闻〉1 月三日报道》有“咨询服务 | 咨询行业 | 咨询系统”。美国新闻总署编辑的《交流》季刊 1985 年第一期 13 页有“一项医学諮询程序 | 另一个諮询程序 | 一种通用诊断諮询系统 | 一种自动化諮询系统 | 地质諮询试验系统”。

有的人有个错觉，以为从言的“諮”是正字，不从言的“咨”是简化字。事实刚好相反，不从言的“咨”是正字。《说文》二下口部：“咨，谋事曰咨，从口次声。”段玉裁注：“《左传》曰访问于善为咨，《毛传》同。”从言的“諮”不见于《说文》。

“咨询”见于《诗·小雅·皇皇者华》：

……载驰载驱，周爰咨诹。

……载驰载驱，周爰咨谋。

……载驰载驱，周爰咨度。

……载驰载驱，周爰咨询。

《毛传》：“访问于善为咨，咨事为诹。”《经典释文》六 9：“咨，本亦作諮。”“咨”字从言可能是受"诹、谋、询"三个字都从言的感染。陈奂《诗毛氏传疏》:"諮俗字。"《郃阳令曹全碑》(汉灵帝中平二年,即公元185年立):"圣主諮诹",用从言的写法。

讨论"咨"和"諮"两个字通用,最好的资料是刚才提到过的诸葛亮的《出师表》,这篇有名的文章见于陈寿《三国志》和萧统《文选》。"咨"和"諮"两字的分布,商务印书馆影印宋本《六臣注文选》和中华书局影印尤袤刻《李善注文选》、胡克家翻尤刻本三个本子内部一致;商务印书馆影印百衲本《三国志》和中华书局排印本两个本子内部一致。可是《文选》和《三国志》两字分布不同:

《文选》	《三国志》
宫中之事,事无大小,悉以咨之	咨
营中之事,悉以諮之	咨
諮臣以当世之事	諮
以咨诹善道	諮

《文选》和《三国志》"咨、諮"两字意思相同而分布不同,充分说明从言不从言两个形体本来是一个字。《出师表》说"遂许先帝以驱驰",又说"以咨诹善道",可见受《皇皇者华》的影响。"咨询"也应该依据《皇皇者华》,写不从言的"咨"。

"諮"字的其他用法如"諮议"之类,都可以写成"咨"而不至于引起误会。

日本的《常用汉字表》有从言的"諮",没有不从言的"咨",我想向日本的学者请教,把《常用汉字表》里的"諮"改成"咨"有无不便之处。

1.9 繁简的互变

汉字演变的总趋势是越来越合理。但是不能说汉字演变的每一步都趋向合理化,比方俗字加形旁过火。这里举一个繁简互变的例子,说明演变的道路有时是曲折的。

"一出戏"的"出"本来就是"出入"的"出",《祖堂集》、《景德传灯录》、《醒世恒言》都这么写。

> 《祖堂集》五13(总99)药山问:承汝解弄师子,弄得几出?师曰:弄得六出。药山云:我亦弄得。师问:和尚弄得几出?药山云:我弄得一出。(台北广文书局1979年影印高丽本。)
>
> 《景德传灯录》十四15(《四部丛刊》本)文句大致同上,也用四个"出"字。
>
> 《醒世恒言》二十63[张廷秀]道:孩儿向在四方做戏,今日知赵姨丈荣任,特来扮一出奉贺。|64我好意要做出戏儿贺你。|64演一出儿顽顽,有何不可?

《脂砚斋重评石头记》这个字的写法很有意思。己卯(1759年)本十一回共用七个"出"字,前两字用朱笔圈去,后五字用朱笔点去,七处一律旁注从齒从句的"齣"字,这是后起的专用繁化字。(己卯本用上海古籍出版社1980年影印本。)

> 己卯本十一6凤姐儿慢慢的走着问:戏唱了有几出了?那婆子回道:有八九出了。|7邢夫人、王夫人说道,我们合亲家太太都点了好几出了,你点两出好的我们听。凤姐

儿……点了一出《还魂》，一出谈词。……说现在唱的这《双官诰》唱完了，再唱这两出，也就是时候了。

庚辰本十一 252 前两个“出”字分别用墨笔点去圈去，旁注“齣”字。253 后五个“出”字都没改，边上无注。乾隆抄本百廿回《红楼梦稿》十一 4 七个字一律作“齣”。

新《辞源》“齣”字引《儒林外史》三十的例子，又引清纪昀《阅微草堂笔记》十五：“传奇以一折为一齣。古无是字，始见吴任臣（一六三一——一六八四年）《字汇补》。”

50 年代的第一批简化字本来要把“齣”字的“齒”旁简化，后来丁声树先生指出“齣”字本作“出”，这样就回到本来的写法了。由此可见研究文字历史的重要性。

贰　汉字的将来

现在说到汉字的将来，汉字的前途，这是很多人关心，不少人担心的问题。分析起来，这里包含三个问题：［一］汉字的优缺点，［二］汉字与识字率，［三］汉字与科学技术。这三项是密切相关的，现在从第一项说起。

2.1 汉字的优缺点

汉字的缺点经过几十年来的反复宣传，话大概已经说得差不多了。近几年来开始有人说汉字的优点，有的宣扬汉字缺点的人就表示很气愤，有点受不了。

鸦片战争以后，1949 年以前，中国成了东亚病夫，到处挨打，政治腐败，经济落后，教育不发达。有人就归咎于汉字，汉字成了替罪羊。

有人拿汉字跟拼音文字对比。英文只有 26 个字母，大小写合计 52 个。日文的假名，平假名和片假名在一起是一百来个。汉字常用字就有三四千个。结论是汉字难学。

这种说法看起来有道理，其实是片面的。这种说法抹杀三种文字的差别。英文是音素文字。假名是音节文字。汉字是语素文字（logogram）。罗马字母和假名书写单位的数目少，汉字书写单位的数目多。就学习书法而言，拼音文字比汉字学起来当然省力。但是罗马字母和假名本身没有意义，学完了英文字母还得学英文，学完了假名还得学日文。汉字是语素，本身有意义。汉字的信息量比罗马字母和假名大。汉字的构词能力强。这是谁都承认的。我们不能拿语素文字的优点来要求拼音文字。同样的，也不能拿拼音文字的优点来要求语素文字。

汉字作为语素文字，还有两项优点，就是超方言性和超时代性。

举个实际的例子来讨论一下。现代的英国人、美国人看六百年以前的诗人乔叟（Geoffrey Chaucer，1340—1400 年）的诗，据说有点像看外国诗。相反的，中国人读《论语》和《孟子》就容易多了。参看赵元任《国语入门》第 3 页，1948 年。

子曰：学而时习之，不亦说（悦）乎？有朋自远方来，不亦乐乎？（《论语》）

孟子见梁惠王。王曰：叟，不远千里而来，亦将有以利吾国乎？（《孟子》）

可是孔子（公元前 551—479 年）和孟子（约公元前 390—305 年），距离现在两千多年了。这是说的超时代性。这是什么原因造成的呢？这是因为汉语语素的意义以及代表语素的汉字的演变比语音的演变慢。换句话说，就是用字的变化比字音的变化慢。

汉语的方言复杂地区主要在东南半壁，长江以南、京广铁路以东地区。北京人、上海人、福州人、广州人，要是不说以北京语音为标准音的普通话，不互相学习对方的话，是很难互相理解的。可是全国的人可以看同一份《人民日报》，书信来往，毫无困难。这是什么原因呢？方言之间，语素意义的差别小，语音的差别大。换句话说，各方言用的字大致相同，只是读音不同。

文字是记录语言的。汉字适用于汉语的整体，不管是古往今来的汉语，还是东西南北的汉语。

2.2 汉字与识字率

有人提这样的问题："中国文盲这么多，你说跟汉字没有关系吗？"这种问题，你不能正面回答。你要是正面回答，无论怎么回答，都容易上当。最稳妥的办法是用问话回答问话：你说文字制度跟文盲多少有必然关系吗？拉丁美洲大部分国家用西班牙文，巴西用葡萄牙文，海地用法文。这三种文字都是拼音文字。拉丁美洲的文盲并不少。日本使用汉字，又使用假名，日本的汉字一字多音的现象比任何汉语方言都要多。所以赵元任先生说："我想只有日本的文字比中国文字学起来还更麻烦一点儿。"《语言问题》221页，1980年，北京。可是日本的文盲非常之少，也许接近于零。我一下子找不到最新的统计数字。根据我国《参考消息》1980年3月31日刊登的日本《朝日新闻》的时事资料，

地区或国家	1975—1976年的识字率
中美（包括墨西哥）	63%
南美	77%
日本	99%
西欧	96%

十年来识字率当然有变化。根据上述数字，中美（包括墨西哥）的文盲率是37%，南美是23%，日本是1%，西欧是4%。《朝日新闻》当时没有中国识字率的资料。根据1982年我国第三次人口普查，文盲与半文盲占全部人口23%。面对这些数字，文盲的多少能跟拼音文字联系上吗？文盲的多少能跟汉字联系上吗？文盲的多少能跟文字的制度联系上吗？老实说，"中国文盲这么多，你说跟汉字没有关系吗？"这种提法意图用反问来贬低汉字，只要拿事实一检验，就可以看出这是一种不高明的修辞手法。

文盲问题跟其他任何问题一样，也要分析。美国是科学技术发达的国家。美国也有文盲问题。我手头有几份剪报，这里节录两份。请参看1986年5月5日美国《时代周刊》68页。

［法新社华盛顿5月20日电］美国：十分之二的成年人基本上是文盲

在美国，近20%的成年人——2300万人——基本上没有阅读和书写能力。因此，他们无法处理日常生活中最最一般的问题：填写就业申请书，开一张支票或者看懂一份公共汽车时刻表。……面对这一现象人们首先指责的对象是电视。电视节目成了热门

（平均每人每周看电视 27 小时以上），并在许多家庭中代替了书籍。然而，许多研究人员认为，应当受到指责的是教育制度本身……。（《参考消息》1982 年 6 月 9 日第 4 版）

［香港《南华早报》10 月 1 日文章］美国的文盲是工业发展的主要威胁

美国副总统布什夫人援引福特基金会研究报告的话，指出有 5700 万美国人是半文盲的时候，警告实业界说，在过去的三十年中，美国已从联合国文化最发达国家的第 18 位降到第 58 位。布什夫人说，这一情况对美国实业界来说是非常可怕的。她指出，有 2300 万美国人——约占美国人口的十分之一——连一句简单的句子都念不下来，另外还有 3400 万半文盲，他们只具有九岁的孩子一般的阅读能力。……美国海军认为，文盲是最严重的问题，1979 年招募的 10 万新兵中有 3 万人连九岁孩子的阅读能力都没有，虽然他们中间大部分还都是高中毕业生。那一年有一个人因为不会阅读修理手册，损坏了一架柴油机。（《参考消息》1982 年 11 月 30 日第 3 版）

请注意，这里没有指责英文本身。英文拼法不是无懈可击的。萧伯纳（George Bernard Shaw, 1856—1950 年）临死，就留下一笔钱专供研究改革英文拼法之用。

有的人看到我国文盲多，教育水平低，就归咎于汉字。不知道用拼音文字的国家，像美国那样科学技术高度发达的国家，同样具有文盲多、教育水平低的问题。讨论这个问题要实事求是。综合各方面人士的意见，在通过义务教育法之后，我国的教育事业还要解决三个问题：一是经费不足，二是师资缺乏，三是对教育的重要性重视不够。这里当然不能讨论法律问题，经费问题，师资问题。请允许我引一份调查报告的结论，两条消息的题目，用来说明我国上下对教育的重视。所引用的报纸都是《人民日报》海外版。

全国农村社会经济典型调查综述

农民文化水平低，是农业现代化建设的重大障碍。在调查的村庄中文盲比例较大，即使稍有文化的人也多缺乏专业技术。应当按照当地财力、物力许可的程度，大力加强农村基础教育，尤其要抓好专业培训，提高农民文化水平，培训农村各种人才。这是繁荣农村的长久之策。（1986 年 5 月 2 日）

农村经济改革推动科技文化普及　甘肃二百多万妇女接受扫盲教育

（1986 年 4 月 16 日）

一个普通农民的胸怀

——“勤劳致富带头人”赵恩惠捐款六万多元办学、修路的佳话

（1986 年 5 月 8 日）

有了《义务教育法》，又有全国上下的重视，法律的实行是有保证的。《论语·子路》里有一章是：

子适卫，冉有仆。子曰：庶矣哉。冉有曰：既庶矣，又何加焉？曰：富之。曰：既富矣，又何加焉？曰：教之。

我国现在实行的政策是“富之又教之”，全民识字的目标是可以逐步达到的。

2.3 汉字与科学技术

几年前有人指摘汉字不能输入计算机（电脑），计算机不能输出汉字。事实已经否定了这个指摘。

三十几年前有人指摘汉字不适于制定科学名词（科技术语）。直到最近，还有人重复这个话。值得注意的是提出这种指摘的往往不是科学家。现在我们来看看物理学家对物理学名词的意见。《人民日报》1983 年 4 月 3 日登了中国科学院学部委员彭桓武、黄祖洽、周光召、何祚庥合写的一篇悼念王竹溪教授的文章，题目是《一代师表——学习王竹溪同志的治学态度》。这里节录四分之一。

> 王竹溪同志是我国著名的理论物理学家。……竹溪同志的另一大贡献是对物理学名词的翻译和审订。把物理学名词译成汉语，这是我国物理学家对于中国物理学的一大贡献，是许多前辈物理学家集体创作的结晶。竹溪同志是其中最有贡献的一位，并由他博采众议，集诸家之长而最后定稿。把物理学名词译为汉语，也许有些人认为这算不上什么科学工作。其实要办好这一件事并不容易。这除了要准确表达物理学内容，还要符合汉语的表达习惯，使大家易懂易记。在一些第三世界国家，至今不能用本民族语言讲授物理学，相比之下，我国解放后把科学名词一一译为汉语并最后加以确定，实在是对中国科学的一大贡献，也是对汉语的一大贡献。……竹溪同志和我们永别了，但是他在物理学上的贡献，在文字学上的贡献，他治学、做人的种种美德，将永远留传下去。

我国老一辈科学家对我国的语言文字造诣深，至少精通一种外语。至于他们的科学水平，无须乎我在这里赞扬。我国的科学家制定科学名词的经过，局外人往往不知道。这种工作的重要性，彭桓武教授等人已经说得题无剩义，该说的话都说了。但是必须重复一下，制定科学名词的确是对汉语的一大贡献。王竹溪教授在文字学上的贡献将永远留传下去。抗战期间，我在昆明，在西南联大上学，当时王竹溪先生已经是名教授。先师唐立庵先生讲古文字学，王先生曾经和我们这些学生在一起，听了一年唐先生的《说文》课。当时我还听说，王先生读《康熙字典》，曾经统计《康熙字典》的字数。科学家读《康熙字典》，才肯下这种硬功夫。抗战胜利以后，唐先生发表《中国文字学》（上海开明书店 1949 年），148 页说“《康熙字典》就是四万七千零二十一字”。唐先生亲口告诉我，这是王先生统计的。朱德熙先生告诉我，王先生告诉他统计有几个字的误差。

不妨再举一个例子，我国的科学名词的最后确定，往往出自名家手笔。

> 译名应该照顾到汉语构词的习惯以及汉语词汇望文生“义”的特点，比如laser一词，原为英文中 light amplification by stimulated emission of radiation “光受激辐射放大”这个短语的缩写，对此曾有过种种译名，最后在 1964 年第三届全国激光会议后经钱学森教授建议统一为激光，这样就不再是一个短语而是一个词了。[李荣按：laser 曾音译为“莱塞”。]（《百科知识》1984 年第六期 39 页，张友韬、王渝丽、李敉力《大百科全书的学术名词统一工作》）

说过物理学名词，现在说到化学名词了。化学家造了一些新字，受到有的人责难，并且在报上宣传。奇怪的是：科学家很少对化学名词提意见，提意见最多的往往不是科学家。1953 年 2 月 21—23 日，化学物质命名扩大座谈会在文津街中国科学院礼堂召开。出席会议的有很多化学家，还有中国科学院两位副院长吴有训和竺可桢，化学研究所所长曾昭抡。语言研究所应邀参加的有丁声树先生和我。

多数化学家的意见是：制定化学名词可以造字。中国化学新字有一两百个，多数字是解放前二三十年造的，解放后造的只有几个。一两百个新字可以系统地为百万种物质命名。我国化学物质名词业已通用了数十年，并没有不能应用之处，突然改革是没有必要的。

还有一派是文字改革专家和极少数的化学家。他们相信中国文字迟早要变成拼音文字。他们以为这是可能的，需要的，也是必然的。他们之中有人主张放射性元素 plutonium（符号 Pu）译为“钚”字实在不解决问题，译义应为“冥王素”，译音应为“勃留托”。

2 月 21 日下午丁声树先生在会上发言，说了下列三点：

第一，化学物质命名应从实际出发，使教化学、学化学的人便利，使多数化学家满意，不能求外行人都满意。我们要就一些具体事实指出短处求改进，不应全盘否定旧来成就。

第二，文字尚未改革，不能要求化学名词先拼音化，不能拿化学名词做试验品，化学家不能做文字改革的先锋。现在文字是汉字，化学物质命名制造新字也是当然的事，不过要求造字一般要符合形声字的原则。

第三，单音双音不必拘泥。不能说单音是落后的，双音是进步的。有人说“金”要说“金子”，以此证明汉语是复音语。但是“柴米油盐酱醋茶”都是单音，不说“油子盐子”。

2 月 22 日下午，我在会上发言，主要说了下列三点：

一、语言文字要为科学研究服务，不是科学研究为语言文字服务。化学名词的好坏应该根据是否适合化学研究判断。

二、化学家知道的文字学很多，文字学家知道的化学太少。化学家造新字并不违反文字学。化学名词要讲究系统性。音译外文名词说起来太累赘。中外语音构造不同，不能直接用外文名词。

三、不能拿任何外国语做标准，来确定中国的所谓“词”。比如英文“铁路”是一个字，railway 或者 railroad，法文“铁路”冠词在外是三个字，le chemin de fer；“饭厅”英文是两个字，dining room，法文冠词在外是三个字，la salle à manger，可是“饭馆子”法文不算冠词是一个字，le restaurant。

弹指光阴，三十三年过去了。丁先生和我当时说的话，在会上都是有针对性的。回想起来，会议进行得很顺利，当然化学家对名词的意见不完全一致。这个会议还牵涉到一些并非化学物质而跟化学有关的译名。比方有个单位的名词小组提出：名词以意译为原则，音译次之，能音义并译更佳。例如 valve 译成“阀”。这个译名行开了。比如《人民日报》（海外版）1986 年 5 月 1 日第 4 版有一个“生产中低压阀门的专业厂”的广告，中英文并用，标题是“阀门 VALVE”，列举了九种阀门，有球阀 globe valve，蝶阀 butterfly valve，安全阀 safety valve 等。

唐先生的《中国文字学》97—98 页说得好：

> 真正的形声文字的发生，和社会文化的发展有密切的关系。……新文字的发生，根于事实的需要，因为产业的发展，文化的进步，增加了无数的新语言。……我们的祖先创造这些新文字，和现代科学家造“氢、氮、锌、镍”等字的方法，是始终一贯的。

关于汉字、拼音文字跟科技术语的问题，王宗炎先生前年在一篇书评里说得很精彩。现在从该文 37—38 页节取几段，作为附录，以供参考。

我在这里还想补充两点。有人说英法德文互相转写科技术语，十分方便。方便是方便，还不是没有问题，1982 年 2 月 20 日的《参考消息》登的《美联社巴黎电》说：

> 在法文中往往找不到与美国人新造的技术词汇相当的词汇来。政府已着手编造这种法文词汇了。一月份，在有声望的法国科学院的四十名院士的帮助下，法国工业部公布了一份法文计算机词汇表。

由此可见法文科技术语的制定并不像外行人想象的那么方便。要是方便就不会惊动院士了。

有人又说日文转写英法德文科技术语十分方便，意图说明汉字可以夹用西文术语，或用汉语拼音方案转写西文。这里必须指出，日文用片假名对西文，片假名是日文，片假名的音是日文本身的音，这里所谓音指音素也指音素拼合方式，所以西文都要依日文改造，这样才能符合日文的语音构造。因此 France 也好，word processor 也好，都能折合成片假名。要是再把片假名折合成罗马字母，就不是本来的 France 和 word processor 了。现在对比如下：

	罗马字折合成片假名	片假名再折合成罗马字
France	フランス	hu ra n su
word processor	ヮード プロセッサー	wa a do pu ro se tsu sa a

假如在汉字里或汉语拼音里引进 France 和 word processor 之类写法，没有学过西文的就读不出来。如上文所说，物理学也好，化学也好，事实证明都可以用汉字制定科技术语；直接引进写法是行不通的。

日本的学者，日本的人民非常关心中国的文字。1979 年 2 月 24 日到 3 月 9 日，鐘ケ江信光教授为团长，波多野太郎教授为副团长，率领日本中国语学会友好访华团访问我国。中日双方的学者在北京饭店座谈。有一位日本学者发问：“二简停止使用是当初就准备试行一段时间，还是推行不下去才停止使用的？”当时我回答：“本来就是试行，二简试行后报上登的中央文件不用二简。”事实胜于雄辩，我的回答是可以验证的，可以查当时的《人民日报》。

1979 年 6 月 5 日到 27 日，我第一次到贵国访问，无论是招待会上或座谈会上，宴会席上，或者是私人谈天的时候，都有人问：“贵国要废除汉字吗？”我都回答：“我想不会的。”今年 1 月 6 日至 1 月 13 日，全国语言文字工作会议在北京召开。会上的文件和负责人的讲话根本没有提拼音文字，更没有说废除汉字。故周恩来总理 1958 年 1 月 10 日在政协全国委员会举行的报告会上说：

首先，应该说清楚，汉语拼音方案是用来为汉字注音和推广普通话的，它并不是用来代替汉字的拼音文字。

故周总理的话明白准确。有的人“增字解经”是多余的。

我的话就说到这里，谢谢大家。

1.6 **注** 《水浒传》和《金瓶梅词话》都用“跐”字，也是踩的意思。

容与堂本《水浒传》二二 11 正跐着火掀柄上。| 那庄客便把跐了火掀的事说一遍。| 二三 1 跐了火掀柄。| 2 被兄长跐了掀柄。（四“跐”字原误从比，据贯华堂本改，又贯华堂本“掀”均作“锹”。）

《金瓶梅词话》三十 9 一只脚跐着门槛儿。| 三四 12 跐的地平一片声响。| 六一 13 用脚跐过泥。

《国语辞典》“跐”有“此”和“采”两音。以上例句中“跐”字的音有待研究。

附录 王宗炎 评陈原《社会语言学》（节录）

作者希望科技术语能国际化，许多人也有此希望，可是他以为在中国，科技术语不易制定，科技术语借词不易写定，是由于“现代汉语的书写系统不是拼音的”（321 页），这未免把本应由汉语负担的责任推给汉字了。他只看见汉字的短处，可没看见汉字的长处。

我们常用的科技术语借词不多，这主要不是由于使用汉字，而是由汉语的语言特性决定的。tritium 不能直接借用，要译为“氚”，读作川（这个读法一般人都不懂），这诚然是个麻烦（见 322 页）。可是就让你废除了汉字，改用汉语拼音方案或者别的拼音文字，把 tritium 原封不动地写在你的汉语文章里，那没学过英语的中国人就会念出［ˈtritiəm］这些音来吗？还是不会。大家知道，［tri］，［tiəm］这些音节，汉语里是没有的，引进写法，并不能改变汉语的语音。问题不在于怎么写，而在于汉语音系与其他语言不同，只要你说的是汉语，你就不能做到把科技术语国际化（指语音的国际化）。

即使改用拼音文字，借用外语科技语汇也还有不少问题。首先要问，从哪一种语言借用呢？比方“化学”这个词，从英语借是 chemistry，从法语借是 chimie，从俄语借是 химия，写法不同，念法也不同。这样直抄原文，对于不懂外文的中国人，是否比译为“化学”来得方便而合理呢？

用汉字译 tritium 为“氚”，是否有弊而无利呢？我们以为，至少有三利：第一，tritium 有两个音节，“氚”只有一个，说话省了一半力气和时间。第二，看见了 tritium，谁也不知道是什么样子的东西（液体？气体？固体？胶体？）；看见了“氚”，就知道跟“氢”、“氧”一样是气体。“氚”的信息量较大，表达法较明确，这是无可争辩的。第三，tritium 所占的空白较大，“氚”只有它的三分之一，书写时省笔画，排印时省油墨纸张。目前最注重的是经济效益，从经济效益看，译 tritium 为“氚”，比径借原文上算得多。

作者觉得 VIP（very important person，要人），MIRV（Multiple Independently-targeted Re-entry Vehicle，多弹头分导重返大气层运载工具）等英语缩略语使用方便，译为现代汉语可有些困难，因此希望想出个简单易行的办法（327—328 页）。把一种语言的缩略语译成另一种语言，困难总是有的。我们汉语的“五讲四美”，用四个字代替原来的二十几个，说起来很方便，但是音译为 wujiangsimei（借词），英国人不懂，直译为“five talks and four beauties”（在意思上变成了“五次演讲，四个美人”），那就更不行了。可见以缩略语而论，更难以国际化。

谈到缩略语的符号学价值，我们以为汉语比英语倒有一日之长。例如 NATO（North Atlantic Treaty Organization），N 没有意义，T 也没有意义，信息量极小。汉语把“北大西洋公约组织”缩为“北约”，“北”等于 North，“约”等于 Treaty，都有意义，信息量就大得多。再说，NATO 的书写面积比“北约”大，不合经济原则，这也是显而易见的。（《读书》1984（12）：30—39，节引文见 37—38.）

［《中国语文》1986 年第 5 期 323—333 页］

飑风的本字（上）

壹　风飑与风痴

飑风是一种天灾，每年夏秋袭击我国东南沿海，带来狂风暴雨，高潮巨浪，造成生命财产的重大损失。因此飑风在东南沿海方言里的叫名儿，很值得注意。飑风广东、福建、台湾三省的闽语叫风飑阴平送气，上海叫飓风，起飑风广州叫打风旧，浙江温州、台州叫打风痴。

潮州　风飑　꜀huaŋ˧ ꜀tʻai˧（所引方言内部的差别见下文肆）

厦门　风飑　꜀hɔŋ˥˧ ꜀tʻai˥

台湾　风飑　꜀hɔŋ˥˧ ꜀tʻai˥

福州　风飑　꜀huŋ˥ ꜀tʻ-nai˥（福州[tʻ]声母紧接鼻音韵尾时变成[n]）

温岭　打风痴　꜂tã˨ ꜀fuŋ˧˥ ꜀tsʻɿ˧

广州　打风旧　꜂ta˦ ꜀foŋ˨ kɐu˨²

上海　飓风　dzy˧˨² ꜀fuŋ˨˧

《广韵》“旧”字巨救切，群母宥韵去声；《集韵》“飓”字其遇切，群母遇韵去声。这两字在来历上的关系见下文，可以确定的是这两字在来历上跟“风飑”的“飑”与“风痴”的“痴”不相干。就现在所知，“风飑”始见于1566年刻本《荔镜记》所附《颜臣》，“风薹”始见于《荔镜记》。“飑”字不见于旧字书，是后起的形声字，字又作“薹”，当与“薹”同音，据闽方言今音推测，“飑”字当时读阴平送气。

就闽语与吴语的比较看，闽语[꜀tʻai]与吴语[꜀tsʻɿ]虽然音差得很远，貌离神合，可能同出一源，都来自古平声彻母脂韵或之韵。就当前的实例说，四处闽语方言的[꜀tʻai]与温岭的[꜀tsʻɿ]都是“痴”字的后身。温岭“痴”字有[꜀tsʻɿ˧]与[꜀tɕʻy˧]两音，举例如下：

> 打风痴，做大水 tã˨ fuŋ˧˥ tsʻɿ˧，tsu˥˧ du˩ ɕy˨ | 痴疯颠 tsʻɿ˧ fuŋ˧˥ tie˧ 装疯卖傻 | 大痴 du˩ tɕʻy˧ 傻 | 大痴 du˩ tɕʻy˧˥ 傻子 | 弗痴弗呆 ·fə tɕʻy˧ ·fə ȵie˨ 不笨不傻

温岭古知彻澄三母今逢洪音读[ts tsʻ dz]，今逢细音读[tɕ tɕʻ dʑ]。古止摄逢这三母古开口读[ɿ]韵，古合口读[y]韵。“痴”字读[tɕʻy˧]跟“追”字读[tɕy˧]同韵母，是古开口读如古合口。“大痴”当傻子讲“痴”字由基调阴平改读升变音。

闽语古知彻澄三母与古端透定三母今音都读[t tʻ]。闽语“风飑”的“飑”来自“痴”字，跟“刣杀，本地字”字来自“治直之切”字，“筛”字来自“篘”字，演变完全平行。

罗杰瑞在《闽语里的“治”字》《方言》1979.179—181里说，共同闽语当“杀”讲的字（如福州[꜁tʻai˨]，厦门[꜁tʻai˦]），可以说是从“治直之切”字平声演变下来的。当时李荣曾经加了一条

注——《说文》四下刀部："魝，楚人谓治鱼也。"《广韵》入声屑韵："魝，割治鱼也，"古屑切。

张振兴在《漳平（永福）方言同音字汇》《方言》1982.203—228 里说：

［篘 ȶ‘ai˨˦］筛子。《广韵》平声脂韵丑饥切："竹器"。通常写作"筛"。

李荣按，《广韵》"篘"字注云"竹器"，与"筛疏夷切"字注云"又竹器也"，都相当于"簁所宜切"字注云"下物竹器"。闽语"筛"［ȶ‘ai］声母是［t‘］，写彻母的"篘"才是本字，现在的写法是借用优势方言的同义字，可以说是训读的写法。现在把"篘痴治"的古音与四处闽语方言的今音排列如下，横线"—"表示同上。

			潮州	厦门	台湾	福州
篘筛子	丑饥切	彻母脂韵平声	ȶ‘ai˧	ȶ‘ai˥	ȶ‘ai˥	ȶ‘ai˥
痴风～	丑之切	彻母之韵平声	—	—	—	—
治杀也	直之切	澄母之韵平声	ƫ‘ai˥	ƫ‘ai˨˦	ƫ‘ai˨˦	ƫ‘ai˥˨

古脂之两韵闽语可以同韵母，所以"篘痴"两字同音。古全浊声母可以送气，所以三字声母相同。古平声依古声母清浊分化为阴平与阳平，所以三字声母虽然相同，"篘痴"两字的声调跟"治"字还是有分别。

闽语"筛"字既然训读为［ȶ‘ai］，所以"风飑"写成"风筛"是顺理成章的事。这里举两个例子。一是 1761 年［乾隆二十六年辛巳］重修《潮州府志》卷十一 21：

揭阳县　明正德十年乙亥秋七月，飓风暴漂没民田，坏公私庐廨，俗称铁风筛。

二是 1977 年中岛干起《闽语中山岛方言基础语汇集》亚非言语文化研究所，东京 143：

［飑风　暴风雨］hoŋ˥˧ t‘ai˥（风筛）调值依《序说》24—25

"风筛"的写法当然是说闽南话的人提供的。既然闽语的"风飑"与吴语的"风痴"同出一源，无怪同一种草，下节 I 条温州叫"风痴草"，P 条台湾叫"识飑草"了。

本文开头就说"起飑风"温州、台州叫"打风痴"，作者曾在温岭、黄岩、临海三县的东乡长期居住（临海的东乡现在是椒江市），那一带都说"打风痴"。玉环也说"打风痴"，跟温岭差不多。这四县是台州地区的沿海部分。台州望南是温州，我听不懂温州话。这里引用 1983 年中岛幹起《浙南吴语基础语汇集》亚非言语文化研究所，东京里的温州语汇 464：

［飑风］ta˨˦ foŋ˨˩ ts‘ɿ˧（打风○）

圆圈表示发音合作人没有提供［ts‘ɿ˧］字的写法。同书温州同音字表 3［ts‘ɿ˧］音有"雌痴"等字。从下节 N 朱国祯《涌幢小品》温州谓之风痴，圆圈可以写成"痴"字。其实台州人写"风痴"，可能就根据下节 C《康熙字典》的。N《涌幢小品》下文又说："其风之来，狂暴而喧豗不止，故谓之痴。"参考上文引温岭"痴疯颠"三字并列指"装疯卖傻"，这个得名之由是说得通的。又从 L1927 年铅印本《象山县志》立"风痴"的条目，可见台州以北宁波地区的象山也说"风痴"。

从现代方言说，"风痴"的说法见于吴语，"风飑"的说法见于闽语。从下节所举书上的出处说，"风痴"分布的时间比"风飑"长，地区比"风飑"广。因此，假设"风飑"来自"风痴"，在文献上也说得通。至于“风颱——颱风，风痴——痴风”次序不同，下文还要讨论。

贰　有关飓风各种名目的史料

本节把有关飓风各种各目的一些史料，集中排印在一起。每条前头用大写罗马字母标明次第，以便称说。“飓”字从风从具，所引史料误作从风从贝的在右上角加星号 *。

A 【《太平御览》卷九 6】《南越志》曰：熙安间多飓［原注］音具风。飓者，具四方之风也。一曰惧风，言怖惧也。常以六七月兴。未至时，三日鸡犬为之不鸣。大者或至七日，小者一二日。外国以为黑风。

B 【《集韵》遇韵“飓”字注】越人谓具四方之风曰飓。衢遇切。

C 【《康熙字典》风部“飓”字注】《南越志》：飓风者，具四方之风也，常以五六月发。永嘉人谓之风痴。

D 【光绪六年［1880 年］重修，十四年［1886 年］续增本《玉环厅志》卷四 7】环周大海，四时多风。夏秋间有飓风作，［原注］《南越志》：永嘉人谓之风痴。走石拔木，茅房瓦屋，倾圮不常，船只多损。

E 【韩愈（768—824 年）诗】据花房英树《韩愈歌诗索引》日本京都府立大学人文学会，1964 年查出处，卷叶与诗句据《四部丛刊》本《朱文公校昌黎先生集》，诗题据目录。

卷一 20	《赴江陵途中寄三学士诗》	飓*起最可畏，訇哮簸陵丘。
卷二 8	《县斋有怀》	雷威固已加，飓*势仍相借。
卷六 5	《泷吏》	飓*风有时作，掀簸真差事。
卷六 6	《赠别元十八协律六首之六》	峡山逢飓*风，雷电助撞捽。
卷七 2	《献山南郑相公樊员外》	如新去耵聍，雷霆逼飓*䬀。

F 【百衲本《旧唐书》卷十五 10】唐宪宗元和十一年［公元 816 年］八月戊申，容州奏，飓风海水毁州城。百衲本《新唐书》卷七 15：十一年六月，密州海溢。

G 【徐兢《宣和奉使高丽图经》《知不足斋丛书》卷三九 2—3“礼成港”】臣窃惟海道之难甚矣。以一叶之舟，泛重溟之险。惟恃宗社之福，当使波神效顺以济。不然，则岂人力所能至哉。方其在洋也，以风帆为适从。若或暴横，转至他国。生死瞬息。又恶三种险：曰痴风，曰黑风，曰海动。痴风之作，连日怒号不止，四方莫辨。黑风则飘怒不时，天色晦冥，不分昼夜。海动则彻底沸腾，如烈火煮汤。洋中遇此，鲜有免者。且一浪送舟，辄数十余里。而以数丈之舟，浮波涛间，不啻豪末之在马体。

H 【1927 年铅印本《象山县志》卷十七 4《方言考·释天·飓风》】……《田家五行》：夏秋之间大风谓之风潮，古人名飓风。……《遯斋闲览》：闽中每岁七八月多东北风，俗号痴风，亦名报风。

I 【同上《风痴》】万历《温州府志》：传风痴草叶一折，风痴一次，二三如之。土人恒占焉。又《瑞安县志》：风痴草自生山间，其叶如蒴。人每年视叶之截，知风之次数。《［宣和奉使高丽］图经》：海道之险曰痴风，连日怒号不已。

J　【《明本潮州戏文五种》372=《颜臣》3】象风飔，返不见，又是春天。

K　【又 404=《荔镜记》19】风台过了，今即会南回南，参看下文 Q 条。

L　【又 498=《颜臣》64】五更风飓*，鸡啼月洛。

M　【又 479=《荔镜记》55】一更鼓打北风飓*。

【又 549=《荔镜记》90】分开去，泪哀哀，未得知值何日得返来，风飓*天做寒。

N　【朱国祯《涌幢小品》卷二十六 7《风报》】

以劳大与《瓯江逸志》10—11 校之，朱有劳无外加［ ］，朱无劳有排小字。

温州自夏徂秋，常观云以候风。［苟］日间［其］云或黑或赤，低重凝澄，密而不散；则居民海贾咸以为忧。方未风时，蒸溽特甚，而波涛山湧，若［有物］或驱之。［此邦］谓之海动。既而暴风起，其色如烟，其声如潮，振动天地，拔木飘瓦。［甚惊畏者不敢屋居，惧覆压也。］风稍息则雨大倾，雨稍霁则风复作。一日之间，或晴或雨［者］，无虑百数。［此邦］谓之风痴。其始发于东北，微者一昼夜，甚者三数日。已而复有西南之风随其［后，］一昼夜［或］三数日以报之。［此邦］谓之风报。［风痴已可惧，然比岁常有，而风报或无，果有，则势尤恶。熙宁九年，大云寺卢舍那阁成，费钱千有余万。其高广闳伟，甲于城中。是年七月，所谓风报者起，此阁辄屡浮动。寺僧皆大呼佛号。风定视之，则柱离于础尺余矣。推此以知力之大，何千万人足拟哉。至于官宇民庐，往往摧圮。修复久之，尚未如故。郡人云，数十年来，未见此风之比也。每五六月以往，邦人率以为虞。］凡风雨作，则无雷。惟得雷，而后测霁止之期。每五六月以往，邦人率以为可虞。迨秋冬［交，众皆］方始相庆，谓可无［虞矣］恐。［其］方风之来，狂暴而喧豗不止，故谓之痴。二广则谓之飓*风。大率海滨多有之。［韩退之《问泷吏诗》云，“飓*风有时作，掀簸真差事”者，此也。］

O　【又卷二十六 15】沿海之中，上等安岙可避四面飓*风者，凡二十三处：……中等安岙可避两面飓*风者，凡一十八处：……其余下等安岙，只可避一面飓*风，如三狐山、衢山之类，不可胜数。

P　【蒋毓英 1688 年《台湾府志》卷一 5—7《风信》】飓*风一至，人舟俱覆。|清明以后，地气自南而北，则以南风为常风。霜降以后，地气自北而南，则以北风为常风。若反其常，寒南风而暑北风，则飔飓*将作，不可行船。|风大而烈者为飓*，又甚者为飔。飓*常骤发，飔则有渐。飓*或瞬发倏止，飔则常连日夜或数日而止。大约正二三四月发者为飓*，五六七八月发者为飔。九月则北风初烈，或至接连累月，俗称为九降风；间或有飔，则骤至如春飓*。船在洋中，遇飓*犹可为，遇飔不受也高拱乾等 1696 年《台湾府志》卷七 13《风信》作“遇飔不可当矣”。|十二月二十一日起，一日有风，应明年正月有大风，二日应二月，三月以至九月俱按日相应。或一日之间，风作二次，则来年所应之月，飔风亦二次焉。多次则亦皆如之。记而验之，无不应者。|土番识飔草，此草生无节，则周年俱无飔；一节则飔一次，二节二次，多节多次。无不验者。今人亦多识此草。

Q 【乾隆辛巳［1761 年］重修《潮州府志》卷九 2—3《飓风》按语】饶平旧志载飓二十九种。……海上人先期数日闻有声微发，发而旋止，急而旋缓，知为飓风之兆。及见炎云蒸郁，有虹低垂，下饮海水，水上生云，……水鸟惊飞，木叶南侧，而飓风作矣。益之以暴雨，助之以惊潮，其势愈猛烈不可状。拔木偃禾，飞沙走石，屋宇崩摇，马牛摧仆，靡所不至。昌黎所谓“盲风”，《南海志》所称“旧风”，皆此也。飓以东北方始，必由北而西，以西北方始，必由北而东，而皆终于南。盖南方之风，归其本位也。曰飓者，具四方之风。有发数时者，有发一日夜者及二三夜者。粤人惧其发而难止，止而复发。故曰飓者，惧也。其自西北东而转于南者，名曰迴南风，力最大，又曰落西风，又曰荡西风，而犇龙、石尤、风痴、铁飓，皆飓之名目也。

R 【同上卷十一 1《灾祥》小序】潮界山海之间，山有瘴而海多飓。

S 【同上卷十一 21《灾祥》】揭阳县　明正德十年［公元 1515 年］乙亥秋七月，飓风暴漂没民田，坏公私庐廨，俗称铁风筛。

T 【林谦光《台湾纪略》9《天时》】天气与中土殊。雪霜殊少，人不挟纩。三春常晴。至于霪雨，每在秋令。飓飓时起。土人谓正二三四月起者为飓，五六七八月起者为飑。飑甚于飓，而飓急于飑。将至时先视所至之气，如虹如雾，则预为之防。凡遇风雨将作，海必先吼如雷，昼夜不息，旬日乃平。

U 【同上 13《附澎湖》】自厦门至澎湖，有水如黛色，深不可测，为舟行之中道。顺风仅七更半水程。一遇飑飓，小则漂流别港，阻滞月余，大则犯礁覆舟。“更”是时间单位，用以计算水路航程距离，每一昼夜分为十更。参看宋正海等，1986《中国古代海洋学史》61，125—127，海洋出版社。

［《方言》1990 年第 4 期 241—244 页］

飑风的本字（中）

V 【屈大均（1630—1696 年）《广东新语》卷一 § 9《风》①】……余则夏秋之交多飓。……《[三国志·吴志·]陆胤传》云：[中书丞华覈表荐胤曰："……苍梧、]南海，岁有旧风、障气之害，风则折木飞砂转石，气则雾郁，飞鸟不经。自胤至州，风气绝息。"……风之起，潮辄乘之。谚曰：潮长风起，潮平风止。风与潮生，潮与风死。……

W 【同上§10《旧风》】南海岁有旧风，亦曰风旧，盖飓风也。其起也，自东北者必自北而西，自西北者必自北而东，而俱至南乃息，谓之落西，亦曰荡西，又曰回南。凡二昼夜乃息。亦曰风痴。……又凡六月有北风必作飓。谚曰：六月无闲北。北风为正风旧，东风为左风旧。风旧以铁飓为大，无坚不摧，故曰铁。回南时势尤猛烈。……飓者，具四方之风也。……飓又惧也。……其发也，先期数日，有声微作，作而旋止，急而旋缓，谓之练风。于是炎云郁结，雷声殷殷。有虹欲断欲连，下饮海水。海翻声吼怒，波浪沸腾，矶石搏触。有浊气凝结成破布，或若烂苔，遍流而北。水鸟惊飞，木叶南侧。于是飓风作矣。益之以暴雨，以惊潮，则其势弥暴。屋飞于山，舟徙于陆。颠仆牛马，摧拔树木。海水涌高数丈，洋田浸没，卤咸所留，稼穑不育。是之谓铁飓。

X 【同上 §14《旧雷》】雷州之俗，以雷在春前者为旧雷，交春为新雷。岁除时，旧雷与新雷相接，其占为明年大稔。有咏者云：腊底雷鸣是旧雷，新雷声向岁朝开。旧雷之称奇甚。雷州有旧雷，琼州有旧风，可以并举。

Y 【范咸等修，1747 年刻本《台湾府志》卷十三 13—14】飑风乃天地之气交逆。……6 月有雷则无飑。谚云：六月一雷止三飑，七月一雷九飑来。《海外纪略》| 占飑风者，每视风向反常为戒。《稗海纪游》[李荣注——自本条至 b 条，小字皆原注。]

Z 【1925 年刻本《平阳县志》卷十九 1—2《风土·气候》】《瓯江逸志》载：温州自夏徂秋，……既而暴风起，其色如烟，其声如潮，振动天地。以上《逸志》原文其大者发屋拔木，坏垣飘瓦，大雨倾注。甚或挟潮决堤而入。古谓飓风，俗谓风飑，亦谓风痴，亦名风水，岁或一见，或再三见，间或无之。若夫寻常飘忽，风过而雨倾，雨霁而风作，一日之间，晴雨数十次，则俗名淘浪一作飑浪，无岁无之。入秋谓之秋霖、其风始发于东北，微者一昼夜，

---

① 《广东新语》据中华书局 1985 年排印本。此本用阿拉伯数字标明节的次序，本文引用时标明哪一节。本文引用的三节已据"文汇堂藏板，拾芥园发兑"本校对，没有异文。（本文他处一律用阿拉伯数字表示页码。）以下三行应移作本文 1990.244 Q 条脚注。

乾隆辛巳（1761 年）重修《潮州府志》卷九第二页上半页第四行起，到下半页第二行止节引《广东新语》§ 10《旧风》三段（本文未引用）。《广东新语》在乾隆三十九年（1774 年）遭清政府查禁。《潮州府志》光绪十九年（1893 年）重刊本把这三段删去，因此出现九行空行。附注于此，以免读重刊本者怀疑。

甚者三数日。已而复有西南之风，反以报之。或一昼夜，或三数日，或一转即止，俗谓之回南。凡风痴必得回南，始得静定。每风雨作则无雷，惟得雷而后可测霁止之期。……其风期则俗谚所谓"六月怕尽，七月怕半，八月怕初"。过此则无虞矣。然亦有五月即遇飓风者，此不常有耳。据《瓯江逸志》改

a 【同上3《气候·附农谣占候》】春报头，冬报尾。采访　俗谓狂风曰报。春报雨前，冬报雨后。

b 【同上4】五月初一鸣雷压九颱即飓风，七月初一鸣雷风颱来。采访

c 【1931年刻本《番禺县续志》卷二52】打风旧《三国志·吴志[·陆胤传]》："苍梧[、南海]，岁有旧风、障气之害。风则折木飞砂转石。"广州所谓"打风旧"，盖折木飞砂转石者也，即《吴志》之言"旧风"也。"风旧"二字甚古，俗写"风旧"为"风飓"，不知"旧"为本字耳。

d 【1927年铅印本《东莞县志》卷十二《方言下》1】飓风谓之风旧　按《三国志·陆胤传》："[苍梧、]南海，岁有旧风、障气之害。""风旧"之语始此。

e 【1929年刻本《顺德县志》卷一《舆地》19】方言谓太阳曰热头。飓风曰风旧。

叁　有关飓风各种名目史料的说明

《太平御览》引《南越志》说到飓风的A条，是讨论相关问题经常引用的史料，有的是明引，有的是暗引。《南越志》原本已逸，作者刘宋沈怀远，生平不详。A条第一句"熙安间多飓风"，熙安为刘宋时广州南海郡领县，文帝立，南齐因之。百衲本《宋书》卷三八23—24与《南齐书》卷十四20。刘宋文帝元嘉元年至三十年相当于公元424—453年。

"飓"从风从具，古书中有时误作从风从贝。杨慎（1488—1559年）是非颠倒，居然以为从贝的是正字，从具的是误字。《四部丛刊》据宋本影印的《太平御览》卷九6作"飓音具"，字形不误。假如字形从贝，下文就无法通读了。"具四方之风"指飓风的风向连续转变。O条所说"可避四面飓风"与"可避两面飓风"，都是说风向连续转变。B条《集韵》暗引《南越志》，"飓具"两字同音，都收到遇韵，可见"飓"字从"具"。A条下文说飓风"一曰惧风，言怖惧也。""具四方之风"与"言怖惧也"是飓风得名的两种说法。这话只有"飓具惧"同音才读得通。还有最重要的是"颱风"上海叫"飓风"。本文引用的"飓"字，凡是误从贝的在右上角加星号*。

C条《康熙字典》引《南越志》"永嘉人谓之风痴"，可以补充《太平御览》所引。(《康熙字典》编了五年，序题康熙五十五年[1716年]，当时《南越志》可能已逸，引文出处待考。)D条大概根据《康熙字典》转引。

从唐宋以来，书面上一直通用"飓风"，如E F B三条。

G H两条是宋代的"痴风"的史料，I N是两条明代的"风痴"的史料。

G条徐兢（1091—1153年）奉使高丽在宋徽宗宣和五年[1123年]，次年书成，序题宣和六年[1124年]八月六日。书中列"痴风"为洋中三险之首。

H 条《遯斋闲览》原书已逸。《象山县志》引自何书待查。晁公武《郡斋读书志》《续古逸丛书》本卷三下 13：“《遯斋闲览》十四卷，右皇朝［宋］陈正敏崇观间撰，正敏自号遯翁。”陈振孙《直斋书录解题》《聚珍版丛书》辑《永乐大典》本卷十一 15：“《剑溪野语》三卷，延平陈正敏撰，自号遯翁。别有《遯斋闲览》十四卷，未见。”涵芬楼排印本《说郛》卷三二 1：“《遯斋闲览》十四卷，范正敏，福州长溪县令。”“范”字大概是“陈”字之误。延平今福建南平，长溪今福建福鼎、霞浦一带。“崇观间”指宋徽宗崇宁［1102—1106 年］、大观［1107—1110 年］之间。本条要点在于作者闽人，云闽中“俗号‘痴风’”。

I 条所引万历《温州府志》据《中国地方志联合目录》中华书局，1985 年，北京刻于万历三十三年［1605 年］，所引《瑞安县志》未说明年代，引文均待复核。

如 I K L M 四条所示，“风飑”见于《颜臣》，“风台”见于《荔镜记》，“风颶”见于《颜臣》与《荔镜记》。《荔镜记》全名《重刊五色潮泉插科增入诗词北曲勾栏荔镜记戏文》，日本天理大学出版部 1980 年影印，收入《明本潮州戏文五种》，广东人民出版社 1985 年影印。《荔镜记》上栏增入《颜臣》，书末后记题嘉靖丙寅年［1566 年］，书商为“本堂余氏新安”。

N 条朱国祯（1558—1632 年）在劳大与之前。劳文据朱文而略有删改。方志有时引用劳文。所以上节 N 条以朱文为主，以劳文校之。①

P Y 两条引用的《台湾府志》，都根据 1985 年中华书局影印的《台湾府志三种》。一是蒋毓英修的。台湾在康熙二十三年［1684 年］设府，蒋为首任知府（1684—1688 年），现在姑且把蒋志年份记为 1688 年。二是高拱乾等修的，康熙三十五年［1696 年］刻本。三是范咸等修的，乾隆十二年［1747 年］刻本。

Q R S 三条 1761 年《潮州府志》说潮州山有瘴而海多颶，“颶”的名目有“旧风”与“风痴”，又说“颶风”俗称“铁风筛”。

“飑”字后起，不见于旧字书，有人以始见于 T U 两条林谦光《台湾纪略》。林为福建长

---

① 明史卷二四〇21—22：“朱国祯，字文宁，乌程人。万历十七年［1589 年］进士。……崇祯五年［1632 年］卒。”《涌幢小品》卷十四 17：“记得先慈尝言戊午［嘉靖三十七年，1558 年］岁朝，梦太守至家编役，寤而余生。”又卷二六 11：“丙午年［万历三十四年，1606 年］，余在南中。有高明宇者，谈多奇中，谓余范在后丙丙辰丁丁巳二年。且曰，过丁巳［万历四十五年，1617 年］秋，或可免。盖刚六十之期也。”两处都说作者生于 1558 年。

《涌幢小品》卷首有《自叙》，不记年月。叙后有《涌幢说》，记“己未年八月”。己未为万历四十七年，公元 1619 年。卷二 1《年号》条云“今上天启”，可见本书写定，实在天启年间。天启元年至七年为公元 1621—1627 年。

《四库提要》：“劳大与，字宜斋，石门人。顺治辛卯［1651 年］举人。官永嘉县教谕。”《瓯江逸志》14：“崇祯甲申［1644 年］，何家圈居民有鸡雏四足，送余验视，未几而寇变至矣。”又 11：“宜斋曰，康熙甲子［1684 年］六月廿九日，狂风大起，拔木飘瓦，人人惊恐，才得二日耳。乙丑［1685 年］七月十六日，天气忽变，骤雨狂风，或晴或雨，几至月余。真有如前所云者。兼之湿热困人，不能终日，苦不可言。日候雷发，查不闻声。所云秋冬相庆，何未尔也。书此以志闷。”

《涌幢小品》据《笔记小说大观》第十三册影印上海进步书局二十年代石印本江苏江陵古籍刻印社，1984 年。《瓯江逸志》用《龙威秘书》第七集本。本注引的“宜斋曰”一段，接正文 N 条引文“大率海滨多有之”之后。

乐人。该书8提到“庚午榜”，可见作于康熙二十九年［1690年］之后，距离J条《颜臣》的“风飐”已经一百二十多年。《台湾纪略》用《龙威秘书》第七集本。

本文壹《方言》1990.241说：起飐风广州叫打风旧。V条屈大均《广东新语》首先指出，《吴志·陆胤传》云，南海岁有旧风之害。W条说：“南海岁有旧风，亦曰风旧，盖飓风也。……亦曰风痴。”20世纪初修的方志，c条《番禺县续志》，d条《东莞县志》，e条《顺德县志》，都把当地方言里的“风旧”跟《吴志》里的“旧风”联系起来。现代方言与古籍印证，可见前人以为《吴志》的“旧风”当作暴风的说法是错误的。参看卢弼《三国志集解》卷六十一15引何焯与卢明楷说。

“风飐”分布于闽语地区。平阳在浙江省东南角，邻接福建省，在吴语闽语两方言区之间。所以Z条《平阳县志》列举闽语吴语的飓风各种名称最为详备：“古谓飓风，俗谓风飐，亦谓风痴，亦名风水”。（就现在所知，只缺少上文H条所引娄元礼《田家五行》里的“风潮”。）b条平阳农谚有“飐”与“风飐”。（平阳县今分为平阳与苍南两县。）

肆　飐风在方言里的名称

书面上向来通用“飓风”，所以贰叁两节题目也用“飓风”。现代书面语通用“飐风”，所以本节的题目用“飐风”。有作泛指的题目，这两个名目所指是相同的。

第壹节着重说明闽语的“风飐”与吴语的“风痴”同出一源，已经提到若干方言。本节补充第壹节所说，上文提到过的就一笔表过，不重复了。

先从闽语说起。这里主要讨论方言记录所反映的方言变化。《福建省汉语方言概况》上册本书编写组编，1962年24说：旧方言词“风飐”受普通话影响，出来新方言词“飐风”。

《普通话闽南方言词典》厦门大学汉语方言研究室主编，1982年751—752：

【飐风】táifēng ‖［飐风］꜀t‘ai ꜀hɔŋ　［风飐］꜀hɔŋ ꜀t‘ai

‖ 前为普通话条目，用拼音方案记音。‖ 后为厦门话注释，记音方法改用音标加调类符号。

中岛干起《福建汉语方言基础语汇集》日本东京亚非言语文化研究所，1979年4：

【飐风 storm】福州 ꜀t‘ai˧ ꜀huŋ˥（飐风）| 东山岛 ꜀hoŋ˧ ꜀t‘ai˥（风筛）|

潮阳 tso˥ʾ ꜀huaŋ˧ ꜂t‘ai˧（□风筛）| 引者加调类符号，□当作做。

厦门记录新旧两种说法。福州只记录新方言词。其实今天福州经常用的是“风飐”（音见上文第壹节）。从早期的记录可以证实福州、厦门本来都说“风飐”。R. S. Maclay与C. C. Baldwin的《福州话拼音字典》①259：꜀hung ꜀t‘ai，a typhoon，hurricane. 原本无汉字，后来S. H. Leger的增订本②加上汉字“风飐”。C. Douglas的《厦门话英汉字典》③：꜀hong-꜀thai，a typhoon.

①② R. S. Maclay and C. C. Baldwin, *An alphabetic dictionary of the Chinese language in the Foochow dialect*. Foochow：Methodist Episcopal Mission Press, 1870. Revised and enlarged by S. H. Leger. Shanghai：The Presbyterian Mission Press, 1929.

③ Carstairs Douglas, *Chinese-English dictionary of the vernacular or spoken language of Amoy*. New edition. London：Presbyterian Church of England, 1899.

原本无汉字。

蔡英豪《潮汕熟语集释》潮汕方言研究会刊印，1988 年 7：

> 【雨压风飑】预报飑风即将登陆时，如提前下了一阵大雨，则飑风常常刮不起来。“雨压风飑”用于比喻制止可能发生的斗殴事故。

这条熟语本身用方言“风飑”，解释用普通话“飑风”，明白反映出普通话对方言的影响。

其次说到吴语。现在主要是补充上文说的，大致从南到北。

温州、台州到象山都说“风痴”。上文《方言》1990.242 温州“打风痴”记为[ta˥ foŋ˨˩ ts'ɿ˧˧]。有读者来信告知，拙文《中国语文》1989.420 引《浙江吴语分区》64，“打”字乐清、平阳、文成、瑞安四处作[꜀ta]，永嘉作[꜀tɛ]，温州作[꜀tiɛ]。郑张尚芳告知，“打风痴”温州老派为[tɛ˧˥ foŋ˧˨˩ ts'ɿ˧]，新派为[tiɛ˧˥ hoŋ˧˨˩ ts'ɿ˧]。

温岭话说风痴，是根据作者本人说的。最近从椒江市来了两位三十左右的年轻人，他们都说“飑风”[de˨˩˦ fuŋ˧]，说是从广播、电视学的。“飑”字读浊声母阳平，当然是从普通话阳平折合来的。

《舟山渔志》本书编写组编，海洋出版社，1989 年 50：在舟山，渔民习惯上把由寒潮侵袭而形成的大风(风向多是偏北)叫作“暴”李荣案：本地话当作“报”，把“飑风”叫作“风水”。方松熹告知：舟山年轻人说“飑风”，老年人说“(做)风水”[(tsau˧) foŋ˦˧ sɥ˧˥]。

汤珍珠告知：宁波市区一般人说“飑风”[꜁de ꜀foŋ]。不过“飑风”乡下头勿大讲，只晓得“做风水”。宁波还有“做燥风水”的说法。前者是大风大雨交加，后者有风无雨。

许宝华、汤珍珠等《上海市区方言志》上海教育出版社，1988 年 152，155：“飓风”[dʑy˨˧ foŋ˦˦]是本地话，“飑风”[dᴇ˨˧ foŋ˦˦]来自普通话，但目前已常用“飑风”，所以把“飑风”列在“飓风”前面。最后列“风潮”[foŋ˦˥ zɔ˨˩]，注云“夏季飑风”。此注似太窄，参看上文 H 条引《田家五行》。本文上海发音人今年 56 岁，早年住在上海，他只说“飓风”，记音法依照《上海市区方言志》。

汤珍珠告知，上海郊区奉贤、南汇、嘉定都说“风潮”[꜀foŋ ꜁zɔ]。嘉定的发音合作人说：“飑风”[꜁de ꜀foŋ]是气象台确定的，“风潮”可以包括“飑风”与狂风暴雨。

许宝华告知，海门县四甲坝音霸(以前属南通县)飑风说“风潮”[꜀foŋ ꜁dzɔ]。

现在说到粤语。本文广州发音人今年 64 岁，早年住在广州，“起飑风”他说“打风旧”。据上文 V W X 与 c d e 等六条，“(打)风旧”的说法见于《广东新语》与番禺、东莞、顺德三处县志，并且可以追溯到《三国志·吴志》的“旧风”。有本番禺谭季强编的《分类通行广州话，附百家姓同音字表》，32 开本 66 面，每面 15 行，每行 31 字，无成书及出版年月。该书《(三)地理类》12 说：“由九一八事变到现在，日本占住东四省”，可见成书在 1933 年之后。《(二)天文类》7 说：“民国十一年六月初十日晚，即系新历[1922 年]8 月 2 号，汕头打风旧。”可见三十年代，“打风旧”还是通行的广州话。不过现在广州年轻一辈似乎已经很少用这个说法。一位原籍潮州久居广州六十五岁上下的朋友，说他不知道这个说法。后来他问他原籍广州并且长住广州的太太，才证实广州话的确是说“打风旧”。

从广州话我们过渡到珠江三角洲31处方言，请看表一。

表一　飑风——珠江三角洲三十一处方言

据詹伯慧、张日昇等《珠江三角洲方言词汇对照》广东人民出版社，1988年

广州 香港 澳门均市区	飑风 t‘ɔi˨˩ foŋ˥	香港新界锦田	风暴 foŋ˨˧ pʊ˨˩
番禺市桥	— t‘ɔi˥˧ foŋ˧˨	增城县城	蛟仔过天 kau˥ tsɐi˧˥ kuɔ˧ t‘ɛŋ˥
三水西南	— t‘ɔi˨˩ foŋ˧˨	高明明城	风飓 foŋ˥ ky˨˩
佛山市区 顺德大良	— t‘ɔi˥˧ foŋ˧˨	鹤山雅瑶	风飓 fouŋ˧ ku˨˩
斗门上横水上	— t‘ɔi˥˧ foŋ˧˥	江门白沙	风姑 fɔŋ˨˧ ku˨˧
南海沙头	— t‘ɔi˦ foŋ˥	中山石岐 珠海前山	风胎 hoŋ˥ t‘ai˥
花县花山	— t‘ui˨ foŋ˧˨˨˧		
从化城内	— t‘ui˨ foŋ˥	从化吕田	飑风 t‘ɔi˧˥ fuŋ˦
东莞莞城	— t‘ui˨˩ foŋ˨˩	东莞清溪	飑风 t‘ɔi˩ fuŋ˧
宝安沙井	— t‘ui˥˧ foŋ˧˥	深圳沙头角	发风飑 pɔt˨˩ fuŋ˧ ts‘ai˧
台山台城 斗门斗门镇	— hɔi˨ foŋ˧	惠州市区	风飑 həŋ˧ t‘ai˧
新会会城	— hui˨ fouŋ˨˧	中山南朗合水	风飑 fuŋ˧ t‘ai˧
开平赤坎	— hᵘɔi˨ foŋ˧		
恩平牛江	— hᵘai˨ foŋ˧	中山隆都	风飑 hoŋ˥˧ t‘ai˥

《珠江三角洲方言词汇对照》的《凡例》把31处方言分为三类：广州至珠海前山等25处是粤方言，从化吕田至中山南朗合水等五处是客家方言，中山隆都一处是闽方言。这大概是编者依据若干标准分的类，单就“飑风”一条而言，若干处方言的分类还可以调整。表一也分成三类，两类之间用空行隔开。不过前两类内部各方言的次序略有更动。

表中横线“—”表示同上。31处方言中有20处方言说“飑风”，左栏18处加上右栏的从化吕田与东莞清溪两处。这20处飑风的飑都读阳平，显而易见的是模仿普通话。惠州市区与中山南朗合水、中山隆都三处方言都说“风飑”，“飑”字都是阴平，是闽语或受闽语的影响。中山南朗合水“风飑”的读法可以说是粤语加闽语，或客家加闽语的复合，因为“风”字读[f]声母。中山石岐与珠海前山的“风胎”其实就是“风飑”，不过换个写法罢了，两处跟中山隆都一样，都是闽语。深圳沙头角说“发风飑”，见下文。

高明明城说“风飓”[foŋ˥ ky˨˩]。“风”字55调，是阴平做前字的读法。据詹伯慧、张日昇等《珠江三角洲方言字音对照》新世纪出版社，1987年50—55，“飓”字跟“具惧”两字同音，跟“住树遇寓喻裕”等字都是21调。(《词汇汇对照》本处声韵调表无21调。)

鹤山雅瑶说“风飓”[fouŋ˧ ku˨˩]。据《字音对照》，[ku˨˩]这个音是否“飓”字待考。

江门白沙说“风姑”[fɔŋ˨˧ ku˨˧]，两字都是阴平23调。以上两处后字在来历上有无关系待研究。

香港新界锦田说“风暴”[foŋ˨˧ pʊ˧˨]，前字阴平23调，后字去声32调。本处去声不分阴阳，

不能用来鉴别古声母清浊，因而不能确定这里的“风暴”与“风报”有无关系。又本处“风暴”的“暴”跟“暴雨”[pəu˨ y˧]的“暴”不同音，但跟“抱鸡仔”[pʊ˨ kəi˧ tsəi˧˥]的“抱”同音，也跟“步”字同音。

增城县城“蛟仔过天”的说法跟其余30处都没有关系。

如上所说，就“飔风”的说法而论，从化吕田与东莞清溪当属粤方言，中山隆都、中山石岐、珠海前山与惠州市区四处当属闽方言，中山南朗合水“风飔”的说法可以说是粤语加闽语，或客家加闽语的复合。剩下一处没有讨论的是深圳沙头角的客家话，现在拿他跟另外两处客家话对比。

深圳沙头角　发风飔　pɔt˨　fuŋ˧　ts‘ai˧

D. MacIver and M. C. Mackenzie，“广东客家”[①]　风差 ꜀fuŋ ꜀ts‘ai

桥本万太郎，平远、蕉岭、兴宁、五华四县客家[②]　　风差 ꜀fuŋ ꜀ts‘ai

深圳“发风飔”的“发”相当于广州“打风旧”的“打”，都是动词；“风飔”的写法可能受闽语影响。“风差”的“差”是写的同音字。透过字形，就字音而论，这三处的[꜀ts‘ai]跟闽语的[꜀t‘ai]只有声母不同。考虑到古彻母闽语读[t‘]客家读[ts‘]，不禁令人设想，客家的[꜀ts‘ai]也是从“痴”字来的。比较“枲滓柹”三字“广东客家”的韵母也是[ai]。

枲	胥里切	心母止韵上声	꜂sai	枲布 ꜂sai pu꜄一种麻布《广东客家字典》	663
滓	阻史切	庄母止韵上声	꜂tsai	渣滓 ꜀tsa ꜂tsai	899
柹	鉏里切	崇母止韵上声	꜂sai	柹饼 ꜂sai ꜂piaŋ	663

据《字音对照》106与《词汇对照》79，深圳沙头角“滓”[tsai˨]、“柹饼”[se˩ piaŋ˨]、“枲”与“枲布”未收。四县语料较少，“枲、滓、柹”三字都没有收。

从本节上文所说，在“飔风”的说法上，普通话对闽语的影响跟对吴语、粤语的影响不同，这是由方言本身的性质决定的。闽语的“风飔”与吴语的“风痴”虽然同出一源，由于语音演变，闽语“风 ꜀t‘ai”与吴语“风 ꜀ts‘ɿ”，面貌已经大不相同。所以吴语所受普通话的影响跟粤语相同，反而跟闽语不同。平常说闽语的人，以为普通话“飔[꜀t‘ai]风”跟本地话“风飔[꜀t‘ai]”，差别主要在于成分的次序不同。所以他们学习的时候，就把两个字的次序倒过来，说成“꜀t‘ai 风”，保持“飔”字阴平的读法。至于说吴语、粤语的人，因为本地话跟普通话差别很大，比方上海的“飓风”跟“风潮”，宁波跟舟山的“风水”，温岭跟温州的“风痴”，广州的“风旧”，高明的“风飓”，他们学习普通话，就要把“飔[꜀t‘ai]风”折合成本地话，因此说出来上海的[dᴇ˧˦ foŋ˥˧]，椒江的[de˨˦ fuŋ˧]，广州、香港、澳门均市区的[t‘ɔi˩ foŋ˥]等等“新方言”。

方言容易受优势方言，尤其普通话的影响，调查时必须请能说地道本地话的发音合作

① D. MacIver, A Chinese-English dictionary, Hakka-dialect as spoken in Kwang-tung province. Revised and rearranged by M. C. Mackenzie. New edition. Shanghai: Presbyterian Mission Press, 1926.

② 桥本万太郎，客家语基础语汇集。日本：东京外国语大学亚非言语文化研究所，1972年。

人，光会说“新方言”是不够的。还有，在询问的时候也不排斥适当的提示。有时候，光记录第一个反应是片面的。要是这反应跟普通话相同或接近，不妨追问一句，还有没有别的说法。这样子才能问出真正的本地话来。

伍　风旧与风飓

上文第贰节C条《南越志》云，飓风“永嘉人谓之风痴”。N条《涌幢小品》云，温州的风痴“二广则谓之飓风”。“风飓”见于L条《颜臣》与M条《荔镜记》。现在广州说“风旧”，高明说“风飓”。Q条《潮州府志》说“《南海志》所称旧风”也是飓风。R条说潮州“山有瘴而海多飓”，跟V条《吴志》所说“苍梧、南海，岁有旧风、障气之害”相符。c条《番禺县续志》的结论是：“广州所谓打风旧，……即《吴志》之言旧风也。风旧二字甚古，俗写风旧为风飓，不知旧为本字耳。”该志的编者以为“风旧”是“风飓”的本字。

限于当时的音韵学水平，前人对如何论证本字，并无适当要求，有时满足于“一声之转”。论证本字首先要讲通古今音变。上文假设闽语的“风 ȶ‘ai”与吴语“风 ʥs‘ɿ”的本字是“风痴”。“痴”字在《切韵》系统是“彻母之韵平声”，从“彻母之韵平声”到闽语的今音［ȶ‘ai］与吴语的今音［ʥs‘ɿ］都是正常的演变。“风 ȶ‘ai”与“风 ʥs‘ɿ”的意思都跟书上的“风痴”一样，都是说的飓风。上文已经举了“风痴”的出处。

“风旧”与“风飓”的关系，跟“风颱”与“风痴”的关系不同。这里先说几句关于本字的话。

口语里的字是音义的结合体。比方“他说的话字字分明 | 他说的话我一个字也听不清楚”。著于竹帛，把话写下来，立此为据，写下来的字是形音义的结合体：字形体现音义，音义寄托在字形上。研究本字就是研究字的来历。研究的对象可以是“音义的结合体”，也可以是“形音义的结合体”。闽语“风 ȶ‘ai”的［ȶ‘ai］，无论写“颱”、写“箷”、写“胎”或者写不出汉字，吴语“风 ʥs‘ɿ”的［ʥs‘ɿ］，写“痴”或者写不出汉字，都可以研究来历。有时“考本字”是比较方言推定古音；有时“考本字”还要给“有音无字（有音义无形）”找个合适的字形。这个字形，最好还有合适的书面上的依据，就是平常说的书证。研究出来的本字，可以是某部书里的某个字，也可以是某个音，没有合适的字可写。合适的字，并非唾手可得，有时可遇而不可求。至于远古的语言，尚无文字，那就只能构拟古音了。

论证本字要利用文字（形音义的结合体），又不受字形的束缚，用来讲通古今音变。有人面对现实的文字，嫌文字表音不明白；没有现成的文字，又叹息连考古的依据都没有了。上一段笼统的话，只求点出语言与本字的关系而已。

现在回到本题。闽语的“风颱”与吴语的“风痴”可以通过正常的演变，追溯到共同的来源。“风旧”与“风飓”，不能追溯到共同的来源。“旧”字与“飓”字的关系就好比方言研究里说的“特别字”（音韵地位特殊的字）。这里举“桶”字两音的关系，“溅線韵”字与“濽翰韵”字的关系为例。

本节下文用星号 * 表示构拟的古音（《切韵》音）。

星号 * 后用 ꜀□ ꜂□ □꜄ □꜆ 表示古音的平上去入四声。

【《广韵》董韵】桶，木桶，他孔切[*꜂t'uŋ] ○ [北京] 桶子 t'uŋ˨˩˪ ·tsɿ | 水桶 ʂuei˨˩˦ t'uŋ˨˩

【《广韵》董韵】桶，木器，徒揔切[*꜂duŋ] ○ [温岭] 桶变音 duŋ˧˩ | 水桶 ɕy˧ duŋ˨˩

【《广韵》線韵】溅，溅水，子贱切[*tsiɛn꜄] ○ [北京] 溅湿了 tɕian˥˩ ʂʅ˥ ·lə | 《集韵》"溅" 又作 "浅、湔"

【《广韵》翰韵】灒，水溅，则旰切[*tsan꜄] ○ [温岭] 灒滥爻 tsɛ˥ lɛ˩˧ ·ɦɔ | 《集韵》"灒" 又作 "浅、湔、溅"

北京的 "桶" 字与温岭的 "桶" 字虽然形与义都相同，但语音来历不同，依《切韵》系统，北京 "桶" 字来自透母董韵上声 [*꜂t'uŋ]，温岭 "桶" 字来自定母董韵上声 [*꜂duŋ]，古韵母与声调都相同，声母有舌头音次清与全浊之别，就是 [*t' *d] 之别。透母的 "桶" 字不能追溯到定母的 "桶" 字，定母的 "桶" 字也不能追溯到透母的 "桶" 字：只能认为两个字本来不同音。因为两字的形与义都相同，要是不注音，就无法区别透母的 "桶" 字还是定母的 "桶" 字。

北京说 "溅湿了"，温岭说 "灒滥爻"，句法与意思都一样。"溅" 字精母線韵去声 [*tsiɛn꜄]，"灒" 字精母翰韵去声 [*tsɑn꜄]，声母、声调与韵尾都相同，介音与主要元音有别。(依传统等韵，"溅" 与 "灒" 同是山摄开口，有四等与一等之别。根据《方言调查字表》关于等的调整，是三等与一等之别。) 線韵的 "溅" 字与翰韵的 "灒" 字的关系跟 "桶" 字两个音是的，也得认为是两个字本来不同音。

在现代方言里，两个 "桶" 字透母与定母的分布不同，溅線韵字与灒翰韵字的分布也不同。这现象不是新起的，古已有之。玄应《一切经音义》《丛书集成》影印《海山仙馆丛书》本卷三 132 云：

> 灒又作溅浅二形，同子旦反。《说文》："灒，相污洒也。"《史记》[卷八一] "五步之内，[相如请得] 以颈血溅大王衣百衲本影印黄善夫本衣作矣" 作溅张守节《正义》音赞。江南行此音。山东音湔，子见反。

"子旦切" 与 "音赞" 都相当于《广韵》的则旰切。"子见反" 相当于《广韵》的又音 "作甸切"。

用桶字两音透母与定母的关系，溅線韵字与灒翰韵字的关系，来解释 "风旧、旧风" 的 "旧" 字与 "飓" 字的关系，也许是个可行的办法。

【《广韵》宥韵】旧，巨救切 [*giu꜄]

【《广韵》遇韵】飓，其遇切 [*gio꜄]

在《切韵》系统里，"旧、飓" 两字都是羣母去声；一个宥韵，一个遇韵，都是三等，两字都有 [*i] 介音，只是元音有 [*u *o] 之别。在现代方言里，广州的 [foŋ˥ kɐu˨] 可以通过正常的音变追溯到 "风、旧"，高明的 [foŋ˥ ky ˨] 追溯到 "风飓"，上海的 [dʑy˨˩˧ fuŋ˥˧] 追溯到 "飓风"。在《切韵》以前，我们无法把 "巨救切" 与 "其遇切" 两个音追溯到同一个来源。因此，我们只能说，"风旧" 与 "风飓"，"旧风" 与 "飓风"，意思相同，语音本来相近，后来在不同的方言里演变得差别很大了。

陆　风痴与风䬘

温岭“风 ʦʻɿ˧”的［ʦʻɿ˧］，从古今音变推论，来自《切韵》系统止摄平声的“清、初穿二、昌穿三、彻”四母字。现在根据《广韵》，列举有关小韵的反切如下：

	清	初穿二	昌穿三	彻
支开	此移切	楚宜切	叱支切	丑知切
脂开	取私切		处脂切	丑饥切
之		楚持切	赤之切	丑之切

脂开韵初母与之韵清母无字，所以一共只有十个小韵。其中有两个字跟“风”字的组合，有可能是现代吴语“风 ʦʻɿ”的来源。丑之切有“痴”字，“风痴”上文已经讨论过。楚持切有“䬘”字，注云“风也”，“风䬘”见于《广韵》注。从表二里四个字的音义对比，可见“风䬘”就是大风。

表二

	平声	上声/去声
一等定母	《广韵》豪韵：飇，大风，徒刀切。	《广韵》晧韵：稻，秔稻，徒晧切。
三等澄母	《广韵》尤韵：飇，风䬘，直由切。	《广韵》宥韵：䆃，稻实，直祐切。

表二里四个字音的关系从表左与表头可以看出。“飇”字两个音同义就好比“稻”字与“䆃”字同义。“秔稻”与“稻实”的差别只是表面上的。实际上闽语的“䆃”相当于官话与吴语的稻，客家话与粤语、赣语、湘语的禾。“稻”与“䆃”在语音上有一三等之别，闽语澄母读如定母，所以有人干脆把“䆃”写成“稻”。“稻”与“䆃”的关系就好比上节所说“瓒”与“溅”的关系。美中不足的是“稻”字上声，“䆃”字去声。其实从现代闽语“䆃”字的声调看，也是从古上声来的。请比较“䆃、妗、舅、旧”四字在四处闽语方言里的音。

	福州	厦门	泉州	潮州
䆃	tieu˨˦˨^{2}	tiu˧^{2}	ˁtiu˧	ˁtiu˧˥
妗	keiŋ˨˦˨^{2}	kim˧^{2}	ˁkim˧	ˁkim˧˥
舅	kieu˨˦˨^{2}	ku˧^{2}	ˁku˧	ˁku˧˥
旧	kou˨˦˨^{2}	ku˧^{2}	ku˩^{2}	ku˩^{2}

古音“舅”字全浊上声（《广韵》其九切），“旧”字全浊去声（《广韵》巨救切）。福州与厦门古全浊上声今归去声，所以这两处“舅、旧”两字今都读阳去。泉州与潮州古全浊上声与去声今分读阳上与阳去，所以“舅”字阳上，“旧”字阳去。“䆃、妗”两字在四处闽语方言的声调表现跟“舅”字相同而跟“旧”字不同，可见“䆃”字古音当在上声有韵除柳切，“妗”字当在上声寝韵渠饮切。《集韵》把“䆃”字归到去声宥韵，把“妗”字归到去声沁韵巨禁切，根据的是古全浊上声归去声的方言。附带说一下，“妗”字分布的范围比“䆃”字广得多，因而“妗”字古音是上声的证据更多。参看拙作 1985《语文论衡》所收《汉字演变的几个趋势》133，原

载《中国语文》1980.17。

“风飔”折合成温岭话是［꜀fuŋ˧˦ ꜀ts‘ɿ˧］，跟“风痴”同音。单就吴语说，“风痴”也可以写成“风飔”。就吴语闽语比较说，“痴”字彻母，闽语古知彻澄三母读如古端透定三母，“痴”字跟闽语［꜀t‘ai］符合；“飔”字初（穿二）母，闽语初母一般读［ts‘-］，跟闽语［꜀t‘ai］不符合。《颜氏家训·音辞》有一段话发人深思：

> 梁世有一侯，尝对元帝饮谑，自陈“痴钝”，乃成“飔段”。元帝答之云：“飔异凉风，段非干木。”（《广韵》“钝”字徒困切，“段”字徒玩切。）

《说文解字》新附“飔”训“凉风”。《广韵》换韵“段”训“又姓……《风俗通》云：段干木之后”。梁元帝的意思是说：某侯口里说的“飔”不是凉风的“飔”，他心里想说的是“不慧”的“痴”；某侯说的“段”不是“段干木”的“段”，他想说的是“迟钝”的“钝”。梁世有一侯把“痴”说成“飔”，不免令人设想，《广韵》所据语料可能把“大风”的“风痴”记成“风飔”。除《广韵》注外，“风飔”未发现实际用例。

一九九〇年十二月稿

［《方言》1991 年第 1 期 1—9 页］

飑风的本字（下）

柒　“风飑——飑风”及其他

“风飑——飑风，风痴——痴风”次序不同，这种现象古已有之。王念孙《广雅疏证》卷四下“风也”条云：

> 《尔雅》“扶摇谓之猋。”李巡注云：“扶摇，暴风从下升上，故曰猋。猋，上也。”《［礼记·］月令》云：“猋风暴雨揔至。”《吴子·论将篇》云：“风飈数至。”飈与猋通。［《广韵》二字并甫遥切，前者误从三火，当据《集韵》改正。］

遗憾的是我们无法考查“猋风”与“风飈”在方言中的分布。

表三

X		风X		X风	
飑	PY台湾府志，TU台湾纪略，Zb平阳县志	风飑	J颜臣，Zb平阳县志○闽方言	飑风	P蒋毓英台湾府志，Y范咸台湾府志
		风台	K荔镜记	飑风	○福州，厦门
		风筛	Q潮州府志揭阳○东山岛，潮阳	飑风	○上海，椒江，珠江三角洲二十处
		风胎	○中山石岐，珠海前山		
［痴］		风痴	CD南越志永嘉，玉环，I万历温州府志，N涌幢小品温州，W广东新语，Q潮州府志，Z平阳县志○温岭，温州	痴风	G宣和奉使高丽图经，H遯斋闲览闽中
		风差	○“广东客家”，“四县客家”＝风飑○深圳沙头角		
飓	A南越志，B集韵，E韩愈，VW广东新语，P台湾府志，TU台湾纪略	风飓	L颜臣，M荔镜记○高明	飓风	AC南越志，E韩愈，F旧唐书，H田家五行，N涌幢小品二广，W广东新语，P台湾府志，Q潮州府志，Zb平阳县志○上海
［旧］		风旧	W广东新语，c番禺，d东莞，e顺德三县志○广州	旧风	V吴志，X广东新语琼州，Q潮州府志
报^1		风报^1	N涌幢小品温州	报风^1	H遯斋闲览闽中
报^2	a平阳县志○舟山渔志	风报^2	鄞县通志○海门县四甲坝	报风^2	○温岭

表三罗列“风飑——飑风”等在文献与方言中分布的情况。条目用五号字排印，条目后用六号字记出文献与方言。文献之前用罗马字母标明引文次序，其中A至U见上文1990.242—244，V至e见上文1991.1—2。方言之前用圆圈标明。

表三分三栏，左栏“X”表示单用，不与“风”字组合；中栏“风X”是“风”字在前的组合；右栏“X风”是“风”字在后的组合。表三不收“风水”与“风潮”。

左栏“飑”字“飓”字单用见上文PT等条，如T条《台湾纪略》：“飑飓时起。土人谓正二三四月起者为飓，五六七八月起者为飑。飑甚于飓，而飓急于飑。”“风痴”的“痴”字与“风旧”的“旧”字，都不能单用当“风”讲。中栏右栏两字组不必举例。

中栏“风飑=风台=风筛=风胎”，“后字”音同形不同。就现代方言的分布说，“风飑”等通行于闽语地区，“风痴”通行于吴语地区。就来历说，“风飑”等与“风痴”同出一源，都来自古“风痴”。换言之，“风飑”是从“风痴”分化出来的。在字音分化之后，字形也跟着分化了。“风差”通行于客家话的一部分地区。“风差”可能也是从“风痴”分化出来的。“风飓”与“风旧”都通行于珠江三角洲，上文第伍节讨论两者的关系。

右栏“飑风”分为三条，第一条注明出于两种《台湾府志》，其中“飑”字读阴平可以从现代闽方言全读阴平推出来。第二条与第三条都是受普通话影响的“新方言”，第二条闽语“新方言”“飑”字读阴平，第三条“非闽语”新方言“飑”字读阳平。闽语与“非闽语”阴阳平不同见上文1991.6—7。普通话推广的为什么是阳平见下文第玖节。

中栏“风X”与右栏“X风”的异同要略加讨论。

上文W条：“南海岁有旧风，亦曰风旧，盖飓风也。”第一句沿袭《吴志》，第二句依据当时广州一带方言，第三句是说两者所指都是飓风。比较上文c条：“广州所谓‘打风旧’，……即《吴志》之言‘旧风’也。”中栏“风旧”与右栏“旧风”所指相同，其他依此类推。

比较中右两栏，显而易见中栏是口语占优势，各条均见于现代方言，“风差”一条只见于方言记录，可以假设中栏的说法是方言固有的。“报|风报|报风”两行见下。

右栏是文语占优势。刚才说过，第二条与第三条“飑风”都是受普通话影响的“新方言”。“痴风”与“旧风”都不见于方言记录。书面上向来都是通用“飓风”。所以W条《广东新语》用“飓风”解释“旧风”与“风旧”。Z条《平阳县志》说“古谓飓风，俗谓风飑，亦谓风痴，亦名风水”，b条《平阳县志》“五月初一鸣雷压九飑”，“飑”字下注明“即飓风”。H条《田家五行》说：“夏秋之间大风谓之风潮，古人名飓风。”考虑到汉语的构词模式是“X风”之类比“风X”之类占优势，前者可能是由后者改装的，书面语可能是根据方言改装的。“风飑”与“风台”始见于1566年刻本潮州戏文，今闽语方言都说“风飑”。《台湾府志》的“飑风”恐无方言依据，“风飑→飑风→风飑”的演变恐不足信，不过是书面语根据汉语优势构词模式改装方言的一个实例而已。上海话“风潮、飓风、飑风”三种说法或许代表三个层次。从上海郊区奉贤、南汇、嘉定与海门县四甲坝都说“风潮”，可以推知上海市区本来也说“风潮”，那是最早的第一层。上海说“飓风”可能是受书面语的影响，那是第二层。上海说“飑风”是受推广普通话的影响，这是第三层。“飑风”的说法传播到上海郊区说“风潮”的地区，那就是第三层紧接着第一层了。

“风报|报风”似乎有两个意思。①是夏季秋季起的。上文N条风痴由东北转为西南“谓

之风报”。（报指风向转变。Z 条“俗谓之回南”。参看捌所引《潮州志》“已而飓风回南”。）H 条“痴风亦名报风”。②是冬季春季起的。a 条“俗谓狂风曰报。春报雨前，冬报雨后。”肆《舟山渔志》的“风水”与“由寒潮侵袭而形成的大风叫作暴当作报”分别相当于①②。《鄞县通志·方言》解放前编，解放后印2769 的“风水”与“暴 风暴”也分别相当于①②。“风水”注云：“狂风且雨，俗谓之风水，损伤甚多。”“暴 风暴”注云：“暴俗读如报。”例如“打暴，乌风猛暴”。范寅《越谚》1882 年刻本卷中 2“风暴”，3“乌风猛暴”，暴均音报。海门县四甲坝的“风潮”与“风报”或许也分别相当于①②。（承南通市第四棉纺厂徐铁生君告知“风报”［ɕfoŋ pɔˀ］的说法。）温岭的“报风”［pɔ˥˩ fuŋ˧］也是②。“报 | 风报 | 报风”在东南沿海方言里的分布与意义，还有待进一步的了解。

捌　飑风取代飓风

“飓风”始见于刘宋沈怀远《南越志》。刚才说过，唐宋以来，书面上通用“飓风”。看上文 1990.242—243 A—F 六条。“飓风”把别的名称都盖住了。

现代闽语方言通行的“风飑”始见于 1566 年刻本《荔镜记》所附《颜臣》，“风台”始见于《荔镜记》，看上文 1990.243 J K 两条。“飑”字不见于古字书，不见于明清之交的《字汇》《正字通》与《字汇补》，也不见于《康熙字典》。“风飑”还以俗语的身份见于方志等。

现在正在推广中的“飑风”见于 1688 年《台湾府志》，请看上文 1990.244 P 条。此志卷一 5—8《风信》一节“飑”字屡见，多数是一句之中“飑飓”并举[①]，或相连两句“飑”与“飓”对举；少数是“飑”字单用；“飑风”只见一次。1696 年《台湾府志》卷七 12—16《风信》一节大致同上，只删去开头一段。以上两志中“飑风”一条不见于 1747 年《台湾府志》卷十三 11—14《风信》一节，此志节录的《海外纪略》与《稗海纪游》“飑风”各见一次，看上文 1991.1。（“飑风”可能见于更早的福建方志，本文作者没有查 1688 年以前的福建方志。）1920 年以前，“飑风”未广泛使用，广泛使用的是“飓风”。这里我们要考究“飑风”何时起取代“飓风”。

我国气象学前辈竺可桢（1890—1974 年）在 1921 年与 1922 年写的两篇论文，大概是首先用“飑风”取代“飓风”的。现在先选录几段那两年报刊关于飓风的消息。

沪上大风纪（上海《申报》1921 年 8 月 14 日第四张第十四版）

……《文汇报》云：十三日午后四时一刻，本埠鸣放大风警炮……本埠将有飓风……

沪上大风续纪（同上 8 月 15 日第四张第十四版）

近一週间沪上发生飓风两次……前日（十三）飓风……

---

① “飑飓”并举用作比喻义见于梁启超 1901 年著的《饮冰室专集之三：中国四十年来大事记（一名李鸿章）》第四章 18：“［陈］玉成纵横长江上游，起飑飓于豫皖湘鄂。”（上海中华书局。李鸿章 1823—1901 年。梁启超 1873—1929 年。）

闽省飓风之沪闻（同上 1922 年 8 月 4 日第四张第十三版）

本埠招商局接有电告，称福州市刻有飓风。……昨日徐家汇天文台报告，汕头厦门间沿海将有飓风。……

［1922 年］8 月 2 日（上海《东方杂志》第十九卷第十七号《时事日志》133）

汕头飓风成灾，海水高出堤岸丈余，全区房屋悉被冲没，死人数万。

汕头风灾一条，四十年代编的《潮州志·大事志三》5 记载如下：《大事志》记事止于 1946 年 4 月

［1922 年］8 月 2 日大风灾，沿海田庐毁灭无数，死者三万余人。

八月二日【夏历六月十日】下午三时风初起，傍晚愈急，九时许风力益厉，震山撼岳，拔木发屋。加以海汐骤至，暴雨倾盆，平地水深丈余，沿海低下者且数丈。乡村多被卷入海涛中。已而飓风回南，庐舍倾塌者尤不可胜数。……【澄海救灾善后办事处报告书征访册】案南澳孤悬海外，向多飓风，八二之灾，当亦惨重。惟当日无调查数字，故未列入。

竺可桢 1916 年的论文用“飓风”，1921 年与 1922 年的论文改用“颱风”。

（1）中国之雨量及风暴说《科学》第二卷第二期 206—216，1916 年

此文正文三次用“飓风”，两次用括弧注明英文 typhoon，脚注一次用“飓风”。

中国沿海四千余英里，飓风（typhoon）为患，岁必数十起。

太平洋之风暴，即所谓飓风（typhoon）注六也。……是故沿海一带飓风之害，以秋夏之交为最盛。

（注六）欲知飓风之起点及径路，参观 Algué's Cyclones of Far East，Plate 40.

此文后来收入《竺可桢文集》科学出版社，1979 年 1—7，正文中“飓风”均改为“台“颱”的简体字风”，并删去英文括注，注六改变体例，删去中文，大概都出于编者的加工。

（2a）本月江浙滨海之两颱风《申报星期增刊》第一百号，1921 年①

（2b）秋间江浙滨海两颱风之详释《地学杂志》第十二年第十一二期合刊 18—21，1921 年

（2c）去秋江浙滨海之两颱风《史地学报》第一卷第三号 209—212，1922 年 5 月

以上三项是同一篇论文的三个本子，因为发表的年月不同，所以题目不同。（2a）本文作者未见，今据（2c）文首编者识语列入。（2c）第四节末了有《去年八月颱风进行途径图》，图下并有注。（2b）没有地图及图注，并且排印校对不小心，错字太多，如作者之名从木旁的“桢”误为从示旁的“祯”，《竺可桢文集》514—525《竺可桢著作目录》515 未收（2a），只收（2b）与（2c）。目录的编者没有指出这两项其实是同一篇论文的不同本子，又把题目中的“颱风”都改为“飓风”，“去秋”改为“去年”。这些都是疏忽。上文已提（1）的编者把“飓风”改为“颱风”，两处的编者大概并非一人。下文讨论都依据（2c）。现在节录（2c）的两节：

---

① (2c)文首有编者识语：“按此文作于民国十年八月，适当江浙颱风之后，曾载《申报星期增刊》。此事不但攸关吾国气候，且为两省最近灾困之主因，故特转载于此。”(3)887 脚注云：“参观《申报星期增刊》第一百号记者著《本月江浙滨海之两颱风》篇。”

（一）飑风之意义　据福建省志，谓风大而烈者为飓，又甚者为飑。飓李荣案：原文误作“为飓。飑”常骤发，飑则有渐。大约正二三月发者为飓，五六七八月发者为飑。是则我国古人不但已知飑飓之季候征兆，且能识别飑与飓之异同也明矣。……飑风实为风暴之一种，时出没于日本、中国台湾、吕宋诸岛间，亦间有达我国滨海各省者。以其风力之猛，降雨之骤著于世。英文 typhoon，德文 Taifun，法文 typhon，皆为飑风之译音，盖欧洲各处，虽常有风暴，而其猛烈要未足与飑风相颉颃也。

（二）……刘宋时沈怀远著《南越志》，谓熙安多飑风，常以（阴历）六七月发，未至时三日鸡犬不宁云云，其言岂欺我哉。

（2c）的（一）所引福建省志不知何志，比（3）所引少中间两句。（二）所引《南越志》，请参看上文 1990.242A 条。竺氏节引大意，字句略有出入，值得指出的是竺氏把“飓风”改为“飑风”。这里总的交代一下，前人引文常有更改，讨论名目必须注意核实。

（3）说飓风《科学》第七卷第九期 883—894，1922 年

风暴剧烈的名为飓，更剧烈的名为飑。这定义是有来历的。福建省志说：“风大而烈者为飓，又甚者为飑。飓常骤发，飑则有渐。飓或瞬发倏止，飑则连日夜或数日而止。大约正二三月发者为飓，五六七八月发者为飑。”旁的书上讲到飑飓的分别，总没有这样清楚。照此看来，今年汕头的风暴，以发现的时期，剧烈的程度而论，不应名为飓风，应名为飑风。英文报上总叫此等风暴为 typhoon，就是飑风的译音了。中国报上反把名称弄错作飓风，这也可见中国人不讲科学的弊病了。李荣案：汕头风暴见上页。

所以我今天的题目，虽是飓风，但我所讲的却是飑风。讲到飑风的本身，可分为四层：

①飑风的区域，②飑风生成的原因，③飑风发现的时期，④飑风对于天气的影响及预报飑风的方法。李荣案：题目要用通行的名目。

这里引用的福建省志不知何志，引文全见于上文 1990.244.P 条蒋毓英《台湾府志》，比（2c）所引多中间两句。要是说（2c）只是使用“飑风”的名目，（3）就是有意提倡用“飑风”取代“飓风”了。竺氏提出剧烈的程度，发生的时期，与中外文对译三项标准作为推荐“飑风”这个名目的理由。“飑风”一方面作为科学名词，另一方面作为广播与电视，尤其是天气预报所推广的普通话，在全国范围内行开了。当然，这并不排斥有的人使用传统的书面语，如上文所说《竺可桢著作目录》把（2b）与（2c）两项的目录由“飑风”改为“飓风”，也不排斥方言里还有别的说法。

玖　　飑字的音

现在还有一个问题要讨论：现代闽语方言风飑的飑一致读［꜀t‘ai］阴平，为什么普通话飑风的飑却读 tái［t‘ai˧˥］阳平？

“风飑”与“风台”均见于 1566 年刻本潮州戏文，“飑”从“台”声，又与“台”互为异文，“飑音台”怡然理顺。《广韵》咍韵“土来切”下收有“台”字，注云“三台，星；又天台，山

名。”闽语方言“飑”字读阴平，方音符合“台”字古今音变的常例。不过“飑”字读阴平的音局限于闽语。

“臺灣”写成“台湾”，“五臺山”写成“五台山”，“亭臺樓閣”写成“亭台楼阁”，“檯舉”写成“抬举”。上述竺可桢的论文(2c)中，“氣象臺臺长”见两次，“氣象臺”见五次，“天文臺”见一次，臺字一共见十次，都写作“臺”；(2b)都写成“台”。“臺”字古音定母平声，今音阳平。“台”字古音透母平声，今音阴平。“臺”写成“台”同时就把“臺”字阳平的音带给“台”字。“台”字阳平的音如此普遍，以至于1932年的《国音常用字汇》不收“台”字阴平的音，只收阳平的音。该书的编辑有研究音韵在北京当教授的浙江人，他应该知道“台州、天台”的“台”字都是阴平。可是提笔忘音，人所不免，难于苛求。《国音常用字汇》“台”字既然读阳平，根据“读半边字”的原则，“飑”字也跟着读阳平。1937年的《国语辞典》“飑风”一条“飑”字就读阳平。推广普通话，推广的就是这个音。

“风飑”出于“风痴”是个新说法。否则，把“飑风”读为“痴风”，做专门字眼使用，“狂风”做平常字眼使用，两个倒是一对儿。这是说着好玩儿。普通话“飑风”的“飑”读阳平已经成习惯了。

后　记

去年8月9日至12日，第二届闽方言学术研讨会在汕头举行。本文原来是作者在会上发言稿《从飑风说起》的一部分。想的是气体，说的是液体，写的是固体。发言稿写成文字，要不断地搜寻素材，要反复地思索。新的资料，新的想法又引出新的问题。当初只打算写五六千字，现在的篇幅超过估计数三四倍。“岐路亡羊”，文章的头绪多。“蔓难图也”，叙述支离破碎，字句前后重沓。“下笔不能自休”，本来是反面的考语。本稿开头提出要点，“风飑”与“风痴”同出一源（壹），然后是飓风各种名目的史料（贰）及说明（叁），再广泛地讨论“飑风”在东南沿海各省方言里的名称（肆）。以下分题立论，用两组实例说明考本字的适当要求（伍，陆），用表三说明“风飑——飑风”等不同次序的名目在文献与方言里的分布（柒），最后归结到“飑风”这个名目的通行（捌）与“飑”字读阳平的来由（玖）。全文先后陆陆续续写了七八个月，写写停停，不成布局，先发表求读者指正，以后再行改定。

本文用繁体字，这样才能区别“风飑”与“风台”（按：编辑时为了便于阅读，文本已改用简体）。同时把简化字推行以后的“台风”还原为“飑风”。承东京亚非言语文化研究所中岛干起教授示知：日本原来使用“飑风”，后来改用“台风”，甚为感谢。

一九九一年三月二十一日初稿

［《方言》1991年第2期83—87页］

福州话“下雨”的本字

1991年11月11日至15日，全国汉语方言学会第六届学术讨论会在南京举行。本文作者因故迟到，只参加最后一天的会。会后有人问起福州话“下雨”的来历。现在从三方面来讨论：一是福州“下雨”怎么说，怎么写；二是可供比较的方言；三是书证。

壹　福州话的“遏雨”

福建省汉语方言概况编写组1962《福建省汉语方言概况》上册讨论稿188、194云：

［tɒuŋ˥˧］或写作“挏，遏”。坠下，如“挏雨”［touŋ˨˩ ŋy˧˩］；又丢失，如“拍挏”。

早期福州话的韵书《戚林八音合订》语音系统大致与今福州话相同。“遏”字见于该书上栏的《戚参军八音字义便览》三卷26钉字母韵部低字声母第七音阳去，注云“失落”：

段姓緞绸遯遁逃遁丈十尺撞衝撞盪涤器蕩漾，水摇动遏失落宕洞室

该书下栏的《太史林碧山先生珠玉同声》三卷25纲字母韵部同。“挏”字见于戚书一卷3春字母低字第五音阳平，注云“引”；但不见于林书一卷8公字母。据《戚林八音》，福州［tɒuŋ˥˧］（下文记作［tɔuŋ˥˧］），可以写作“遏”，不宜写作“挏”。讨论稿说的“坠下”“又丢失”，跟戚书“失落”相合。“挏雨、拍挏”的连读音变，反映出“挏”字的音韵地位跟戚书钉字母“遏”字相合，跟戚书春字母“挏”字不合。下文一律作“遏”。“遏雨”的“雨”字用不着讨论。

遏雨　tɔuŋ˥˧ + y˧ → touŋ˨˩　ŋy˧（福州上声据冯爱珍“中微降”记作［˧］33调。）

拍遏　p‘aʔ˨˧ + tɔuŋ˥˧ → p‘aʔ˥　tɔuŋ˥˧

Maclay与Baldwin 1870《福州字典》及Leger 1929增订本都根据《戚林八音》用“遏”字。后者收有下列条目。冯爱珍说，这些条目现在福州话都用。

遏雨下雨｜遏晡时雨夏季傍晚下雷阵雨｜遏一匝下一阵｜遏滥下湿（了），相当于温岭落滥爻｜遏雹下雹子｜遏落（来）掉下（来）｜遏去掉了，丢（了）｜遏毛丢没了｜遏伊鼎礼落他锅内，比喻落入圈套｜拍遏掉下，丢失

福州话“下雨”的来历，只追溯到《戚林八音》是不够的，再往前追溯就要仰仗方言的比较。

贰　福州话跟顺昌话、江山话、玉山话的比较

“下雨”大多数福建方言都说“落雨”。根据梁玉璋等1982.16—18，闽北建阳、建瓯、崇安、松溪、浦城、政和、将乐、顺昌、邵武、光泽、建宁、南平等十二市县城关也都说“落雨”。将乐一处写的字是“下雨”，记的还是“落雨”的音，“下”字显然是笔误。校稿时李如龙、冯爱珍告知，闽江下游也有“遏雨”的说法，可惜本文作者没有看到调查报告。现在先说“遏”

字的来历。

福州七个单字调，没有阳上，古全浊上声今读去声，[t]母阳去来自古定母（包括澄母闽语知彻澄三母分别读如端透定三母）上声或去声。上引钉字母低字阳去十个字就是定母上声去声都有。单就福州音说，无法判定“逿雨”的“逿”来自上声或去声，除非瞎猜。冯爱珍会说福州话与顺昌话，她说从这两个方言比较，可以推出福州“逿雨”的“逿”来自古上声。据冯爱珍1986、1987及当面告知，顺昌城关话有七个单字调，平上去各分阴阳，只有一个入声。这里引冯爱珍1987.209关于顺昌古今声调演变的两点说明。

> ②古上声次浊声母字，今顺昌话多数读阴上[˧˩]31调，如“尾卵奶染”；少数读阳上[˧]3短调，如“我老武有”。全浊声母字，今顺昌话多数读阳去[˥˧]53调，如“范市动静”；少数读阳上[˧]3短调，如“妇舅厚徛站立”。阳上有紧喉色彩。
>
> ③古入声清声母字，今顺昌话读阳平[˩]11调，如“铁＝台t‘a˩ | 瞎＝鞋ha˩ | 曲＝葵k‘y˩ | 壹＝余i˩”。因此，今顺昌话入声只有一个阳入[ʔ˥]5短调。

现在把福州顺昌两处的单字调对比如下。福州上声列阴上栏，顺昌入声列阳入栏。

	阴平[1]	阴上[3]	阴去[5]	阴入[7]	阳平[2]	阳上[4]	阳去[6]	阳入[8]
福州	˥55	˧33	˨˩˧213	ʔ˩˧13	˥˧53		˨˦˨242	ʔ˥5
顺昌	˥55	˧˩31	˧˥35		˩11	˧3	˥˧53	ʔ˥5

“逿、盪”两字福州都是阳去。“逿”字从上文所举用例观察，中心意义是落。现在还要指出，“拍逿”与“逿”有时用法相同。“钢阴去笔拍逿去”也可以说“钢笔逿去”，都是“钢笔失落，丢了”的意思。福州“洗盪”[sɛ˧˥ touŋ˨˦˨]，“洗”指洗衣服，“盪”指投衣服。

钢笔拍逿去。kɔuŋ˨˩˧+peiʔ˩˧+p‘aʔ˩˧+tɔuŋ˨˦˨+ ·k‘o → kouŋ˥˧ meiʔ˩˧ p‘aʔ˥ tɔuŋ˨˦˨ ·ŋo

“逿、盪”两字顺昌都是阳上。“逿暗仔”[t‘õ˧˨ õ˧˥˧ ti˧˥]是“黑下了，傍晚”的意思。“逿冤枉瓻”[t‘õ˧ ŋø˥ ŋõ˧˩ tõ˥]是说“落入冤枉缸，受冤”。顺昌“投衣服”也说“盪”[t‘õ˧]。“盪盆”[t‘õ˧ p‘uẽ˩]是说婴儿洗三。由顺昌阳上可以推定这两字都来自古定母上声。

“盪”字《广韵》上声徒朗切，注云：“涤盪，摇动皃，《说文》曰，涤器也。”《戚林八音》“盪”字注“涤器”沿用旧注。可见福州顺昌的“盪”字可以追溯到《广韵》《说文》。

“逿”字《广韵》去声徒浪切，注云“过也”。《戚林八音》“逿”字注“失落”跟旧注不相干。福州顺昌的“逿”字只能追溯到《戚林八音》，不能追溯到《广韵》。《集韵》上声待朗切倒是收了“逿，过也。”意义还是不合。推究本字，音义都要符合才行。

要追究“逿”字的来历，先要问《戚林八音》里，“逿”字同音字的来历。“段姓缎绸”《广韵》去声徒玩切。“绸缎”本作“紬段”，跟上声徒管切，训“履后帖也”的“緞”字不相干。“遯遁”是异体字，上声徒损去声徒困二切。“丈”字上声直两切。“撞”字去声直绛切。“盪蕩”上声徒朗切。“宕”字去声徒浪切。注意这里收的又音，限于全浊声母（定澄）的上声去声，《戚林八音》照例读阳去的音，如“遁”字收定母上声去声两音。因此不收《戚林八音》照例不读阳去的音，如“撞”字只收澄母去声的直绛切，不收澄母平声的宅江切。总起来说，用《广韵》平声韵目包括上去二声，“逿失落”字的同音字来自桓魂唐阳江五部的上声去声。从《戚林八音》与福州话出发，“逿”字的来历初步可以在这个范围里搜索。

顺昌“逿”字读［t‘ɔ̃˧］，覃谈唐三部的舒声都读［ɔ̃］韵，桓魂两部的舒声都读［uɛ̃］韵。

覃韵——貪［t‘ɔ̃˧］	潭［t‘ɔ̃˩］	桓韵——端［tuɛ̃˥］	團［t‘uɛ̃˩］
谈韵——擔［tɔ̃˥］	談［t‘ɔ̃˩］	魂韵——敦［tuɛ̃˥］	屯［t‘uɛ̃˩］
唐韵——湯［t‘ɔ̃˥］	堂［t‘ɔ̃˩］		

可见顺昌话“逿”字来历的初步搜索范围是覃谈唐三部的上声。

把两个搜索范围重叠在一起，包围圈就大大缩小了。古去声对顺昌话不合适，桓魂两部对顺昌话也不合适，覃谈两部对《戚林八音》不合适。至于阳江两部，讲韵无澄母字，不必考虑。养韵澄母“丈、仗、杖”三字顺昌都有［i］介音，又对顺昌话不合适。说到底，符合《戚林八音》与顺昌话双方要求的“逿”字来历，只有“徒朗切”一个反切，就是“盪蕩”及其同音字。

研究福州话“下雨”的来历，就目前所知，可供比较的方言有江西省的玉山与浙江省的江山。现在把这三处方言“下雨”的说法对比于下。

	福州	逿雨	tɔuŋ˨˦+y˧ → touŋ˥˧ ŋy˧
颜　森 1986.35	玉山		dŋ̍˨˨ yɛ˨˨
罗杰瑞 1990.247	江山		$dəŋ^6$ $yɛ^4$

校稿时傅国通来信告知，邻近江山的遂昌、开化、常山，“下雨”的说法跟江山相近。

福州七个单字调，已见上文。玉山与江山都是八个单字调。

	阴平 1	阴上 3	阴去 5	阴入 7	阳平 2	阳上 4	阳去 6	阳入 8
玉山	˧ 通	˥ 董	˥˧ 痛	˥ 百捺	˧˨ 铜农	˨˨ 米动	˧˩ 洞用	˨˩ 白绿六
江山	33	334	53	ʔ5	332	22	31	ʔ2

玉山与江山两处发表的语料都很少，无法在古今演变上多讨论。

江山与玉山在地理上紧挨着，两处“下雨”的说法很相近。江山阳上阳去分立而［$dəŋ^6$］读阳去，那是有的古浊音上声字今读阳去，所以江山今［d］母阳去来自古定母上声与去声两可。玉山阳上阳去分立而［dŋ̍˨˨］读阳上，可以推出古音来自定母上声，这个跟上文顺昌与福州比较得出的结论相同。

叁　《启颜录·伛人》的“盪雨”

《太平广记》卷二百五十七 7“伛人”条云：

> 有人患腰曲伛偻，常低头而行。旁人咏之曰：拄杖欲似乃，播笏便似及。逆风盪雨行，面干顶额湿。著衣床上坐，肚缓脊皮急。城门尔许高，故自匐匍入。出《启颜录》

“逆风”两句翻译成白话是：迎着风下雨走路，脸是干的，头顶跟额头都湿了。可见腰弯得太利害，脸都向下了。单就文意说，“盪雨”可以是下雨（落雨），也可以说是冒雨。因为“盪雨”跟福州与江山，玉山三处方言“下雨”的说法在语音上相合，所以不妨假设：“盪雨”就是这三处方言“下雨”的本字。上文说了，只有“徒朗切”的音才能满足《戚林八音》与顺昌话的要求。

一九九二年三月十五日初稿

书目以引用先后为序

①作者用的《戚林八音合订》扉页题“□□堂藏板”，序题“时乾隆十四年（公元 1749 年）季春上浣晋安□□题于嵩山书室”。晋安是福州古名。堂名剜去，作序人的姓名也剜去。正文上栏首题“戚参军八音字义便览　三山　蔡士泮开璧氏汇辑”。下栏首题“闽中　藤山　陈他　也人氏汇辑　梅谷　林俦　与羣氏校阅”。戚继光（1528—1587 年）是抗倭名将，通音韵。

②R. S. Maclay and C. C. Baldwin, *An alphabetic dictionary of the Chinese language in the Foochow dialect.* Foochow：Methodist Episcopal Mission Press, 1870.

③上书增订本 *Dictionary of the Foochow dialect.* Revised and enlarged by Samuel H. Leger. Shanghai：The Presbyterian Mission Press, 1929.

④梁玉璋等，闽北方言词汇对比手册，上下册，讨论稿。福建师范大学中文系语言组油印，1982 年。

⑤冯爱珍，福建省顺昌（城关）方言的连读变调。《方言》1986.139—151。福建省顺昌县境内方言的分布。《方言》1987.205—214。承冯爱珍示知顺昌话字音原始记录及顺昌词汇初稿，特此志谢。

⑥颜森，江西方言的分区（稿）。《方言》1986.19—38。

⑦罗杰瑞 Jerry Norman，江山方言中类似闽语的成分。《方言》1990.245—248。

⑧《太平广记》用明谈恺刻本影印本。侯白，隋人，见《隋书·陆爽传》，《新唐书·艺文志二·小说类》著录侯白《启颜录》十卷。又《宋史·艺文志五·小说类》著录五代皮光业《启颜录》六卷。《太平广记》所引不知出于哪一部《启颜录》。不过总在《广韵》之前。《太平广记》宋李昉等编于太平兴国二年至三年，六年（公元 981 年）雕版。《广韵》景德四年（公元 1007 年）奉敕雕印，次年大中祥符元年奉敕改名《大宋重修广韵》，比《太平广记》几乎晚三十年。

［《方言》1992 年第 2 期 112—114 页］

考本字甘苦

零　缘起与提要

年来受侵二竖，屡有采薪之忧，执笔维艰。天寒岁暮，整理笔记，共得六章：(一)穬子；(二)薦屋；(三)娓；(四)腻歪，腻外，腻味；(五)先后；(六)占米。

“字”为音义之结合体，考本字可以考求未见著录的某个音义结合体，如“梗”字的合口，吴音是[ʿkuaŋ]上声，意思是“茎或茎状物”，区别于“广阔”的“广”[ʿkuɔŋ]上声。此“字”虽无形体可求，仍可比较方言而论之。不过“某地某音，意思是某某”，说起来十分累赘。无字天书，岂能垂之久远。寄音义于形体，著于竹帛，方能突破时间空间的双重限制，累积文化。相传仓颉造字，天雨粟，鬼夜哭。这是说文字可以惊天地而泣鬼神，作用大矣。这样一来，考本字就有用武之地。有利必有蔽(此荀子“解蔽”篇之“蔽”)，流弊所至，以为“字”限于形体，高谈阔论。惑矣！这两百字貌似迂远，实为考本字论之出发点，能考无形体之“字”，方能考有形体之“字”。

本篇(一)是最常见的考本字文章。(二)指出书证的重要性，本章的书证不仅用来证实推论，并且是推论的出发点。(三)(五)强调考本字必须古籍与方言相结合。(三)还指出读古籍要正确全面的理解，大醇小疵的《康熙字典》如何割裂古籍，贻误后学。(二)(四)的共同点是考本字要理解形体，又不为形体所拘束。(四)(五)的共同点是如何论证轻声与变调。(五)还提出用唐诗押韵讨论本字的声调。(六)讨论“名”与“物”的关系，占谷种植的推广导致占米名称的扩散。

本篇写作时，本文作者参加一项方言词典工作。词典的方针是只收现代方言，力所能及时说明来历。本篇可以看作词典的长编样品，请读者指教，求同行评议，供同事讨论。

壹　穬子

山东省四处方言大麦的说法如下：

烟台　钱曾怡等1982《烟台方言报告》齐鲁书社207 □ 65与“鞏”同音子 kuŋ˨˩˦ rə꜔，大麦。|同书5，78名词词尾“子”读[rə]轻声，声母[r]是舌尖滚一下的闪音[ɾ]；轻声调值随前字而定，[˧˩]31调之后是[˨˩]21调，[˨˩˦]214调之后是[˥]55调(比重读的[˥]55调略短)，[˥]55调之后是[˧˩]31调，轻声不记本调。例如：239车子 tɕʻie˧˩ rə˨˩ | 164剪子 tɕian˨˩˦ rə˥ | 209筷子 kʻuaɛ˥ rə˧˩ | 烟台与牟平“子”尾的音跟多数方言不同，两处都多举三个子尾词为例。

长岛　钱曾怡与罗福腾1990《长岛方言音系》神户市外国语大学《外国学研究》二十三号125 麰土字，与“鞏、拱”同音子 kuŋ˨˩˦ ·tsɿ，大麦 | 1992《长岛方言志》山东史志丛刊增刊70，37同。

牟平　罗福腾 1992《牟平方言志》语文出版社 116 麰 45 与“鞏、拱”同音子 koŋ˩˨ ·tə，大麦 | 94 车子 tɕʻiə˥˨ ·tə | 162 剪子 tɕian˩˨ ·tə | 107 筷子 kʻuai˨˦ ·tə。

荣城　王淑霞 1995《荣城方言志》语文出版社 152 汞同音字，与“鞏、拱”同音子 koŋ˨˩˦ ·tsɿ，大麦。

以上四处大麦的名称词根相同，虽然有的用土字，有的用同音字，有的用方框，都相当于“工人”的“工”字的上声。就语音演变的常例说，这个音来自古上声见母通摄或曾摄一等、梗摄二等合口。古上声见母这四处读上声［k］母，古上声群母这四处就读去声了。通摄曾摄都没有合适的字。本字当为梗摄梗韵的“穬”字。《太平御览》四部丛刊三编影印宋本八三八 8 吴氏华佗弟子吴普本草曰：“大麦一名穬麦。”玄应《一切经音义》丛书集成影印海山仙馆丛书本十八 831 曰：“穬麦，瓜猛反。《说文》：‘穬，芒粟也。’今呼大麦为穬麦也。”大广益会玉篇麦部“𪍿，大麦也。𪎊，同上。”《广韵》：“𪍿，𪍿麦。𪎊，上同。”《集韵》：“𪍿，麦也，或从黄，通作穬。”《玉篇》与《广韵》《集韵》并古猛切（= 瓜猛反）。

贰　薦屋

“屋斜使正”说“𢊁”。梅膺祚《字汇》其兄序题万历乙卯，即四十三年，公元 1615 年牛部云：

𢊁，作甸切，音薦，屋斜用𢊁。

会稽范寅《越谚》自叙题光绪四年，岁在戊寅，即 1878 年中 25 云：

𢊁屋　上［字音］薦，屋歪使正。𢊁［字据］《字汇》。（光绪壬午（八年）谷应山房刊）

“𢊁屋”的说法见于上海、宁波、绍兴、台州，福州有“𢊁厝”的说法，闽语“屋”说“厝”，“𢊁厝”相当于“𢊁屋”。“𢊁”字屡见于福建、浙江、上海、江苏、安徽、河南、四川、贵州地方志与韵书等，今就耳目所及举之。

《戚参军八音字义便览·戚参将八音》天韵母曾声母阴去：薦举薦𢊁斜［李荣案：当有缺字。］（福州聚星堂刊）

《戚参军八音字义便览·林碧山字义》坚韵母之声母阴去：薦举薦𢊁屋斜用𢊁则正。（福州聚星堂刊）

《渡江书十五音》19 坚韵母曾声母阴去：薦……𢊁壁斜［原误作壁针］用𢊁（东京外国语大学亚非言语文化研究所影印发行，1987 年。）

《福建新通志·福建方言志·言宫室第三》正斜屋曰𢊁。（《福建新通志》木刻本，全书出齐在 1930 年左右。）

R. S. Maclay 与 C. C. Baldwin 的《福州话拼音字典》：𢊁 tsiɛŋ˨˩，a prop | 𢊁厝 tsieŋ˨˩˦ tsʻuɔ˨˩, to prop a house | 𢊁墙 tsieŋ˨˩˥ tsʻuoŋ˧˩, to prop a wall | 𢊁正 tsieŋ˨˩˦ tsiaŋ˨˩, to shore up till erect | 𢊁倒 tsieŋ˨˩˦ to˧, to throw down by too much pressure on the props ‖ 本书原名 *An alphabetic dictionary of the Chinese language in the Foochow dialect*，福州 1870 年出版，罗马字注音由同事冯爱珍改为音标。𢊁字作为两字组的前字，变调的同时元音由 ɛ 变 e。

1759《象山县志》一 14 = 波多野太郎编《中国方志所录方言汇编》第七编下文简称七编

401—402=1834《象山县志》一 21 = 七编 15 =二编 85 正屋使直曰牮，音薦。

1926《象山县志》十七 37 = 七编 350 牮，《字汇》音薦原误作篇，屋斜原误作料用柱。

1856《鄞县志》三一 40 = 七编 417 正屋使直曰牮，牮音薦。

1950解放前编成，解放后出版《鄞县通志·方言（二）》3067 牮，牮音薦。牮屋。甬称屋斜倾，扶之使直曰牮。《字汇》屋斜用牮。亦作袸。通雅袸，撑屋使不欹。

1918《新昌县志》十八 11 = 二编 91 = 七编 199 蜀语正屋曰袸，音薦，俗作牮。

1916《光绪浦江县志稿》三 2 = 七编 233 牮，音薦，屋斜用拄曰牮。

1935《萧山县志稿》二九 8 = 七编 276 拄屋使正曰牮。《字汇》音薦，屋斜用牮。

1930《嘉定县续志》五 67= 六编 97 牮，俗谓屋斜使正曰牮。《字汇》音薦，屋斜用牮。

1929《崇明县志》四 15 = 六编 374 牮音薦，俗谓屋将倾，用木斜支也。

1807《东台县志》十五 11 = 六编 210 使力正屋谓之牮，音薦。支不平谓之䟚，音店。加不紧谓之屆音煞。［字原从户，今依《广韵》从尸。］

1808《如皋县志》八 5，六编 224=1896《通州直隶州南通志》一 30，六编 217 大致同上条。

1867《河南府府治今洛阳志》二六 22，九编 33＝1917《洛甯县志》二 27，九编 41 以木撑屋谓之牮，音箭。

1895《叙州府志》二二 12，二编 234=1841《遵义府志·风俗》24，一编 213 正屋曰袸，音薦，俗作牮。

1935《云阳县志》十五 15= 三编 336 正屋曰牮。《字汇》屋斜用牮，牮音薦。

“牮，牮屋”见于方言调查报告的不多。除上下文提到的以外，这里再举几条。1992《桐庐方言志》45，120 牮跟箭、见同音 tɕiɛ˧ 支撑，撑住 | 刘韵希等 1987《成都话方言词典》102 牮 tɕiɛn˩˧ 元音与声调引者改房屋等倾斜，用柱子斜着支撑使正：这堵墙再不牮就要倒了 | 有成都人告知，成都说这房子牮得了，是该牮了的意思 | 温岭话牮 tɕie˥ | 牮屋 tɕie˥˧ ʔuʔ˥ | 牮好爻牮好了 tɕie˥ hɔ˧ ·ɦɔ。

我小时候上私馆私塾，先生老师是前清的秀才。有一天有个同学问先生，我屋里家里屋斜考去了的合音，忖遣起来的合音请个［tɕie˥］屋老司工人，“司”本字是“师”望望想看看，［tɕie˥］字写弗来不会写。先生说［tɕie˥］字上代下牛（牮），其实就是“推薦”的“薦”字。那时我十来岁，不知道请问出处。

上代下牛的“牮”字不见于旧籍，作为一个俗字，通行的范围这样广，都是“屋斜使正”的意思。以常理推之，这种俗字往往有本字可考。六十年代初通读《现代汉语词典》，因为没有书证，还是用“牮”字。我相信我那位先生言必有据，这才后悔当时没有问清楚。这些年我一共见到两条书证。唐刘悚《隋唐嘉话》云：

今明堂始微于西南倾，工人以木于中鷹之。武后不欲人见，因加为九龙盘糺之状。

其圆盖上本施一金凤，至是改凤为珠，群龙捧之。（商务影印《顾氏文房小说》本卷中 24）唐李肇《国史补》云：

苏州重元寺阁一角忽垫。计其扶薦之功，当用钱数千贯。有游僧曰："不足劳人。请一夫斫木为楔，可以正也。"寺主从之。僧每食毕，辄持楔数十，执柯登阁，敲椓其间。未逾月，阁柱悉正。（《学津讨原》本卷中 17）

"于中廌之"的"廌"与"扶薦之功"的"薦"同音通用，要略加说明。宋跋本与项跋本《王仁昫刊谬补缺切韵》霰韵"作见反"小韵都拿"廌"字开头，第二字才是"薦"字。并且纸韵"池尔反"小韵"廌"字都有子见反[=作见反]的又音。宋跋本云：

廌，作见反。此解廌字。三。　薦，此薦举字，今作席薦字也。　饗，畜养[当作食]。

豸，池尔反，虫豸。……廌，解豸。又子见反。……

项跋本云：

廌，作见反，廌举也。《说文》宅买反[今补反字]，解廌，兽似牛一角，为黄帝触邪臣。三。薦，上进也，备一百物曰薦，又臻也。解廌所食草名，又薦食也。饗，畜食地[当作也]。

豸，池尔反，虫豸。……廌，解廌，兽。又子见反。……

我当时见不到王韵列字的重要性。虽然《经典释文·易·豫》"殷荐之上帝"句有异文上海古籍出版社影印宋本，通志堂本同：

薦，将电反；本又作饗，同；本或作廌，兽名耳，非。

我还是根据蒋斧藏本《唐韵》"薦作甸反"[=作见反]小韵无"廌"字，拙著 1956《切韵音系》重印本霰韵精母仍列"薦"字。想不到唐代"廌""薦"同音通用与王韵列字完全符合。

亡友朱德熙从古文字说明"廌"字古有"薦"音，《关于侯马盟书的几点补释》云：

《说文》把"薦"解释成为会意字十分牵强。邵王簋"薦"字作"䍃"（《金文编》538页），应该是从皿廌声。可见"廌"字古有"薦"音，"薦"本是从艸廌声的形声字。（朱文元载《文物》1972 年第八期，今收入 1995《朱德熙古文字论集》54—59。）

"薦"字音义古籍与当代方言符合，有充分理由假设："垈屋"之"垈"本字为"薦"。"垈"字虽然相当流行，到底是俗字，不是人所共知。记录方言往往无暇考求本字，就写个本地方言同音字。比方说，许宝华与汤珍珠主编的《上海市区方言志》217"计屋"[tɕi˦˧ oʔ˥˨]条注"屋歪使正"，计字下加浪号，表示是本方言同音字。发音人尖团不分，[iɪ]韵并到[i]韵，"薦计"两字（都是阴去）就成了同音字。从实用方面说，俗字"垈"适用于明代以来文献与当代方言；本字"薦"适用于唐代以来文献与当代方言；"计"字的音只适用于少数当代方言，对上海市区老派方言就不适用了。

拙作 1983《关于方言研究的几点意见》（《方言》1983.7 = 1985《语文论衡》28）云：

考求本字，就是从古今比较、方言比较入手的。……考求本字当然还要读书。

"古今比较"要求了解古今音演变的常例，还要明白语音演变有些什么常见的例外。"方言比较"要求了解若干主要方言的主要对应关系，还要明白方言语音对应关系有些什么常见的例外。这两项是考本字入门的方法——因音求字。因音求字对付穪字游刃有余；对付"垈"字的本字就不够了，还要读书——因书求字。自愧浅学，我只见到两条“蔫”字用于“蔫屋”的例证。

叁 婫

有的事真教人纳闷。某字有形有音有义，又有书证，就是因为没有把古音跟现代方言联系起来，加上旧字典的错误，就不能在字音上做出正确的判断。我说的是“婫”字。这字的有关语料如下：

《南史》百衲本陈本纪上九 7 人人裹饭，婫以鸭肉。

《资治通鉴》中华排印本一六六 5145 梁敬帝太平元年……人人以荷叶裹饭，婫以鸭肉数脔。

胡三省注：婫，公浑翻，以鸭肉盖饭上曰婫，今江东人犹谓以物蒙头曰婫。

《集韵》平声魂韵公浑切：婫，女字。　　　　上声混韵户衮切：婫，女字。

胡三省浙江天台人，本文作者浙江温岭人，温岭天台同属旧台州府。胡所注“婫”字音义跟今天的台州话符合。胡释义第一句是随文解义，第二句是概括的注法。例如温岭话“婫”kuən˧是用纸或布等“覆盖，蒙住”的意思：纸无用，驮块布来婫牢纸不行，拿块布来盖住。现在编辞书，“婫”字应据胡注的音义。我建议调查吴语的同行，下次调查时要问“婫”字。一方面问“覆盖，蒙住”怎么说，另一方面问跟公浑切相当的今音有什么意思。看看“婫”字使用的范围到底有多大。

我有一个疑团打不开，就算编者不大了解台州话吧；《集韵》两个音解释相同，都是“女名”，女子人名用字；胡三省注婫公浑翻，音跟《集韵》公浑切相同，何以几种大型辞书都用户衮切的音当“覆盖，蒙住”讲。反复推敲，始作俑者大概是《康熙字典》。《康熙字典》女部：

婫　集韵公浑切，音昆，女字。　又户衮切，音混。《通鉴》梁敬帝太平元年：人人以荷叶裹饭，婫以鸭肉数脔。注：江东人以物蒙头曰婫。

《康熙字典》错误有二：一是依该书引《集韵》的体例，“公浑切，音昆，女字”（“公浑切，女字”是《集韵》的原文，“音昆”是编者加的，解释“公浑切”的直音），接着应该是“户衮切，音混，女字”。现在“音混”后无集韵的“女字”，就使读者误会，以为“女字”的解释专属于公浑切。二是“音混”后接着引《通鉴》，就使读者误会，“婫”的“覆盖”义属于户衮切；《康熙字典》编者避免自相矛盾，就不能引胡注的“公浑翻”了。

新《辞源》“婫”字条有两处费解：一是用音韵阐微户稳切的音而不用集韵户衮切的音；音 hǔn 与户衮切不合。二是“覆盖”义下引《通鉴》及胡注而不引胡注“公浑翻”，分明受《康熙字典》误导。

《汉语大字典》“婫”字条有两个义项，各有费解之处。（一）据《集韵》公浑切下的“婫，女字”，忽略了《集韵》户衮切下的“婫，女字”，因《康熙字典》而误。（二）把“覆盖，蒙住”义归到《集韵》户衮切，引《南史》与《通鉴》，但引《通鉴》胡注时不引“公浑翻”，想来是避免“公浑翻”跟“户衮切”打架，也沿《康熙字典》之误。两个义项的划分方式既忽略《集韵》

平上两音都是“娓，女字”，又忽略胡注“娓公浑翻”是跟“覆盖，蒙住”义相配的。

《汉语大词典》“娓”字条见四370，全文如下：

> 娓［hùn］《集韵》户衮切，上混，匣。覆盖。《南史·陈纪上·武帝》：“士及防身，计量数鬻，人人裹饭，娓以鸭肉。”《资治通鉴·梁敬帝太平元年》：“霸先命炊米煮鸭，人人以荷叶裹饭，娓以鸭肉数鬻。”胡三省注：“娓，以鸭肉盖饭上曰娓。今江东人犹谓以物蒙头曰娓。”

《汉语大词典》不收“娓，女字”义无可非议。引《南史》与《通鉴》最详备。只是以“娓”字覆盖义的例证属于户衮切，引胡注不引古浑翻（=《集韵》古浑切），均沿《康熙字典》之误。

《中文大辞典》第一次修订版3653页娓字条分甲乙两项。

> （甲）公浑切　女字。《集韵》娓，女字。
>
> （乙）户衮切　㊀女字。《集韵》娓，女字。㊁以物蒙盖曰娓。《资治通鉴·梁纪》霸先命炊米煮鸭，人人以荷叶裹饭，娓以鸭肉数鬻。注：今江东人犹谓以物蒙头曰娓。

《中文大辞典》引《集韵》两音不误。乙项又分两义项，以㊁置于“户衮切”之下，分明受《康熙字典》误导。引《通鉴》胡注而不引“公浑翻”，亦沿《康熙字典》之误。

由此可见，引书不可轻信权威，务必检查出处。

［本章与下章，分别作为《读〈现代汉语词典〉笔记（提纲）》的第肆条与第陆条，在1993年4月在宁波《现代汉语词典》学术研讨会上宣读，提纲先在会上散发，后收入该会论文集中，商务印书馆，1996年出版。］

肆　腻歪，腻外，腻味

“腻歪”也写作“腻外、腻味”。（以下行文用腻歪，引文用原作。）北方话常说。我自己不说，人家说了我懂。《现代汉语词典》收有“腻味 nì ·wei〈方〉腻烦”条。

1975年运动回潮。那时语言研究所寄居朝内南小街五十一号。丁声树先生沉默寡言笑，埋头抄卡片。有一天早晨上班的时候，我跟他站着讨论了两分钟学问——他一度说这种学问是挨斗的学问。我说“腻歪”的“歪”字当作 wai 轻声，轻声字有时元音变窄，听起来接近 wei 轻声；wei 轻声元音变宽的可能性不大。他同意；还说 wai 轻声的本字当作去声的“憎”（心旁会）。不过一下子找不到说明“腻歪”就是“腻味”的例证。并且 wai 轻声也不能反映古调类。所以没有改《现代汉语词典》收的“腻味”条。

《广韵》去声泰韵：“憎，恶也，乌外切。”蒋斧藏本《唐韵》与项跋本《王韵》大致相同。不过《广韵》夬韵也收“憎”字，《唐韵》与《王韵》的夬韵都不收。《广韵》注的“恶”是“憎恶，可恶”的“恶”。参看《太平御览》四部丛刊三编本三八二 9 引《通俗文》“可恶曰嬒乌会反”段书伟《通俗文辑校》219条。

以下列出若干方言的“腻歪”。注意平遥两字都是重读，其他各地都是前去声后轻声。

黑龙江　刘小南与姜文振1991《黑龙江方言词典》黑龙江教育出版社，用拼音方案注音 179 腻味 nì ·wei

不耐烦，厌烦或使厌烦。也说“腻歪”：呆得真腻歪 | 吃腻歪了 | 有件腻歪事儿真挠头。

徐州　李申 1985《徐州方言志》206 腻歪 ȵi˧˩ ·uɛ 发腻，厌烦：活腻歪了 | 肥肉吃多了心里腻歪 ‖ 苏晓青告知，徐州也说 i˧˩ ·uɛ。

新泰　高慎贵 1996《新泰方言志》143 腻歪 ȵi˨˩˧ ·uɛ 腻 | 156 逸崴 i˨˩˧ ·uɛ 拖拉：他真逸崴，一天的活儿三天干不完 ‖ 参照徐州、莒县两条，新泰是“腻歪也说逸崴”，拖拉使人厌烦。

莒县　石明远 1995《莒县方言志》16,196 腻 ȵi˨˩ 白读 i˨˩ | 腻味 i˨˩˥ ·uai 踩了一脚屎，腻味煞了 | 不洗手就和面，囔 naŋ˨˦ 那样的合音腻味没法吃。

临清　张鸿魁 1990《临清方言志》中国展望出版社 | 除注明外都是语文出版社 120 腻味 ni˨˩˧ ·uɛ 厌倦。

德州　曹延杰 1991《德州方言志》166 腻外 ni˩˩˧ ·vɛ 磨蹭，不利落。

平度　于克仁 1992《平度方言志》186 腻歪 ni˧˩˥ ·uɛ 腻烦。

获嘉　贺巍 1989《获嘉方言研究》商务印书馆 183 腻歪 ni˩˧ ·uai。

平遥　侯精一 1995《平遥方言民俗语汇》191 腻歪 ȵi˧˥ uæ˥˧ 行动迟缓拖拉 ‖ 李荣案——本书 186 歪 uæ˩˧ |135 歪脖 uæ˩˧˥˧ pʌʔ˥˧ | 两条“歪”字为平声；42 歪下雪了 uæ˥˧ xɑ˧˥˥˧ ɕyʌʔ˩˧˧˦ liɑ˥˧ 积下雪了 | 165 歪老儿 uæ˥˧ lɔ˥˧ ʐʌʔ˩˧˧˦ 将（帅）向左右移动 | 歪了 uæ˥˧ liɑ˥˧˧˦ 将（帅）吃掉对方的子 | 三条“歪”字都借作［˥˧］53 调，“腻歪”的“歪”字也借作［˥˧］53 调。无巧不成书，191“腻歪”那一面，有下列四条“去声加去声”的两字组，连调都是［˧˥ ˧˥˥˧］，后字由 35 调变 53 调。根据连调规律推论，“腻歪”的“歪”字本字当为去声。

耐看禁得起看 næ˧˥ k‘ɑŋ˧˥˥˧　漂亮 p‘iɔ˧˥ liɑŋ˧˥˥˧　细致 sei˧˥ tʂʅ˧˥˥˧　利害 li˧˥ xæ˧˥˥˧

以上所记，有三点须要说明的。①各地的uɛ和uæ，都相当于北京的uai。②德州的vɛ也相当于北京的uai。因为德州v声母相当于其他方言的零声母合口呼字。如德州“挖”va˨˩˧相当于北京ua˥˥；“屋”vu˨˩˧（实际音值可能是自成音节的v˨˩˧）相当于u˥˥；“翁”vəŋ˨˩˧相当于uəŋ˥˥。只有吆喝牲口的uɔ˨˩˧，不拼辅音声母，在音韵系统之外。③莒县和临清写的是“味”字，说的是［·uai］和［·uɛ］。黑龙江“腻味nì ·wei也说腻歪”，“腻歪”不记音，味 ·wei也许是受单字音影响。

讨论“腻歪”的本字，他处后字轻声，不能反映古调类，平遥话可以说是一锤定音。从原书记音“腻歪”ȵi˧˥ uæ˥˧ 出发，依连调规律［˧˥ + ˧˥ → ˧˥ ˧˥˥˧］推，“腻歪”两字去声，可以从丁声树先生所说，假设“腻歪”的本字是“腻憎”。从实用上说，“腻憎”的写法恐怕难以通行，还不如沿用“腻歪”的写法。《现代汉语词典》1996 年修订本在原有的“腻味”条前加“腻歪”条，音 nì ·wai，注同“腻味”条。

伍　先后

本章先叙述史汉旧注与唐宋韵书中“先后妯娌”的音，地方志中关于“先后”的记载，主体是“先后”在当代方言中的分布，今音对古音的反映。最后用韩愈《南山诗》押韵证实“先后”的“后”字去声。

《汉书》卷二十五上“郊祀志上”（百衲本影印景祐本18；中华排印本1216大致相同）颜师古集注云：

> 孟康曰：“……兄弟妻相谓先后。……”师古曰：“先音苏见反，后音胡构反。古谓之娣姒，今关中俗呼为先后，吴楚俗呼之为妯娌，音轴里。”

《史记》卷十二《孝武本纪》司马贞《索隐》（百衲本影印黄善夫本2；中华排印本453音同）云：

> 邹诞生音先后并去声，即今妯娌也。……韦昭云：“先姒后娣。”

蒋斧藏本《唐韵》去声霰韵与候韵云：

> ［霰韵苏甸反］先，先后犹娣似［即娣姒］。又姓，出河［原误作何］东。又苏前反。
>
> ［候韵胡遘反］后，方言云先后犹娣姒。

《广韵》沿袭《唐韵》，今不具引。如上文所引，《史记》邹诞生音，《汉书》颜师古音，《唐韵》，《广韵》，四者一致，“先后”训妯娌时，两字均去声；与“先”字广用平声，“后”字广用上声不同。先后两字广用的例如：先来后到 | 先后来了三次信。

以下选录山西、陕西、甘肃若干地方志关于“先后妯娌”的记载。

山西　1734/1811重刻《山西通志》四六风俗·方言6（=二编335）兄弟妻曰先后|1884《山西通志》一百风土记·方言3（=八编255）其见于方志者，霍山以北称……兄弟妻曰先后……以上甯乡县志

虞乡　1789《虞乡县志》一地舆·方言40（=八编305）有与古可通者，……兄弟妻曰先后。| 1920《虞乡县新志》四·方言略37（=八编271）同。

赵城　1760《赵城县志》五风俗8（=八编321）同1811《山西通志》。

临晋　1686《临晋县志》三方言23（=八编342）同1811《山西通志》。

新绛　1928《新绛县志》一方言略14（=八编384）妯娌谓之先后。

陕西　1735《陕西通志》四五风俗·方言25（=二编305）娣姒关中为先后。

米脂　1907《米脂县志》六风俗·方言16（=二编330）兄弟之妻俗呼曰先后。

华阴　1793《华阴县志》二风俗·方言50（=九编78）妯娌曰先去声后。妯娌一作筑里。方言［十二］“筑娌，匹也。”［郭注：“今］关西兄弟妇相呼为筑里，［度六反，广雅作妯。］”按先后二字本于《诗［·绵］》“予曰有先后。”传云：“相道前后曰先后。”［释文：先苏荐反，注同。后胡豆反，注先后同。］《史记·封禅书》：“神君者，长陵女子以子死，见神于先后宛若。”［《汉书·郊祀志》］注：“兄弟妻相谓先后。……娣姒关中为先后。”

甘肃　1909《甘肃新通志》十一舆地志·方言（=九编124）先后，先读去声，即妯娌之谓。扬子《方言》：关西人兄弟妻相称为妯娌。［此《方言》郭注而用字略异。］今则通称为先后。

镇原　1935《重修镇原县志》五民族志·亲属4（=九编225）先后，兄弟妻相呼之辞也。案：……《汉书·郊祀志》注：“兄弟妻相谓先后。……古谓之娣姒。”……陇东皆呼先后。有姊妹为妯娌者，仍以先后呼之。

灵台　1935《重修灵台县志》风俗·方言 54（= 九编 263）先后，先俗转作去声，即妯娌之谓。扬子《方言》：关西人兄弟妻相称为妯娌。[此《方言》郭注而用字略异。]今则通称之为先后。

海城（今宁夏海原县）　1980《海城县志》七风俗志·方言 4（= 九编 148）人称兄弟之妻曰先后们。

选录方志，要点在于“先后妯娌”之分布。方志因袭前志之处，斟酌删去重复。至于 1793《华阴县志》以为“先后妯娌”得名本于毛诗，恐未可信，宁过而存之。

现在进入本文主体，以陕西省西安、绥德、延川、商县，青海省西宁，山西省永济、运城、万荣解店、吉县、新绛、临汾城关、临汾屯里为例，说明“先后妯娌”在方言中之反映，并略加推论。

西安　先后 ɕiæ̃˥ ·xəu，去声加轻声。有人记作 ɕiæ̃˥ xəu˩，去声加 21 调，此 21 调当为变调[˨˩]，因为这里的轻声像阴平 21 调。（西安阴平[˨˩]21｜阳平[˨˦]24｜上声[˥˧]53｜去声[˥]55）

绥德　刘育林 1991《陕北方言词典》陕西人民出版社 186 先后 ɕiɛ˥˩ ·xəu。（绥德阴平、上声单字调不分，都是[˨˩˧]213，连调可以区分阴平和上声｜阳平[˧]33｜去声[˥˩]51｜入声[ʔ˧]3）

延川　张崇 1990《延川方言志》73 先后妯娌 ɕiɯ̃ɛ˧˩˦˧˩ xɤu˥˧˦˨｜据 19 表四中重式变调规律，

阴平加舒声[˧˩˦ ˧˩ ˦˨]，第一字由 314 变 31，第二字舒声均变 42。

去声加舒声有两种变法，多读甲种：

（甲）第一字去声 53 不变，第二字舒声均变 31。

（乙）第一字去声 53 变 42，第二字舒声均变 35。

“先后”作妯娌讲，两个字都是去声，作者记的变调调值符合去声加舒声的甲种；作者误以“先后”的“先”是阴平，所以在调值下画浪线，表示变调例外。只要记成[˥˧ ˦˨]，去声加舒声，调值也对了，来历也符合了。（同书 73“先后”条引《广韵》去声候韵“后”字注，不引去声霰韵“先”字注，所以误以“先后”的“先”字为阴平。延川阴平[˧˩˦]314｜阳平[˧˥]35｜上声、去声单字调不分，都是[˥˧]53，连调可以区分上声和去声｜长入[˦˨˧]423｜短入[ʔ˥˦]54）

商县　张成材 1990《商县方言志》57 先后们妯娌们 ɕiaŋ˥ xu˥˨˩ mən˧˥˦˨，“先后”声调符合同书 18 表三的变调规律。“先”字韵母受“后”字声母影响变为 iaŋ；“后”的韵母读 u 不读 ou，是例外。（商县阴平[˨˩]21｜阳平[˧˥]35｜上声[˥˧]53｜去声[˥]55）

西宁　张成材 1994《西宁方言词典引论》5 说西宁四个单字调：阴平[˦]44｜阳平[˨˦]24｜上声[˥˧]53｜去声[˨˩˧]213｜本书引论 5—6 讨论两字组连调。除前后字都不变调的两字组与后字读轻声的两字组之外，这里节录与本题有关的两段。

①阴平 + 去声　前字变[˨˩]21 调，后字不变。

②前字阳平、去声；后字阴平、阳平、上声、去声——这八种声调组合的两字组，多数前字变[˨˩]21 调；后字读 53 调（上声[˥˧]53 调不变，阴平、阳平、去声都变[˥˧]）。不过据张成材与朱世奎 1987《西宁方言志》青海人民出版社 29 表八，阳平 + 去声是[˨˦˨˩ ˨˩˧]，后字不变 53 调；去声 + 去声[˨˩˧˨˩ ˨˩˧˥˧]，后字才变 53 调。

今据本词典正文，为“阴平＋去声”与“去声＋去声”这两种连调方式各举四例，例子前头用阿拉伯数码注明词典面数。

136 滩地 t‘ã˧˩ tsʅ˨˩　143 乾脆 kã˧˩ ts‘ui˨˩　25 豬圈 tʂu˧˩ tɕyã˨˩　30 入殓 v˧˩ liã˨˩

2 字号 tsʅ˨˩ xɔ˨˦　3 伺候 ts‘ʅ˨˩ xɯ˨˦　144 焊匠 xã˨˩ tɕiɔ̃˨˦　123 芥菜 kɛ˨˩ ts‘ɛ˨˦

本词典152收“先后妯娌 ɕiã˧ xɯ˨｜先后两个妯娌俩 ɕiã˧ xɯ˨ liɔ̃˥ ·kɔ｜先后们妯娌们 ɕiã˧˩ xɯ˨˦ ·mɔ̃”三条，前两条未记变调，第三条记变调。作者认为“先”字是阴平，不合乎刚才引的阴平＋去声的连调方式，今改为“先”字去声，符合去声＋去声的变调常例。《西宁方言志》143先后妯娌 ɕiã˧˩ xɯ˥｜这里记的前一字本调当作去声，跟刚才说的第三条相同；后一字把变调记为本调，当据上述第三条，改作213调变53调［˨˦］。这样说来，“先后”当记作 ɕiã˨˩ xɯ˨˦，跟“字号、伺候、焊匠、芥菜”四例的变调常例相同，都是“去声＋去声”。

以上五处方言显示两字组连调现象之复杂，不同的声调组合可以造成相同的连调，因此带来判定本字的困难。西安、绥德两处“先后”是去声加轻声，轻声可从阴平、阳平、上声、去声四者之一变来，不能反映本调。延川“先后”是去声加31调,31调可以从舒声（阴平、阳平、上声、去声）之一变来。商县“先后”是去声加21调,21调可以从四声之一变来。西宁“先后”是21调加31调，除上文②说的“阳平＋阴平、阳平、上声”与“去声＋阴平、阳平、上声、去声”等七种组合外，据《西宁方言志》29表八，还有“阴平＋上声”与“上声＋上声”两种组合，共九种组合都可以读21调加31调。岐路亡羊，方言调查报告中两字组的本字，尤其是本调之判定有时疏忽，原因在此。这里再举个例子,《商县方言志》17“生得免得”阴平＋阴平［səŋ˨˦ tei˨］。“生得”注免得有点牵强。考虑到“上声＋阴平”连调有时跟“阴平＋阴平”相同；同书21、27“省”字［səŋ˥］上声；“省得”北京［ʂəŋ˨˩ ·tə］，温岭［sã˥ ·tə］，广州［saŋ˧ tɐk˧］，都是“免得”的意思。商县“生得”应改作“省得”上声＋阴平［səŋ˥ tei˨］。

陕西鄠县(今户县)青年学者孙立新调查过关中和陕南方言，1995年11月来信告知：关中武功、泾阳、高陵、咸阳、鄠县、雒南(今洛南)和陕南宁强（旧宁羌）等七处“先后妯娌”两字均去声；不过关中六处“先”读去声本调,“后”读低降调；宁强一处“先”读低降调,“后”读去声本调；从方言比较及来历看，低降调是去声的变调。

这里开始讨论山西的方言。永济、运城、万荣、吉县、新绛五处都是阴平、阳平、上声、去声四个单字调，下文列举这五处四声时省去调名。

永济　吴建生与李改祥1990《永济方言志》40先后妯娌 ɕiai˧ ·xəu｜永济四声：［˨］21｜［˦］24｜［˥］42｜［˧］33｜原文4永济话古咸山二摄舒声字按今声调的不同而分读为两组韵母。今读阴平阳平上声时，韵母是［æ̃ iæ̃ uæ̃ yæ̃］；今读去声时，韵母是［ɑi iɑi uɑi yɑi］；由韵母也可知“先”字是去声。

运城　吕枕甲1991《运城方言志》43先后 ɕiæ̃˧ ·xou｜运城四声：［˨］31｜［˦］13｜［˥］53｜［˧］33｜原文43“先”字调记作［˨˧］31调变33调，以为这里“先”字是阴平。这是一时疏忽。据原文8，阴平在轻声前不变调。同音字表26［ɕiæ̃˧］“先先后：妯娌”，“先”字是去声。今据同音字表改正。

万荣解店　吴建生1984《万荣方言志》34先后 ɕiæ̃˧ ·xəu | 万荣四声：[˥˩]51 | [˨˦]24 | [˥]55 | [˧]33 | 原文34"先"字调记作51调变33调，以为这里"先"字是阴平。上文7、8讨论变调，没有说阴平、去声在去声、轻声前变调，现在从分类词表中，为这四种组合各举两个例子。

清酱 tɕʻiʌŋ˥˩ tɕiʌŋ˧　　菠菜 pɤ˥˩ tsʻɑi˧　　先生 ɕiæ̃˥˩ ·sʌŋ　　厢房 ɕiʌŋ˥˩ ·fʌŋ

大豆 tʻɤ˧ tʻəu˧　　半夜 pæ̃˧ iɑ˧　　大夫 tʻɑi˧ ·fu　　上房 ʂʌŋ˧ ·fʌŋ

拿"先后"跟"先生、厢房"与"大夫、上房"比较，可见"先后"的"先"字不是阴平，而是去声。《万荣方言志》的作者在《万荣方言词典》中已确认"先后"的"先"字为去声。

吉县　蔡权1990《吉县方言志》40相候妯娌 ɕiəŋ˧ ·xou | 吉县四声：[˦˨˧]423 | [˩˧]13 | [˥˧]53 | [˧]33 | "相候"其实是"先后"，这里是写的同音字。第一字读[ŋ]尾，是受第二字声母影响。

新绛　朱耀龙1990《新绛方言志》38先后 ɕiəŋ˧˩˥˩ xu˧˩ | 新绛四声：[˥˧]53 | [˧˨˥]325 | [˦]44 | [˧˩]31 | 第一字读[ŋ]尾，是受第二字声母的影响。原文5非叠字两字组中，第一字去声变51调，去声后的第二字不论本调，都读31调。例如：

弟兄 tʻi˧˩˥˩ ɕyəŋ˥˧˥˩　丈人岳父背称 tʂə˧˩˥˩ zəŋ˧˨˥˥˩　丈母岳母背称 tʂə˧˩˥˩ mu˦˥˩　下水 ɕiɑ˧˩˥˩ fei˦˥˩

以上前四处"后"字轻声，新绛第二字都读31调，五处均不能判定"后"字调类。山西方言中讨论"先后"的"后"字调类的方言，最合适的是分阴阳去的临汾四乡方言。

临汾城关（以下称临汾）四个单字调：阴平[˨˩]21 | 阳平[˩˧]13 | 上声[˥˩]51 | 去声[˥]55。

临汾屯里（以下称屯里）分阴阳去，五个单字调：阴平[˨]22 | 阳平[˧˥]35 | 上声[˧˩]31 | 阴去[˦]44 | 阳去[˥˩]51。

临汾　潘家懿1988《临汾方言志》78妯娌有两个说法：相后 ɕiɑŋ˥ ·xou | 相会 ɕiɑŋ˥ ·xuei。第一字其实是"先"字，[˥]55调是去声，读[ŋ]尾是受第二字声母的影响。参看原书112、117、118、123、126五面"三个"读作"桑"[saŋ˨˩]。

屯里　樋口勇夫1994《临汾屯里方言词汇集》日本出版140先后妯娌 ɕiɑŋ˧˩˦ xəu˥˩˧˩ | 本书记的是临汾市北郊的屯里乡北韩村的方言。作者把第一字记作[˧˩˦]31调变44调，以为第一字本调是上声，只要把上声改为阴去[˦]，就跟第一字（先）去声符合了。第二字是阳去，51调变31调，原文记对了。屯里记录的两字组语料较多，可以仔细讨论屯里的声调。

屯里话阴平、阳平、上声、阴去、阳去五个单字调，据第V面两字组连读变调表，第一字为阴去的两字组，连调共有零壹贰叁四式。零式两字都不变调。壹式第一字都变31调，第二字都不变调。贰式第一字也都变31调，第二字都读22调（阴平本来读22调，非阴平都变22调）。叁式第一字不变调，第二字都读31调（上声本来读31调，非上声都变31调）。阴去加阳去的两字组，零式还没找到例子，因此连调共有三式。以下每式都先举调值，然后举例。

壹　[˦˧˩ ˥˩] 第一字变 31 调，第二字 51 调不变

104 拜寿 pai ʂəu　101 算命 suai miə　156 散会 sai xuei　36 种地 pfei tʻi
75 过路儿 kuo ləuɹ　75 过道儿 kuo tʻɑoɹ　105 过事办婚事 kuo ʂʅ　186 过夜 kuo iɑ
156 告状 kɑo pfɑŋ　89 靠岸 kʻɑo ŋgai　133 看病 kʻai pʻiə/piŋ　150 要饭 iɑo fai
153 咒骂 tʂəu˧˩ mɑ　182 镇定 tʂei tiŋ　189 遍地 piai tʻi　199 最近 tsuei˧˩ tɕʻiei

贰　[˦˧˩ ˥˩˨] 第一字变 31 调，第二字变 22 调

51 灶具 tsɑo tɕy˨　13 刺蝟 tsʻʅ uei˦˨　157 告示 kɑo ʂʅ˦˨

叁　[˦ ˥˩˧˩] 第一字 44 调不变，第二字变 31 调

167 记号儿 tɕi xɑoɹ　140 先后 ɕiɑŋ˧˩˦ xəu　180 孝顺 ɕiɑo fei　200 贵贱反正 kuei tɕʻiai
146 训练 ɕyei liai　186 半夜 pai iɑ　92 错字 tsʻɔ tsʻʅ　92 错字儿 tsʻɔ tsʻɨɹ
96 故事儿 ku ʂʅɹ　38 挂面 kuɑ miai　188 对面儿 tuei miæɹ　61 厦上屋顶 ʂɑ ʂɔ
123 盖上动补 kai ʂɔ　163 记住 tɕi pfʻu　　例子前阿拉伯数码表示见于原书某面。

以上三式三十三组例子，都是“阴去加阳去”的两字组，第二字儿化也算两字组。连调跟每式标题相同的二十七组，都只记声韵，不记调值。还有六组，每组都有一字或将本调记为变调，或将变调记为本调，或将变调的本调认错了。这六组记调值，在须要讨论处下加横线。

据壹式连调，153“咒骂”的“咒”字，199“最近”的“最”字，都是 44 调变 31 调[˦˧˩]，误为本调 31 调[˧˩]。“咒”字、“最”字并非上声。

据贰式连调，51“灶具”的“具”字，是 51 调变 22 调[˥˩˨]，误为本调 22 调[˨]。“具”字并非阴平。

据贰式连调，13“刺蝟”的“蝟”字，157“告示”的“示”字，都是 51 调变 22 调[˥˩˨]，误为 44 调变 22 调[˦˨]。“蝟”字、“示”字并非阴去。

据叁式连调，140“先后”的“先”字，本调是去声 44 调[˦]，误为 31 调变 44 调[˧˩˦]。广用的“先”字平声（今阴平），“先后”妯娌的“先”字去声（今阴去），“先”字并非上声。

总起来说，这六组字的调值作者都记对了，只是把本调认错了。这里说说记录声调的总原则，调值是什么，要如实记录发音人的话。至于某个连调组里，某个调值是本调还是变调，假如是变调，如何判定其本调，要根据本方言的全部连调规律，古今演变，方言对应，才能确定。

刚才讨论了屯里话“先后”是阴去加阳去，不过屯里话古全浊上声今读阳去。“后”字广用古音是匣母上声，“先后”的“后”古音是匣母去声，今都读阳去，分不出古音上声还是去声。唐代韩愈《南山诗》用韵可以证实“先后”的后古音是去声。韩愈（768—824 年），邓州南阳人。

《南山诗》共 204 句 102 韵，“或齐若友朋，或隋若先后”两句为第七十七韵。《南山诗》押流摄去声宥候幼三韵，候韵十四小韵四十字，其中“凑”字用两次；宥韵二十四小韵六十字；幼韵两小韵两字。见韩愈《南山诗》韵字表。表分三栏，以候宥幼三韵为序，每个小韵先列声母，用小字注明《广韵》反切，然后列韵字，每个韵字上头用小阿拉伯数码表示用韵次

序。102个韵字全是去声，其中包括候韵全浊二母（定匣）八个字，宥韵全浊七母（奉从邪澄崇禅群）15个字，没有一个例外。可见韩愈诗“或隋若先后”的“后”字与史汉旧音与唐韵（《广韵》沿袭《唐韵》）符合，的确是去声字。

韩愈《南山诗》韵字表据四部丛刊本《朱文公校昌黎先生文集》一 12—16

候韵四十字“凑”字两见		宥韵六十字		宥韵续前	
滂匹候	仆30	非方副	富32	生所祐	瘦17 漱25
明莫候	茂9 袤20 戊23 愗39 贸47 瞀50 懋95	敷敷救	覆15 副56	章职救	咒99
端都豆	鬭59	奉扶富	复52	昌尺救	臭55
透他候	透8	泥女救	糅26 狃94	书舒救	兽75 狩81 首82 收84
定徒候	窦24 脰49 逗66 饾72 豆74	来力救	溜51 留78 馏83 霤93	禅承咒	授3 售35
泥奴豆	耨67 譳69	精即就	僦100	见居祐	究2 救44 灸64 厩91 疚98
来卢候	漏4 镂19 陋31	从疾僦	就11 鹫76	群巨救	旧40 柩73
精则候	走33 奏46	心息救	绣7 秀13 宿90 琇92	晓许救	兽42 嗅101
清仓奏	凑6 凑61 腠96	邪似祐	岫10 袖80	云于救	囿1 宥34 祐36 又41 右53 佑63 侑97 酭102
见古候	觏5 构16 雊60 购68 媾79 彀85 姤88 遘89	知陟救	噣12 昼27	以余救	狖29 鼬57 槱86
溪苦候	寇43 鷇45	澄直祐	酎14 宙18 胄54介胄 籀65 繇87		
晓呼漏	诟37	庄侧救	甃38 皱58	幼韵二字	
匣胡遘	候21 逅48 后77	初初救	簉22	明武彪	谬71
影乌候	沤28	崇锄祐	骤62	影伊谬	幼70

韵字表注——仆，匹候、敷救二切，今列匹候切。| 诟，苦候、呼漏二切，本句呵诟双声，列呼漏切。

陸　占米

“占米”分布甚广，各地说法略有不同，今就耳目所及，列于下方。

广州——E. J. Eitel 1877《广州话字典》据1782《分韵撮要》收“秥米”tsim˥˧ mɐi˧ 条，举三条白话的例子：雪秥 syt˧ tsim˥˧ | 矮苗秥 ɐi˧˥ miu˩ tsim˥˧ | 秥仔 tsim˥˧ tsɐi˧˥ ‖《集韵》“秥”字尼占切，注云“禾也”，《分韵撮要》用作占 tsim˥˧ 音。（这里都记今广州音。）| 李新魁等1995《广州方言研究》309“粘米”条列两个义项：①粳米 ②非黏性米（与“糯米”相对）

增城——粘米 tsim˥˦ mɐi˨˩ 粳米（何伟棠1993《增城方言志》93）

信宜——粘米 tsim˥˧ mɐi˧ 粳米（罗康宁1987《信宜方言志》141）

南宁亭子平话——占谷 tsim˥˧ køk˧ | 占米 tsim˥˧ məi˧˥（覃远雄面告）

横县平话——□禾 tsim˥˦ hu˨˩ 不黏的稻（闭克朝《方言》1994.159）

汕头——占米 tsiam˧ mi˥˧ 粳稻的米（林伦伦《方言》1991.159）

厦门——占仔 tsiam˥˩ (m)a˧ = 占仔米 tsiam˥˩ (m)a˧˥ bi˧ 晚秋的稻子碾成的米 | 新占 | 旧占(周长楫 1993《厦门方言词典》182，又面告)

漳州——占仔米 tsiam˧˩ a˧˨ bi˧ 晚季米(林宝卿《方言》1992.159)

福州——黄粘 uoŋ˧˥ ts-ʒieŋ˥(冯爱珍)

福清——占城籼 tsieŋ˧˥ s-niaŋ˥ t-nieu˧(梁玉璋 1987《福清县志方言志》84 |“籼”原作稍)

福清——黄粘米 uoŋ˥ ts-nieŋ˧˥ mi˧˦(冯爱珍 1993《福清方言研究》174) ‖ 第二字“粘”原作“籼”s-nieŋ˧˥ 今据上两条改。梁冯二书所说福清调值相同，但写法小异，梁 44 调相当于冯 55 调，梁 42 调相当于冯 41 调，今分别写作 55 调与 42 调。

温州——占城读如金城 tɕaŋ˧˨ zəŋ˧(游汝杰面告)

温岭——占城读如金城 tɕin˧˥ ʑin˧˦ = 占城米 tɕin˧ ʑin˧˨ mi˧ ‖“金城”为“占城”的音变。

永定——占谷 tsaŋ˧ kuʔ˨ | 占米 tsaŋ˧ mi˧ 占对糯而言(黄雪贞《方言》1983.159)

梅县——占米 tsam˧˨ mi˧ 不黏的大米(黄雪贞 1995《梅县方言词典》142，原文 ‖ 以后当删)

南昌——占米 tsɛn˧ mi˨ 稻米可分为糯米和非糯米两类，非糯米统称占米，日常吃的米饭都是占米做的 ‖ 占米通常就叫米，只在要与糯米区别时才叫占米(熊正辉 1995《南昌方言词典》171)

萍乡——□米 tʂẽ˨ mi˧˥ 糯米以外各种米的统称(魏钢强 1990《萍乡方言志》63，93) ‖ 63□与“沾、占占卦”同音，93□作沾，说明是同音字，□与沾均当是“占”字。

黎川——占米 tsam˨ mi˧(颜森 1993《黎川方言研究》114)

安仁——□米 tʃĩ˧ mi˧ 粳米；米粒没有糯性的米(陈满华 1995《安仁方言》98，15，54) ‖ 15 与 54 以为□是粳字，阴平；去声有“占”字，这是“占有”的意思，也写作佔(跟广韵丁兼切的“佔”不相干)。“粳”是训读字，当作占，阴平。

娄底——粳米 tɕĩ˧ mi˧˩ ①粳稻 ②粳稻加工成的米 ‖“粳”娄底读音特殊。(颜清徽等 1994《娄底方言词典》221) ‖“粳”是训读字。据《方言》作者文 1987.305“占”字音 tɕĩ˧。

长沙——占米 tʂə̃˧ mi˧ 籼米，米粒长而细，黏性小(相对“糯米”而言) | 六十粘 ləu˧ ʂʅ˨ tʂə̃˧ = 六十早 ləu˧ ʂʅ˨ tsau˧ 粳稻品种之一，生长时间约需六十天，故名(鲍厚星等 1993《长沙方言词典》146，130) ‖“占”原书说明是同音字，其实是本字。“粘”是占字后加偏旁的区别字。

江永土话——占禾 tɕiŋ˧ vu˧ 早稻、中稻的统称 | 占米 tɕiŋ˧ mi˨(黄雪贞 1993《江永方言研究》141，又面告)

阳新——占米 tsœ̃˧ məi˩(黄群建 1995《阳新方言志》104) ‖“占”说明是同音字，其实是本字。

通山——粘米 tsɛ̃˨ mæi˧(黄群建 1994《通山方言志》121)

武昌县南部湖泗话——粘谷 tsẽ˧ kuʔ˥ | 粘米 tsẽ˧ mei˧(张忠松《武昌县志》卷三十一方言 599，602，628，武汉大学出版社抽印本，无出版年月)

武汉——占米 tsan˥ mi˧ 没有黏性的米，跟糯米 no˧ mi˧ 相对(朱建颂)

贵阳——粘米 tsan˥ mi˧ = 饭米 fan˨ mi˧ 一种稻米，有的地方叫秈米，黏性差，作日常饭食，

跟“糯米”相对 | 粘谷 tsan˥ ku˩˧= 饭谷 fan˨˦ ku˩˧，跟糯谷对称。（汪平 1994《贵阳方言词典》204，208）

大方——粘谷 tsan˥ ku˩ | 粘米 tsan˥ mi˨˩ | 贵州大方粘米有红粘白粘之分，米粒又细又尖，当地认为不大好吃，价钱较糯米、晚米、粳稻低。（李蓝面告）

现在就占米的来历、叫名与占字的形音义略加说明。

占米来自占城，占城为古国名，在今越南境内。《宋史》百衲本一七三 8 食货志上一云：

> 大中祥符四年（公元 1011 年）……帝以江淮两浙，稍旱即水田不登，遣使就福建取占城稻三万斛，分给三路为种，择民田高仰者莳之，盖旱稻也。

苏轼（1036—1101 年）歇白塔铺诗云：

> 吴国晚蚕初断叶，占城早稻欲移秧。（商务印书馆影印佩文韵府 1987 页）

南京大学教授鲁国尧熟悉宋代典籍，去信请教，承告知《宋会要辑稿》、高承《事物纪原》、释文莹《湘山野录》、李焘《续资治通鉴长编》、罗愿《尔雅翼》五书均记有占城稻事。《宋会要辑稿》一二一册 4810 页所记较宋史为详，时间为大中祥符五年五月。鲁来信并云：“鄙意以为，占城稻由民间传至福建，效甚显。故真宗遣使福建，取种以分给江淮两浙。江淮寒，故今无传。而两浙较暖，故至今仍存。”今节录《湘山野录》（成于熙宁中）一段如下：

> 真宗深念稼穑，闻占城稻耐旱，……遣使以珍货求其种占城，得种二十石，至今在处播之。（文渊阁《四库全书》影印本一〇三七册，265 页。）

李时珍（1518—1593 年）《本草纲目》人民卫生出版社据味古斋刻本影印二十二 895 云：

> 时珍曰：籼亦粳属之先熟而鲜明之者，故谓之籼。种自占城国，故谓之占。俗作黏者，非矣。| 籼似粳而粒小，始自闽人得种于占城国。宋真宗遣使就闽取三万斛，分给诸道为种，故今各处皆有之，高仰处俱可种。其熟最早，六七月可收。品类亦多，有赤白二色，与粳大同小异。

屈大均（1630—1696 年）《广东新语》中华书局 1985 年排印本卷十四 373—376 云：

> 黏米似粳而尖小长身，其种因闽人得于占城，故名占。亦曰籼，籼音仙，先熟而鲜明，故谓之籼。……占城在崖之南，其谷益早而美，以天暖更多也。故吾粤最重占米。……岭南之谷多黏，有青黏、黄黏、花黏、银黏、油黏。……岭南以黏为饭，以糯为酒。糯贵而黏贱。

上列方言中，梁玉璋所记福清话就用元产地全称命名——占城釉，对考求“占米”来历最有价值。温州与温岭“金城”为“占城”的音变，稍逊一筹。

严格的说，稻谷米三分。如温岭话，稻指植株，谷指籽实，谷去糠就是米。混言之三者可以不分。西南方言稻和谷都叫谷。北京米店里卖的小站稻就是小站米。稻釉禾有方言之别，“稻”字用于北方，包括吴语；“禾”字用于南方；闽语用“釉”。

黏米因占城得名，就是占米。上引《广东新语》一开头就说明秥米、粘米也就是占米。因为占米是粮食，所以借用黍旁、禾旁和米旁的字形。“黏米”容易误会为有黏性的米，而占米又跟有黏性的糯米相对，容易引起误会。参看上文武汉占米注。《广韵》“黏”字女廉切，“粘”是“黏”的俗体。《现代汉语词典》黏音 nián；粘音 zhān，又同黏。占米写作“占”，符合来历，不必另造专用字。假如实在要造专用字，用“粘”或用“秥”比用“黏”方便多了。上文萍乡与安仁写作□米，其实与“占”同音，就是占米。安仁又以为□米是粳米，娄底写作粳米，两处“粳”都与“占”同音，“粳”是训读字，本字是“占”字。有一点要特别强调的，本文说某地某字与“占”字同音，都是就本方言而言。

就各地“占米”条的音义而言，共同点是“占”字音都符合《广韵》平声职廉切；占米黏性差或没有黏性，占米对糯米而言。其他已详上文，不待烦言。最后仅就占米意义扩充一项说几句。

温岭米有早米 tsɔ˦˨ ʔmi˦˨→˥˩ | 占城 | 晚米 ʔmɛ˦˨ ʔmi˦˨ | 糯米 nu˨˦ ʔmi˦˨ 之分。煮饭早米硬口口感不好，占城软口口感好，油性略大。早米油性小，最合适磨粉做粉蒸肉米粉肉。晚米黏性略大，做糕年糕 kɔ˧→˩˥ 用。糯米黏性大，炊炊饭第一字动词；后两字宾语，指“炊的饭”用，做酒做麻糍用，磨粉做圆元宵用。糯米平常不煮饭，煮饭叫糯米饭，有人还加小肉片，算是特殊的食品。作者不知稼穑之艰难，对米所知有限。不过就此可以设想，我国各地，糯米以外，米之种类一定不少。据上引“秈（占）亦粳属”与“黏（占）米似粳”，可见占米不等于粳米。占城稻在传播过程中，必然与当地固有稻种杂交。占城米的含义，也随之转变扩充，有些地区，就成为“非糯米”之总称。

（温岭早米的“米”字变音，从 42 调变 51 调。“糕”字变音，从 33 调变 15 调。）

一九九七年一月二十三日校毕

［《方言》1997 年第 1 期 1—13 页］

《考本字甘苦》补

因作者疏忽，本刊 1997 年第一期《考本字甘苦》有两处须要补充。

一　第五面倒数第三行之后加十五行，这是发排时遗漏的。

踏破铁鞋无觅处，得来全不费工夫。可惜新语料出现的时候，丁先生已经卧床不起了。

《人民日报》海外版 1986 年 9 月 22 日，王蒙《小说家言》一文中两次用“腻歪”，一次用“腻味”，可见作者笔下“腻歪”就是“腻味”。王蒙作文写字，当然无意为字典编者作证。这种语料的可贵就在于此。以下摘引原文三段：

> 西方的模式的精髓似乎是活得腻歪得慌，而我们大多数感受到的还是活得艰难。
>
> 脱离开中国现实的土地，脱离开现实的生活，把西方的文学模式奉为圭臬，急急忙忙地去表现活得如何腻味，只能引起还活得相当艰难的人的反感。学得再像，其价值也是可疑的。
>
> 所以，我主张，搞文学的人一定要努力地生活在非文学的生活环境里，如果周围都是文学的话，有时是一种危险，如果只能从文学到文学，那么文学就要枯萎，就要真的“腻歪”起来了。这不但影响文学，也影响自己的身心健康。（原载《中国文化报》，本报[人民日报海外版]摘发时经作者修改。）

这里再举一条《北京日报》1988 年 3 月 21 日陈世伟《取消“紧箍咒”》一文中用“腻歪”的例子：

> 孩子是努力学习的，成绩中等偏上。处于“临界线”上的学生最腻歪家长的唠叨。

二　第六面第肆章末了加七行，这是付印后追加的。

太原　沈明 1994《太原方言词典》12 腻味 ni˥ vai˨ 腻烦。因次数过多而感觉厌烦：再金贵的饭，老吃也腻味嘞 | 111 味 vei˥

“味”vei˥ 在“腻味”里借用作 vai˨。《太原方言词典》引论 6 去声叠字后字变[˥˧]53，跟上声同调。例如“舅舅”[tɕiəu˥ tɕiəu˥˧]，“罐罐”[kuæ̃˥ kuæ̃˥˧]。承词典作者沈明告知：两去声相连，不是叠字，后字也有变[˥˧]53 调的。例如“利害”[li˥ xai˥˧]，“漂亮”[p‘iau˥ liɒ̃˥˧]。依此推论，太原的“腻味”[ni˥ vai˨]当作“腻懀”[ni˥ vai˥˧]。

《考本字甘苦》发排之前未检《太原方言词典》，失之眉睫之前，读者谅之。

一九九七年四月二十七日校毕

[《方言》1997 年第 2 期 87 页]

汉语方言里当“你”讲的“爾”（上）

1997 年 2 月下旬，在汕头全国汉语方言学会第九届讨论会上，作者散发了本文的提纲。3 月写作时，因为行文方便，连带讨论“汝”字，以及安徽休宁的儿化变音“字”［ts‘ʅn˦］字与非儿化变音“剑”［tɕia˦］字。题目照旧不改。讨论本字的重点是论证方式。有话即长，无话即短，不讲究段落匀称。有的方言第二身代词用［n ŋ］，未必就是“爾”字，随手记下备忘，待他日论证能否成立。本文鼻音［n ŋ］成音节，不加成音节符号，由调号与轻声号可以看出。

“爾”字与“你”字——“你”字是“爾”字的简体加立人旁分化出来的。字书收字往往落后于现实，字要通行之后，才能进入字书。

《切三》（S 2071）：爾，爾汝，或作尒，兒氏反。宋跋本王仁昫《刊谬补缺切韵》：爾，兒氏反，亦作尒、爾。《广韵》：爾，汝也，……兒氏切。

《广韵》：“你”原作人旁尒，秦人呼傍人之称，《玉篇》云尒也，乃里切。《集韵》：你，乃里切，汝也。又乃倚切。

《切三》与王仁昫 706《刊谬补缺切韵》都不收“你”字，可见陆法言 601《切韵》本来不收“你”字。1008《大宋重修广韵》与 1039《集韵》才收“你”字。《广韵》“爾”字儿氏切，纸韵日母；《集韵》“你”字又乃倚切，纸韵泥母。反映出“爾”字分化出“你”字，在字形上是加人旁，在字音上是日母转变为泥母。至于《广韵》“你”字乃里切，止韵泥母，反映出所据方言纸韵止韵不分。

浙江温岭——“我你他”的“你”，温岭话说“爾”［ʔn˨］阴上；要是说“你”［ʔni˨］，那就是说“官话”，说“国语”，说“普通话”了。① 但是在书面上都写“你”字，见到“你”字，也都读［ʔni˨］。读古书“爾”字读［zʅ˨］，例如《论语·公冶长》盍各言爾志？|《先进》以吾一日长乎爾，无吾以也 | 居则曰不吾知也。如或知爾，则何以哉？|《子路》举爾所知。爾所不知，人其舍诸？|《阳货》来，予与爾言 |（以上引《论语》里当“你”讲的“爾”，都音［zʅ˨］。）又如《世说新语·言语》“祢衡”条注引《文士传》“［衡］少与孔融作爾汝之交［zʅ˨ ʑy˨ tsʅ˧ kɔ˧］”，杜诗“爾曹［zʅ˨ zɔ˨］身与名俱灭”。做古文当然也用得着“爾”字，也读［zʅ˨］。人人都知道“爾”字音［zʅ˨］，不见得知道［ʔn˨］是“爾”的口语音，换句话说，不见得知道［ʔn˨］的本字是“爾”。温岭话是论证这类本字的合适方言，以下先举出止摄日母常用字。

温岭话日母文读是口音，白读是鼻音。文读洪音是［z］，细音是［ʑ］；白读洪音是［n］，细音是［ȵ］。温岭话鼻音边音声母逢阴调紧喉，记音时前加［ʔ］。逢阳调全字带浊流（阳调

① 参看拙作《汉语方言资料宝库序》，见《方言》1995.241。例句中“糖梗”的音当作［dɔ̃˨˩ kuã˨］。

一律浊声母），不过入声字收喉塞音［ʔ］，浊流就在喉塞音［ʔ］前停止。浊流可以在声母前加［ɦ］，本文从略。升变音在本调后记［ʌ］15调，降变音在本调后记［ʏ］51调。

而［zʅ˩］：学而时习之｜先天下之忧而忧，后天下之乐而乐｜一而再，再而三

儿［n˩］：两个儿｜大儿 du˨ n˩｜小儿 ɕiɔ˥ n˩ʌ｜狗儿 tɕiɤ˥ n˩ʌ 刚下不久的小狗

爾［ʔn˥］：爾儿时出门？｜爾心凶猛爻你心太凶了｜八给爾三十块元 ‖ 爾［zʅ˩］例见上

耳［ʔŋ˥］：耳朵［ʔŋ˥ tu˥］｜生油耳患中耳炎，北京叫耳朵底子，"底"的本字是耳旁窒，《广韵》注耳脓，都礼切｜耳［zʅ˩］：木耳｜两耳垂肩读书 ‖ 耳白读［ʔŋ˥］是例外

二［n˨］：第二｜二楼｜二姐｜二心｜一二三四数数目｜十二｜二［ȵi˨］：一二三［ʔiɔ˧ ȵi˨ sɛ˧ʌ］三字连着说，专用于掷色子 ‖ 二字有两个白读音

贰［n˨］：二的大写｜贰心｜贰臣

蕊［ʔȵy˥］：蕊头 ʔȵy˥ dɤ˩ʌ｜花蕊 hua˧ ʔȵy˥˥｜蕊［ʑy˩］：雄蕊｜雌蕊｜花蕊夫人

饵［ȵy˨］：绿客饵［loʔ˩ kʻoʔ˥˧ ȵy˨］土匪绑过票的孩子｜带鱼饵［ta˥˧ ŋ˩˧ ȵy˨］钓带鱼用的鱼食。带鱼厦门叫白鱼，黄岩温岭沿海带鱼有钓带网带之分，好比厦门白鱼有钓白网白之分 ‖ "饵"字读［ȵy˨］是开口读如合口，比较"蕊"字。"饵"的读书音不详，可能读如"耳"［zʅ˩］。

比较止摄开口日母字，"爾"白读跟"儿二贰"比，"爾"文读跟"耳"文读比，再印证古籍，可以假设今温岭话当你讲的［ʔn˥］与［zʅ˩］两音，本字是"爾"字。

上海崇明——张惠英1993《崇明方言词典》174 你 ɦnʌ 称对方（一个人）｜你勒 ɦnʌ ·lə = 你特 ɦnʌ · də，你们｜引论4 实你 zəʔ˩ n˧˥ 你（陈家镇地区）｜甚 zən˩，实你的合音｜引论13 儿［ɦn˧］：儿子；［ʔn˥］：儿郎，对小儿的爱称 ‖ 对比"你"字与"儿"字，可以假设崇明的"你"［ɦnʌ］的本字是"爾"字，是口语音。"你"［ʔȵi˥］是学说北方话，读书音。

江苏丹阳——蔡国璐1995《丹阳方言词典》引论21第二人称："你［ŋ˧］本字是爾，本地习惯写作你。"｜丹阳［ŋ˧］的本字是"爾"，可以从当地的"儿"尾词看出来。

同上21丹阳话有极个别的"儿"尾词，表现形式是儿尾自成音节，词根韵尾不受影响。目前所见只有三个：小儿［ɕiɔ˥˦ ŋ˧］，女儿［ȵy˧˦ ŋ˧］，昨儿［tsa˧˦ ŋ˧˥］或［tsaŋ˧］，本地习惯写作"小五，女五，昨五"。｜吕叔湘1993《丹阳方言语音编》31比蔡书多一条：头儿衙役［de˥ ŋ˥］。（前字韵母原作［ᴇ］，今从蔡书改；调值据吕书不动。）

《丹阳方言词典》113 儿孙［e˧ ɕyeŋ˧］子孙｜"耳"字起头的条目有十五条，"耳"读［e˧˥］或［e˧˦］，举两条为例：耳背［e˧˥ pæ˧］听觉不灵｜耳朵［e˧˦（或 ȵi˧˦）tə˥˦］｜儿女［e˧˦ ȵy˧˥］｜儿子［e˧˦（或 ȵi˧）tsæʔ˧˥］男孩子（对父母而言）"儿"字读［ȵi˧］见于老派｜儿子家［e˧˦ tsæʔ˧˥ ka˧˥］男孩儿｜二［e˩］｜以下"二"字起头的条目有十八条，"二"字十六条读本调，一条读［e˧˦］，一条读［e˧˦］：二样心［e˩ ie˩ ɕiŋ˧］不公正的态度：他对我已我们两个人有二样心｜二小［e˩˦ ɕiɔ˥˩］供人驱使的人，低人一等的人｜二郎腿［e˩˦ laŋ˧ tʻue˥］坐的时候把一条腿搁在另一条腿上的姿势。

"儿"字汝移切，"爾"字儿氏切，平上相承。在止摄开口日母字中只有"儿"在儿尾词里

的读法才反映出“儿”字与“爾”字同韵。“儿”字在他处的音大都跟“耳二”等字同读［e］韵，看不出跟“爾”字的关系。

《丹阳方言词典》引论8丹阳话声母中［z］只有两个字，即用于亲属排行的“二”［zʅ˨˩］和出现于“儿子”一词的“儿”［zʅ˨˦］。只论声韵，丹阳止摄开口日母字有［e ŋ ȵi zʅ］四种读法，后三种可与温岭话相比。温岭“而”字只有文读［zʅ˨˩］；“耳”字文读［zʅ˨˩］，白读［ʔŋ˨˩］；“爾”字文读［zʅ˨˩］，白读［ʔn˨˩］；“儿”字只有白读［n˨˩］。“二”字有［n˩˧］和［ȵi˩˧］两个白读。

浙江桐庐——桐庐县县志编纂委员会与北京师范学院中文系方言调查组1992《桐庐方言志》12桐庐有七个单字调，122桐庐代词的第一身第二身单复数用字不同，并见下页。

桐庐单字调	阴平［˦˧］43	阴上［˥］55	阴去［˥˧］53	阴入［ʔ˥］5
	阳平［˩˧］13		阳去［˨˦］24	阳入［ʔ˩˨］12

桐庐代词						
单数	我	ŋuo˥	你	ne˥	伊	i˩˧
复数	□得	ŋa˥ təʔ˥	五得	ŋ˥ təʔ˥	伊得	i˩˧ təʔ˥

141.52　ne˥ ɕiŋ˥˧ ɦuaŋ˩˧，ŋuo˥ iɛ˥ ɕiŋ˥˧ ɦuaŋ˩˧，ŋa˥ təʔ˥ liaŋ˥ kəʔ˥ tu˥ ɕiŋ˥˧ ɦuaŋ˩˧。
你 姓 王 我 也 姓 王 □ 得 两 个 都 姓 王

从语法例句52看，ŋuo˥和ŋa˥ təʔ˥都用于口语。［ŋuo˥］与［ŋa˥］大概是同一个“我”字的异读。参考江西黎川“我”单数有［a˧ ŋo˥］两音，复数“我多”［a˧·to］只能用［a˧］。49“你”字有［ȵi˥］的音，这是借的北方话的音，本地口语不用。第七章到第九章的例句中，没有一处“你”字音［ȵi˥］。第八章137—141语法例句1—55条，其中13条用“你”字，都音［ne˥］，有几条还不止见一次。126与148的例句，“你”字见两次，也都音［ne˥］。桐庐［ne˥］音其实是“汝”字，不是乃里切的“你”字。查46—47［e］韵同音字表，表里失收“你”［ne˥］，当补。本书“你”［ne˥］当作“汝”［ne˥］，与同音字表中“锯”［ke˥］同韵。

江苏苏州，江西黎川、新建、南城都用汝字。请看这四处“汝、锯”两字的音。

苏州“我、你、他”的“你”现在写作“倷”，从人奈声，与“奈、耐”同音。章炳麟1908《新方言·释言》第二28以为“倷”之本字为“汝”：“今苏州谓女汝为而，音如耐。”叶祥苓1993《苏州方言词典》81倷 nᴇ˨˩ 你 | 89锯 kᴇ˥˨˧ 动词 | 锯子 kᴇ˥˨˧˥˦ ·tsʅ 名词

颜森1993《黎川方言研究》37汝你 nɛ˥ | 38锯 kɛ˥˧ ‖ 本书所收“鱼、语、御”三韵字读［ɛ iɛ］韵的最多，这里不细说。

陈昌仪1991《赣方言概要》323 新建望城 汝原作□，你 nɛ˥ | 58锯 kɛ˥

又195，322南城 汝原作□，你 ne˨˩ | 锯借把锯，锯木头 kie˧

现在说到桐庐的“五得你们”［ŋ˥ təʔ˥］。这个只要把［ŋ ɚ］两韵及其相配的文白读列表对比，就可以看出来，“五得”实在是“爾得”。《桐庐方言志》36“儿、耳、二”三字文白［ɚ ŋ]对比，54 [ɚ] 韵 “而、爾” 两字不分文白读。“而” 字口语不用，无白读在情理之中。就古今音变看，就今音文白对比看，就意义看，桐庐 [ŋ˥ təʔ˥] 的 [ŋ˥] 为 “爾” 字白读音义皆合，“五” 字音合义不合。

	文读	白读
无	vu˩˧ 18 无意 vu˩˧ i˦˧ | 无力 vu˩˧ liəʔ˨	ŋ˩˧ | m˩˧ 137 无□没有（=未）ŋ˩˧ ȵiu˧˦
鱼	y˩˧ 19 鲤鱼 li˥ y˩˧˦ | 25 木鱼 məʔ˨ y˩˧˦	ŋ˩˧ 20 钓鱼 tiɔ˦˧ ŋ˩˧ | 带鱼 ta˦˧ ŋ˩˧˦
吴	ɦu˩˧	ŋ˩˧ 64 吴宅 ŋ˩˧ dzəʔ˨˦
五伍午忤	u˥	ŋ˥ 138 五十 ŋ˥ zəʔ˨
爾	ɚ˥	ŋ˥ təʔ˥
儿	ɚ˩˧	ŋ˩˧ 143 儿要亲生 ŋ˩˧ iɔ˦˧ tɕʻiŋ˧˦ saŋ˧˦
耳	ɚ˥ 25 木耳 məʔ˨ ɚ˥˦ | 悦耳 yəʔ˨ ɚ˥˦	ŋ˥ 104 耳朵 ŋ˥ tu˥
二	ɚ˦˧ 144 一清二白 iəʔ˥ tɕʻiŋ˦ ɚ˦˧ bʌʔ˨	ŋ˨˦ 142 二十 ŋ˨˦ zəʔ˨˦ | 103 二娘舅
而	ɚ˩˧	ŋ˨˦ ȵiaŋ˨˦ dʑiu˨˦

上表还有几点要说明的，“无” 字有 [ŋ˩˧ m˩˧] 两个白读，后者未见用例。“二” 字文读 [ɚ˦˧] 阴去 53 调，白读 [ŋ˨˦] 阳去 24 调。

安徽休宁——平田昌司 1982《休宁音系简介》(《方言》276—284) 讨论儿化变音，为论证休宁 “你” [n˥] 的本字为 “爾” 提供充分的语料。此文记录休宁县城海阳镇的方言。休宁有六个单字调，入声无塞音韵尾，轻声在外。

阴平 [˧] 33　阴上 [˧˩] 31　阳上 [˩˧] 13　阴去 [˥] 55　阴入 [˨˩˨] 212　阳入 [˧˥] 35

以下节录原文 278—279 第伍节变音。

休宁方言有儿化变音和非儿化变音，功能与北方的儿化相同，表示 “微小、亲昵” 等意义。

休宁方言的儿化变音形式与某些吴语相同，基本韵母后面加 [n] 尾构成儿化韵母，同时发生声调变化。基本韵母与儿化韵母的关系如下：

基本韵母	ʅ	i	u	y	iu	a	ia	ua	ɤ	uɤ	e	ie	ue	ye	o	io	ɔ
儿化韵母	ʅn	in	un	yn	in	an	ian	uan	æn	uɤn	en			yn	on	ion	ɔn
基本韵母	iĕ	uə̆	yĕ	au	iau	æn	in	iĕn	yĕn	n	m	ɚ					
儿化韵母	iĕn	uə̆n	yĕn	æn	iæn												

[æn in iĕn yĕn n m] 六韵基本韵母儿化韵母不分，[ie ue ɚ] 三韵还未找到相应的儿化韵母。

儿化变音的声调共有三个：[˩˧ ˥ ˧˥]，分别与阳上、阴去、阳入单字调相同。

儿化变音举例如下（括号里标明的是本音，星号 “*” 表示口语一般不用本音）：

算盘子 suə̆˥ pʻuə̆˥ tsʅn˧˥ (tsʅ˧˩) 算盘珠 | 黄豆 au˥˩ tʻin˧˥ (tʻiu˧) | 猜谜 tsʻo˧ min˧˥ (mi˥) | 鼓 kun˩˧ (ku˩˧) 鼓出来，动词 | 裤 kʻun˩˧ (*kʻu˥) | 柜 tɕyn˩˧ (*tɕye˧) | 橘 tɕyn˧˥ (*tɕy˨˩˨) | 凳 tan˩˧ (ta˥) | 饼 pan˩˧ (pa˧˩) | 燕 ian˩˧ (*ia˥) | 舌 tɕian˧˥ (*tɕia˧˥) 舌头 | 棍 kuan˩˧ (kua˥) | 盒 xæn˧˥ (xɤ˧˥) | 蛾 ŋon˥ (ŋo˥) | 鹞 ion˩˧ (*io˧) 风筝 | 戳 tɕʻion˧˥ (tɕʻio˨˩˨) 图章 | 篮 lɔn˥ (*lɔ˥) | 摊 tʻɔn˩˧ (tʻɔ˧)

摊子｜虾 xɔn˩˧（xɔ˧）小虾｜楔 siěn˧˥（siě˩）｜辫 piěn˩˧（*piě）｜花 xuǒn˩˧（xuǒ˧）

休宁方言的非儿化变音只以声调变化区别意义，其调值一般是 35［˧˥］或 13［˩˧］，也有 31［˧˩］。目前发现的例子还不多。由于非儿化变音不加任何韵尾，有时很难区别是否变音。这里举一些我们认为是“非儿化变音”的例子，如：阿伯 a˧ pa˩˨˧˩ 伯父｜瓢 p'iau˧˨˧˩｜显 ɕiě˨˩˧˩ 炫耀自己的好东西｜印 in˥˥˧˩ 图章｜条 t'iau˥˥˧˩ 条纹

休宁音系简介收了五个止摄开口日母字，分为两个韵母：二 n˧｜爾 ɚ˧˩｜耳 ɚ˩˧｜儿 ɚ˥｜而 ɚ｜“而”字作为韵母表例字，未记声调。从上引基本韵母与儿化韵母的关系，可以参照“二”字，假设“儿”字也有一个［n］韵母的音，用来解释儿化韵母加［-n］尾。休宁单字音表“你”［n˥］字无注，“你”［ȵi˧˩］字注“口语又读［n˥］”。反映你［ȵi˧˩］是北方话借字；你［n˥］是本地话。你［n˥］的本字是“爾”的白读；“爾”的文读是［ɚ˧˩］。“爾”有［n˥ ɚ˧˩］两读，就好比“渠”有［k'ɤ˥ tɕy˥］两读。［k'ɤ˥］是第三人称代词他，［tɕy˥］是渠道。“爾”两个音都来自“儿氏切”。“渠”两个音都来自“强鱼切”。休宁“你”［ȵi˧˩］来自“乃里切”，跟“爾”来历不同。说到底，休宁音系简介“你”［ȵi˧˩］注“口语又读［n˥］”，反映的是汉语方言里常见的训读现象。休宁文字“爾”跟语言［n˥］失去联系，就用优势方言的“你”字来记［n˥］这个音。

现在说到休宁的声调。休宁古浊音去声今读阴平，所以“二”字是［n˧］；古次浊上声今读阴上或阳上，所以“爾”字［ɚ˧˩］与“耳”字［ɚ˩˧］分别读阴阳上，古浊音平声今读阴去，所以“儿”字是［ɚ˥］。请问“爾”字文白两音何以声调不同？“渠”字文白两音何以声调相同？休宁代词我 ŋɔ˥｜爾你 n˥｜渠他 k'ɤ˥｜三字语音互相吸引，声调变得相同。三十余年前，本文作者为此擅立名目：语法上属于同一小类的用法相近的字，有时在读音上互相吸引，引起字音的改变。这种现象我们姑且叫作“感染作用”。1996 年的《方言》又为这种常见现象提供江西安义与山西万荣解店两个实例。回到休宁的声调，“爾你”［n˥］是代词，受感染作用的影响，读［˥］55 调；“爾”［ɚ˧˩］跟口语里的第二身代词失去联系，古次浊上声今读阴上或阳上，实际是今读阴上，不受感染作用的影响。至于“渠”字，本来就是古浊音平声，所以今音文白两读都是阴去。

休宁“字”的儿化变音——这里顺便讨论休宁方言里两个字的变音。休宁音系简介 279 儿化变音第一个例子上页引文删去此例是：“□ ts'ɿn˧˥ 游戏用语，指旧时铜钱铸有文字的一面”。这个□ ts'ɿn˧˥ 就是“字”的儿化变音，也就是“字儿”的合音，“儿”在合音里成为［-n］尾。

《醒世恒言》影印叶敬池天启丁卯［公元 1627 年］刊本卷三十四《一文钱小隙造奇冤》5—6 云：

> 颠钱耍子……颠出或字或背……长儿道：只有得一文钱。再旺道：一文钱也好耍，我也把一文与你赌个“背”“字”，两“背”的便都赢去，两“字”便输，一“字”一“背”不算。

上引“颠”字原作“手旁颠”，字书不收“手旁颠”的字，今据下引贾采珠书改。钱的两面各地叫名不同。贾采珠 1990《北京话词典》20，188“字儿”［tsər˥˩］指有字的一面，“漫儿”［mar˥˩ 或 mər˥˩］指无字的一面。“猜字儿漫儿”与“颠字儿漫儿”两条指耍钱的方式。“颠字儿漫儿”就是《醒世恒言》的“颠钱”。“字儿了漫儿了的”多喻在小事上纠缠：这点小事算什么，也这

么字儿了漫儿了的。

熊正辉1995《南昌方言词典》157硬币有字的一面叫“字”[ts‘ɿ˩]无字的一面叫“漫”[mon˩]：你猜是字还是漫？|颜森1993《黎川方言研究》15分别叫字儿[sɿ˨˦˥ ·i]，漫儿[mon˨˦˥ ·ni]。同事沈明告知：太原分别叫“字儿”[tsər˥]，“幕儿”[muər˥]（这是老人说的；三四十岁的人说漫儿[mar˥]）。|这里用“幕、漫”两字分别字音，与“史、汉”两字通用不同。同事冯爱珍告知：福州钱的两面分别叫“字”[tsεi˨˦]与“覆”[p‘ouʔ˦]。这两字都是松音韵母，相配的紧音韵母分别是[i]与[uʔ]。《醒世恒言》与以上五地都用“字”指钱有字的一面，分别用“背、漫、幕、覆”指钱无字的一面。史汉记古代西域钱的形制与我国的钱不同，西域钱两面的名称可供比较。

《史记》百衲本影印黄善夫本一二三5中华排印本3162同“[安息]以银为钱，钱如其王面。”《索隐》汉书云：“文独为王面，幕为夫人面。”荀悦云：“幕音漫，无文面也。”张晏云：“钱之文面作人乘马，钱之幕作人面形。”韦昭云：“幕，钱背也，音漫。”包恺音慢。

《汉书》百衲本影印景祐本六六上10中华排印本3885同“[罽宾]以金银为钱，文为骑马，幕为人面。”[《集注》]张晏曰：“钱文面作骑马形，漫面作人面目也。”如淳曰：“幕音漫。”师古曰：“幕即漫耳，无劳借音。”

“文（面）”与“漫（面）”可以说分别相当于“字（儿）”与“漫（儿）”。“漫（儿）”的名称古已有之。

上文引贾采珠书，北京“漫儿”音[mar˥˩]或[mər˥˩]。北京现在都说[mər˥˩]，跟“破谜儿”的“谜儿”同音，我请教一位八十岁的老北京，他也这样说。北京现在说[mar˥˩]的大概限于少数老人了。北京现在的“漫儿”[mər˥˩]也许是受“字儿”[tsər˥˩]感染的结果。

南昌“漫”音[mon˩]和黎川“漫”音[mon˨˦]，都反映“漫”是《广韵》换韵“莫半切”。《广韵》“莫半切”不收“幕”字，《集韵》“莫半切”收“幕”字大概是根据史汉注加的。幕，包恺音慢，“慢”《广韵》“谟晏切”，二等，与“莫半切”一等不同。北京[mar˥˩]的音不能区别一二等。

休宁“剑”字的非儿化变音——休宁单字音表[tɕia]和[ɕiĕ]的六个声调例字如下：

[tɕia]	经[˧]阴平	检[˧˩]阴上	俭[˩˧]阳上	剑[˥]阴去	结[˨˩˨]阴入	①[˧˥]阳入
[ɕiĕ]	现[˧]阴平	显[˧˩]阴上		形[˥]阴去	歇[˨˩˨]阴入	显[˧˥]阳入

原注①[tɕia˧˥]大人用双手把孩子抱起来。

显[ɕiĕ˧˥]炫耀自己的好东西 ‖ 李荣案——北京“显”字也有这个用法。

根据《休宁方言概要》277说的“有些相配的古鼻尾韵和入声韵现在休宁话里只有声调的区别”，和上文引的“非儿化变音……调值是35[˧˥]或13[˩˧]，也有31[˧˩]”。“①[tɕia˧˥]”和“显[ɕiĕ˧˥]”都是非儿化变音。[tɕia˧˥]是剑阴去的非儿化变音，好比[ɕiĕ˧˥]是显上声的非儿化变音。欧阳修《泷冈阡表》四部丛刊本《欧阳文忠公文集·居士集》卷二十五8—11云：

太夫人告之曰：……汝父为吏，尝夜烛治官书，……回顾乳者剑一作抱汝而立于旁，因指而歎曰：……吾不及见儿之立也。

无巧不成书，用原注①读泷冈阡表，简直是平田昌司为欧阳修作注。“剑汝”翻译成白话是“抱着你”或“捧着你”。《礼记·曲礼上》注：“剑谓挟之于旁”，与“剑汝”之意不切合。

婺源——根据同事冯爱珍的调查，绩溪、歙县、黟县与婺源前属安徽省徽州府，今属江西省四县“你”都是自成音节的[n]：

绩溪[n˩˨]　歙县[n˧˥]　黟县[n˧˥]　婺源[n˧˩]

婺源有六个单字调，舒声各依古声母清浊分阴阳，古入声不拘清浊一律读阳去。阴上是短调。

阴平[˦]44　阳平[˩]11　阴上[˨]22　阳上[˧˩]31　阴去[˧˥]35　阳去[˥˩]51

冯提供婺源“儿”字的用例是：

儿子 ø˩ tsɿ˨ | 女儿 li˧˩ n˩ | 大姑儿夫之姐 t'u˥˩ ku˦ n˩ | 细姑儿夫之妹 si˧˥ ku˦ n˩

作为词尾的“儿”[n˩]与当你讲的“爾”[n˧˩]互证，可以假设这两字分别来自《广韵》支韵日母与纸韵日母。婺源“爾”字音与作为词尾的“儿”字音的关系跟上文说的丹阳相同。

江西南昌——熊正辉1994《南昌方言词典》78 你 n˨˩˧ 代词，称谈话的对方 | 你们 n˨˩˧ ·mɨn 代词，称不止一个人的对方或包括对方在内的若干人 | 36 女 ȵy˨˩˧ 女儿：箇这是我女 | 203 女 ȵyn˨˩˧ 女儿。也叫 ȵy˨˩˧ ‖ “女”字按规律读 ȵy˨˩˧。读 ȵyn˨˩˧ 可能是音变，原因待考。‖ 又76 儿女 ɵ˧˥ ·ȵy 子女：儿女都不在身边 ‖ 又熊正辉《南昌方言同音字汇》，《方言》1989.184 止摄开口日母五字的音是：儿而 ɵ˧˥ | 爾耳 ɵ˨˩˧ | 二 ɵ˩ ‖ 你[n˨˩˧]与儿尾[-n]互证，可以推定：

① “儿”有[ɵ˧˥]与[n˧˥]两音，作为词尾是[-n]。[ȵyn˨˩˧]是“女”[ȵy˨˩˧]和“儿尾”[-n]的合音。

② [n˨˩˧]写作“你”是训读的写法。[n˨˩˧]的本字是“爾”。可以说“爾”有文白两读，文读[ɵ˨˩˧]，白读[n˨˩˧]。

南昌尔 n˨˩˧ | 女 ny˨˩˧ | 女儿 nyn˨˩˧ | 打开了认识[-n]尾的思路。罗常培1940《临川音系》91“女”字文白读为[ȵi˥˧ ȵie˥˧]，205后者又写作“伖”（人旁女）。颜森1993《黎川方言研究》7 女字文白读为[ny˦ niɛ˦]。上列三地“女”字都是上声。把这些语料贯串起来，可以理解陈昌仪1991《赣方言概要》239一段话（附32抚州片范围）。

> 以“女儿”为例，抚州片称“伖”方言字[ȵiɛ]上声，铅山、弋阳等称“奷”方言字[niɛn]阴去，都昌、余干、湖口、星子、进贤称“媠”方言字[nin]上声（余干为[nən˥˧]）。（抚州片包括抚州市、临川县、崇仁县、宜黄县、乐安县、东乡县、进贤县、金溪县、南城县、黎川县、资溪县、南丰县和广昌县，共十三个市县。）

赣方言概要“媠”字记音不一致，意思大致相同，98[ŋən˥˧]，239[nən˥˧]，293[ȵin˥˧]。同作者在《方言》上发表的文章“媠”字音[ŋən˥˦]。以下举例注明《方言》的年份与页码。1990.188 媠女孩子 ŋən˥˦ | 1996.80 媠仔伪［特指］儿媳妇（面称）ŋən˥˦ tsi˨˩˧ ·li | 外甥媠伪外甥女；外孙女 ŋai˨˩˧ saŋ˦ ŋən˥˦ · li。“奷”字实例如《赣方言概要》238，283 铅山称未婚男子为青头郎[tɕ'in˦ ·t'iəu lan˨˧˥]，未婚女子为青头奷[tɕ'in˦ ·t'iəu niɛn˨]。不妨假设，用“媠、奷”的方言，同时

第二身代词又用［n］,［n］可能是“爾”字。又《赣方言概要》322—323所记方言第二身代词用［n］的有六处（南昌在外）：宜丰 n˩˧｜高安 n˦˥｜景德镇 n˨˦｜铅山 n˧｜武宁泉口 n˥˥｜都昌土塘 n˧˥。

概括的说，江西若干方言“女”字文读为［ni ny］，白读为［nie/ε］，白读未见撮口的［nye/ε］。有的方言“女”字白读有方言字“伩”。［ni ny nie/ε］加“儿尾”［-n］分别成为［nin nyn nie/εn］。有的方言这些［-n］尾字有专用的方言字“媨”和“奸”。（这一段只记声韵不记调，声母姑且不分［n ȵ］，都写作［n］。）

《萍乡方言志》的作者魏钢强熟悉江西方言，2月下旬在汕头，我从南昌“女”［ȵy˨˩˧］字带“儿尾”变成［ȵyn˨˩˧］出发，向他请教“女”字带“儿尾”［-n］（即“女儿”的合音）在江西分布的范围。3月27日，他来信告知：“作女儿讲的女字带［-n］尾，这在江西省东北部的赣方言中是普遍现象，都昌、鄱（今作波）阳、余干、万年、贵溪、弋阳、横峰、铅山全都如此。例如万年女个女的的女读［ȵi˧˩］上声；女儿的女读［ȵin˩˩］，加［-n］尾同时声调变阳平。”

［《方言》1997年第2期81—87页］

汉语方言里当“你”讲的“爾”（中）

安徽祁门——沈同 1983《祁门方言的人称代词》（《方言》244—247）记录祁门城关镇本地籍居民的方言，“爾”字有［n˩ ɚ˦˨］两音，近似休宁。节录沈文之前先举祁门六个单字调。

阴平［˩］11　阳平［˥］55　上声［˦˨］42　阴去［˨˩˧］213　阳去［˧］33　入声［˧˥］35

你，口语说［n˩］，照字面读是［li˦˨］。［n˩］当是“爾”字的白读，其文读是［ɚ˦˨］。

除［ɚ m n］和鼻尾韵以外，其他基本韵母都可以加上鼻音韵尾［n］，成为变音韵母。变音韵母共二十七个。变音的作用与北方话的儿化相仿。例如：“兔”字单读［t‘u˨˩˧］，“野兔儿”读［iɔ̃˦˨ t‘un˨˩˧］。“儿”字单读［ɚ˥］，不读自成音节的［n˥］。

有些舒声字的变音读入声调，加［n］尾的和不加［n］尾的都有。例如：……虎 xu˦˨　老虎 lɔ˦˨ xun˦˨˧˥ | 貓 mia˩　貓 mia˩˧˥ | 子 tsɿ˦˨　影子 ȵiɔ̃˦˨ tsɿn˦˨˧˥ | 李 li˦˨　苦李 k‘u˦˨ li˦˨˧˥

沈文说祁门“［n˩］当是‘爾’字的白读”，并未细加说明。又因限于体例和篇幅，未全收止摄开口日母的常用字。对读本文上篇若干方言，儿尾读［n］，与口语“你”［n˩］的音互证，推定口语“你”的本字为“爾”，可以无疑。“爾”文白两音是本地话，“你”［li˦˨］是北方话借字。祁门、休宁、绩溪、歙县、黟县、婺源六处“爾你”都是自成音节的［n］，是徽州方言的共性。休宁、祁门两处“变音”有儿化（带［n］尾）与非儿化（不带［n］尾）之分，可供研究徽州方言之参考。

祁门“爾你”读［n˩］阴平，沈文举的例很多，这里转录两条：

爾用毛笔写，我用钢笔写。　［n˩ ȵiəŋ˧ mɔ˥ pi˧˥ siɔ̃˦˨，a˦˨ ȵiəŋ˧ kɔ̃˩ pi˧˥ siɔ̃.］

爾骗不倒骗不了洒我。　［n˩ p‘ĩɔ̃˨˩˧ pa˧˥ tɔ˦˨ ʂɯɔ̃˦˨.］

山西——本文原来打算下篇讨论北方方言。上篇刊出后，有人问起，北方方言用不用“爾”字？因此提前讨论山西方言。就作者现在所知，山西方言有九处“你”说自成音节的［n］，本字是“爾”。这九处呈带状分布，西起离石，望东至汾阳、文水、祁县、平遥，折向东南，至沁县、襄垣、长治市区、潞城。所引语料据各处方言志、其他作品及侯精一与温端政主编 1993《山西方言调查研究报告》（简称《报告》）。离石、汾阳与潞城三处未见方言志，从文水说起。每处一般列出五项语料，为下文讨论张本：㊀单字调。㊁“你”口语音，有时有例句。㊂“你”文读及其同声韵字。㊃止摄开口日母字。㊄遇摄日母字。各项都交代出处，以便考核。

文水——㊀胡双宝 1988《文水方言志》10 文水城关有五个单字调：平声［˨］22 | 上声［˦˨˧］423 | 去声［˧˥］35 | 阴入［ʔ˨］22 | 阳入［ʔ˧˩˨］312 ‖ 单字不分阴阳平，在若干条件下可以区别阴阳平。阴平［˨˩］11 | 阳平［˨˧］33

㊁方言志 89“你”［n˦˨˧］。10［n］自成音节，只有一个“你”字。105—113 语法例句 1—71 句“你”字共用二十九次，121 故事“你”字见一次。三十次都用［n˦˨˧］，没有一次用“你文”

[nzʅ˥˩]的。例如111你姓甚？——我姓王。[n˥˩ ɕiəŋ˦˨ səŋ˦ ? —— ŋə˥˩ səŋ˦ ʊ˧.]

㊂方言志31[nzʅ]共十字：[˧˨]泥宜|[˧]霓倪尼呢呢绒|[˥˩]拟你文|[˦]泥泥墙：抹墙腻油腻

㊃方言志24止摄开口日母[e]共六字：[e˧˨]儿|[e˧]而|[e˥˩]耳爾|[e˦]二贰

㊄方言志31遇摄日母[zu]共八字□不收：[zu˧]如茹|[zu˥˩]汝乳濡儒蠕擩不要把手擩到嘴里

祁县——㊀杨述祖与王艾录1984《祁县方言志》6祁县城关有五个单字调：平声[˧]33|上声[˨˩˧]213（连读时多数为[˨]21）|去声[˧˥]35|阴入[ʔ˨]<u>22</u>|阳入[ʔ˧˨˧]<u>323</u>（连读时多数为[ʔ˧˨]<u>32</u>）

㊁方言志35"你"[n˨˩˦]，无同音字；[tsəʔ˧˨ n˧]是"怎么"的意思。39—44语法例句1—70"你"字共用十四次。42你姓甚嘞？——我姓王。[n˨˩˦ ɕiõ˦ sõ˦ lə˨˦? —— ŋɯ˨˩˦ ɕiõ˦ o˧.]

㊂方言志11[ɱ]共六字：[ɱ˧]泥尼呢倪|[ɱ˨˩]你文|[ɱ˧˥]腻

㊃方言志11止摄开口日母[l]共七字：[l˧]儿|[l˨˩˦]尔耳饵|[l˧˥]二贰而

㊄方言志12遇摄日母[zʯ]共四字：[zʯ˧]如|[zʯ˨˩˦]汝乳儒

平遥——㊀侯精一1995《平遥方言民俗语汇》221平遥城内方言有五个单字调：平声[˩˧]13|上声[˥˧]53|去声[˧˥]35|阴入[ʔ˩˧]<u>13</u>|阳入[ʔ˥˧]<u>53</u>

㊁侯精一1989《晋语研究·平遥代词》215"你"[n˥˧]，这个口语用字无同音字。例句如语汇37，38你老好哇[n˥˧ lɔ˥˧ xɔ˥˧ uɑ˩˧]|麻烦你了[mɑ˩˧ xuɑŋ˩˧ n˥˧ liɑ˥˧]

㊂平遥同音字表165[ȵi]共七字：[ȵi˩˧]疑霓倪尼泥泥墙墙：抹墙|[ȵi˥˧]你文|[ȵi˧˥]泥泥匠

㊃168止摄开口日母共七字：[ɚ˩˧]而儿儿子|[ɚ˥˧]爾耳饵|[ɚ˧˥]二贰

㊄168遇摄日母共二字：语汇25[zʮ˩˧]如如意zʮ˩˧ i˧˥，馒头类食品|同音字表168[zʮ˥˧]擩

沁县——㊀张振铎1990《沁县方言志》4沁县城关方言有五个单字调：阴平上声[˨˩˧]|阳平[˧]33|去声[˥]55|阴入[ʔ˦]<u>44</u>|阳入[ʔ˨˩˧]<u>213</u>‖阴平上声在两字组中作前字时，根据连读变调的情况分为两类：阴平、上声。

㊁方言志4韵母表说明"(7)沁县方言中还有一个自成音节的韵母[n]，它只在记录口语中的"你"和表示应答的语气时使用，本书没有收入。"38你文[ɱ˨˩˧]，你白[n˨˩˧]。侯温《报告》269你ɱ˨˩˧（n˨˩˧）未注明文白，115分A你ɱ˨˩˧，B你n˨˩˧，都不够明白。方言志49—51语法例句1—53"你"字见十三次，57—60顺口溜、故事"你"字见六次都记文读，与方言志4的说明没有收[n]相合。例如51你贵姓？——我姓王。[ɱ˨˩˧ kuei˥ ɕiŋ˥ ? —— vo˨˩˧ ɕiŋ˥ võ˧.]

㊂方言志12[ɱ]共五字：[ɱ˨˩˧]你|[ɱ˧]尼怩呢|[ɱ˥]腻

㊃方言志12止摄开口日母[ɚ]共七字：[ɚ˨˩˧]耳饵爾|[ɚ˧]儿而|[ɚ˥]二贰

㊄方言志13遇摄日母[zu]共六字：[zu˨˩˧]乳儒蠕汝孺|[zu˧]如

襄垣——㊀陈润兰与李唯实1984《襄垣方言志》7襄垣话有七个单字调：阴平[˧]33|阳平[˩]11|上声[˨˩˧]213|去声[˥]55|入声[ʔ˧]<u>33</u>|入声B[ʔ˥]<u>55</u>|舒促调[ʔ˨˩˧]213|襄

垣话中有一些入声字已逐步向上声字音靠拢，即读上声的声调但带一个喉塞音尾［ʔ˨˩˧］。如“卒”［tsuʌːʔ˨˩˧］，“服”［fəːʔ˨˩˧］，因不同于入声和入声 B，故自成一个声调，叫作舒促调。‖李荣案：作者用长音符号［ː］表示“舒”，喉塞音［ʔ］表示“促”。同音字表管这些韵叫舒促韵。

㊁方言志 23 自成音节的［n］只有一个字：“你”［n˨˩˧］。襄垣方言志 13［n l］的说明见下。

㊂方言志 15［ȵi］共有五个字：［ȵi˩˧］泥呢妮尼｜［ȵi˨˩˧］你文

㊃方言志 23 止摄开口日母［l］共十字：［l˩˧］儿而爾｜［l˨˩˧］耳洱饵邇｜［l˥˧］二贰式

㊄方言志 15 遇摄日母［zu］共四字：［zu˩˧］如｜［zu˨˩˧］乳儒孺

长治——㊀侯精一 1985《长治方言志》18 长治市区方言有六个单字调：阴平［˨˩˧］213｜阳平［˨˦］24｜上声［˥˧˥］535｜阴去［˦］44｜阳去［˥˧］53｜入声［˥˦］<u>54</u>｜入声在“子”尾、“底”尾前和作为动词重叠式的前字分阴入、阳入，各有两个调值。

㊁方言志 17 韵母表后云：“此外，还有一个自成音节的［n］，只有‘人家’［n˨˦ tɕiᴇ˨˩˧］指某个人或某些人……‘你家’［n˥˧˥ tɕiᴇ˨˩˧］你们两个例子，未列入韵母表。”《报告》498 同。但上两例中第二字方言志 96 及《报告》117 均作轻声［·tɕiᴇ］。方言志 96 代词“你”［ni˥˧˥］，“你家”［n˥˧˥ ·tɕiᴇ］。这是长治区别于以上五处的特点。但是方言志上下文的记音不尽一致。114 语法例句“你去哪儿？——我进城。”［n˥˧˥ tɕʻy˦˥˦ nɑr˥˧˥？—— uə˥˧˥ tɕin˦ tsʻəŋ˨˦.］115—118 语法例句中“你”字十二见均作［ȵi˥˧˥］。《报告》291—306 语法例句跟方言志相同。方言志 129—131“你”［ni˥˧˥］一见，符合方言志 96；“你家”［ni˥˧˥ tɕiᴇ˨˩˧］三见，与方言志 96［n˥˧˥ ·tɕiᴇ］不合。《报告》313—315 同。

㊂方言志 39［ni］有五个字：［ni˨˦］尼泥水泥｜［ni˥˧˥］你｜［ni˥˧］腻倪

㊃方言志 59 止摄开口日母［ɚ］有七个字：［ɚ˨˦］儿而｜［ɚ˥˧˥］爾耳饵｜［ɚ˥˧］二贰

㊄方言志 41 遇摄日母［y］有三个字：［y˨˦］如｜［y˥˧˥］汝孺孺进去

潞城——潞城是长治市辖县，《长治方言志》7—8 与报告 501 说到长治市区与潞城方言差别，“儿耳爾二”等字潞城话是自成音节的［l］，长治是［ɚ］；“母某亩拇”等字，潞城话是自成音节的［m］，长治市区话是［mu］。没有说起长治自成音节的［n］与潞城有何差别，似乎可以假定两地相同。自成音节的［l m］两地的差别都说了。自成音节的［n］两地不同岂有不说之理。据《长治方言志》8，《报告》534 潞城话有七个单字调：阴平［˨˩˧］213｜阳平［˩˧］13｜上声［˥˧˥］535｜阴去［˥˧］53｜阳去［˩˧˩］131（报告［˧˦˧］343）｜阴入［ʔ˩˨］<u>12</u>｜阳入［ʔ˥˦］<u>54</u>（报告［ʔ˦˧］<u>43</u>）

离石——《报告》454，486 离石有六个单字调：阴平［˨˩˧］213｜阳平［˦］44｜上声［˧˩˨］312｜去声［˥˧］53｜阴入［˦］<u>44</u>｜阳入［˧˩˨］<u>312</u>

《报告》268 离石“你”［nzʅ˧˩˨；n˧˩˨］，比较上述各处方言，当为你白［n˧˩˨］，你文［nzʅ˧˩˨］。《报告》271 离石“你们”［nzʅ˧˩˨˦ məŋ˦；□ ȵiɛ˦］。前者是文读，后者是口语，大概是合音字。

《报告》453 离石止摄开口日母为［ɚ］，如“儿耳二”。

汾阳——《报告》457，486 汾阳有六个单字调：阴平［˧˨˦］324｜阳平［˨］22｜上声［˧˩˨］312｜去声［˥］55｜阴入［˨］<u>22</u>｜阳入［˧˩˨］<u>312</u>

《报告》268 汾阳“你”[□ n˧˩˧；你 ȵi˥˧]，271 汾阳“你们”[ȵi˧˩˧ məŋ˧˧˦（n˧˩˧ məŋ˧ ）]，似当为汾阳你白[n˧˩˧]，你文[ȵi˧˩˧]。《报告》456 [n] 自成音节只有一个字。单说时后边出现轻读[·nə]，连说时[·nə]脱落。

《报告》455 汾阳止摄开口日母为[ɚ]，如“儿爾耳二”。

上文列举各处方言的语料，现在综合讨论。讨论之前，先交代一些记音方式。①[ər] = [ɚ]，一律记作[ɚ]。②有的作品用数码记调值，现在改为五度制调号，列举或说明单字调时两者并用。有的作品短调记法内部不一致。比如用 [ʔ˦] 记短 4 调是用短调号记短调，[ʔ˧˨] 记短 32 调是用长调号记短调，现在改为[ʔ˦˦]记短 44 调，[ʔ˧˨]记短 32 调，[˨˩˧]记 213 调，[ʔ˨˩˧]记短 213 调。一律用长调号，至少用两个数码。③请注意祁县、沁县、长治、潞城四处 [n] 拼细音时音值是[ȵ]。④[nzʅ] 和 [mʅ] 可能音值相同，现在照引原文不改。⑤文白读必要时用小字注明，如“你白”和“你文”，相当于下加单线表示白读和下加双线表示文读。

以上九处方言中六处有方言志，语料较多，讨论时也以这六处为主。

㈠列举各处方言的单字调。除长治、潞城外，其他七处第二身代词口语都是自成音节的[n]上声。就来历说，“你乃里切 | 爾儿氏切 | 汝人渚切”三个字都有可能。现在依照各处方言志的写法，用“你白”与“你文”做讨论的出发点。

㈡各处方言你白[n]上声都没有同音字，甚至自成音节的[n]其他声调也少见。《祁县方言志》11 [n] 韵母收两个音。平声 [˧] 是“□这□：怎么”，上声 [˨˩˧] 是“你”。平声这个音不好懂，我看到 39 语法例句（5），才明白“这□”的音是[tsəʔ˨˩˧˦ n˧]（前字阳入，后字平声），是“怎么”的意思，“这”字原来当作“怎”字。《沁县方言志》4，韵母表说明云：“沁县方言中还有一个自成音节的韵母[n]，它只在记录口语的“你”和表示应答的语气时使用，本书没有收入。”表示应答的语气可以参考《新绛方言志》25“[m˧˨]答应（口头答应，心里并不同意）|[n˧˨]答应（表示同意）|[ŋ˧˨]答应（不仅同意，且有几分高兴）”。这些音对讨论本字并无帮助。上页提到长治还有[n˨˦]阳平。

文水、祁县、平遥、襄垣四处方言志的语法例句和标音举例都用“你白”[n]上声。只有《沁县方言志》用“你文”[mʅ˨˩˧]上声。这和作者“本书没有收入”[n]的话一致。可是这种记音法未免违反[n]记录口语的说法。上述长治方言志上下文记音不一致，可能表示优势方言的影响，长治的[n]逐渐变为[ni]，[n]逐渐减少，越来越接近“你文”的音。

㈢各处方言志“你文”都有或多或少同声韵字。在语音系统上反映来自“你乃里切”的音，接近优势方言中“你”[ni]上声的读法。例如北京[ni˨˩˦]、太原[ni˥˧]、西安[ni˥˧]。拿文水、祁县、平遥、沁县、襄垣五处的“你文”说吧。平遥㊂[ȵi]和襄垣㊂[ȵi]两条所收字，可以说明两处方言的“你文”，相当于优势方言的“你”，不待烦言。文水㊂[nzʅ]，祁县㊂[mʅ]，沁县㊂[mʅ]，其实也说明这三处方言的“你文”相当于优势方言的“你”。北京、太原、西安三处[p pʻ m t tʻ n tɕ tɕʻ ɕ]九声母[i]韵字，文水、祁县、沁县三处往往是[ʅ]韵字。北京“比”[pi˨˩˦]那三处分别是[pʅ˦˨ | pʅ˨˩˧ | pʅ˨˩˧]，不单是北京“你”[ni˨˩˦]那三处分别是[nzʅ˦˨ | mʅ˨˩˧ | mʅ˨˩˧]。

㊃某方言止摄开口日母字和㊄遇摄日母字同声韵，表示该方言“爾”和“汝”可能同音。各处方言㊃㊄都不同声韵，前者都不带圆唇成分，后者都带圆唇成分。这个事实倾向于“你白”来自止摄的“爾”字，不来自遇摄的“汝”字。

祁县、襄垣、潞城三处“你白”读［n］上声，止摄开口日母读［l］。前者鼻音，后者非鼻音。《襄垣方言志》13“［n］发音时舌尖顶住上齿龈，气流从鼻腔逸出（［n］只用在白话中，文读中不用）。［l］发音时舌尖顶住上齿龈而不离开，气流从舌两边逸出。”两者唯一差别是有无鼻音。若是我们假设止摄开口日母分化为鼻音和边音成音节，前者只有“爾”（=“你白”），后者是其他的字，也许是对祁县、襄垣、潞城三处“你白”（就是口语“爾白”字）读［n］上声，止摄开口日母其他字（“爾文”在内）读自成音节［l］合适的解释。

㊃止摄开口日母字文水读［e］，祁县、襄垣、潞城三处读自成音节的［l］，其他五处读［ɚ］。若是我们假设祁县口语的“你白”［nɥ］是“爾”，那么“爾”［lɥ］就是相对的文读。方言差别往往反映演变过程。［l→ɚ→e］可以解释九处方言止摄开口日母字三种读法的演变过程。参看赵元任1980《语言问题》商务印书馆第九讲第133页。

总结上文所说：①各处的口语［n］上声是“爾”的白读，相对的文读是［l ɚ e］。②各处的［n̩i nzʅ ɳʅ］上声是优势方言，即官话“你”（如北京［ni˨˩˦］）的借字。③各处用“你”字写［n］上声是训读的写法。

“爾”读［n］而止摄开口日母其他字读［l］，不妨参看江西都昌方言与广东南雄方言。易家乐《方言》1983《南雄方言记略》139，140 爾你［n˦˨］阴上，133“儿文而文”［l˨˩］阳平。陈昌仪《方言》1983《都昌（土塘）方言的两个特点》253，爾你［n˥˧］上声｜儿［l˦˨］阳平｜耳［l˥˧］上声｜二［l˧˨］阳去

一九九七年七月十一日校毕

［《方言》1997年第3期161—164页］

李 方 桂*

1902—1987

李方桂先生为世界著名的语言学家，原籍山西昔阳，1902年8月20日生于广州，1987年8月21日卒于美国加利福尼亚州红木城，享年85岁。

李先生1924年毕业于清华学校，到美国留学。1926年得密歇根大学学士学位，1927、1928年先后得芝加哥大学硕士、博士学位。1928年得哈佛大学研究奖金，并且到欧洲访问各国的语言学家。1929—1946年任历史语言研究所研究员。其间：1937—1939年任耶鲁大学访问教授。1946—1948年，1948—1949年，先后任哈佛大学、耶鲁大学访问教授。1949年任华盛顿大学教授，至1969年退休。同年任夏威夷大学教授，至1974年第二次退休。退休以后，继续研究著书。丁邦新编的《李方桂先生著作目录》《清华学报》新十四卷327—333页收录至1980年。1980年以前的著作可以补充 Siamese *khot*. *Monumenta Serica* 第三十三卷403—406页，1987—1988年。

李先生原来想学医，学医要学拉丁文德文，这就引起他对语言的兴趣。到美国留学的时候，他已决定学语言学。在留学期间，钻研印欧语言学，历史比较法。他一度甚至想教印欧语言学。1927—1929年，他多次调查美国和加拿大的印第安语，积累了田野工作的经验。这样就为他以后的事业打下了基础。

李先生对语言学的贡献是多方面的，这可以分成四项来说。一是汉语的研究，尤其是上古音的构拟。二是侗台语的调查与比较研究，尤其是古壮台语的构拟。三是藏语的研究，包括藏汉对音与古代西藏碑刻的研究。四是北美洲印第安语的调查研究。

上文说过，李先生在1927—1929年调查了好些北美洲的印第安语，其中 Mattole 语在调查时已经只有几个人会说，后来就没有人会了。这方面的研究成果从1930—1976年陆续发表。关于藏语的研究，其中最重要的是《唐蕃会盟碑考》《通报》第四十四卷1—99页，1956年。李先生晚年花很多时间在藏文的碑刻上。他和柯蔚南（South Coblin）合作的《古藏语碑文研究》，1987年6月台北历史语言研究所出版。李先生去世前不久才在病床上收到此书，他指着上边的署名对护士说："我的名字，我的名字。"

李先生的名山事业还是汉语和侗台语的研究。这里就下列五种著作举些要点来说。

《切韵》â 的来源《历史语言研究所集刊》第三本第一分1—38页，1931年

上古音研究《清华学报》新第九卷1—61页，1971年。又商务印书馆单行本，1982年

---

* 本文为李荣先生撰写，署名为《方言》编辑部。——编者注

三种水家话的初步比较《历史语言研究所特刊》67—74 页，1951 年

台语支与侗水语支 The Tai and the Kam-Sui Languages. *Lingua*第十四卷 148—179 页，1965 年

台语比较手册 *A Handbook of Comparative Tai*. The University Press of Hawaii. 1977.

在讨论之前，先引几段李先生关于方法论的话。

就现在的阶段而言，能成系统的考订上古音系的方法仍然要依据前面所提到的清代学者的研究：（一）古韵的分部，（二）谐声字的系统，（三）上古韵部与《切韵》的比较，以明了音韵的演变。（《上古音研究》商务印书馆本 5）

因为比较研究是求历史上的关系，所以全系的比较不如一支系的比较容易。因为相近的一小支的语言，它们的历史上的时间变迁都较少，比较起来简单；并且同较大的支系去比较也得拿它做基础。所以把西藏语同汉语比，就不如把西藏语同它相近的缅甸语比；把暹罗语同汉语比，就不如把暹罗语同它同系的别的台语比等。我们把台语系的系统弄清楚之后再与汉语比，那么我们就立在较稳固的基础上了。这也是印欧语言学比藏汉语言学进步较快的一大原因。……所以我的希望是将来中国的语言学者，亦必须有人专研究这较小支系，把各小支系的系统弄清楚；而暂不去做大规模空泛的比较。但是我也不希望，比方说，专研究汉语的可以一点不知道别的藏汉系语言。印欧的语言学者曾专门一系，但是也没有不通别系的。……所以依我的意见，将来的研究途径不外是"博而能精"；博于各种藏汉语的知识，而精于自己所专门的系统研究。（《藏汉系语言研究法》，1939 年 12 月 29 日的讲演稿，《国学季刊》第七卷第二期 165—175 页，1951 年 5 月。引文见 174—175 页。）

著者自从二十二年（1933 年）就从事于台语系的研究。一方面到各地实地调查收集材料。一方面做比较研究。（《三种水家话的初步比较》67）

《〈切韵〉â 的来源》根据《诗经》用韵和谐声字，论证《切韵》"泰谈盍"等韵的［â］上古音也是［*â］，跟"咍覃合"等韵来自上古音［*ə］的［â］不同，对比如下。为简单起见，"咍谈覃寒痕唐登"等韵用平声包括平上去三声；开合对立的韵只举开口，咍韵限于上古音之部字。

上古音 *â	泰 *âd	谈 *âm	盍 *âp	寒 *ân	曷 *ât	唐 *âŋ	铎 *âk
上古音 *ə	咍 *əg	覃 *əm	合 *əp	痕 *ən	没 *ət	登 *əŋ	德 *ək

从上古音到《切韵》音，表中各韵上古［*â］都不变，［-*d］>［-i］；上古［*ə］在［-*n -*t -*ŋ -*k］韵尾前头也不变，但在［-*g（>-i）-*m -*p］韵尾前头变成［â］。（高本汉构拟的《切韵》音"咍覃合"韵元音是短的［â］。）

《上古音研究》构拟上古音整个系统，比高本汉等人构拟的系统更加合理。这里不能细说。李先生认为上古音的鼻音边音各有清浊两套：

浊音　m　n　ŋ　l

清音　m̥　n̥　ŋ̊　l̥（也写作 hm　hn　hŋ　hl）

这里介绍他关于上古有清［n̥］声母的论证。

[n-]很少跟[t- d-]谐声，特殊的是有些[n-]往往跟送气的[th-]谐声。比方说，

能 n- ： 态 th-　　难 n- ： 叹 th-　　馁 n- ： 妥 th-

如果说同部位的鼻音和塞音可以自由互相谐声的话，浊音[n-]该多跟[d-]谐声，因为都是浊音。但是[n-]并不多跟[d-]谐声反而跟送气清塞音[th-]谐声。这类送气清塞音跟鼻音互谐，一定有他的缘故。李先生在贵州调查苗语时，发现苗语除了鼻音声母[n-]之外，还有不带音的鼻音声母[n̥-]，听起来仿佛是[n̥th-]。[n̥a]跟[n̥tha]是很相近的，不带音的[n̥-]变成[th-]不是不可能的。[th-]母字能够跟鼻音[n-]谐声，是因为这一类[th-]母字是从上古[*n̥-]来的。([t- th- d- n-]分别表示"端透定泥"四母。这一段节引《上古音研究》商务印书馆本 19，100—101 页。)

构拟古音是个"摆事实，讲道理"的工作，不能"想当然耳"。就当前的问题说，"摆事实"是指出[n-]跟[th-]谐声而少跟[t- d-]谐声。据作者所知，以前似乎没有人明白点出这个事实。上述[n-]跟[th-]谐声的例都是常用字。可是以前认为这是鼻音跟同部位塞音谐声的少数例外，跟"百拍白陌"是"帮滂并明"四母字谐声，"更硬"是"见疑"两母字谐声相同：

百 p- ： 拍 ph- ： 白 b- ： 陌 m-　　更 k- ： 硬 ŋ-

不再深入思考。"事实"很多，需要识别、选择、分类的功夫。假设跟[n-]谐声的[th-]来自清鼻音[*n̥-]；同时举出苗语有[n-]又有[n̥-]，[n̥-]听起来像[n̥th-]的旁证，这是"讲道理"。①

研究古台语跟研究汉语的上古音在原理上是相同的，在方法上有很大的差别。比较现代汉语方言，大多数语音相合点(phonetic correspondences)可以追溯到中古音(《切韵》系统)。现代汉语方言一下子跟上古音联系不上。研究侗台语，就得调查侗台语。李先生研究侗台语就像上文第 2 页引文说的，集中力量研究一个支系，一面调查，一面比较。1933 年，他先到暹罗学习暹罗语文，回来之后到广西、贵州、云南调查少数民族语言，其中大多数是侗水语。先后共调查了二十几种语言，陆续发表了一大批调查报告和专题论文，包括第 1 页列出的三项比较研究和第 6 页列出的三篇论文。

《三种水家话的初步比较》67 页说：

> 水家话(Sui)是贵州东南部的一种语言。分布在荔波、三都、榕江、从江等县。各地方言不一。我们现在要讨论的是：(1)荔波县境内的水利及水岩两个村子的方言，(2)荔波县北部的水婆方言，还有(3)榕江县境内一种水家话。这三种方言，在语音上虽然有些不同的地方，但是他们能够互相了解。
>
> 这个初步比较研究，主要的意思是就水家方言本身来看他的音韵系统及其演变的大势。至于他跟别的语言的关系，例如侗家话(Kam)，莫家话(Mak)，羊黄话(T'en)，以

---

① 1983 年李先生回国。有一回他问本刊编者："听说你反对研究古音？"编者回答："我不反对研究古音，我反对胡说古音。"李先生说："我也反对 psychic reconstruction。"

及台语系（Tai）等，我们在这个短文里，不能详细讨论。

《台语支与侗水语支》对比台语支三种语言（方言）与水语支五种语言（方言）的异同，最后罗列这八种语言（方言）325条词汇。台语支三种语言指台语西南支的暹罗话（泰国的标准语），台语中支的广西龙州话，跟台语北支云南富宁县的剥隘话。水语支五种语言（方言）指刚才说的三种水家话，贵州荔波县西北境方村的莫家话，贵州惠水县的羊黄话。因为这篇文字没有收侗家话的材料，作者在正文里用“水语支”，不用“侗水语支”。

《台语比较手册》对比暹罗话、龙州话、剥隘话三种台语，并用其他台语补充，全面构拟古台语的声韵调。作为准备，作者在本书写作前编了一部二十几种语言的比较字典。本书博大精深，是台语研究的划时代著作。凡是音韵结构类似的语言，比较的时候都可拿本书做参考。

用比较的方法构拟古音一般有两步手续：一是找出各语言（方言）之间的同源字，比较各语言（方言）同源字之间的语音相合点；二是为每个相合点拟定古音，各相合点的古音组成一个系统，并且能讲通古今音变。现在从《台语比较手册》选录11个古声母的例字。台语古声调有A B C D四类，后头的1和2表示清声母和浊声母，S和L表示短元音和长元音。台语有的方言D类调依元音长短分调，跟粤语类似。

	古声母	古声调	暹罗	龙州	剥隘	《手册》的页码
父或母的姐姐	*p	C1	paa	paa	paa	61
片，扁平物的量词	*ph	B1	phɛɛn	pheen	peen	64
败	*b	B2	phaai	paai	paai	66
旱地	*ʔb	D1S	bok	buk	mɔk	69
你	*m	A2	mɯŋ	maɯ	mɯŋ	72
新	*hm	B1	mai	maɯ	moo	75
云	*f	C1	faa	phaa	fɯɯ	77
稻草	*v	A2	faaŋ	faaŋ	fɯɯŋ	80
扇子	*w	A2	wii	vii	pii	81
甜	*hw	A1	waan	vaan	vaan	82

以上例字，长元音用双元音表示，[aa]=[aː]。后高元音[ɯ]《手册》作[ï]。

汉语与台语在语音构造和语音演变上有很多共同点：（1）汉语台语都有声调。汉语分平上去入四声，台语也有四声，不过没有传统的名称，一般叫A B C D，D收促音，相当于入声。（2）汉语台语声母的清浊都影响声调的演变。（3）汉语台语[b- d- g- dʑ- z- ɣ-]一类浊声母都有清音化的趋势。汉语还有吴语等少数方言保持上述那类声母的浊音，台语走得更远，台语方言里上述那类浊声母都变成清声母了。因此古声母的构拟离不开声调的演变。

汉语与台语声母跟声调的关系当然也略有不同。同是古浊音声母，汉语的[b d g dz z]和[m n ŋ l]对声调演变的影响就不完全相同。传统音韵学把浊声母分为两类：[b]等叫全浊，[m]等叫次浊。从《切韵》音到北京语音，次浊全浊对古平声和古去声的演变影响相同，分别读今音阳平和去声；对古上声和古入声的影响就不同了：古次浊上声今读上声，跟古清音上声相同，跟古全浊上声今读去声不同；古次浊入声今读去声，全浊入声今读阳平。至于古清音声母对声调演变的影响，在多数方言里是内部一致的。在北京语音里，古清音平声今读阴平，古清音上声今读上声，古清音去声今读去声；至于古清音入声今分归阴阳上去，大概与方言的混合有关，并不是因为各种清音的发音方法不同而起的分化。汉语方言里也有清音因发音方法不同对声调发展有不同影响的，比方清音送气就影响南昌话和江苏吴江话声调的演变。请参看熊正辉《南昌方言的声调及其演变》，见《方言》季刊1979年275—283页，叶祥苓《吴江方言声调再调查》，见《方言》季刊1983年32—35页。请看表一《汉语声母与声调演变的关系》，并且跟表二台语的表比较。为简单起见，表一只列北京，不列其他方言。

表一　汉语声母与声调演变的关系

<table>
<tr><td>古四声</td><td colspan="3">平</td><td colspan="3">上</td><td colspan="3">去</td><td colspan="3">入</td></tr>
<tr><td rowspan="2">古声母</td><td rowspan="2">清</td><td colspan="2">浊</td><td rowspan="2">清</td><td colspan="2">浊</td><td rowspan="2">清</td><td colspan="2">浊</td><td rowspan="2">清</td><td colspan="2">浊</td></tr>
<tr><td>次浊</td><td>全浊</td><td>次浊</td><td>全浊</td><td>次浊</td><td>全浊</td><td>次浊</td><td>全浊</td></tr>
<tr><td>例字</td><td>天</td><td>年</td><td>田</td><td>九</td><td>柳</td><td>舅</td><td>救</td><td>又</td><td>旧</td><td>摘国脚壁</td><td>麦</td><td>白</td></tr>
<tr><td rowspan="2">北京</td><td>tʻian˥</td><td>nian˧˥</td><td>tʻian˧˥</td><td>tɕiou˨˩˦</td><td>liou˨˩˦</td><td>tɕiou˥˩</td><td>tɕiou˥˩</td><td>iou˥˩</td><td>tɕiou˥˩</td><td></td><td>mai˥˩</td><td>bai˧˥</td></tr>
<tr><td>阴平</td><td colspan="2">阳平</td><td colspan="2">上声</td><td>去声</td><td colspan="3">去声</td><td>阴阳上去</td><td>去声</td><td>阳平</td></tr>
</table>

表二　台语声母与声调演变的关系

<table>
<tr><td>古四声</td><td colspan="2">古声母</td><td>龙州</td><td>武鸣</td><td>暹罗</td><td>那坤</td><td>景迈</td><td>剥隘</td><td>天保</td></tr>
<tr><td rowspan="5">A</td><td rowspan="4">清</td><td>送气　清塞音</td><td rowspan="4">˧</td><td rowspan="4">˧</td><td rowspan="2">˧˥</td><td rowspan="2">高降</td><td rowspan="3">升</td><td rowspan="3">˧˥</td><td rowspan="3">˧˥˦</td></tr>
<tr><td>清擦音清鼻音</td></tr>
<tr><td>不送气清塞音</td><td rowspan="3">˧</td><td rowspan="2">中滑</td></tr>
<tr><td>（带）喉塞音</td><td rowspan="2">中平</td><td>˧˩</td><td rowspan="2">˧˩</td></tr>
<tr><td colspan="2">浊</td><td>˧˩</td><td>˧˩</td><td>中降</td><td>˥</td></tr>
<tr><td rowspan="5">B</td><td rowspan="4">清</td><td>送气　清塞音</td><td rowspan="4">˥</td><td rowspan="4">˧˥</td><td rowspan="4">˨</td><td rowspan="2">高降</td><td rowspan="4">低平</td><td rowspan="4">˨</td><td>˧</td></tr>
<tr><td>清擦音清鼻音</td><td rowspan="2">˦˨</td></tr>
<tr><td>不送气清塞音</td><td rowspan="2">中滑</td></tr>
<tr><td>（带）喉塞音</td><td rowspan="2">˧</td></tr>
<tr><td colspan="2">浊</td><td>˩</td><td>˨˦</td><td>˥˩</td><td>升</td><td>降</td><td>˧˩</td></tr>
<tr><td rowspan="5">C</td><td rowspan="4">清</td><td>送气　清塞音</td><td rowspan="4">˧˥</td><td rowspan="4">˥</td><td rowspan="4">˥˩</td><td rowspan="2">高平</td><td rowspan="4">半高平</td><td rowspan="4">˦</td><td rowspan="4">˧˥</td></tr>
<tr><td>清擦音清鼻音</td></tr>
<tr><td>不送气清塞音</td><td rowspan="2">中平</td></tr>
<tr><td>（带）喉塞音</td></tr>
<tr><td colspan="2">浊</td><td>˩</td><td>˥˩</td><td>˦˥˧</td><td>低平</td><td>高平</td><td>˧</td><td>˨˦</td></tr>
</table>

续表

<table>
<tr><th>古四声</th><th colspan="2">古声母</th><th>龙州</th><th>武鸣</th><th>暹罗</th><th>那坤</th><th>景迈</th><th>剥隘</th><th>天保</th></tr>
<tr><td rowspan="5">D
短元音</td><td rowspan="4">清</td><td>送气　清塞音</td><td rowspan="4">˥</td><td rowspan="4">˥</td><td rowspan="4">˨</td><td rowspan="2">高平</td><td rowspan="4">升</td><td rowspan="3">˥</td><td rowspan="4">˥</td></tr>
<tr><td>清擦音清鼻音</td></tr>
<tr><td>不送气清塞音</td><td rowspan="2">升</td></tr>
<tr><td>（带）喉塞音</td><td rowspan="2">˦</td></tr>
<tr><td colspan="2">浊</td><td>˧˩</td><td>˨</td><td>˥</td><td>低平</td><td>高</td><td>˧</td></tr>
<tr><td rowspan="5">D
长元音</td><td rowspan="4">清</td><td>送气　清塞音</td><td rowspan="4">˥</td><td rowspan="4">˧˥</td><td rowspan="4">˨</td><td rowspan="2">高平</td><td rowspan="4">低</td><td rowspan="4">˨</td><td>˧</td></tr>
<tr><td>清擦音清鼻音</td><td rowspan="2">˦˨</td></tr>
<tr><td>不送气清塞音</td><td rowspan="2">中平</td></tr>
<tr><td>（带）喉塞音</td><td rowspan="2">˧</td></tr>
<tr><td colspan="2">浊</td><td>˧˩</td><td>˦˨</td><td>˧˩</td><td>升</td><td>降</td><td>˧˩</td></tr>
</table>

台语浊音声母对声调演变的影响是一致的，浊音不因发音方法不同对声调发展有不同的影响；清音声母因发音方法不同往往对声调发展有不同的影响，见第 5 页表二《台语声母与声调演变的关系》。表里浊音声母不分类，清音声母分四类，这里给每类各举些例。

甲　送气　清塞音——［ph th kh tɕh］

乙　清擦音清鼻音——［f s h hl hm hn hŋ］

丙　不送气清塞音——［p t k tɕ］

丁　（带）喉塞音——［ʔ ʔb ʔd ʔj ʔw］

只有把清声母分成这四类，才能看清楚清声母对各种台语方言声调演变不同的影响。

认识有个发展的过程。把古台语清声母分成这样四类，首先要做到一破一立。破是破除"暹罗文声母分高中低三套古已有之"的成见。立是立现代暹罗话浊声母［b- d-］来自古带喉塞音的浊声母。李先生是首先做到这两项，并且提出古台语清声母分成上述四类，才能解释所有的台语方言。现在根据他下列三篇论文制成表二，以便观览。并节引原文，略加说明。

古台语之带喉塞音声母 The hypothesis of a pre-glottalized series of consonants in primitive Tai.《历史语言研究所集刊》第 11 本第一、二分合刊 1—11 页，重庆，1943 年［以后重印时改为 178—188 页］

古台语喉塞音及带喉塞音声母对于剥隘声调系统之影响《中国文化汇刊》第四卷下 59—67 页，成都，1944 年

台语声母及声调的关系《历史语言研究所集刊》第 34 本上册 31—36 页，1962 年

暹罗话的［b- d-］几乎在现代所有台语方言里都读浊音。但是这些声母对声调的影响跟其他清音声母一样。马伯乐以为这两个音本来是"清的软音"，这是调和的说法。"软音"用来解释今读浊音，"清的"用来解释对声调的影响。但是这种说法假设台语有个浊音化的过程，这是跟台语浊音声母清音化的总趋势矛盾的。现代台语方言有带喉塞音声母，如武鸣有［ʔb- ʔd- ʔj- ʔw-］。例如 B1 调"肩，骂"暹罗［baa˨ daa˨］，武鸣［ʔbaa˧˥ ʔdaa˧˥］。因此我们可

以假设今暹罗话［b- d-］来自古台语［*ʔb- *ʔd-］。依台语惯例，复辅音声母如［pl- bl-］等皆以第一辅音定清浊。所以［ʔb- ʔd- ʔj- ʔw-］等也应用喉塞音为定清浊的标准，对于声调的影响也应与喉塞音相同。最巧的是喉塞音在剥隘、册亨、天保等方言中发生特殊影响，这种现象也完全见于带喉塞音声母的字中，这可使我们确定这些声母前面是带有喉塞音的。

龙州和武鸣的壮语把声母分成清浊两类，每个声调都依古声母的清浊分成两类。龙州D调长短元音同调，武鸣D调长短元音不同调。

暹罗文把声母分为高中低三类，"高"包括甲"送气清塞音"与乙"清擦音清鼻音"，"中"包括丙"不送气清塞音"与丁"喉塞音与带喉塞音声母"［表二从简作"（带）喉塞音"］，"低"指浊声母。暹罗话除A调中声母与低声母同调外，其他各调都是高中声母同调。事实上仍把每个声调分化为二。泰国台语中，那坤声母也是三分法与暹罗话相同，景迈三分法而分法与暹罗话不同。我国剥隘台语三分法与景迈相同，但是对声调影响与景迈不同。天保方言要把声母分成四类才能解释声调的演变，注意天保方言［h-］声母归到甲类。表二各方言清声母对声调影响的分歧，说明清声母分类是个后起的现象。

汉语台语声母清浊对声调演变的影响同中有异，特别值得汉语方言工作者注意。汉语方言工作者从李方桂先生的台语论文，尤其台语比较研究的论文可以得到很多启发。

［《方言》1988年第1期1—6页］

丁 声 树

1909年3月9日—1989年3月1日

1939年秋天，我到昆明上西南联合大学，才听说丁声树的名字。那时候丁先生的成名之作——《释否定词“弗”“不”》已经发表了五年了。《诗经“式”字说》发表了也有三年了。1950年夏天语言研究所成立，我那年秋天进语言研究所，这才第一次见到丁先生。丁先生高个子，总在一米七五以上，脑门子（前额）也高。

丁先生在中央研究院历史语言研究所的时候，先后参加过四个省的汉语方言调查：1935年10月湖南，1936年4月湖北，1940年3月云南，1941年10月四川。语言研究所成立后，1952—1953年，丁先生主持语法小组的工作，《语法讲话》在《中国语文》连载。1961年出单行本，书名为《现代汉语语法讲话》。后来丁先生的工作逐渐转移到方言上。1956年起，教育部和语言研究所合办普通话语音研究班，半年一期，前三期着重培养方言调查人员，丁先生率领方言组全班人马都住到研究班。1958年夏天，丁先生率领方言组到张家口地区调查方言。1959年春天，丁先生率领方言组到昌黎县调查方言。《昌黎方言志》1960年7月由科学出版社出第一版，1984年7月由上海教育出版社出新一版。1959年起，丁先生的工作又逐渐转移到词典上。《现代汉语词典》的试印本是1960年印出来的。其中有三分之一是丁先生看过油印稿才发排的。1961年，丁先生正式调到词典室主持工作；1979年10月9日住院，一直卧病到1989年3月1日逝世。1961年，我也临时调到词典室，帮忙修订《现代汉语词典》，到1963年冬天为止。从语法小组到方言组，到词典室，我一直跟着丁先生工作。我们把词典修订工作叫做“通读”，“通读”就是把试印本从头到尾读一遍，能修改的就修改，不能修改的就“仍旧贯”。我总是先走一步，把“把关”的权力和责任留给丁先生。

丁先生有一回填干部履历表，在“专长”一栏填“粗知汉语音韵训诂，略有方言调查经验”。现在说说丁先生在这三方面的贡献。

丁先生在音韵方面的专著有1957《汉语音韵讲义》[①]与1958《古今字音对照手册》。《手册》是《讲义》的基础，《讲义》是《手册》的升华。《汉语音韵讲义》文字精练，条理清楚。内容都是已知的，说法全是新鲜的。《讲义》跟《方言调查字表》对读，可以初步掌握《切韵》系统与北京语音的关系。《手册》有好些本字的考订。考订本字根据古今音变的规律，又充实了古今音变的规律。还有，《手册》的例言是一篇无懈可击的文字。

现在说到音韵方面的论文。音韵学的中心内容是语音的构造、对应与演变。1952《谈

① 丁先生著作前用阿拉伯数字注明写成的年份。《讲义》与《手册》几乎同时开始写作。

谈语音构造和语音演变的规律》，这篇用最浅显的文字，说明最基本的道理。1943《“碚”字音读答问》，1962《说“匼”字音》，这两篇贯串古今，解决音韵的实际问题。《“碚”字音读答问》末了说：

> 川省地名，他方人误读者，不仅北碚一例。綦江之“綦”本音旗帜之“旗”，犍为之“犍”本音乾坤之“乾”，每闻他方人呼“綦”如“基”，呼“犍”如“健”，而本省人则未尝误。盖口耳相传，易存旧读，而望文为音，辄致讹变，亦语文之通例然也。

从个案引出通例，这是丁先生作文的一种方法。

在训诂方面，丁先生以剖析文义起家，终于坠入字网——编字典。剖析文义最难人的是差不多的字眼。盘根错节，乃见利器。这才显出作者的功夫。这里举四篇论文来说。每篇篇目之后，节引原文要点。

1934《释否定词“弗”“不”》——“弗”字似乎是一个含有“代名词的宾语”的否定词，略与“不之”二字相当；“不”字则只是一个单纯的否定词。

1938《诗卷耳芣苢“采采”说》——［诗］采绿之“采”自为外动词，而卷耳芣苢之“采采”自为形容词，二者不可牵合。依文法构造言：“终朝采绿，不盈一匊。”“终朝采蓝，不盈一襜。”各有二述语而为两句，而“采采卷耳不盈顷筐”则止有一述语而为一句。

1942《论诗经中的“何”“曷”“胡”》——㈠“何”字在诗经中有以下几种用法是“曷”“胡”二字所少有或者根本没有的：①表“何物”“何事”，如今语“什么”。［例如］其赠维何？|亦又何求？|②加于名词（不限事物）之上。也如今语“什么”。［例如］彼何人斯？|何草不黄？|③与“如”连用，“如何”“如之何”表方法程度状态等，如今语“怎么”“多么”。［例如］伐柯如何？|析薪如之何？|夜如何其？|我劳如何！|④表“何处”，如今语“什么地方”“哪里”。［例如］云徂何往？|于何其臻？|㈡“曷”在诗经中最大多数的用法是表“何时”，而且专指未来时间。如今语“到什么时候”，“到哪一天”。［例如］曷至哉？|曷云其还？|这种用法是“何”“胡”二字所没有的。㈢“胡”在诗经中几乎一律是表“何故”。如今语“为什么”。［例如］胡不归？|胡俾我瘉？|“何”“曷”二字在诗经中这么用的很少。

1948《“早晚”与“何当”》——［“早晚”与“何当”皆问时之词。］盖“何当”之用局于未然（将来之何时），“早晚”则可施于未然，亦可施于已然（过去之何时），用法上范围较广耳。

这些论文都可以作论说文字的范本。

本文起稿时，作者对读史汉《辕固生传》，无意中为《释否定词“弗”“不”》发现一对好例句：

> 桀纣之民不为之使而归汤武《史记》一二一《辕固生传》
>
> 桀纣之民弗为使而归汤武《汉书》八十八《辕固生传》

《汉书·辕固生传》根据《史记》，《史记》的“不为之使”《汉书》作“弗为使”，证实丁先生“弗”字略与“不之”二字相当的说法。

现在说到编字典。通读《现代汉语词典》虽说费了三年，1961年到1963年，其实只有两年半。开头半年是校改《新华字典》，一面校对清样，一面修改。用丁先生的话说是“先练练兵”。《现代汉语词典》用白话解释白话，突破前人用文言解释白话的框框，意义分析周到妥帖，虚字用法提要钩玄，可以说是训诂学上一项成就。《新华字典》与《现代汉语词典》，书成于众人之手，得失利弊，是非功过，账不能全记在丁先生名下。丁先生是最后把关人，责任最大。这里只举“未免”跟轻声“了”[·lə]字两条为例。这两条丁先生都仔细推敲过。

先说轻声“了”字，这一条改过两次。第一次是修订《新华字典》，最妙的是底下的例句：

> ②助词，用在句子的末尾或句中停顿的地方，表示变化，表示出现新的情况。1. 指明已经出现或将要出现某种情况：下雨～|开饭～|今天已经星期六～，明天就是星期日～。

定义给读者轮廓，例句给读者全貌。配上合适的例句，整个注释就活了。第二次是通读试印本，试用本轻声“了”字的注释就更细密了。抄录如下：

> 【了】·le 助词。①用在动词或形容词后面，表示动作或变化已经完成。a）用于实际已经发生的动作或变化：他们这个小组受到～表扬|水位已经低～两米。b）用于预期的或假设的动作：你先去，我下～班就去|他要知道～这个消息，一定也很高兴。②用在句子的末尾或句中停顿的地方，表示变化，表示出现新的情况。a）表示已经出现或将要出现某种情况：下雨～|春天～，桃花都开～|他吃了饭～|天快黑～，今天去不成～。b）表示在某种条件之下出现某种情况：天一下雨，我就不出门～|你早来一天就见着他～。c）表示认识、想法、主张、行动等有变化：我现在明白他的意思～|他本来不想去，后来还是去～。d）表示催促或劝止：走～，走～，不能再等～！|好～，不要老说这些事～！

“未免”很难下注。请对比试印本与试用本“难免、不免、未免”三条注释的异同：

试印本　【难免】不容易避免：开始搞一个新的工作时，困难是～的。

试用本　【难免】不容易避免：没有经验，就～要犯错误。

试印本　【不免】免不了：他想到自己的缺点，～有些惭愧。

试用本　【不免】免不了：这段公路太窄，往来车辆有时～拥塞。

试印本　【未免】不免：你的话～多了些。

试用本　【未免】实在不能不说是……（表示不以为然）：你的话～多了些|他这样对待客人，～不礼貌。

“难免、不免”两条试用本沿用试印本的定义，更动例句。“未免”条试用本改定义，点出“未免”跟“不免”的差别。《现代汉语词典》1978年第一版第一次印刷又有改动：

第一版　【未免】①实在不能不说是……（表示不以为然）：你的顾虑～多了些|他这样对待客人，～不礼貌。②〈书〉不免。

主要是恢复试印本的定义作为义项②，因为“未免”跟“不免”有共同之处。例如《世说新语·言语》“苟未免有情，亦复谁能遣此。”不过“未免”口气比“不免”婉转些，好比“他没说，他没同意”口气比“他不说，他不同意”婉转。“未能免俗”口气也比“不能免俗”婉转些。1989年4月8日下午五点左右，中央电视二台播放的故事片《大侦探》里，主人对夜里进入他家用武力取回宝物的杜先生说：“你这样做未免太不公道。”这句话可以作“未免”义项①的例句。

丁先生编字典，造句用字，十分拘泥。丁先生也有不拘泥的时候。有一次我提出，“国家”等好些条目，定义都有堂皇的依据，可是不合平常的说话。丁先生的回答很简单：“食肉不食马肝，不为不知味。”这是汉景帝裁决两个书呆子争论“商汤周武是受命还是放杀桀纣”的话。司马迁接着点出：《史记》一二一“言学者无言汤武受命，不为愚”。丁先生是想说，进退两难的条目不必死抠，不能较真儿。汉景帝的金口玉言，一定减少了《现代汉语词典》很多麻烦。可是这又有什么用呢？无论你是谨慎还是冒失，无论你编字典编得好，编不好，还是编得不好，挨批是必然的，在劫难逃。李锐挽田家英诗云：

> 水暖春江犹在劫，只缘佛法本无边。

丁先生在方言研究上的贡献有三项：一是培养干部。1956年全年跟1957年上半年，他率领方言组全班人马都住在语音研究班投入教学工作，一星期回一天家。三十年来研究班学员做了很多方言工作，有的在教学上研究上颇有成就。二是编1956《方言调查词汇手册》与1958《方言调查词汇表》。前者经过几十年使用，证实有适当的预见性。三是写方言调查报告。1938《湖北方言调查报告》与1960《昌黎方言志》都是集体写作的。《湖北方言调查报告》是赵元任先生主持的。那里头有许多精辟的见解，精彩的议论，不知出于何人手笔。有一次我跟丁先生说起，《总说明》里调查用字表所附词汇常见字说明，交代一些常用字的音韵地位，简单明白。丁先生说是他起草的。藕是嫩的甜，姜是老的辣。青年思想新鲜，老年境界开阔。丁先生的作品，无论早年的晚年的，都有看头，耐咀嚼。《湖北方言调查报告》的序文末了一段是：

> 湖北报告写完了，有了个模型以后，湖南江西比较的好写，我们的调查队不久又可以向河北东三省等处去调查方言了。

序文署的年月日是“中华民国二十七年七月七日”，署的作者是五个人序于昆明。这是卢沟桥事变周年纪念日。序文的年份一定不错，月份虽不中不远矣，日子我怕没有那么巧，大概是有意写的。那时候我国东部半壁江山都被敌人占领，东三省早在九一八事变后就沦陷了。所以说“我们的调查队不久又可以向河北东三省等处去调查方言了。”民国二十七年是1938年，那一年丁先生年方而立。《昌黎方言志》是丁先生主持的，声韵调是他定的，分类词表是他起的稿。全书他都过过目。方言地图他每条每处校对。语法特点他老强调话不要说满了。

1979年《方言》创刊。我事前没有跟丁先生商议。当时想出满一年之后再跟他研究如何改进。《方言》第三期8月24日出版，179—181面登了美国学者罗杰瑞的《闽语里的“治”字》。九月，方言组黄雪贞准备到福建永定调查客家话，去看丁先生。黄雪贞提起，据说永定音硬，梅县音软，不知道什么叫音硬音软，怕对付不了。丁先生听黄雪贞说要出门调查挺高兴。他说《方言》办得还好，不仅登国内的文章，还登外国人的文章，这在以前是没有的。他仔细看了罗杰瑞讨论“治”字的文章，说写得不错。外国人对中国方言的问题研究得这么深，说明人家这么多年一直在研究，没有停止。我们的步伐要加大，否则就要落后。研究方言要实地调查，要掌握第一手的资料。耳听为虚（别人对方言的评语是空的），眼见为实（自己调查的是实在的）。要调查事实，不管别人说音硬音软。有问题回来可以一起讨论，一起研究。我老了，跑不动了，希望你们多跑跑。不要老觉得自己不行，出去几次，掌握的第一手资料多了，就行了。

这是丁先生晚年发表的对方言工作的重要意见。丁先生说他老了，不能出去调查方言了，就好比好酒的人说他再不能喝酒了。

十月，丁先生病了。病了还是丁声树，照样背书，照样认难字。他在病床上背着书教他的独生女丁炎学习。有一次，方言组邵颖瓛到医院照顾丁先生。丁先生问他的姓名，他就把名字的读法跟写法都说了。丁先生立刻说“瓛”字有“桓”跟“獻”两个音。我听了真高兴，我想丁先生出院还是八级工。谁知道后来丁先生在病床上又犯了脑溢血。

丁先生不但善于研究语言，剖析文字，还善于运用语言，调度文字。这里举出丁先生的三条“创作”，两条他引用的诗文。

丁先生坐公共汽车有两条口诀：“车上的人多不上，上车的人多不上。”怪不得丁先生上班常常早到迟退。上车的“上”古音上声，车上的“上”古音去声，这是丁先生的文字游戏。

五十年代，语法研究很热闹。有个妄人很希望丁先生能对他的作品表示意见。丁先生说：“你有胡说的自由，我有不理的自由。”

1974 年，坦克车里的乱箭手吹捧《现代汉语词典》是“封资修的大杂烩”。有人大批判开路，一面批试用本，一面编词典，还嫌批判对象老跟着他。丁先生说：“你老抄他，他怎么不老跟着你！”

大概 1966 年天下已经大乱全所还没集中的时候，丁先生我们六位都上日托的牛棚。牛者，牛鬼蛇神也。日托是说上班进棚，下班回家。牧童手不持鞭，往往吩咐完了就走。有一回有件需要技巧的工作，连那位最有机械脑子的同棚都无所施其技。我就哼了一句“蚊子叮铁牛”，丁先生立刻接着说“无渠下嘴处”。我浙江台州人，寒山子久居天台，我读《寒山子诗集》是乡曲之见。丁先生河南邓县人，《寒山子诗集》这么熟。牛棚顶上的太阳是钉着的，只有寒山子才能叫他移动。

丁先生一生谨慎，常常引用薛宝钗的名言：“小心没过逾的。”所以《现代汉语词典》先出试用本。这一回可上了薛宝钗的当。十年编不出词典，成了丁先生批判会的保留节目。

丁先生做学问有什么秘诀？50 年代早期，语言所常常讨论培养干部。有人大声疾呼，要有学问的把秘诀交出来，不要保留。丁先生当然是个喊话对象。丁先生的秘诀在一个对子里。丁先生善于对对子。三十年代早期，北京有人命题，上联是“孙行者”，有人对的下联是“胡适之”，丁先生说他对的下联是“祖冲之”。要找第三个下联恐怕不容易了。丁先生记得很多好对子，有一个是他用来劝人好学的：

书山有路勤为径，学海无涯苦作舟。

丁先生的秘诀原来就是勤学苦练。丁先生脑子好，这是天赋，没有办法学。丁先生勤学苦练，这可是谁都能学的。

读书是丁先生的生活，作文是丁先生的工作。读书作文是他平日安身立命之所；无可奈何之日，也是他安身立命之所。1938年，丁先生在《诗卷耳芣苢“采采”说》末了一段假设外动词重叠始于汉代：

夫外动词之用叠字，此今语所恆有如言“采采花”，“锄锄地”，“读读书”，“作作诗”，之类，而稽之三百篇乃无其例；且以声树之寡学，仰屋而思，三百篇外先秦群经诸子中似亦乏叠字外动词之确例：是诚至可骇怪之事。窃疑周秦已上叠字之在语言中者，其用虽广如上所举“名”“状”“内动”诸词皆是，而犹未及于外动词；外动词盖只有单言，尚无重言之习惯，故不见于载籍。降及汉代，语例渐变，叠字之用浸以扩张，向之未施于外动词者今亦延及于外动词。习之于唇吻者，不觉即形之于简编；毛氏诗传训“采采”为“事采之”，韩诗章句亦言“采采而不已”，殆皆狃于当日语言之常例以释诗而不自知其乖违；郑玄注经，每以汉代之典制况古礼，毛韩两家诗说之解“采采”乃以汉代之语例揣古言：此固汉儒说经之通蔽；然古今语言迁变之迹，藉此犹得略窥其一二。此亦中国语言史上语例演化之一端，考文者所宜深究也。

谦逊的口气略带“踌躇满志”的自信。

1966年，那时候我国正大踏步走向灾难的深渊，有一天，丁先生回家还手不释卷。老婆孩子说：“还看书？”意思大概是读书闯了这么大祸，整天挨批挨斗，回家该歇歇了。丁先生的回答出乎妻女意料之外：

黑牌也挂了，街也游了，小锣儿也敲了，还不让看点儿书呀！

这是丁太太告诉我的。我想游街是在北京相传三大凶宅之一端王府大院里游的，但是一不能说“游园”，二不能说“游院”，原话一定说的是“游街”。上天无路，入地无门，不看书你干什么？

我问过丁先生想写什么文章，想写什么书，他说想写几条《诗经》的笔记。请看丁先生《诗卷耳芣苢“采采”说》的后记：

民国十九二十年间，声树尚在北京大学读书，时黄晦闻先生主讲毛诗，箸有诗旨纂辞印授诸生。声树受读之余，每生疑滞；或有触发，随笔疏记，一年之间积得读诗札记三十余条；自惭陋学，杂之旧稿中，不敢示人。去岁卢沟桥之变，岛夷肆虐，冯陵神州；庐山一呼，全国赴难。不自揣量，亦欲放下纸笔，执干戈以卫社稷，遂举十年中藏读之书积存之稿而尽弃之。人事因循，载离寒暑，未遂从戎之愿，空怀报国之心。……即以曩之读诗札记第一条说“采采”者，就所忆持，撰为此篇。

丁先生当年的札记三十余条，写成发表的几篇上文都已经说了。我常跟他提《汉书》

八十一《匡衡传》里的四句话："无说诗，匡鼎来。匡说诗，解人颐。"希望他能够写出来，先睹为快。大匠不示人以璞，丁先生不轻易作文。别看丁先生博闻强记，他写作时总要查对原始资料。丁先生思想敏锐，反应迅速，可是下笔不苟，反复推敲，写一遍，改一遍，再抄一遍。《说"匼"字音》一篇，我亲眼看他抄了三四遍。《广陵散》于今绝矣。

丁先生在学问上主张精益求精，并且说到做到。通读字典不怕人家说"瓶口细"，坚持一条一条看完。

丁先生在生活上主张随遇而安，并且说到做到。长安居，大不易。辇毂之下，寸土千金。除了住医院，下干校，在语音班教书，土改，出差，集中学习或开会，1950年以来，丁先生在北京至少住过四处房子：最早是住在考古研究所大院紧靠南墙的两间屋子里，我去过一两次。最后是住在经济研究所分配给丁太太的宿舍里，我没有去过，据说二层两间，三层一间。1979年10月8日夜里，丁先生脑溢血发作，据说和家里人并不住在同一层。当中丁先生至少租过两次房，一次是在1956年年底前后，丁太太带丁炎从纽约绕道罗马回国，丁先生在史家胡同租了房子，我去过一次。除此以外，丁先生至少还租过一次房子，我不知道房子在什么地方，也不知道什么时候租的，我只听丁先生说过厨房的位置不好。丁先生喜欢安静，读书写字都需要安静。我知道他房子挤，所以很少到他宿舍去。算起来，我到医院看他的次数要远比到他宿舍看他的次数多。丁先生有涵养，从来不发牢骚，对房子住得不好没有怨言。只有一次，大概在1954年前后，丁先生身体不好，还是天天上班。罗先生，语言所第一任所长罗常培先生老劝丁先生回宿舍休息，丁先生总是笑笑不理。有一次，丁先生对我说，那屋子太潮，我根本不想回去。这是我知道的丁先生唯一的一次怨言。大家都知道，屋子潮对心脏病没有好处。丁声树不言房，房亦弗及。丁先生住院以后两年，中国社会科学院分给丁家一套"高级宿舍"，二层，四居室。可惜治疗脑溢血，近年来医学上并无奇迹出现，丁先生本人已经无力读书写字了。

1982年，丁炎到美国留学。动身前丁太太带他到我宿舍辞行。丁太太说："总不能老让父亲的病耽误孩子上学。"丁炎在国内已经过了上大学的年龄了。后来丁太太告诉我，丁炎半工半读，功课都得甲等。最近听说，他上哈佛研究院了。周树人诗云：

　　无情未必真豪杰，怜子如何不丈夫！

丁先生九泉之下，可以含笑。

一切有为，皆属无常。死者，人之所必不免也。大块劳我以生，息我以死。丁声树毕生从事语言学工作，鞠躬尽力，死而后已。丁先生盖无遗憾。

一九八九年四月十日

［《方言》1989年第2期98—103页］

朱 德 熙

1920 年 10 月 24 日—1992 年 7 月 19 日

今年 3 月 1 日，德熙从美国加州来信说："我希望至迟今秋天气转冷以前回北京。"现在正是已凉天气未寒时，想不到我们却在这里开"朱德熙教授追思会"。远托异国，昔人所悲。积劳成疾，忧能伤人。他走了已经两个月零一天了。

朱德熙，苏州人，1939 年进的西南联合大学。我跟他同年进大学，不过我是第二年他从物理系转到中文系才认识他的。转眼五十年过去了。他休学过两年，1945 年才毕业。

德熙为人谦虚方正，思想开阔，兴趣广泛。又读古书，又唱昆曲。又会研究，又会玩儿。

德熙的研究工作从古文字开始。1943 年到 1945 年，我们同住一屋，一所二层楼楼上的一间小屋。他专心攻读《说文》，用的本子是扫叶山房石印的段玉裁《说文解字注》。他常跟人讨论说文。讨论有时候变成干巴巴的考问，比方某字在《说文》哪一部。我记不得讨论的都是哪些字，回答大概不外乎下列几种。第一种，这个字《说文》两见，在某部某部。第二种，大徐本没有收这个字，段玉裁补了这个字。第三种，《说文》没有收这个字形，有个音义相同的字在某部。第四种，这个字在某部。第五种，《说文》没有这个字。要熟读《说文》才能回答某字在某部的考问。知之为知之，不知为不知。没有躲闪余地。德熙又听唐先生的说文解字与古文字学两门课，毕业论文就是研究甲骨文的。无怪德熙的古文字考释往往文从字顺，读来令人有先得我心之感。这不是神来之笔——九十九分汗下，一分神来。这是神来之笔——读书破万卷，下笔如有神。

德熙 50 年代起研究语法，在这方面有非凡的成就。他的语法讲义内容完备，条理清楚，定义确切，例证周到，推论谨严，滴水不漏。

德熙八十年代起研究方言。他站得高，看得远，一出马就有警辟的见解。比方他在某个讨论会上发言，叙事说理，心平气和，层次分明，辨才无碍，最后引人入胜。

德熙教了一辈子书。教书假如也算是一匠，他就是首屈一指的能工巧匠，好比造赵州桥的隋匠李春。1980 年前后，有一回，朱襄对我说，人人都说我父亲教书教得好，中国学生说他教得好，外国学生也说他教得好。可惜我们姊妹都没有机会听他讲课。朱襄的意思我想是，连洋人都知道欣赏阳春白雪。

大概是 1977 年吧，有一回，朱太太何孔敬说起朱眉的孩子上幼儿园的事。小颖到了幼儿园，谁也不理，只是哭着要阿公。整整哭了半天，就回家了。幼儿园的老师说，小朋友上幼儿园，哭着找妈的有的是，哭着找阿公这是第一回。现在，朱眉、朱襄、朱蒙，他们的孩子都长大了。小颖今年考取北京大学中文系。德熙，你可以放心了。

一九九二年九月二十日

［《方言》1992 年第 4 期 241 页］

本刊使用的音标

壹　本刊使用的音标及其他记音符号见160页，每个音标符号都有顺序号。其中包括：(1)国际语音学会认可的现在通行的音标符号，就是所谓国际音标；(2)国际语音学会过去认可，现在决定不再使用的音标符号；(3)第一项以外的、我国语言学界常用的音标符号；(4)第一项以外的、外国语言学界常用的音标符号。

其中399—483号，符号和[a]一起排印，[a]是用来表示符号的相对位置的。

其中484—494号11个音标符号是补充的。16_a—420_a号13个音标符号是准备用来取代原有的音标符号的，如16_a号取代16号。这24个音标符号正在制造中，还不使用。

贰　第壹节第三项说的音标，主要有下列11个。

21 [ᴀ] ——1[a]和24 [ɑ]中间的元音。

107 [ᴇ] ——66 [e]和95 [ɛ]中间的元音。

394 [ɿ] ——舌尖前不圆唇元音，国际音标用368 [z̩]。

396 [ʅ] ——舌尖后不圆唇元音，国际音标用379 [ʐ̩]或267 [ɟ]。

149 [ï] ——舌尖不圆唇元音，394 [ɿ]和396 [ʅ]的总括符号。

395 [ʮ] ——舌尖前圆唇元音。即394 [ɿ]加圆唇作用。

397 [ʯ] ——舌尖后圆唇元音。即396 [ʅ]加圆唇作用。

349 [ÿ] ——舌尖圆唇元音，395 [ʮ]和397[ʯ]的总括符号。

295 [ȶ] ——舌面前清塞音。

62 [ȡ] ——舌面前浊塞音。

203 [ȵ] ——舌面前鼻音。以上三个和42 [ɕ] 同部位。国际音标用205 [ɲ] 表示和43 [ç] 同部位的鼻音，也表示和42 [ɕ]同部位的鼻音。

有的出版物上说[ɿ,ʅ]是国际音标。其实[ɿ,ʅ,ʮ,ʯ]都是从瑞典方言字母借用的。

叁　国际音标调号系统不很完备，所以本刊用五度制字母式声调符号，见158页。158页调号代码是用数目字表示调值。所以[┘]是“11:”调，[┌]是“:55”调。159页调号代码是对排字车间说的。主要是说明[┘]调号铅字倒过来就是[┌]，两个调号用的是同一个铅字，所以前者的代码是“11”，后者是“011”，即倒排的“11”。

肆　本刊第一期用的463—470号八个调类符号太小，改用下列701—708号调类符号。

阴平	阴上	阴去	阴入	阳平	阳上	阳去	阳入
꜀丁	꜂顶	订꜄	滴꜆	꜁亭	꜃锭	定꜅	笛꜇
701	703	705	707	702	704	706	708

五度制字母式声调符号（简称字调调号、调号）

这种标调法把说话的平均音高分为低、半低、中、半高、高五度。竖线为标准线，分四格五点，由下向上，1、2、3、4、5分别代表低、半低、中、半高、高。横线表示调形，即长短高低升降曲折。圆点表示轻声。

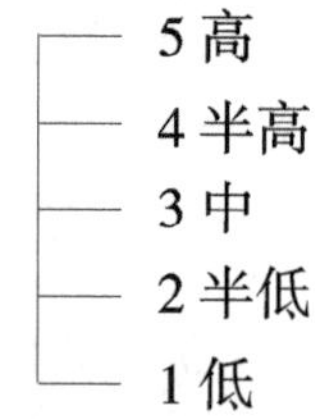

调号的标准线

标准线（竖线）在右为本调（系统调、独用调）调号，标准线在左为变调（临时调、连读调）调号。

用数字表示调号时，冒号“:”替代标准线；一位数表示短调；两位数表示平调、升调、降调，但个位是零“0”的两位数表示轻声；三位数表示曲折调。

a˩˩ 11:	a˩˨ 12:	a˩˧ 13:	a˩˦ 14:	a˩˥ 15:	a꜒꜒ :55	a꜓꜒ :45	a꜔꜒ :35	a꜕꜒ :25	a꜖꜒ :15
a˨˩ 21:	a˨˨ 22:	a˨˧ 23:	a˨˦ 24:	a˨˥ 25	a꜒꜓ :54	a꜓꜓ :44	a꜔꜓ :34	a꜕꜓ :24	a꜖꜓ :14
a˧˩ 31:	a˧˨ 32:	a˧˧ 33:	a˧˦ 34:	a˧˥ 35:	a꜒꜔ :53	a꜓꜔ :43	a꜔꜔ :33	a꜕꜔ :23	a꜖꜔ :13
a˦˩ 41:	a˦˨ 42:	a˦˧ 43:	a˦˦ 44:	a˦˥ 45:	a꜒꜕ :52	a꜓꜕ :42	a꜔꜕ :32	a꜕꜕ :22	a꜖꜕ :12
a˥˩ 51:	a˥˨ 52:	a˥˧ 53:	a˥˦ 54:	a˥˥ 55:	a꜒꜖ :51	a꜓꜖ :41	a꜔꜖ :31	a꜕꜖ :21	a꜖꜖ :11
a˩˧˩ 131:	a˩˦˧ 143:	a˩˥˧ 153:			a꜒꜔꜒ :535	a꜔꜕꜒ :325	a꜔꜖꜒ :315		
a˨˩˨ 212:	a˨˩˧ 213:	a˨˩˦ 214:	a˨˩˥ 215:	a˨˦˨ 242:	a꜓꜒꜓ :454	a꜔꜒꜓ :354	a꜕꜒꜓ :254	a꜖꜒꜓ :154	a꜓꜕꜓ :424
a˧˩˧ 313:	a˧˩˥ 315:	a˧˨˥ 325:	a˧˥˩ 351:	a˧˥˧ 353:	a꜔꜒꜔ :353	a꜖꜒꜔ :153	a꜖꜓꜔ :143	a꜒꜖꜔ :513	a꜔꜖꜔ :313
a˦˩˨ 412:	a˦˨˦ 424:				a꜓꜒꜕ :452	a꜕꜓꜕ :242			
a˥˩˧ 513:	a˥˨˧ 523:	a˥˧˥ 535:			a꜔꜒꜖ :351	a꜔꜓꜖ :341	a꜖꜔꜖ :131		
a˩ 1:	a˨ 2:	a˧ 3:	a˦ 4:	a˥ 5:	a꜒ :5	a꜓ :4	a꜔ :3	a꜕ :2	a꜖ :1
a·˩ 10:	a·˨ 20:	a·˧ 30:	a·˦ 40:	a·˥ 50:	a꜒· :50	a꜓· :40	a꜔· :30	a꜕· :20	a꜖· :10

印刷厂调号代码

本调调号（竖线在右），印刷厂代码和上页相同，毋须说明。变调调号（竖线在左），印刷厂代码和上页不同，对比上页和本页就可以看出来。印刷厂变调代码前头加零“0”，表示倒排的意思。如“011”表示“11 调号倒排”或“倒排的 11 调号”，实际调值是 55［꜒］。

变调调值折合成变调调号代码有三个步骤。第一步是数字变换，但个位数零“0”不变换。

1 → 5　2 → 4　3 → 3　4 → 2　5 → 1

第二步是颠倒两位数或三位数里数字的次序，但个位数是零“0”的两位数不颠倒，第三步是前头加零“0”。把这三个步骤倒过来，就能从变调代码折合成变调调值。第一步去掉前头的零“0”。第二步同上第二步。第三步同上第一步。

a˩˩	a˩˨	a˩˧	a˩˦	a˩˥	a꜒꜒	a꜓꜒	a꜔꜒	a꜕꜒	a꜖꜒
11	12	13	14	15	011	012	013	014	015
a˨˩	a˨˨	a˨˧	a˨˦	a˨˥	a꜒꜓	a꜓꜓	a꜔꜓	a꜕꜓	a꜖꜓
21	22	23	24	25	021	022	023	024	025
a˧˩	a˧˨	a˧˧	a˧˦	a˧˥	a꜒꜔	a꜓꜔	a꜔꜔	a꜕꜔	a꜖꜔
31	32	33	34	35	031	032	033	034	035
a˦˩	a˦˨	a˦˧	a˦˦	a˦˥	a꜒꜕	a꜓꜕	a꜔꜕	a꜕꜕	a꜖꜕
41	42	43	44	45	041	042	043	044	045
a˥˩	a˥˨	a˥˧	a˥˦	a˥˥	a꜒꜖	a꜓꜖	a꜔꜖	a꜕꜖	a꜖꜖
51	52	53	54	55	051	052	053	054	055
a˩˧˩	a˩˦˧	a˩˥˧			a꜒꜔꜒	a꜔꜕꜒	a꜔꜖꜒		
131	143	153			0131	0143	0153		
a˨˩˨	a˨˩˧	a˨˩˦	a˨˩˥	a˨˦˨	a꜓꜒꜓	a꜔꜒꜓	a꜕꜒꜓	a꜖꜒꜓	a꜓꜕꜓
212	213	214	215	242	0212	0213	0214	0215	0242
a˧˩˧	a˧˩˥	a˧˨˥	a˧˥˩	a˧˥˧	a꜔꜒꜔	a꜖꜒꜔	a꜖꜓꜔	a꜒꜖꜔	a꜔꜖꜔
313	315	325	351	353	0313	0315	0325	0351	0353
a˦˩˨	a˦˨˦				a꜓꜒꜕	a꜕꜓꜕			
412	424				0412	0424			
a˥˩˧	a˥˨˧	a˥˧˥			a꜔꜒꜖	a꜔꜓꜖	a꜖꜔꜖		
513	523	535			0513	0523	0535		
a˩	a˨	a˧	a˦	a˥	a꜒	a꜓	a꜔	a꜕	a꜖
1	2	3	4	5	01	02	03	04	05
a˩·	a˨·	a˧·	a˦·	a˥·	a꜒·	a꜓·	a꜔·	a꜕·	a꜖·
10	20	30	40	50	010	020	030	040	050

音标及其他记音符号

a 1	ã 2	ă 3	ä 4	ȧ 5	ạ 6	ā 7	á 8	å 9	a̹ 10	à 11	ȧ̊ 12	ɐ 13	ɐ̃ 14	ʕ 15	æ 16	æ̃ 17	æ̈ 18	æ̇ 19	ʔ 20	ᴀ 21	ᴀ̃ 22	ʔ̣ 23	ɑ 24
ɑ̃ 25	ɑ̆ 26	ɑ̄ 27	ɒ̇ 28	ɒ 29	ɒ̃ 30	ɒ̆ 31	ɒ̈ 32	ɒ̇ 33	ˀ 34	b 35	b̥ 36	b̬ 37	ɓ 38	β 39	c 40	č 41	ɕ 42	ç 43	ʗ 44	ɔ 45	ɔ̃ 46	ɔ̆ 47	ɔ̈ 48
ɔ̇ 49	ɔ̣ 50	ɔ̄ 51	ɔ̹ 52	d 53	đ 54	đ 55	ḍ 56	d̥ 57	d̠ 58	d̹ 59	ɖ 60	ɖ̹ 61	ɗ 62	ɗ 63	ð 64	ʣ 65	e 66	ẽ 67	ĕ 68	ę 69	ë 70	ė 71	ẹ 72
ē 73	é 74	e̹ 75	ȩ 76	è 77	ɘ 78	ɘ́ 79	ə 80	ə̃ 81	ə̆ 82	ə̰ 83	ə̇ 84	ə̄ 85	ə̹ 86	ʥ 87	ə 88	ɚ 89	ɚ̃ 90	ʤ 91	ɚ 92	ɚ̃ 93	ʣ̹ 94	ɛ 95	ɛ̃ 96
ɛ̆ 97	ɛ̇ 98	ɛ̈ 99	ɛ̨ 100	ɛ̄ 101	ɛ̹ 102	ɜ 103	ɜ̃ 104	ɝ 105	ɝ̃ 106	ᴇ 107	ᴇ̈ 108	ᴇ̇ 109	f 110	ɟ 111	f̣ 112	ɸ 113	g 114	ɢ 115	ğ 116	ġ 117	ɠ 118	ɡ 119	ɡ̥ 120
g̊ 121	g̬ 122	ɠ 123	h 124	ɥ 125	ħ 126	ḥ 127	ɥ̊ 128	ḫ 129	h̥ 130	ɦ 131	ɥ 132	i 133	ĩ 134	ĭ 135	į 136	ɪ̄ 137	ī 138	í 139	j̥ 140	ì 141	ɦm 142	ɨ 143	ɨ̃ 144
ɧ 145	ɪ 146	ɪ̃ 147	ɪ̵ 148	ɪ̈ 149	ɧ̣ 150	ɩ 151	ɩ̃ 152	j 153	ǰ 154	ʝ 155	k 156	ʞ 157	ķ 158	k̬ 159	ḳ 160	ɹ 161	l 162	l̃ 163	ł 164	ḷ 165	ḷ̥ 166	ḻ 167	ɭ 168
ɭ̥ 169	ɭ 170	ḷ 171	ɬ 172	ɮ 173	m 174	m̆ 175	ṁ 176	m̄ 177	ḿ 178	ṃ 179	ɱ 180	ṁ 181	m̹ 182	ɯ 183	ɯ̃ 184	ɯ̆ 185	ɰ 186	ɰ̊ 187	n 188	ñ 189	ň 190	ṅ 191	ṇ 192
n̄ 193	ń 194	ṇ 195	n̠ 196	n̥ 197	ṇ 198	n̰ 199	ɳ 200	ǹ 201	ɳ̹ 202	ɳ̬ 203	ɳ̊ 204	ɲ 205	ɲ̊ 206	ŋ 207	ŋ̆ 208	ŋ̄ 209	ŋ́ 210	ŋ̊ 211	ŋ̇ 212	ŋ̀ 213	ŋ 214	ŋ 215	ŋ̬ 216
ŋ̇ 217	ɴ 218	ɴ̥ 219	o 220	õ 221	ŏ 222	ö 223	ȯ 224	ọ 225	ō 226	ó 227	ǫ 228	ò 229	σ 230	ø 231	ɵ 232	ɵ̃ 233	θ 234	ø 235	ɵ̃ 236	ɵ̆ 237	ǫ 238	œ 239	œ̃ 240
œ̆ 241	ɶ 242	ɷ 243	ɷ̃ 244	ɷ̈ 245	ɷ̇ 246	ɵ 247	p 248	p̥ 249	p̬ 250	þ 251	q 252	r 253	ř 254	ṛ 255	r̄ 256	ŕ 257	r̥ 258	ɼ 259	ɽ 260	ṙ 261	ɼ̣ 262	ɾ 263	ř 264
ɹ 265	ɹ̥ 266	ɻ 267	ɻ̹ 268	ɽ 269	ʀ 270	ʀ̥ 271	ʁ 272	s 273	ʂ 274	š 275	ş̥ 276	ṡ 277	ś 278	ṣ 279	s̠ 280	ş̬ 281	ş̥ 282	ʂ 283	ʂ 284	t 285	ʈ 286	ŧ 287	ṭ 288
ṭ 289	ṯ 290	ṭ̥ 291	ṭ 292	ʈ 293	ʈ̹ 294	ƫ 295	ʦ 296	u 297	ũ 298	ŭ 299	u̥ 300	ü 301	u̇ 302	ū 303	ù 304	u̥ 305	ú 306	ʧ 307	ʉ 308	ʉ̃ 309	ʨ 310	ᴜ 311	ᴜ̃ 312
ᴜ̈ 313	ᴜ̇ 314	ʨ̣ 315	ʊ 316	ʊ̃ 317	ʊ̈ 318	ʊ̇ 319	ɷ 320	ɷ̇ 321	ɷ̈ 322	v 323	ʋ 324	ʋ 325	ʋ̹ 326	ʋ 327	ɰ 328	ʌ 329	ʌ̃ 330	ʌ̆ 331	w 332	ʍ 333	ẅ 334	w̥ 335	ω 336
ω̇ 337	ω̈ 338	x 339	x̹ 340	χ 341	ɤ 342	ɤ̃ 343	ɤ̆ 344	y 345	ʎ 346	ỹ 347	y̆ 348	ÿ 349	ȳ 350	ý 351	ʎ̥ 352	ỳ 353	ẙ 354	ɣ 355	ɣ̃ 356	ʏ 357	ʏ̃ 358	z 359	ʐ 360
ž 361	ż 362	ẓ 363	z̄ 364	ź 365	ẓ 366	z̠ 367	ẓ 368	ẓ 369	ż 370	ʐ 371	ž 372	ʒ 373	ƻ 374	ʑ 375	ʑ̌ 376	ʑ̄ 377	ʑ́ 378	ʑ̇ 379	ʑ̀ 380	ʑ̌ 381	ʐ 382	ʐ 383	ʒ 384
ʒ 385	ʒ̇ 386	ʒ 387	ʒ 388	ʒ 389	ʃ 390	ʆ 391	ʆ 392	ʅ 393	ɿ 394	ɥ 395	ʅ 396	ʮ 397	ʯ 398										

ˈa 399	ˈa 400	ˌa 401	ˌa 402	ˈa 403	ˊa 404	ˏa 405	ˏa 406	ˋa 407	ˎa 408	ˎa 409	ˉa 410	-a 411	ˍa 412	a˞ 413	a· 414	aˉ 415	a- 416
a- 417	a˟ 418	·a 419	·a 420	˵a 421	˶a 422	˷a 423	ˇa 424	ᵛa 425	ˬa 426	ˆa 427	˄a 428	˰a 429	a˜ 430	a~ 431	aʿ 432	aʿ 433	aʾ 434
a´ 435	a¯ 436	a´ 437	aˇ 438	aˋ 439	aˎ 440	a˚ 441	a˟ 442	a˔ 443	a˕ 444	a˂ 445	a˃ 446	a˔ 447	a˕ 448	a˂ 449	a˃ 450	a‹ 451	a› 452
a¨ 453	aː 454	aˑ 455	a: 456	a· 457	a. 458	˚a 459	a˚ 460	̥a 461	ḁ 462	ʿa 463	̜a 464	aʾ 465	a̦ 466	̦a 467	ʿa 468	aʾ 469	a˛ 470
a↓ 471	a↑ 472	a↕ 473	a↨ 474	a‡ 475	a⤵ 476	a⤴ 477	a→ 478	a→ 479	a← 480	a> 481	#a 482	a< 483					
g̊ 484	ɳ̊ 485	ẓ̊ 486	ʑ̌ 487	ɰ 488	a˥ 489	a⊙ 490	a□ 491	a{ 492	a} 493	a≠ 494							
æ 16_a	æ̃ 17_a	æ̈ 18_a	æ̇ 19_a	ᴇ 107_a	ᴇ̈ 108_a	ᴇ̇ 109_a	œ 239_a	œ̃ 240_a	œ̆ 241_a	ɶ 242_a	•a 419_a	∘a 420_a					

［《方言》1979年第2期157—160页］

国际语音学会关于国际音标的说明

编者案——国际语音学会成立于 1886 年，至今一百年。现在翻译发表学会 1949 年出版的 The Principles of the International Phonetic Association，being a description of the International Phonetic Alphabet and the manner of using it，illustrated by texts in 51 languages（国际语音学会的原则，国际音标及其使用法的说明，以五十一种语言的记音文本为例），改题“国际语音学会关于国际音标的说明”，作为纪念，并供读者参考。

原书的封二到封四是国际语音学会简史，现在也译出来，作为附录，排在正文的后头。正文略去第三十五节、第三十七节和第三十八节。记音文本举例只留不列颠南部英语的三种记音法，其他都略去。脚注都移入文内。1975—1976 年，学会理事会决定，改变一些音标的用法，见学会学报第五卷第二期与第六卷第一期。译文已经照改。原文个别字句，译文略有删节。[ʂ] 和 [ʐ] 的北京话例字记音，是译者依我国惯例改定的。凡是译者加的，都标明“译者案”。

国际音标

1. 国际语音学会的音标拿罗马字母做基础，设计这套音标主要为了满足实用语言学的需要，比方说记录各种语言的语音构造或者音位构造，拿记音读物供给学习外国语的人，帮助他们学会读音，给使用别的文字或者到现在还没有文字的语言做出罗马字拼法。并且制定各种补充和附加符号，用来表示细微的音的区别，因此这套音标很适合科学研究之用，比方说，方言学的研究，语言史的研究，比较语言学的研究。

2. 这套音标特别考虑到成篇的记音。因此制定音标的时候，不单从语音学观点考虑每个音标妥当不妥当，也从心理学跟教学法的角度来考虑合适不合适，也注意版面行款的协调，印刷体跟手写体的要求。

3. 国际音标的制定跟使用依据下列的原则：

（甲）某个语言里用来辨字的两个音素，要尽可能用两个不同的没有附加符号的音标来表示。尽量用普通的罗马字母，罗马字母不够用的时候，必须采用新字母。

（乙）两个音素听感上很相近，大概任何语言都不会用来辨字，以用同一个字母来表示为原则。不过在“严式”记音或者科学研究里，可以用不同的字母或者附加符号来区别它们。

（丙）国际音标里的非罗马字母要尽量设计得跟罗马字母协调。学会不承认马虎的代用品，只承认刻得很好跟别的字母协调的字母。比方说，国际音标里的希腊字母就刻得跟罗马字母一样。既然希腊字母 β 跟别的罗马字母不协调，在国际音标里就刻成 ß。希腊字母 theta θ

跟 ϑ 两个样子，既然第二个不能弄得跟罗马字母协调，就必须采用第一个，并且把它弄垂直了。

（丁）附加符号完全不用是不可能的。国际语音学会主张，附加符号的用途限于下列各种场合：

（i）表示长度，重音，声调（看§§31—36）。

（ii）表示音位里的特殊的成素。

（iii）用一个附加符号可以避免制定好些新字母（比如鼻化元音的记音法；看§30）。

（iv）在科学研究里表示音的细微的区别。

（戊）国际音标应用于任何一个语言，必须注意到两条基本的语音学原理："音位"的理论跟"标准音"尤其是"标准元音"的理论。

音　位

4."音位"的性质，音位跟音素的不同，可以用底下各种语言的实例来说明。英语 keep、cart、cool 三个字起头的三个 k 音，可以听出来是不同的；我们能够很容易听出它们发音部位的不同。不过从语言学的眼光看来，这三个音可以算成同一个音。记音的时候可以用同一个字母 k 来记它们，因为用不同的字母来记没有什么好处。法语 qui、car、cou 三个字起头的三个 k 音的情形也是一样，它们跟英语那三个 k 音分别有所不同。同样的道理，在意大利语、西班牙语、捷克语、匈牙利语这些语言里，ŋ 音算是"一种 n 音"，因为 ŋ 音只在 k、g、x 这些音前头出现，普通的 n 音不能在那些位置出现。（可是在英语跟德语里，ŋ 音却不是"一种 n 音"；n 跟 ŋ 是不同的音位，因为有 sin 跟 sing［siŋ］一类对立的字。）好些英格兰南部的人在元音前头用"亮 l 音"（例如 leaf、look），在辅音前头或者字尾用"暗 l 音"（例如 field、feel、kettle），这两种 l 音也组成一个音位。这些个不同的 l 音，性质完全由位置决定，作用像是同一个音，用一个 l 字母去代表它们就够了。法语的普通 l 音（例如 là）跟不带音的 l̥ 音（例如用在句尾的 oncle）也是同样情形；这两个音听起来很不同，不过用哪一个音完全由音的环境决定，所以组成一个音位，可以都用 l 字母来表示，不会引起误会。日本语 hito、hata、Huzi（旧式罗马字用 Fuji）三个字的起头的音，相差很远；第一个像德语 ich 的 ç 音，第二个是普通 h 音，第三个是"双唇"f（ɸ）。不过，三个里头用哪一个，完全由后头的元音规定；日本人听起来，ç 是 i 前头的"一种 h"，ɸ 是 u 前头的"一种 h"；所以，这三个音属于同一个音位，可以用一个 h 字母来表示——实际上，现在的日本语罗马字就是这么写的。

5. 元音音素怎么归并成音位可以用底下的例子来说明。丹麦语里头的 a 音位有几个不同的音素；尤其是 sand［sanˀ］一类字"靠前的"音跟 sang［saŋˀ］一类字"靠后的"音（后头有软腭辅音，靠后的 a 和软腭辅音属于同一个音节）。俄语有好多种 a 音；［sat］（сад）的 a 音是"中间的"，［pjatj］（пять）的 a 音很靠前，［ˈpalka］（палка）第一个音节的 a 音很靠后，［xaraˈʃo］（хорошо）第二个音节的 a 音有点儿"央元音化"，第一个音节的 a 音就是地道的央元音［ə］。可是它们在语言学的眼光看来可以算是一个音；它们属于同一个音位，记音的时候用同一个 a 字母去代表，不会引起误会。

6. 在元音长度跟元音性质有连带关系的语言里，两个性质相近的元音可以认为属于同一音位，什么性质由长度决定。记录南部英语的时候，我们可以把 feet 写成［fiːt］，fit 写成［fit］，用同一个［i］字母，不过第一个字加长音记号。（记录美国跟苏格兰等地的英语就不能这么办，因为那些地方元音的性质跟长度没有连带关系。）同样的，我们可以把荷兰语 taak 记成［taːk］，tak 记成［tak］，说明长［aː］是前元音，短［a］是后元音。

7. 这样说来，音位是某个语言里一组相近的音素，在语言里的作用跟一个音素一样。

8. 假定某个语言里有两个音素，属于两个不同的音位，它们在那个语言里头能够辨字，记音的时候一定要用两个不同的字母来表示它们。因此，记录英语和德语，［n］音和［ŋ］音必须用不同的字母来表示，可是记录意大利语、西班牙语、匈牙利语，却不需要这个区别。同样的道理，记录法语、意大利语、缅甸语、非洲纂纳（Tswana）语，必须区别两种 e 音，［e］音跟［ɛ］音，可是西班牙语、俄语里虽然有同样的音，记音的时候却不必区别。例如：法语 ne（nez 鼻子），nɛ（naît 发生）；意大利语 venti（二十），vɛnti（风）。另外一方面，俄语虽然有“关”［e］（例如［pjetj］，петь 唱）有“开”［ɛ］（例如［ˈɛtat］，этот 这个），这两个音的用法是由语音环境决定的；因此，在“宽式”记音里，这两个元音不必用不同的符号来表示。

标准音

9. 设计字母来表示所有听感上能分开的细微的音的差别，那是不可能的。所以，大部分字母不但表示特定的音素，并且要表示别的跟这些音素有细微差别的音。因此必须制定“标准”音系统。在元音上头，这个原则特别重要。实际上，元音的分类，元音的比较，制定最好的元音记音法，都离不了这个原则。

10. 最方便的一套标准元音包含八个元音，这些元音有已知的发音法，已知的听感性质，可以做衡量的标准，别的元音可以根据它们来描写。这八个标准元音的选择有一个原则，就是其中任何两个都不能太相近，以致不能辨字。这八个元音用

i e ɛ a ɑ ɔ o u

八个字母来表示。标准元音 i 是“最关的”“前”元音；要是舌头再高一点儿，发的音就是辅音（摩擦音 j）。标准元音 ɑ 是“最开的”“后”元音，要是舌头再向后缩一点儿，结果就是 ʁ 一类摩擦音。标准元音 e、ɛ、a 是 i 跟 ɑ 当中的一串“前”元音；选择这三个元音的原则是让 i 跟 e、e 跟 ɛ、ɛ 跟 a、a 跟 ɑ 之间的听感距离差不多一样。标准元音 ɔ、o、u 是一串“后”元音，继续保持相同的听感距离。

11. 标准元音 i、a、ɑ、u 发音时舌头的部位已经用 X 光照片确定，在这些照片的舌头最高的部分点个点，四个点相互的关系位置如图一。

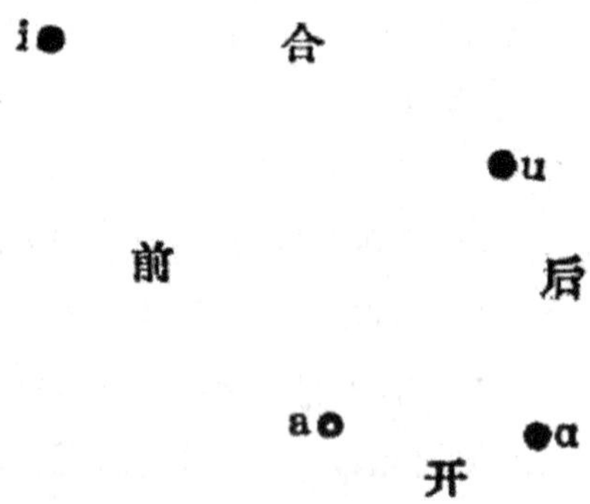

图 1

12. e 跟 ε 的舌位介于 i 跟 a 之间，ɔ 跟 o 的舌位介于 ɑ 跟 u 之间。为实用语言学的目的，我们可以画个元音图，如图二，可以根据它描写别的跟标准元音不同的元音。比方说，e 跟 ε 当中点个点，表示这个元音的听感性质介于标准元音 e 跟 ε 之间。

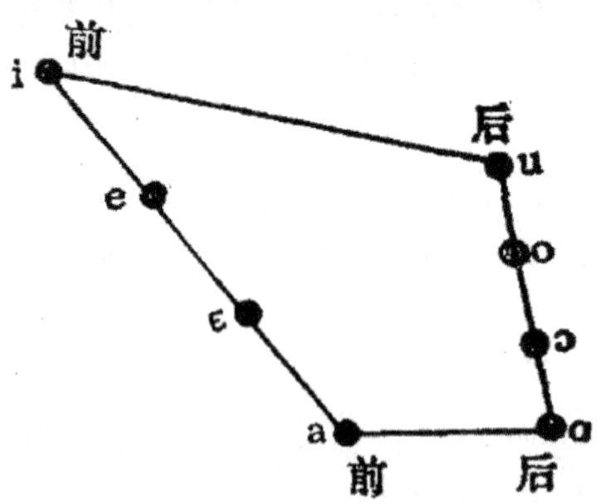

图 2

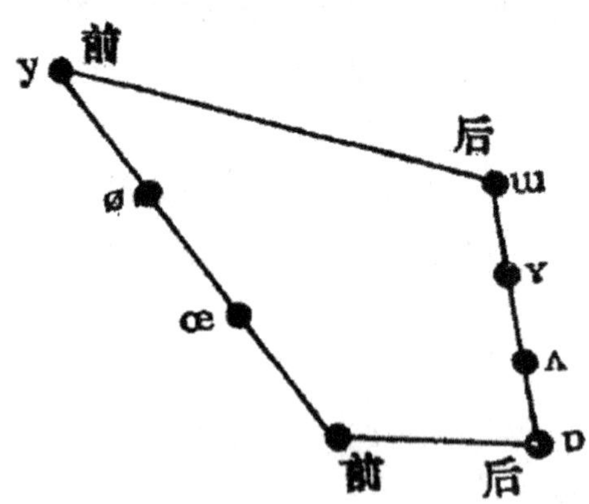

图 3

13. 第二级标准元音。上述八个标准元音的唇位（嘴唇的位置）跟舌位（舌头的位置）的关系是最常见的。i、e、ε、a、ɑ 的唇位是“展唇的”或者“中性的”，ɔ、o、u 是不同程度的“圆唇的”元音。第二级标准元音的舌位跟这些元音相同，可是唇位不同。国际音标用

y ø œ-ɒ ʌ ɤ ɯ

这些字母来表示它们。第二级标准元音在元音图里的位置跟第一级标准元音一样，如图三所示。

14. 标准 y 跟 ø 是标准 i 跟 e 的舌位加上“关”圆唇。标准 œ 是标准 ε 的舌位加上“开”圆唇。标准 ɒ 是标准 ɑ 的舌位加上“开”圆唇。标准 ʌ、ɤ、ɯ 是标准 ɔ、o、u 加上展唇。我们并没有给标准 a 的舌位加圆唇造成的元音制定一个音标，因为到现在还没有发现这个元音跟 œ 元音属于不同的音位的语言。

15. 还可以制定另外两个标准元音，这两个元音的舌位介乎 i 跟 u 的舌位的中间。它们可以用 ɨ 跟 ʉ 来表示，ɨ 展唇，ʉ 圆唇。

16. 央元音。在 i—a 线上或者靠近这条线的元音是“前元音”，这个叫法是根据发音时

的舌位；在 ɑ—u 线上或者在这条线前头一点儿的元音是“后”元音。就舌位说，i 跟 u 的距离比 a 跟 ɑ 的距离大得多，从图四可以看到，在前元音跟后元音之间有一个三角形。舌位的最高点在这个三角形里头的元音叫作“央”元音。

元音记音原则

17. 国际语音学会建议，无论记录任何语言，在可能范围之内，用

i e ɛ a ɑ ɔ o u,

y ø œ ɒ ʌ ɤ ɯ; ɨ ʉ

这些字母表示图四、图五各区域里的元音。不过运用这条总原则的时候，要考虑到 § 19—21 各节说的。

18. 学会建议用 ə 字母代表任何小三角形里头的不圆唇元音（看图四）。要是一个语言有两个不圆唇的央元音，就用 ə 字母表示较关的，ɐ 字母表示较开的。有时候也可以 ɜ 字母来表示另外的央元音。

19. 在宽式记音里，同一个元音音位的不同音素，要用同一个字母来记音，即使这些音素处于不同的标准区域。比方说，俄语 e 音位虽然包括图四当中 e 跟 ɛ 两个标准区域里的音素，在宽式记音里这些音素用一个 e 字母来表示就够了。

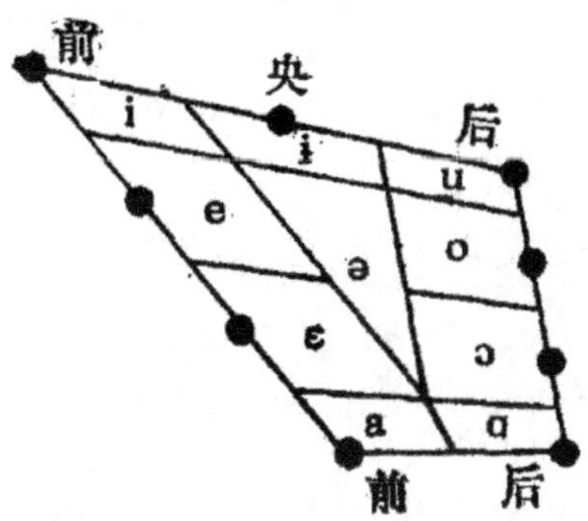

图 4

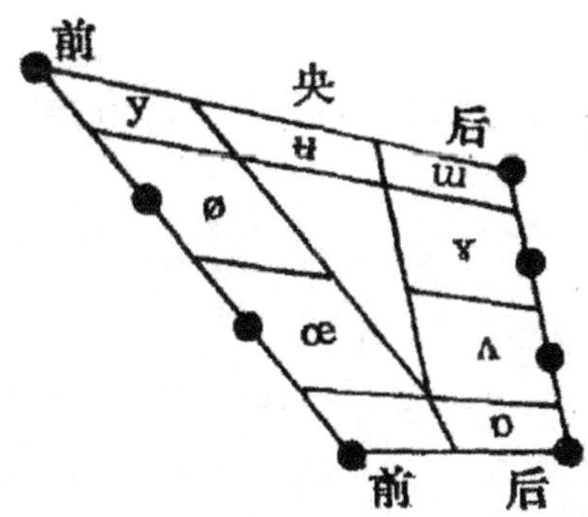

图 5

20. 在平常的宽式记音里，学会建议用最近的合适的罗马字母来代替非罗马字母区域里的元音，要是那个罗马字母没有别的用处的话。比方说，某一个语言有 ɛ 元音没有 e 元音，就用 e 字母来表示它。日本语就是个实例。同样的道理，在南部不列颠英语的宽式记音里，coat、caught、cot 三个字都可以用同一个 o 字母：kout、koːt、kot，即使后头两个元音是属于 ɔ 区域跟 ɒ 区域的。（较严式的记音是 ou、ɔː、o，更严式的记音是 öu、ɔː、ɒ。）

21. ɒ 一类的元音跟 ɔ、ɑ 两区域里的元音听感上很相近，通常就可以用这两个比较常见的符号之一来表示，在某些情形下，甚至可以用普通罗马字母 o 或 a。比方说，记录南部不列颠英语，hot 的 ɒ 音可以写成不加长音符号的 ɔ（宽式记音用 o），记录匈牙利语，ɒ 可以写成不加长音符号 ɑ（宽式记音用 a）。

22. 有些时候必须用特别的字母来代表标准区域界线上或者靠近界线的元音。有必要的话，就用ɩ表示 i-e-ɨ 三个区域交界上的元音，ɷ表示 u-o-ɨ 三个区域交界上的圆唇元音。（ɩ、ɷ可以写成ɪ、ʊ。不过ɩ、ɷ比较好，ɪ、ʊ印成斜体或者秃体（sanserif）的时候不合适。）ʏ可以表示圆唇的ɩ。要是想专用一个字母来表示标准ɛ跟标堆 a 之间的元音，可以用æ。学会建议，加用这些字母尽可能限于这些音自成音位的语言，并且跟附近的用合适的标准字母记录的元音不同音位。比方说，记录苏格兰英语跟美国普通话一定要用ɩ，因为在这两种英语里，ɩ在 i、e 之外自成音位。（这是因为苏格兰英语里传统的长 i 念的相当短，美国普通话里传统的短 i[ɩ]常常拉长了。）

23. 有时候有必要用一个音标来表示 o 跟 ø 中间的元音。那就可以用 ɵ 字母。

元音字母例证

24. 如上文所说（§17 等），元音字母的音值是有弹性的。还有一点要注意，有些例字的读音，本地人之间也不一致。

i　法语 si；德语 wie。英语 see 的元音距标准元音较远。

e　苏格兰英语 day；法语 thé，德语 mehr；意大利语 pesca（钓鱼）；俄语 петь。

ɛ　北部英语 pen，get；法语 mettre（短音），maître（长音）；德语 Bett；意大利语 pesca（桃），era；俄语 этот 的 э。

a　北部英语 back，pan；巴黎法语 patte；汉诺威 Hanover 德语 fahren，Strasse；俄语 мясо 第一个元音。

ɑ　南部英语 far，half；巴黎法语 pas（短音），pâle（长音）；德语 fahren，Strasse；俄语 палка 第一个元音。

ɔ　苏格兰 hot；法语 porte（短音），fort（长音）；德语 Sonne。意大利语 coca 略开。

o　苏格兰 coat；法语 beau；德语 wohl；意大利语 dove。

u　法语 tout；德语 gut；意大利语 subito。英语 too 的元音距标准元音较远。

y　法语 lune；德语 über；挪威语 tjue。

ø　法语 peu；德语 schön。

œ　法语 œuf（短音），veuve（长音）；德语 zwölf。

ɒ　南部英语 hot（可以写作 o 或者 ɔ，看 §20）。

ʌ　北部英语及美国英语 cup；南部英语略偏前。

ɤ　掸语 'kɤ（盐）；印度马拉蒂 Marathi 语 mɤg（后来）的元音略偏前。

ɯ　掸语 mɯ（手）。

ɨ　俄语 сын 的 ы。

ʉ　挪威语 hus；苏格兰英语 oo 的常用读音。

ɩ　英语 bit；德语 bitte。常常可以写成 i，看 §6。

ω 南部英语 book；德语 Hund。常常可以写成 u，看 §6。

ʏ 德语 fünf, Glück。宽式记音总可以写成 y。

æ 南部英语 cat 等字的“短 a”；俄语 пять 的元音总可以写成 a，有时可以写成 ɛ。

ɵ 瑞典语 dum；也可以写作 ö，看 §30。

ə 英语 about 的 a（“中性元音”）；法语“哑音 e”，德语 bitte 的 e。

ɐ 英语 sofa 的 a；里斯本葡萄牙语 para 的 a。

25. 国际语音学会的主要辅音字母跟主要元音字母如下表（第 7 页）所列。有双重发音部位的表上见两次，括弧（　）中的字母表示次要部位。

辅音字母例证

26. p、b、t、d、k、m、n、l、f 和 h 等字母读欧洲共同的音。其他字母的音值举例如下。

ɡ 英语 get 的 g。

j 英语 yet、you 的 y；德语 Jahr 的 j。

r 打滚的 r 如苏格兰英语、意大利语、西班牙语、俄语。这个字母也可以用来指闪音 r（ɾ）、擦音 r（ɹ）、舌尖无擦通音 r（ɹ）、小舌滚音 r（ʀ），还有小舌擦音 r（ʁ）或小舌无擦通音 r（ʁ），看 §27 戊、己。

s 英语 see、法语 son 的 s。

v 英语、法语、意大利语的 v；德语的 w；俄语的 в。

w 英语 will、walk 的 w；法语 ouate 的 ou。

z 英语 zeal、法语 zèle 的 z；俄语的 з。

ʈ 印地语的ṭ；瑞典语 kort 的 rt。

ɖ 印地语的 ḍ；瑞典语 bord 的 rd。

c 前腭清爆发音的标准音，如法语方言的 quai（ce），匈牙利语 kutya 的 ty，波斯语 yak（一）的 k。看 §29 甲。

ɟ 前腭浊爆发音的标准音，如法语方言的 guêpe（ɟɛːp）；匈牙利语 nagy 的 gy。也看 §29 甲。

辅音	双唇	唇齿	齿及齿龈	卷舌	腭龈	龈腭	中腭	后腭	小舌	喉壁	喉门
塞	p b		t d	ʈ ɖ			c ɟ	k ɡ	q ɢ		ʔ
鼻	m	ɱ	n	ɳ			ɲ	ŋ	ɴ		
边			l	ɭ			ʎ				
边擦			ɬ ɮ								
滚			r						ʀ		
闪			ɾ	ɽ					ʀ		
滚擦			ɼ								

续表

辅音	双唇	唇齿	齿及齿龈	卷舌	腭龈	龈腭	中腭	后腭	小舌	喉壁	喉门
擦音	ɸ β	f v	θ ð|s z|ɹ	ʂ ʐ	ʃ ʒ	ɕ ʑ	ç j	x ɣ	χ ʁ	ħ ʕ	h ɦ
无擦通音及半元音	w | ɥ	ʋ	ɹ				j （ɥ）	（w） ɣ	ʁ		
元音	圆唇						前 央 后				
关	（y ʉ u）						iy ɨʉ ɯ u				
半关	（ø o）						e ø ɤ o				
半开	（œ ɔ）						ɛ œ ə ʌ ɔ				
							æ ɐ				
开	（ɒ）						a ɑ ɒ				

q　爱斯基摩语 к。

ɢ　跟 q 相配的浊辅音。见于波斯语。

ʔ　北部德语 Verein［fɛrʔain］。阿拉伯语的 hamza。

ɱ　意大利语 invidia 的 n；西班牙语 anfora 的 n。看 §27 甲。

ɳ　印度马拉蒂 Marathi 语的 ṇ。

ɲ　法语和意大利语的 gn；西班牙语的 ñ。

ŋ　英语 sing 的 ng；德语 Ding 的 ng；西班牙语 cinco、tengo 的 n。

ɴ　爱斯基摩语 eɴina（旋律）。

ɫ　英语 table 的 l；俄语的 л。

ɬ　威尔士语 Llangollen 的 ll；非洲开弗 Kaffir 语 hlamba（洗）的 hl。

ɮ　非洲祖鲁 Zulu 语 dhla（吃）的 dhl。

ɭ　印度马拉蒂 Marathi 语的 ḷ。

ʎ　意大利语 egli 的 gl，voglio 的 gli；西班牙语 allá 的 ll。

ɼ　捷克语的 ř。

ɾ　西班牙语 pero 的 r。

ɽ　卷舌闪音，舌头先卷起来，舌头向前向下活动，舌尖的底部接触齿龈。印地语 ṛ；东部挪威语 Ola 里的“厚 l”。

ʀ　巴黎法语 r 的一种读法。看 §27 丁、戊。

ɸ　德语 Schwester 的 w 的常用读音；非洲纂纳 Tswana 语 f；日语 u 前头的 h，如 Huzi（Fuji）。

β　西班牙语 saber。

θ　英语 thing 的 th；西班牙语 placer、plaza 的 c、z；希腊语 θ。

ð　英语 this 的 th；西班牙语 cada 的 d；丹麦语 gade 的 d；希腊语 δ。

ɹ 南部英语 dry 的 r（辅音性）；美国英语 bird 的 ir（元音性）。看§27 戊、29 已。

ʂ 印度马拉蒂 Marathi 语 s；北京话“神” ˈʂən；瑞典语 tvärs 的 rs。

ʐ 北京话“人” ˈʐən，看§27 癸。

ʃ 英语 sh；法语 ch；德语 sch；俄语 ш；意大利语 pesoe 的 sc，uscio 的 sci。

ʒ 英语 measure 的 s；法语 jour 的 j，géant 的 g；南美西班牙语的 ll；俄语ж。

ç 英语 hue 有时读［çuː］；德语 ich 的 ch；日本语 h 在 i 前头的读法，如 hito。

ɕ 波兰语 gęś的 ś；北京话“箱、香” ˉɕiaŋ。

ʑ 波兰语 źle 的 ź，ziarno 的 zi。

x 苏格兰语 loch 的 ch；德语 ach 的 ch；西班牙语 jabón 的 j，gente 的 g；俄语 x。

ɣ 西班牙语 luego 的 g；丹麦语 koge 的 g；德语 Wagen 的 g 的常用读音；希腊语 γ。

χ 见于阿拉伯语。

ħ 见于阿拉伯语。

ʁ 巴黎法语 r 的一种读法。

ʕ 见于阿拉伯语。

ɦ 浊（带音）的 h。英语浊音中间的 h 常常这么读，如 behave、manhood 的 h。也见于阿拉伯语。看§27 辛。

ɥ 法语不成音节的 u，如 nuit 的 u。

ʋ 荷兰语 w。

辅音表说明

27. 关于 7 页表上所列辅音字母的使用，建议遵守下列原则。

（甲）跟元音一样，最好是用常见的辅音字母来替代不常见的辅音字母，只要这种替代不会引起误会。比方说，某个语言只有卷舌音ʈ，可是没有齿音 t，就可以用 t 字母来说卷舌音。在非洲簒纳（Tswana）语一类语言里，只有双唇音 ɸ，可是没有齿唇音 f，就可以用 f 字母来记双唇音。同样的情形，ɱ 音只作为 m 音位的一个成素出现，不自成音位，因此，加上适当说明，照例可以写作 m。底下再举些例子。

（乙）ɹ 字母既可以表示摩擦音 r，也可以表示像 r 的无擦通音，因为还没有发现这两个音在什么语言里成为不同音位的。要是在同一个语言里，无擦通音 r 又当辅音用，又自成音节（跟元音一样），这两种用途可以用 r 跟 ɹ 两个字母分别表示。

（丙）j 字母可以表示摩擦音，也可以表示无擦通音，因为还没有发现这两个音在什么语言里成为不同音位的。ɣ 跟 ʁ 的情形也一样。

（丁）ʀ 字母可以表示小舌闪几下的打滚音，也可以表示只闪一下的闪音。在这两个音构成不同音位的语言里，可以用 ʀʀ 代表打滚音。

（戊）假定某语言在 ɹ、ʀ、ʁ 三个音当中只有一个，可是没有舌尖滚音 r，就可以用 r 来表示。

（己）一般的可以用 r 表示闪音 ɾ。在西班牙语一类语言里，闪一下的闪音跟滚音是不同的音位，可以用 rr 表示打滚音。

（庚）根据上文（甲）的原则，一般的可以用 x 字母表示 χ 音。可是，在爱斯基摩语或高加索卡巴达（Kabardian）语一类语言里，后腭音跟小舌音是不同音位，就不能这么办。

（辛）同样的，带音的 h 一般的可以用 h 字母表示，不用特别的 ɦ 字母。[译者案：我国吴语方言里，h 和 ɦ 是两个对立的音位，必须用不同的字母。]

（壬）ɲ、ʎ 两个字母可以用来表示标准中腭音（部位完全跟 i、j 相当），或者表示听感上不易分别，部位更靠近齿龈的音（跟 ɕ、ʑ 相当）。[译者案：我国通常用 ȵ 表示跟 ɕ、ʑ 同部位的鼻音。]

（癸）北京话一类语言没有比较常见的 ʃ、ʒ 两音，只有 ʂ、ʐ 两音，就可以用比较常见的字母 ʃ、ʒ 来记音。ʃ、ʒ 两个字母也可以表示腭化的 ʃ、ʒ，只要腭化音跟非腭化音不构成不同的音位。[译者案：我国 ʂ、ʐ 常见，通常不用 ʃ、ʒ 表示 ʂ、ʐ。]

其他字母

28. 腭化辅音，如俄语 ƫ、ȡ、ȵ 等。（看 §29 壬。）腭化 ʃ、ʒ 的特别符号（腭化音跟非腭化音 ʃ、ʒ 不同音位时用）ʆ、ʓ。

部位前移的后腭音，如俄语 ƙ、ꭓ。在俄语的严式记音里，普通的 g 跟部位前移的 ɡ 要用不同的字母来表示，可以用 g 表示普通的音，ɡ 表示部位前移的音。

软腭化（“暗”）l：ɫ。

其他软腭化辅音：ƚ、đ、ꞩ、ƶ 等。这些符号也可以用来表示同时有喉壁作用的音（阿拉伯语“强”辅音）。

挤喉辅音（跟喉塞音同时或者几乎同时发音的音）：pʻ、tʻ、kʻ、tsʻ 等。看 §30。

吸气的浊辅音，例如巴基斯坦的信德 Sindhi 语和非洲的班图 Bantu 语的 ɓ、ɗ 等。

界于 d 跟 l 之间可是又跟（卷舌）ɭ 不同的音：ɺ。

搭嘴音：齿音 ʇ（非洲祖鲁 Zulu 语 c），边音 ʖ（祖鲁语 x），卷舌音 ʗ（祖鲁语 q），软腭音 ʞ。

x 跟 ʃ 两音同时发音（瑞典语 tj、kj 等的一种读法）：ɧ

跟 w 相当的清擦音是 ʍ，不过通常用双字母 hw 来表示这个音比较合适。

双字母

29. 为了把国际音标的数目限制在合理的范围内，国际语音学会建议有时可以用些双字母，就是用两个字母连着表示一个音。底下是一些使用双字母有好处的主要例子。

（甲）表示塞擦音，例如：pf、bv、ts、dz、tʃ、dʒ、tɕ、kx。假定一个语言有塞擦音，又有

t+s，t+ʃ一类连用的辅音，塞擦音可以用合体，例如ʦ、ʣ、ʧ、ʤ等，或者用连号‿，⁀，例如t͜s、t͜ʃ等或者t͡s、t͡ʃ等。另外一个办法是塞擦音还用ts、dz、tʃ等记音法；t跟s，d跟z，t跟ʃ等分开念的就用在当中加"连音号"，例如t-s、d-z、t-ʃ等。后者适用于英语一类语言的记音，英语tʃ很常见，t+ʃ很少见。有时候（例如记录印度的语言），tʃ音跟dʒ音最好用单字母表示；一般可以用ç跟ɟ两个字母。重复的塞擦音可以用ttʃ、tts等来表示（齿音t后头可以有塞擦音tʃ等的语言例外），或者用cc、ɟɟ等。

（乙）表示送气辅音，送气音必须跟相当的"不送气音"区别的时候，可以写成ph、th等。［译者案：我国通常用ʻ表示送气，如pʻ、tʻ。］

（丙）表示"送气s"，缅甸语、掸语、朝鲜语等语言送气s记成sh很合适。

（丁）表示舌边除阻的t跟d（如非洲的班图Bantu语）没有误会的时候，这些音可以用tl、dl表示。

（戊）表示自成音位的清鼻音，可以写成hm、hn、hɲ、hŋ。

（己）表示"带r色彩的"元音，就是加卷舌作用（或者有同样听感效果的舌头缩后作用）的元音。这些音可以在元音字母后头加ɹ字母，例如aɹ、ɔɹ、uɹ。根据§27甲的原则，可以用r替代ɹ。带r色彩的ə可以写成əɹ，或者简单一点写成ɹ（合适的时候可以写成ər或者r）。表示这些音的别种方法看§28末了。

（庚）表示有双重发音部位的辅音，例如非洲西部的"双唇软腭音"写成kp、gb、mŋ。

（辛）表示同时发w音的辅音，这些音可以写成kw、tw、ŋw等。kw、tw也可以写成k̫、t̫等。

（壬）表示腭化辅音。某些语言有腭化辅音，又有非腭化辅音，腭化音可以加j表示，例如tj、sj等（=ƫ、ʂ等，§28）。腭化音后头跟着j音的时候，俄语就有这种情形，可以写成tjj、sjj等。这些语言里头要是有非腭化音后头跟着j音的，可以在当中加个连音号，例如t-j、s-j。

（癸）表示"前圆唇作用"（腭化加圆唇化），可以加ɥ表示，例如非洲培蒂Pedi语bɥale（现在）。

（子）表示鼻化元音，比方说，有时候可以用aŋ、ɛŋ来代替ã、ɛ̃等。

（丑）表示有"带浊流的"元音（带h色彩的元音）；可以加h表示，例如eh、ah等。带h色彩的元音的另一种记音法是在元音字母上头加送气记号，例如é、á等。

附加符号

30. 有必要的时候，可以用下列附加符号。

˜ 鼻化作用：ã、ɛ̃ = 鼻化的a、ɛ。

˳ 清音化：r̥ = 不带音r；b̥、d̥、g̊是弱的清爆发音（"mediæ软音"）。

ˬ 浊音化：比方说，s̬ 可以代表西班牙语里的 z 音，其中 z 只偶然作为 s 音位的一分子出现。

¨ 央元音化：¨ 加在前元音上头表示舌位在前和央之间，例如 ë，¨ 加在后元音上头表示舌位在央和后之间，例如 ü。

. （搁在字母底下）表示特关：ẹ = 一种特关的 e。特关也可以用 ˔ 号加在字母后头或底下，例如：e˔ 或者 e̝。

꜀ 表示特开：e̜ = 一种特开的 e。特开也可以用 ˕ 号加在字母后头或者底下，例如：e˕ 或者 e̞。

\+ 发音部位前移。这个符号可以加在字母后头或者底下；比方说，部位较前的 ɑ 可以用 ɑ˖ 或者 ɑ̟ 表示，部位较前的 k 音可以用 k˖ 或者 k̟ 表示（k̡ 的另一种写法）。

\- 发音部位后移。这个符号可以加在字母后头或者底下；比方说，部位较后的 a 可以用 a- 或者 a̠ 表示。- 也可以写成 ˗；- 可能误会成“连号”的时候用 ˗ 特别合适。为了表示 t、d、n 是齿龈音，不是齿音，可以用后移符号 - 加在字母的底下，例如 t̠、d̠、n̠。

̪ 齿音。为了表示 t、d、n 等是齿音，不是齿龈音，可以用齿化符号加在字母的底下，例如 t̪、d̪、n̪ 等。

ʷ 圆唇化：n̫ = n 同时带圆唇作用。

˒ 唇更圆：o˒ = 特别圆唇的 o；ɑ˒ = ɒ。

˓ 唇更展：u˓ = 一种象 ɯ 的 u。

ʻ 加在 p，t 等字母的后头表示轻度送气。看 §29 乙。在 p、t 等字母上角加小字 h 也表示轻度送气。

’ 喉塞音跟别的音同时发音或者几乎同时发音，例如非洲的豪萨 Hausa 语 p’、t’、s’ 等；跟元音同时发音如丹麦语 en［e’n］，跟通音同时发音如丹麦语 fem［fɛm’］。

‿ 同时发音：k͜p = k 跟 p 同时发音。a͜ɹ 是带 r 色彩的 a 音的一种记音法。一般情形下可以省略这个符号（看 §29 己，庚）。‿（或者 ⁀）也可以用来表示塞擦音，看 §29 甲。

上角加小字可以用来表示音的细微的区别。比方说，ʃˢ 表示一种象 s 的 ʃ；aʴ 是带 r 色彩的 a 音的另一种记音法。

* 遇必要时，可以在专名前头加星号。

长度和重音

31. 用下列符号表示长度跟重音：

ː 表示前头字母所表示的音是长音，例如 aː。

ˑ 表示前头字母所表示的音是半长音，例如 aˑ，不会引起误会的时候，可以用 : 替代 ˑ。

˘ 搁在字母上头，表示复合元音弱的成分，例如 aŭ。一般情形没有用这个符号的必要。m̆b、n̆d 等表示鼻音很短，跟后头的爆发音密切结合，成为一个音。

ˌ　搁在字母底下或上头表示那个字母成音节，例如 m̩、n̩ 、ŋ̍。

ˈ　表示后头的音节是强重音，例如英语 increase（增加）[ˈinkriːs]（名词），[inˈkriːs]（动词）。

ˌ　表示后头的音节是中重音，例如英语 combination（联合）[ˌkombiˈneiʃn]、consideration（讨论）[kənˌsidəˈreiʃn]。

字调

32. 国际语音学会建议用附加符号来表示（有字调的）语言的字调（音高），由样子跟位置决定乐调。这种符号由横线跟斜线构成，例如：

高平调	ā	高升调	á	高降调	à	升降调	â
低平调	a̱	低升调	a̗	低降调	a̖	降升调	ǎ

调号可以搁在元音的上下，如上例；或者音节的前头，例如 ˉpa、ˍpa、ˊpa 等。记录拿单音节做语言构造基础的语言，调号搁在音节前头比较合适。

【译者按：依据本节所说的标调法，平调、升调、降调、升降调、降升调各分高、中、低三度，可以区分下列 15 个声调。调的高低由调号跟元音、辅音字母的关系位置判定，不像五度制声调字母本身有竖线做高低的标准。

	高	中	低
平　调	ˉa	-a	ˍa
升　调	ˋa	ˎa	ˎa
降　调	ˊa	ˏa	ˏa
升降调	ˆa	˄a	˰a
降升调	ˇa	˅a	ˬa

33. 某语言假如只有一个升调，无论高低，都用 ˊ 符号来表示。同样的道理，某语言只有一个降调，就用 ˋ 符号表示。[译者案：我国通常用赵元任设计的五度制字母声调符号。看赵元任《一套标调的字母》，《方言》1980 年第二期 81—83 页。]

34. 中平调一般的可以省略不标。

35. [略]

36. 瑞典语挪威语的字调跟重音有连带关系，并且随句调而变化。在这一类语言里，必须用约定的调号。比方说，普通重音符号 ˈ 可以表示瑞典语的“单纯调”（例如 ˈandən 鸭子），特定的调号 ˣ 或 ˇ 可以表示“ 复合调 ”（例如 ˇandən 精神）。有时候，在三个或者更多音节的字里，可以用调号（一般用 ˋ ）表复合调第二部分在哪一个音节。

记音文本举例

英语

（不列颠南部的一种口音）

［宽式记音。多音节的字，除标明重音外，重音在第一音节，第一音节元音是 ə 时，重音在第二音节。重读的 p、t、k 送气。t、d、n、l 是齿龈音。l 在元音前是“亮”的，在辅音前和字尾是“暗”的。（译者案：亮 l 指发音时舌前向硬腭抬起，暗 l 指发音时舌后向软腭抬起。）r = ɹ。短 i、u、o 很开。短 a=a˔（æ）。长 iː、uː 倾向于复合（ij、uw）。ou = o˖‹u（译者案：现在多记作 əu）。字尾的 ə = ə˕（ɐ）。e = e˕，ʌ = ʌ˖。］

ðə noːθ wind ənd ðə sʌn wə dis'pjuːtiŋ witʃ wəz ðə stroŋgə，wen ə travlə keim əloŋ rapt in ə woːm klouk. ðei əgriːd ðət ðə wʌn huː fəːst səksiːdid in meikiŋ ðə travlə teik hiz klouk of ʃud bi kənsidəd stroŋgə ðən ði ʌðə. ðen ðə noːθ wind bluː əz haːd əz iː kud，bət ðə moː hiː bluː ðə moː klousli did ðə travlə fould hiz klouk əraund him；ənd ət laːst ðə noːθ wind geiv ʌp ði ətempt. ðen ðə sʌn ʃon aut woːmli，ənd i'miːdjətli ðə travlə tuk of hiz klouk. ənd sou ðə noːθ wind wəz əblaidʒd tə kənfes ðət ðə sʌn wəz ðə stroŋgər əv ðə tuː

［同样的口音用略严式记音，包括使用 ɛ、ɑ、ɔ。ai、au 可以取代 ɑi、ɑu；用哪个音各人不同。］

ðə nɔːθ wind ənd ðə sʌn wə dis'pjuːtiŋ witʃ wəz ðə strɔŋgə, wɛn ə travlə keim əlɔŋ rapt in ə wɔːm klouk. ðei əgriːd ðət ðə wʌn huː fəːst səksiːdid in meikiŋ ðə travlə teik hiz klouk ɔf ʃud bi kənsidəd strɔŋgə ðən ði ʌðə. ðɛn ðə nɔːθ wind bluː əz hɑːd əz iː kud, bət ðə mɔː hiː bluː ðə mɔː klousli did ðə travlə fould hiz klouk ərɑund him；ənd ət lɑːst ðə nɔːθ wind geiv ʌp ði ətɛmpt. ðɛn ðə sʌn ʃɔn ɑut wɔːmli, ənd i'miːdjətli ðə travlə tuk ɔf hiz klouk. ənd sou ðə nɔːθ wind wəz əblɑidʒd tə hənfɛs ðət ðə sʌn wəz ðə strɔŋgər əv ðə tuː

［同样的口音用更严式记音并标明句子重音。除略严式记音用的音标外，还加上 ι、ω、ɒ、æ、ɐ、ɜ 和 ɫ。］

ðə 'nɔˑθ 'wιnd ənd ðə 'sʌn wə dιs'pjuˑtιŋ 'wιtʃ wəz ðə 'strɒŋgɐ, wɛn ə 'trævlɐ keιm ə'lɒŋ 'ræpt ιn ə 'wɔːm 'kloωk. ðəι ə'griːd ðət ðə 'wʌn huˑ 'fɜˑst sək'siˑdιd ιn 'meιkιŋ ðə 'trævlɐ 'teιk hιz 'kloωk ɒf ʃωd bι kən'sιdəd 'strɒŋgə ðən ðι 'ʌðə. 'ðɛn ðə 'nɔˑθ 'wιnd 'bluː əz 'hɑːd əz iˑ 'kωd, bət ðə 'mɔː hiˑ 'bluː ðə 'mɔː 'kloωslι dιd ðə 'trævlɐ 'foωɫd hιz 'kloωk ə'raωnd hιm；ənd ət 'lɑˑst ðə 'nɔˑθ 'wιnd 'geιv 'ʌp ðι ə'tɛmpt. 'ðɛn ðə 'sʌn 'ʃɒn 'aut 'wɔːmlι, ənd ι'miˑdjətlι ð ə́ 'trævlɐ 'tωk 'ɒf hiz 'kloωk. ənd 'soω ðə 'nɔˑθ wιnd wəz ə'blaιdʒd tə kən'fɛs ðət ðə 'sʌn wəz ðə 'strɒŋgər əv ðə 'tuː.

［译者按：上列记音文本的英文拼法和译文如下。］

THE NORTH WIND AND THE SUN

The north wind and the sun were disputing which was the stronger, when a traveller came along wrapped in a warm cloak. They agreed that the one who first succeeded in making the traveller take his cloak off should be considered stronger than the other. Then the north wind blew as hard as he could, but the more he blew the more closely did the traveller fold his cloak around him; and at last the north wind gave up the attempt. Then the sun shone out warmly, and immediately the traveller took off his cloak. And so the north wind was obliged to confess that the sun was the stronger of the two.

北风跟太阳

北风跟太阳正待那儿争论谁的本事大，来了一个走道儿的，穿着一件厚袍子。他们就商量好了，谁能先叫这个走道儿的把袍子脱了下来呀，就算谁的本事大。北风就尽力地刮，可是他刮得越厉害，那个人就把袍子裹得越紧；到末了儿北风就算了。一会太阳出来热热儿的一晒，那走道儿的马上就把袍子脱了下来。所以北风不能不承认太阳比他本事大。

附录　国际语音学会简史

国际语音学会（法语 Association Phonétique Internationale，英语 International Phonetic Association，德语 Weltlautschriftverein）成立于 1886 年，当时叫作语音学教师学会（The Phonetic Teachers' Association）。组织这个会的是法国一些语言教师，他们发现语音学理论和语音学记音对工作很有价值，想推广这个很有用的方法。那年五月出版了一种刊物，叫作语音学教师（Dhi Fonètik Tîtcer），编辑是保尔·巴西 Paul Passy。就内容完全用音标印刷说，这是独一无二的期刊。

学会的主要工作本来是用语音学来教英语，不过一开始会员就是国际性的。（这是很巧的事，鄂托·叶斯柏森 Otto Jespersen 1886 年 6 月入会，威廉·费厄托尔 Wilhelm Viëtor 1886 年 7 月入会，亨利·斯威忒 Henry Sweet 和伦德尔 J. A. Lundeil 1886 年 9 月入会。）不久以后，有人要求登载英语以外别的语言的记音文本跟讨论普通语音学问题的论文。这些记音文本（法语和德语）登载在 1887 年 5 月份的刊物里，刊物的名称从此改作 dhə fɔnetik tîtcər。从 1887 年 9 月到 1888 年 7 月，刊物的名称印作 ðə fɔnetik tîtcər，1888 年 8 月到 12 月是 ðə fonetik tîtcər。

开始的时候，学会的管理由住在巴黎的会员组成的委员会负责。可是不久以后，就发现最好是选一个国际理事会来照管会务。因此，1888 年就由国际理事会来替代原来的委员会，从那个时候起，学会的政策和工作，就由这样一个理事会领导。

学会工作的头两年，编者有一套暂用音标。1888 年 1 月，又换了一套暂用音标。这些年当中，学会对于音标，并没有一定的政策，刊物的撰稿人在文章里各用各的音标。鄂托·叶斯柏森在给保尔·巴西的信里，首先提出制定适用于所有语言的音标的意思，这封信登在 1886

年7月份的Dhi Fonètik Tîtcer里。别的会员很热烈的接受这个意见，经过两年多的磋商，国际音标的第一次方案就写定了。这个方案登在1888年8月份的ðə fonetik tîtcər里，同时还登载了一套制定这个方案和使用这套方案的原则。原则如下：

（1）每一个辨字的音素用一个字母；辨字的音素是说在同一个语言里头，把这个音素换成别的音素，能够引起字义的变动。

（2）好些语言里都有的音素在每个语言里都用同一个符号。很相近的音素也是如此。

（3）尽量采用罗马字母的普通字体，尽量少用新字母。

（4）依国际习惯决定罗马字母的音值。

（5）新字母的样子要跟老字母相似，可以一看就想到是代表那一类音素。

（6）附加符号应该避免，因为看起来费力，写起来麻烦。

我们可以看出来，除了第（5）条和第（2）条一些特殊情形以外，这些原则到现在还是有效的。（关于第（5）条，现在的看法是字母应该不使人误会，样子要尽可能不同。）我们还要注意到，第（1）条原则是我们现在叫作“音位”记音法的一种早期的说法。

1888年，学会的国际性已经正式确立，国际音标第一次方案也制定了，学会决定从1889年1月起：（1）采用法语作协会的官方语言；（2）会名改作语言教师语音学会（L'Association Phonétique des Professeurs de Langues Vivantes；（3）刊物名称改用法语Le Maître Phonétique（语音学教师）——这个名称一直用到现在。1897年会名又更改了一次，从此就用现在的会名：国际语音学会。[译者案：刊物名称1971年起改为Journal of the International Phonetic Association（国际语音学会学报），官方语言为英语，用拼法印刷。]

1888年定的国际音标第一次方案包含许多现在用的特殊字母，可是在好些方面都有缺点。因此，从1889年起理事会继续不断的修正缺点，改良不合适的符号，并且扩充字母，供当初没有考虑到的语言记音用。结果就是现在用的系统，这个系统虽然无疑的还可以继续改良，却是国际通行的很有效的记音工具，能够用“宽式”和“严式”两套记音法来记录世界上所有的主要语言，并且给正字法需要改革的各种语言提供一个基础。

学会六十余年来的工作有相当的成就，这是令人欣慰的。不单学会的官方出版物用国际音标记音，各国跟学会没有关系的作者，在许多字典和教科书里也用国际音标记音。更加重要的是，学会的特殊字母，有的得到非洲一些语言正式采用，成为通行的文字。参看《非洲语言的实用正字法》（Practical Orthography of African Languages），牛津大学出版部替国际非洲研究所发行。

学会认为，由于提倡用国际承认的音标给所有的语言记音，学会的工作对于创造并且维持各国人民之间的精神联系，有重要的贡献。

[《方言》1987年第1期1—14页]

《国际语音学会关于国际音标的说明》补正

1.11 是本刊 1987 年第 1 期第 1 页第 11 行，1－2 是第 1 页倒数第 2 行，“→” 是 “改作”。

1.11　［ ʂ ］和［ ʐ ］→［ ʂ ʐ ɕ ］

1.11　凡是 → 此外凡是

1－2　theta θ 跟 ɵ 两个样子 → theta 有 θ 跟 ɵ 两种写法

2.17　英格兰 → 不列颠

2.26　末了加［译者案：现在通行的还是旧式罗马字，不是新式罗马字。比方“富士”旧拼法是 Fuji，两种新拼法都是 Huzi，后者并不通行。］

2－8　在 → 从

3图1　合 → 关（“开” 相当于 open，“关” 相当于 close。）

4－17　ɨ 展唇，ʉ 圆唇。（“ɨ” 没有印清楚。）

5－24　属于 → 分别属于

5－23　括弧改作（略严式的记音是 ou、ɔː、ɔ，更严式的记音是 oω、ɔː、ɒ。）

6.1　far、half； → far、half 的常用读音

6.1　德语 → 汉堡 Hamburg 和撒克逊 Saxony 德语

6.3，4　苏格兰 → 苏格兰英语

6.18　元音总可以 → 元音。æ 总可以

6.19　删去“；……30”

6.20　（“中性元音”）→（“中性元音” 或 “schwa”）

6.25　末了加［译者案：这里没有考虑 p、t、k 送气与否，欧洲语言里 p、t、k 送气与否不辨字。］

6－5　ṭ 后加［译者案：用罗马字转写梵文和其他印度的语言，常常在辅音字母下加小圆点表示卷舌音。］

6－3　（ce）→［ ce ］

6－1　（ɟɛːp）→［ ɟɛːp ］

7 表　无擦通音及半元音 ʮ → ɥ，（ʮ）→（ɥ）

7 表　半开元音（œɔ）→（œ ɔ）

7 表　元音行距。关、半关、半开、开四行行距相同。ə 在半关跟半开的中间，æ 和 ɐ 同行，都在半开跟开的中间。

7－7　l̥ → ḷ

7－3　r̥ → ṛ

8.7　（印度马拉蒂语 Marathi 语）s → ṣ

8.8　删去“，看 §27 癸”

8.18　末了加“看 §27 戊”。

8－13　说卷舌音 → 记卷舌音

9－10　两个字母连着 → 相连的两个字母

9－8　连号的大小和位置都跟下行一样。

10.2　没有 →，没有

10.8　删去“表示……末了。”

10.16　ʮ → ɥbʮale → bɥale

10－16　“清音化” 前头是小圆圈，不是小圆点。

10－15　一分子 → 成素

11.9　‿（或者 ⁀）→ ˘ 或者 ⁀

11.12　附加符号和表示长度和重音的符号放在字母的前后（左右）排印方便，

放在字母的上下排印不便（要新铸铅字或临时拼凑），在两可的时候，附加符号要尽可能用放在字母前后（左右）的，主要是放在后头（右边）的。

11.12 §30末了加［译者案：音标横行，从左到右。放在字母前后（左右）的附加符号（跟表示长度和重音的符号）单独铸铅字，排印方便。放在字母上下的要加铸跟字母在一起的铅字或临时拼凑，排印不便。因此在两可时，附加符号要尽可能用放在字母前后（左右）的。］

12.6 单纯调 → 简单调

12.13 “音节。”后头加 ei、ou、ai 等是复合元音。

12－2 ˈaut → ˈaωt

13.13 一会 → 一会儿

13.20 开头改成作 Dhi Fonètik Tîtcer（语音学教师）。

14.11 协会 → 学会

14.11 中文会名前后加括弧，移法文会名后。

14.23 中文书名前后加括弧，移英文书名后。

［《方言》1987年第2期158页］

后　记

李荣先生自己编过《音韵存稿》商务印书馆 1982 年和《语文论衡》商务印书馆 1985 年两个论文集。《音韵存稿》收录 1965 年以前的文章，《语文论衡》收录 1978 至 1983 年的文章。《音韵存稿》主要讨论汉语音韵问题，《语文论衡》纵论音韵、方言、文字等语言文字问题。1979 年《方言》创刊后，随着“中国语言地图集”和“现代汉语方言大词典”等项目陆续开展，李先生的工作重心逐渐转移到汉语方言上来，发表的文章多数是讨论汉语方言问题的。现在编李先生 1983 年以来发表的文章，依《音韵存稿》前例，将这个文集称为《方言存稿》。

《方言存稿》共收录 51 篇文章及发言稿。“汉语方言里的文白异读”在《汉语方言调查手册》第九章中称为“文白异读举例”，个别标点据“文白异读举例”订正；“汉语方言分区的几个问题”和“关于汉语方言分区的几点意见”（二），“颱风的本字”（上、中、下），“汉语方言里当‘你’讲的‘爾’”（上、中）等文按原题分篇排印；“《考本字甘苦》补”和“《国际语音学会关于国际音标的说明》补正”两篇附在正文后另页排印。上述文章在发表时有按繁体字排的，也有按简体字排的。在收入这本论文集时，我们经反复考虑，觉得以保持原貌为宜，在繁简体字方面不求一致*。

《音韵存稿》和《语文论衡》都有李先生自己写的后记。主要是提示文章的要点、思路，或交代一些写作背景等。我们也为这部集子中所收的论文写一点说明性的文字，有话则长，无话则短，主要是作为学生，在编读之余的一些领悟和体会。

[一] 方言研究中的若干问题——原文发表于《方言》1983 年第 2 期，此文还收入《吴语论丛》上海教育出版社，1988 年：3—14 页。这篇文章与“关于方言研究的几点意见”《方言》1983 年第 1 期 1—15 页为姊妹篇，同为作者讨论学风和研究方法的重要论述。为方便读者，下面摘录“关于方言研究的几点意见”中的一些要点。

关于“等”。江永“一等洪大，二等次大，三四皆细，而四尤细”这样分等的语言基础是官话方言而非东南方言。学习和理解等韵的基础是会做声韵调配合关系表。

关于“开合”和“四呼”。“开合”是古代韵母的命名和分类方式，“开口呼、齐齿呼、合口呼、撮口呼”等四呼是现代韵母的命名和分类方式。四呼是根据北京话这种类型的官话方言来定的。并非所有的现代方言都有四呼。

关于“介音”。介音在音系配列上可属声也可属韵，属声属韵要根据语言实际来灵活处

---

* 为了利于知识传播，本次重印时已将繁体字改为简体字，但被讨论的部分繁体、异体字仍然保留原字形。

理。有的方言（如广州话）介音属声比较好，有的方言（如北京话）介音属韵更为合理。北京话的“瓜”和广州话的“瓜”的介音都是[u]，语音上没有差别。

关于闽语的比较研究。闽语的比较研究可以分三步走：先与《广韵》比，然后在闽语内部比，最后和其他方言比。

关于“入声”。古入声虽然在演变过程中和古去声有密切关系，但古入声仍然是一个独立的调类。从现代方言来说，入声是不是一个独立的调类，主要看本方言的语音构造。语音构造包括单字音和连读音变。在一些方言中，由于入声的变调规则往往与同调值的舒声不一样，这可证明入声是一个独立的调类。

关于“变调”和“变音”。变调相对本调而言，变音相对本音而言。本调是分析记录的基本形式，变调是本调在语音环境中的连读形式。本音也是分析记录的基本形式，变音是本音带有某种意义的派生形式。在分析记录语言时，音位学是必要的，但光有音位学是不够的。语言是音义的结合体，必须说明语言成分之间音义的关系。哪些成分是语音单位，能区别意义而本身没有意义，哪些成分是语义单位。

［二］**在汉语方言学会第二届学术年会上的发言**——原文发表于《中国方言学报》2010年第2期。1983年5月，全国汉语方言学会第二届学术年会在安徽合肥举行，李先生在这次会议上有几个发言，这些发言后由白岩根据录音整理成文。由于找不到记录人和原录音带，我们现在已无法重新核订这份记录稿。记录稿中已说明有个别地方未听写出来，里面也不排除个别字句可能有讹误，但这个讲话依然体现了李先生一贯的严谨学风和求实精神。这个讲话中特别值得重视的地方是李先生关于方言岛的调查与研究、方言与历史文化背景的关系等问题的意见。李先生指出，方言与历史文化的关系是本体和背景的关系，历史文化背景的研究要对说明方言的形成与演变有用才有意义。

［三］**普通话与方言**——原文发表于《中国语文》1990年第5期。李先生关于“普通话在方言之中，又在方言之上”的说法已成为普通话与方言关系的经典表述。本文还指出，普通话拿北京话做底子，以北京语音为标准音，这既非语言学家的专业偏好，亦非领导人的长官意志，而是七百年来中国历史文化进程的自然选择。

［四］**汉语方言里的文白异读**——原文发表于《中国语文》1957年第4期，又为《汉语方言调查手册》第九章“文白异读举例”。从学术发展的角度看，这篇文章主要有以下两个贡献。第一，学术界虽然早已发现了这种语言现象，但没有用专名来概括这种语言现象，常称为“文言白话音”赵元任《现代吴语的研究》P16，科学出版社、“读书音跟说话音”或“字音跟话音”罗常培《厦门音系》P59，山东教育出版社等，这篇文章首次为这种语言现象下了明确的定义并将其定名为“文白异读”，这个定名一经提出即得到学界广泛认同，“文白异读”现在也已成为汉语语言学的基本术语之一。第二，这篇文章首次打破地域界限，以北京、武汉、苏州三地为例，说明文白异读是汉语方言中一种普遍存在的语言现象。

这篇文章应与“语音演变规律的例外”《音韵存稿》P107—118，商务印书馆结合起来读。在“语音演变规律的例外”中，以“搞”和“尴尬”两个从南方传到北京的词语为例，李先生认为，“方言内部的文白异读，大概是方言互借的结果”。这个结论现已为学术界普遍接受。

［五］《陕北方言志》序——原文发表于刘育林著、陕西人民出版社 1990 年出版的《陕北方言志》。**［六］山西省方言志丛书序**——原文发表于《方言》1991 年第 2 期。**［七］山东省方言志丛书序**——原文发表于《方言》1991 年第 2 期。**［八］《宜昌方言研究》序**——原文发表于刘兴策著，华中师范大学出版社出版的《宜昌方言研究》。**［九］汉语方言资料宝库序**——原文发表于《方言》1995 年第 4 期。**［十］《厦门方言志》序**——原文发表于李熙泰等著，北京语言学院出版社 1996 年出版的《厦门方言志》。

在“汉语方言资料宝库序”里李先生强调：方言研究以调查为主。不调查方言就谈不上研究方言。离开调查，方言研究就是无源之水，无本之木。只有搜集新的语料，才能打开眼界，提高认识。只有亲身调查方言，领略其中甘苦，才能理解并运用别人的研究成果。

李先生早年翻译过赵元任的《北京口语语法》，是《现代汉语语法讲话》的主要执笔人之一，在现代汉语语法领域造诣精深。可惜的是李先生后来没有专文讨论方言语法问题。但从他把山东方言的差比句式列为方言语法中“成套格式”比较的范例，对温岭话反复问句所做的说明等处仍可看出，他对方言语法问题也是非常敏感并十分关注的。

［十一］官话方言的分区——原文发表于《方言》1985 年第 1 期。**［十二］汉语方言分区的几个问题**——原文分别发表于《方言》1985 年第 2 期。**［十三］关于汉语方言分区的几点意见（二）**——原文分别发表于《方言》1985 年第 3 期。**［十四］中国的语言和方言**——原文发表于《方言》1989 年第 3 期，也是《中国语言地图集》香港朗文，1987 年 A1“中国语言图”的文字说明。**［十五］汉语方言的分区**——原文发表于《方言》1989 年第 4 期，本文也见于《中国语言地图集》香港朗文，1987 年 A2“中国汉语方言图”及 B8“东南地区的汉语方言”两图的文字说明。**［十六］在“庆祝《中国语言地图集》出版”会上的发言**——原文发表于《方言》1988 年第 2 期。

以上［十一］、［十二］、［十三］三篇是李先生汉语方言分区的理论阐述，［十四］和［十五］两篇是李先生汉语方言分区的实践。李先生汉语方言分区的观点和方法为《中国语言地图集》的全国汉语方言分区提供了完整、系统、坚实的理论保障，他的方言分区理论和分区实践是中国语言学家对普通语言学做出的重要贡献之一。其中，《官话方言的分区》是汉语方言分区史上影响最为深远的论著之一。

［十七］论李涪对《切韵》的批评及其相关问题——原文发表于《中国语文》1985 年第 1 期。李先生以音韵名家，本文是他讨论音韵问题的重要论文之一。这篇文章应与《隋韵谱》《隋代诗文用韵与广韵的又音》《庾信诗文用韵研究》诸文对读。这篇文章指出：“音韵史的研究必须注重方法。”文章中有一些没有展开的观点也非常重要：（1）沈氏（沈约）用韵与《切韵》大同小异，盖沈氏用韵据当时的语言，《切韵》定韵亦据当时的语言。（2）研究音韵学要读古人之书，还要审今人之音。（3）古书里说的某音某语见于某方言，未必只限于该方言。

［十八］“打”字和“䏚”字——原文发表于《中国语文》1996年第3期。这篇文章可以看作［十七］的续篇，主要是根据新发现的方言语料补充讨论《切韵》的“吴音”问题，此外还考证了“䏚”的本字。

［十九］三个单字调的方言的调类——原文发表于《方言》1985年第4期。这篇文章重点说明声调的命名不宜只看单个方言，还应该考虑平行方言的关系及古音来历。

［二十］旧小说里的轻音字例释——原文发表于《中国语文》1987年第6期。轻声多见于北方方言，形成时间尚无定论，一般认为是一种较为晚出的语言现象。这篇文章把旧小说的异文和现代方言结合起来，证明轻声在《金瓶梅》成书的明代就已形成。这篇文章还指出，近代语音的研究应该把白话文献跟现代方言结合起来。

［二十一］温岭话“咸淡”倒过来听还是“咸淡”——原文发表于《方言》1986年第2期。这篇短文用语音实验的方法验证了赵元任先生早年关于上海话的［ɦ］是元音的一个形容性成分的观点。

［二十二］《渡江书十五音》序——原文发表于《方言》1988年第1期。《渡江书十五音》是一部闽南方言韵书，原为抄本，后由日本东京外国语大学亚非言语研究所重印，李先生为重印本写了这篇序言。李先生对方言韵书非常重视，认为“方言研究以实地调查为本。方言的历史比较研究如有文献印证，犹如脚踏实地”。

［二十三］“捐”字的音——原文发表于《方言》1988年第3期。“捐献”的“捐”在多数方言中的读音与古音不合。这篇文章利用《红楼梦》抄本的异文，证明“捐”的本字应为“蠲”。

［二十四］南昌温岭娄底三处梗摄字的韵母——原文发表于《中国语文》1989年第6期。**［二十五］我国东南各省方言梗摄字的元音**——原文发表于《方言》1996年第1期。这是先后写成的姐妹篇。文章主要说明在吴、闽、粤、客、赣、湘等东南方言中，梗摄白读层的主元音读低元音是这些方言的共性。这个语音特点可以用来区分南北方言，但不能用来区别东南方言。

［二十六］温岭方言的轻声——原文发表于《方言》1992年第1期。这篇文章有两点特别值得注意：一是作者描写和分析温岭方言轻声的方法。文章把温岭方言的轻声分为三类，这三种轻声和传统定义的、北京类型的轻声有一些差别。二是温岭方言的轻声与特定的语法格式密切相关。作者原计划写四篇温岭方言声调研究的论文，除本文外，已写成并正式发表的还有《温岭方言的变音》和《温岭方言的连读变调》。“温岭方言连读变调出现的范围”一文未写成。

［二十七］《中国音韵学研究》出版说明——1994年，商务印书馆重新出版《中国音韵学研究》，李先生应商务印书馆之约写了这个出版说明印在书前，但未署名。

［二十八］方言词典说略——原文前三节发表于《中国语文》1992年第5期，全文发表于《方言》1992年第4期。**［二十九］分地方言词典总序**——原文发表于《方言》1993年第1期，也见于“现代汉语方言大词典”各分地词典。从内容来说，后一篇大致是前一篇的缩写形式。

这两篇文章主要是说方言词典的作用，方言词典的编写原则和编写方法，还涉及方言调查、方言研究、考本字等问题。[三十]**《汉语方言大词典》序**——1999年许宝华教授与日本学者宫田一郎教授合作编写的《汉语方言大词典》由中华书局出版，这是李先生为这部词典写的序。序中讨论的“犖”字也见于“考本字甘苦”。

[三十一]**读《现代汉语词典》笔记（提纲）**——原文见“《现代汉语词典》学术研讨会论文集”，商务印书馆1996年。1961—1963年间，李先生和丁声树先生一道参加《现代汉语词典》的编写审订工作，为《现代汉语词典》的修订完善做出了重要贡献。本文为李先生根据自己的工作体会，为参加“《现代汉语词典》学术研讨会”准备的发言提纲。文中引经据典，简明扼要地讨论了“睢”“诈唬（咤呼）”“变工、换工”“娓”“操（肏）”“腻歪、腻味”“估衣（故衣）”诸条的词源、词形演变及定音等问题。文中第肆条“娓”，第陆条“腻歪、腻味”在“考本字甘苦”中有更详细的讨论。

[三十二]**“这不”解**——原文发表于《方言》1998年第4期。[三十三]**说“按揭”**——原文发表于《方言》1999年第1期。“这不”是北京话，“按揭”是香港话，两个词都有出生本地的资深学者释义探源，但都不同程度出现了错误。这种情况说明，本地人对方言词的解释未必都是正确的，词典编写者尤需广读诗书，细寻文义。

[三十四]**“步”字和“惣”字**——原文发表于（日本）《中国语》1987年第4期。[三十五]**“驿”字**——原文发表于（日本）《中国语》1987年第5期。[三十六]**“卓”字**——原文发表于（日本）《中国语》1987年第6期。这三篇文章的主旨基本相同：讨论中日两国一些字形的差别及这些差别形成的原因。

[三十七]**禁忌字举例**——原文发表于《方言》1994年第3期。这篇文章为李先生参加第二十六届汉藏语言学会会议（1993年9月13至17日，日本大阪）提交的论文。这篇文章用精彩的实例证明，禁忌字也是一种重要的语言现象，而且有特殊的研究价值。禁忌字研究对认识语言的历史和现状都是很重要的。[三十八]**A Tabu Word in Chinese**——这篇文章是“禁忌字举例”的英文稿，原文发表于Hajime Kitamura等主编、1994年出版的*Current Issues in Sino-tibetan Linguistics*。

[三十九]**汉字的演变与汉字的将来**——原文发表于《中国语文》1986年第5期。1986年5月19—20日，李先生应邀参加在日本东京召开的“汉字文化之历史与将来”国际讨论会。在这个会上，李先生做了一个轰动全场的精彩讲演，这篇文章系根据讲稿修改而成。

[四十]、[四十一]、[四十二]**飑风的本字（上、中、下）**——原文发表于《方言》1990年第4期，1991年第1期，1993年第2期。[四十三]**福州话“下雨”的本字**——原文发表于《方言》1992年第2期。[四十四]**考本字甘苦**——原文发表于《方言》1997年第1期，“《考本字甘苦》补”发表于第2期。

考本字在汉语方言学里属于比较高深繁难的问题。根据李先生的研究实践，要考好一个本字，首先是“因音求字”，即根据方言语音的古今演变规律、不同方言的语音对应关系来求得本字字形。第二步则须"因书求字"，即广泛查阅典籍，为考出来的字形提供书证。引书时不可轻信权威，必须检查出处，核对原文。第三，"名者，实之宾也"，有的本字还需从文化史的角度追溯名物关系。

李先生考本字的文章比较多，其中有两篇特别值得重视。"考本字甘苦"结合研究实例，正面讨论考本字的原则、方法和要求。"颱风的本字"先"因音求字"。根据闽语方言的古今语音演变规律，指出"颱"的本字是"痴"。然后引吴语方言确认"颱"的本字为"痴"。接下来"因书求字"。从地方典籍、历史文献到类书丛书，遍引各种文献为本字考据提供书证。最后结合现代文献和方言，进一步探讨从"风痴""风颱"到"颱风""台风"的词序、字形与读音的复杂演变。这篇文章是汉语考本字的经典之作，也是李先生学术生涯的重要著述之一。文末"后记"有"想的是气体，说的是液体，写的是固体"一语，造语精练，譬喻传神，准确概括了研究者从捕捉自己游移不定的思绪开始，到最后凝结为文的研究探求过程，广为学界传诵，堪称一代学术大师的神来之笔。

[四十五]、[四十六]汉语方言里当"你"讲的"尔"(上、中)——原文发表于《方言》1997年第2期，第3期。这篇文章没有写完。根据作者使用的语料及涉及的方言、地域来看，第一篇主要讨论浙江、江苏以及江西、安徽等地的吴语、徽语、赣语等方言，第二篇（中）应该是讨论闽、粤、客、湘等方言，最后一篇（下）才讨论北方方言。但因有人问及北方方言的情况，李先生就把山西等地的情况提前说了。此后因健康问题，闽、粤、客、湘等方言的情况没有讨论。

[四十七]李方桂——原文发表于《方言》1988年第1期，署名"方言编辑部"。由于历史的原因，年轻一代学者对李方桂先生甚少了解。这篇文章对李方桂先生的学术成就、治学特点做了既深入浅出又重点突出的介绍。根据李方桂先生侗台语的调查研究成果，李荣先生在文中列表对照侗台语和汉语声母与声调的语音对应关系，尤其是古今演变规律上的异和同，非常值得做语言比较和研究上古音的学者认真揣摩。

[四十八]丁声树——原文发表于《方言》1989年第2期。**[四十九]朱德熙**——原文发表于《方言》1992年第4期。李荣先生以博闻强记知名于世，著书立说，号称"无一字无来历"。作为学生，笔者对《丁声树》《朱德熙》二文仰慕不已，曾向李先生问过一些这两篇文章中的典故及词句由来，现把李先生的回答整理如下。

①"坦克车里的乱箭手"：李先生自造的句子，用来比喻"文革"中那些有绝对批判权却无学无识的钦定批判家。

②"广陵散于今绝矣"：语出《晋书》卷四十九"嵇康"。

③"一切有为，皆属无常"：习见于佛家经典。《大般涅盘经》三卷："一切有为法，皆悉归无常"。

④"大块劳我以生，息我以死"：语出《庄子·大宗师》。原为"夫大块载我以行，劳我以生，佚我以老，息我以死"。

⑤“远托异国，昔人所悲”：语出西汉李陵《答苏武书》。

⑥“忧能伤人”：语出东汉孔融《孔北海集·与曹操论费孝章书》。原文为“若使忧能伤人，此子不得复永年矣”。

[五十]**本刊使用的音标**——原文首次发表于《方言》1979年第2期。原署名为“方言编辑部”。其中“音标及其他记音符号”收集整理了当时所见到的各种记音符号，由李先生设计并监制、北京新华二厂制模完成的国际音标符号发表之后就成为中国音标符号的规范字形和行业标准。[五十一]**国际语音学会关于国际音标的说明**——原文发表于《方言》1987年第1期。“《国际语音学会关于国际音标的说明》补正”发表于《方言》1987年第2期。《方言》1988年第3期还发表了“国际音标的修订”（任宏模译，李荣校）。这篇文章的英文作者为美国著名语音学家Peter Ladforged，任宏模先生翻译了全文，李先生为之校订并写了四条校后案语。

感谢商务印书馆出版这本论文集。感谢语言所领导关心本书的出版。“步字和惒字”“驿字”“卓字”“A Tabu Word in Chinese”等四篇文章均烦平田昌司先生从日本复印并惠寄至中国，本书责任编辑、商务印书馆编审金欣欣先生的细心与专业为本书增色不少，方言研究室李琦在资料收集、排版录入等方面做了许多繁难琐碎的工作，在此一并致谢！

编者：周　磊、李　蓝（执笔）谨记

2012年1月18日